प्रतिभा, स्थिरता एवं परिवर्तन

प्रतिभा, स्थिरता एवं परिवर्तन

(भारत में भूदान तथा ग्रामदान आंदोलन की एक विवेचना)

लेखक

टी. के. ऊमन

अनुवादक

एम.एन.कर्ण एवं नन्दू राम

GYAN

प्रतिभा, स्थिरता एवं परिवर्तन
(भारत में भूदान तथा श्रमदान आंदोलन की एक विवेचना)

ISBN : 978-81-212-1992-1

भारत सन् 2023 में प्रकाशित
ज्ञान पब्लिकेशन हाऊस
5, अंसारी रोड़ दरिया गंज,
नई दिल्ली–011-47034999, 9811692060
Phone: 9811692060
ई–मेलः books@gyanbooks.com

मुद्रितः जी. प्रिंट प्रोसेस, दिल्ली

विषय–सूची

दो शब्द

प्रस्तुत पुस्तक प्रोफेसर टी. के. ऊमन के पी.एच.डी. थीसिस का हिन्दी रुपान्तरण है। यह पुस्तक 1972 में अंग्रेजी में छपी थी। चूंकि पुस्तक में बिनोवा भावे के भूदान तथा ग्राम–दान आन्दोलन के असर को देखने का प्रयास किया गया है। अतः लेखक ने राजस्थान के चार जिलों–जयपुर, नागौर, डूंगरपुर एवं वाँसवाडा से चार गाँवों में देखने का प्रयास किया है।

चूंकि बिनोवा भावे के ग्राम–दान तथा भूदान के असर का अध्ययन अंग्रेजी में प्रकाशित किया है जिसका भारत की किसी अन्य भाषा में प्रकाशन नहीं हुआ है अन्य भाषाओं, विशेषकर हिन्दी भाषा में पढ़ने लिखने वाले विद्यार्थी अब तक वंचित रहे है। अतः इस पुस्तक के हिन्दी रुपान्तरण उत्तर भारत के हिन्दी भाषी समाजशास्त्र के विद्यार्थी अथवा अध्यापक लाभान्वित होंगे, जिनकी संख्या देश में अन्य भाषी विद्यार्थी एवं अध्यापकों से अधिक है।

राजस्थान ग्राम मण्डल द्वारा 1954 में पारित राजस्थान भूदान योजना एक्ट के अनुसार ग्रामदान तथा भूदान को परिभाषित किया गया था। इस परिभाषा के अनुसार उपर्युक्त जिलों में किसी भी गाँव में निजी स्वामित्वाली कम से कम 51 प्रतिशत भूमि भूमिहीन लोगों को दान की गयी हो तथा गाँव में रहने वाले लोगों में से कम से कम 80 प्रतिशत भूमिहीन लोगों को भूदान किया हो तो इसका मतलब यह

हुआ कि 5 प्रतिशत भूमिहीन लोगों का स्वामित्व कानूनी तौर पर हो गया। इसका मतलब यह भी था कि गाँव में रहने वाले 75 प्रतिशत व्यस्क लोगों ने घोषणा किया, कि वे भूमि–दान तथा ग्राम–दान आन्दोलन में पूर्ण सहभागिता प्रदान करेंगे। ऐसे गाँव को पूर्ण ग्राम दान माना गया। पुस्तक में अध्ययन क्षेत्रों में पूर्णदान एवं ग्रामदान आज भी है, यह पुनः अध्ययन का विषय है।

दिनांक
3 नवम्बर 2022

एम. एन. कर्ण
नन्दू राम

प्रस्तावना

यह पुस्तक मेरे पी–एच.डी. शोधपत्र में संग्रहित तथ्यों और विचारों पर आधारित है। जब 60 के दशक की शुरूआत में मैंने अपना शोध कार्य शुरू किया, तो उस वक्त मैं शोध के लिये निर्धारित विषय से बहुत हद तक अपरिचित था। उस वक्त मेरी रूचि 'अहिंसा का समाजशास्त्र' में थी। जब मैंने सैद्धांतिक ज्ञान में अपने प्रयोगाश्रित शोध के योगदान की आशा के साथ अपना शोधकार्य शुरू किया, तो मेरे उद्देश्य पूर्ति के लिए अपेक्षित समस्या को सूत्रबद्ध करना आसान नहीं था। 'अनुभवाश्रित सामाजिक शोध' की उत्सुकता के वशीभूत होकर मैंने 'ग्रामदान के गाँवों का समाजशास्त्र' पर कार्य करने का सोचा। जल्दी ही मुझे यह ज्ञात हो गया कि इस समस्या के वृहत समाजशास्त्रीय समाधान के बगैर मैं अपना अध्ययन अर्थपूर्ण ढंग से पूरा नहीं कर सकता। फिर मुझे भूदान–ग्रामदान आंदोलन के बहुमुखी अवलोकन और अध्ययन की आवश्यकता महसूस हुई। अंततः इस आशा के साथ, मैंने 'विचारधारा और सामाजिक परिवर्तन' पर अध्ययन–कार्य करने का निश्चय किया कि इससे मुझे इस प्रयोगाश्रित शोध में सैद्धांतिक रूप से पर्याप्त अवसर प्राप्त होंगे। मेरे प्रारंभिक खोजों से यह स्पष्ट हो गया कि वैचारिक अपील एक आदर्श प्रतिभा (करिज्मैटिक) आंदोलन में सर्वोपरि नहीं है। तत्पश्चात मुझे यह भी ज्ञात हुआ कि प्रतिभा जितना व्यवस्था–संरक्षक कारक है, उतना ही यह व्यवस्था

परिवर्तक–कारक भी है। इसी कारण इसका शीर्षक 'प्रतिभा, स्थिरता और परिवर्तन (करिज्मा, स्टैब्लिटी एंड चेंज) है।

उस समय तक भारतीय समाजशास्त्रियों के लिये जाति, परिवार और ग्रामीण समुदाय अध्ययन के मुख्य विषय थे। अपने व्यवसायिक जीवन (कैरियर) की शुरूआत में ही एक गैर–परंपरागत क्षेत्र में शोध–कार्य की शुरूआत करना प्रायः किसी भी व्यक्ति के लिये व्यवसायिक दृष्टि से संदेहास्पद होता है। जब साठ के दशक की शुरूआत में मैंने इस शोध–कार्य को शुरू किया तो उस वक्त इस शोध का विषय तत्कालीन समाजशास्त्रियों के लिये रूचिकर नहीं था, फिर भी मैंने सावधनीपूर्वक विचार–विमर्श कर इस विषय का चुनाव किया। इस विषय से संबंधित तीन विस्तृत क्षेत्रों, सामाजिक आंदोलन, आदर्शवादी काल्पनिक समुदायों और प्रतिभा के विभिन्न क्षेत्रों में कई बिंदुओं पर विचार–विमर्श के बाद प्रायः सैद्धांतिक मुद्दों और प्रयोगाश्रित आँकड़ों पर आधारित दृष्टिकोण विकसित हो सकता है। अतः मैंने जो विषय चुना वह काफी जटिल और पेचीदा है।

यह अध्ययन सतत् सामाजिक आंदोलन या दूसरे रूप में अधोमुखी संकट के विश्लेषण पर आधरित हैः जिन लोगों ने आंदोलन का नेतृत्व किया एवं जो लोग इसमें सम्मिलित हुए, वे जीवित हैं। आंदोलन की प्रकृति और विचारों की कोई भी व्याख्या अंतिम नहीं होती है क्योंकि जैसे–जैसे विश्लेषण का विषय परिवर्तित हो रहा है, इसका अर्थ भी बदल रहा है। स्पष्टतः इस कारण यह अध्ययन समाजशास्त्रियों और आंदोलन में सम्मिलित लोगों के लिए प्रोत्साहक और लाभप्रद हो सकता है और यह सामाजिक यथार्थता का अनुभव और चिंतन करने में मौलिक विन्यासों और मूल्याश्रित वचनबद्धता के महत्व को प्रकाशित कर सकता है।

इस अध्ययन का दूसरा पक्ष गैर–परंपरागत है। यद्यपि प्रोफेसर आर.के. मरर्टन ने विश्वभर के समाजशास्त्रियों द्वारा सैद्धांतिक शोध और प्रयोगाश्रित अनुसंधान को दो विपरीत प्रकृति के ध्रुव माने जाने के लिए उनकी आलोचना की, तथापि बहुत कम लोगों ने ही सैद्धांतिक विचारों का प्रयोगाश्रित आंकड़ों से सामंजस्य स्थापित करने का प्रयास किया। एक स्वामिमानी या अहंवादी समझे जाने के खतरे के बाद भी मैं दृढ़तापूर्वक कहता हूँ कि मेरा उद्देश्य प्रयोगबद्ध अध्ययन द्वारा एक सरल सिद्धांत का सृजन करना है। मैं दृढ़तापूर्वक इस तथ्य को प्रदर्शित करने के लिये मजबूर हूँ, क्योंकि मेरे कुछ पेशेवर मित्रों को लगा कि आंदोलन की रूपरेखा पर आधारित एक विस्तृत और विश्वस्त रिपोर्ट के द्वारा ही मेरा उद्देश्य पूरा हो जाता है और किसी गूढ़ सैद्धांतिक मुद्दे पर मंथन करने की यहाँ कोई जरूरत नहीं है। दूसरी ओर इस प्रश्न पर मेरा मंतव्य बिल्कुल ही अलग है और मैं आशा करता हूँ कि दूसरे लोग मेरे इस अतिशय कार्य को नजरंदाज़ करेंगे।

इससे मुझे एक अलग, किंतु विषय से संबंधित तथ्य प्राप्त हुआ। वह है– समाजशास्त्र में तकनीकी भाषा के प्रयोग का मुद्दा। यद्यपि तकनीकी भाषा का प्रयोग कोई शिष्टाचारपूर्ण कार्य नहीं होता है, फिर भी वैज्ञानिक या तकनीकी–लेखन में कम से कम संक्षिप्त यथार्थता और स्पष्टता होनी चाहिए। तकनीकी शब्दों के प्रयोग का सबसे दुष्परिणाम यह होता है कि इसके कारण सामान्य–विद्वता का कोई भी पाठक अधीर होकर पुस्तक की मौलिकता से दूर चला जाता है। परंतु तब भी प्रत्येक लेखक जब भी कुछ लिखता है, तो उसके दिमाग में एक पेशेवर सोच होती है। अवैज्ञानिक पाठकों को इस पुस्तक के पहले अध्याय से ही थोड़ी–बहुत परेशानी हो सकती है और यदि वे सैद्धांतिक चिंतन को ग्रहण करने में रूचि नहीं रखते हैं, तो उनके लिए मेरा यह सुझाव है कि वे इस प्रकार के तथ्यों को छोड़कर आगे बढ़ जाएँ।

अभी भी समाजशास्त्र में आँकड़ों के संग्रहण और वर्णन के संख्यात्मक और गुणात्मक तकनीकों के बीच का वाद–विवाद खत्म नहीं हुआ है। मेरा यह दृढ़ विश्वास है कि कोई एक विशेष–विधि या प्रणाली अन्य दूसरी विधियों की अपेक्षा हर प्रकार से बेहतर नहीं हो सकती और प्रत्येक विधि किसी उद्देश्य–विशेष के लिये ही उपयुक्त होती है। इस अध्ययन के आँकड़े प्रतिवादियों द्वारा दिये गये मौखिक स्पष्टीकरण और उनके आचार–व्यवहार के अवलोकन के फलस्वरूप संग्रहित किए गए हैं। इसके साथ–साथ प्रासंगिक और उपयुक्त अभिलेखों (रिकार्डों) का भी विस्तृत उपयोग किया गया है। अतः यहाँ आँकड़ों के संग्रहण और विश्लेषण का सम्मिलित स्वरूप हमें प्राप्त होता है।

इस अध्ययन की शुरुआत भूदान–ग्रामदान आंदोलन के प्रभाव से हुए परिवर्तन से हुई। यह सर्वविदित है कि परिवर्तन पर आधारित कोई भी अध्ययन स्वस्थ्य रूप से तभी विधिसंगत होता है, जब यह अध्ययन या तो समय (काल) के स्वरूप पर या स्थान–विशेष की परिस्थितियों पर आधारित हो। पहली विधि में एक व्यापक कार्यक्षेत्र के अंतर्गत किसी काल–विशेष की परिस्थितियों का विश्लेषण किया जाता है, जबकि दूसरी विधि में किसी समय–विशेष की परिस्थितियों के साथ–साथ परिवर्तन के लिए उत्तरदायी कारकों के रूप में दूसरा परिवर्तनशील तथ्य अध्ययन के व्यापक कार्यक्षेत्र के अंतर्गत प्रयुक्त होता है। चूंकि भूदान–ग्रामदान आंदोलन बमुश्किल एक दशक तक सक्रिय रहा, अतः इस अध्ययन के प्रारंभ में काल–विशेष की परिस्थितियों का अवलोकन और मूल्यांकन एक निरर्थक कार्य था। अतः ग्रामदान आंदोलन के कारण हुए परिवर्तनों का गाँवों के दो समूहों में अध्ययन करने का मैंने निर्णय लिया। इन समूहों में पहला समूह ग्रामदान (प्रायोगिक) का था और दूसरा गैर–ग्रामदान गाँवों (नियंत्रित) का था।

समाजशास्त्र में मेरी अत्याधिक रुचि प्रोफेसर वाई.बी. दामले के कारण उत्पन्न हुई, जिनसे मैंने इस विषय का सर्वप्रथम प्रारंभिक ज्ञान प्राप्त किया। उन्हीं के सक्षम निर्देशन में मैंने अपना शोध–पत्र (पी–एच. डी. थीसिस) तैयार किया और इसलिए मैं अपने–आप को काफी भाग्यशाली समझता हूँ। मेरे शोध कार्य में उनकी गहरी रुचि और मेरे प्रति उनकी उदार भावना के अभाव में इस शोधकार्य को पूरा करने के मेरे सभी प्रयास निष्फल साबित होते।

इस पुस्तक की पांडुलिपि उस वक्त ही तैयार कर ली गई थी, जब मैं दिल्ली स्कूल ऑफ सोशल वर्क विभाग के एक सदस्य के रूप में कार्यरत था। प्रधानाचार्य श्री एस.एन.रानाडे ने व्यक्तिगत रूप से मुझे इस कार्य में अपेक्षित सहयोग प्रदान किया। स्कूल में मेरे सहकर्मी के रूप में कार्यरत डॉ. के. डी. गंगराडे और श्री एस.एच.पाठक ने कई अवसरों पर मुझे प्रोत्साहित किया। स्कूल के पुस्तकालयाध्यक्ष श्री बी. एस.कुमेढान ने यहाँ हमेशा मेरी मदद की जिससे मेरी यह रचना शीघ्रातिशीघ्र पूरी हो सकी। मैं इन सब लोगों को उनके साहचर्य और सहयोग के लिये धन्यवाद देता हूँ।

पी–एच.डी. की डिग्री मिलने के तुरंत बाद मैंने इसकी पांडुलिपि के प्रकाशन का विचार अपने मित्र–मंडली के समक्ष प्रस्तुत किया। प्रोफेसर आइसेनस्टाड, डॉ. आद्रे वेतेई, एम.सी.शेखर और के.जी. कृष्णामुर्थी जैसे कुछ विद्वानों के प्रति मैं विशेष–रूप से कृतज्ञ हूँ, जिन्होंने इस विषय पर मुझे अपने महत्त्वपूर्ण सुझाव दिये।

एक समय मैंने कुछ व्यक्तिगत और शैक्षणिक कारणों से इस पुस्तक को प्रकाशित करने का विचार त्याग दिया था। इस पुस्तक को प्रकाशित कराने के लिए, प्रोफेसर ए. आर. देसाई, एम.एस. गोरे, आई. पी. देसाई, और योगेंद्र सिंह का सतत् रूप से प्रोत्साहन मुझे मिलता रहा। इसके लिये मैं इन लोगों का आभारी हूँ।

श्री रामसागर सिंह ने मुझे इस पुस्तक के त्रुटि–शोधन में एवं लेखक की अनुक्रमणिका (ऑथर इंडेक्स) बनाने में मदद की। उनके इस सहयोग के लिये मैं उनका आभारी हूँ।

इंडियन कौंसिल ऑफ सोशल साइंस रिसर्च के ग्रांट–इन–एड कार्यक्रम के तहत मिले सहयोग से इस पुस्तक का प्रकाशन काफी आसान हो गया। आई.सी.एस.एस.आर. के मेंबर सेक्रेटरी जे.पी. नायक द्वारा शीघ्रातिशीघ्र निर्णय लेकर इस अनुदान से संबंधित औपचारिकताओं को पूरा करने के लिये मैं उनका अहसानमंद हूँ।

किसी शोध परियोजना (प्रोजेक्ट) की सफलतापूर्वक पूर्णता बहुत हद तक उन लोगों पर भी निर्भर करती है, जिनके द्वारा इस कार्य–हेतु विभिन्न प्रकार की अपेक्षित सूचनाएं प्राप्त की जाती हैं। मेरे अंतर्मन में उन ग्रामीणों के प्रति असीम कृतज्ञता का भाव व्याप्त है, जिनके साथ मैंने चौदह महीने बिताए और जिनसे मैंने इस पुस्तक में प्रयोग किए गये अधिकांश आँकड़ों को प्राप्त किया। भूदान–ग्रामदान आंदोलन में सक्रिय रचनात्मक कार्यकर्ताओं ने मुझे कई प्रकार से मदद की, जिससे मेरे इस कठिन शोध कार्य को गतिशीलता और सरलता प्राप्त हुई। मैं उन सभी लोगों के सहयोग और मेहरबानी के लिए उन्हें धन्यवाद देता हूँ।

जब कोई अपना आभार प्रकट करने के लिए लोगों की सूची बनाता है, तो अपने परिवार के लोगों को शामिल करना, एक परिपाटी और कभी–कभी व्यवहारिक संस्कार के समान भी है।

यद्यपि यह अध्ययन कार्य मैंने विवाह से पूर्व ही शुरू किया था, फिर भी इसके समापन के पूर्व मैं विवाह के बंधन में बँध गया। पीछे मुड़कर देखने पर मैं अपनी पत्नी जोसेफाइन के प्रति निर्दयता बरतने के कारण अपने को दोषी पाता हूँ। निर्धारित समय के भीतर अपने

शोध–कार्य की पूर्णता के लिए मेरी तीव्र उत्कंठा के कारण उन्हें काफी तकलीफें हुईं। उन्होंने मुझे इस पुस्तक की पांडुलिपि के त्रुटि–शोधन के साथ–साथ विभिन्न अवसरों पर कई प्रकार से मदद की। अतः मैंने सोचा कि कम से कम उनके धैर्य की प्रशंसा तो करनी ही चाहिए। अंततः मैं अपने भाई श्री टी. के. मैथ्यू के प्रति आभार व्यक्त करता हूँ। जिन्होंने मुझे आर्थिक सहयोग प्रदान किया और मुझे अपने अध्ययन को जारी रखने और इसे पूर्ण करने के लिए निरंतर प्रोत्साहित किया।

अध्याय–1

एक सैद्धांतिक संदर्भ

इस पुस्तक का सैद्धांतिक उद्देश्य है, समाज में प्रतिभा को एक सामाजिक व्यवस्था संरक्षक (स्थायीत्व प्रदान करने वाली) शक्ति या एक सामाजिक व्यवस्था परिवर्तक शक्ति के रूप में विस्तृत मूल्यांकन करना। पारंपरिक रूप से प्रतिभा को एक व्यवस्था परिवर्तक शक्ति माना जाता है, इसीलिए प्रतिभा की एक व्यवस्था संरक्षक शक्ति के रूप में व्यापक विश्लेषण की नितांत आवश्यकता है। यहाँ इस कार्य को एक सामाजिक आंदोलन, जिसे हम प्रतिभात्मक आंदोलन की संज्ञा देते हैं, के प्रायोगिक परीक्षण के द्वारा अंजाम दिया गया है।

चूंकि प्रतिभा की अवधारणा हमारे लिये यहाँ काफी महत्वपूर्ण है, अतः हमारे लिये यह उचित और अपेक्षित होगा कि शुरुआत में ही हम प्रतिभा की उस अवधारणा को स्पष्ट कर दें जिसका प्रयोग हम आगे करेंगे। इस प्रक्रिया में हम वेबर के प्रतिभा की अवधारणा की वृहद व्याख्या करेंगे एवं इसमें यथोचित संशोधन का प्रयास करेंगे जिससे इसकी प्रासंगिकता में और बढ़ोतरी हो तथा इसके प्रयोग के क्षेत्र का विस्तार हो।

हमारे अध्ययन की दृष्टि से दूसरा महत्वपूर्ण विषय– 'सामाजिक आंदोलन का विस्तार' है। यहाँ हमें सामाजिक आंदोलन को परिभाषित करते हुए इसकी विशेषताओं को चित्रित करने की आवश्यकता है,

क्योंकि समाजशास्त्र में एक ओर तो यह काफी भ्रामक विषय है, वहीं दूसरी ओर इस पर बहुत कम ही चर्चा हुई है।

प्रतिभात्मक आंदोलन का विचार अपेक्षाकृत अधिक नवीन है। यद्यपि वेबर ने प्रतिभा की अवधारणा पर कुछ नजदीक से चर्चा की, फिर भी उन्होंने विभिन्न सामाजिक परिदृश्यों में इसके समाहित प्रयोग पर विस्तार के साथ चर्चा नहीं किया। समाजशास्त्रियों द्वारा प्रतिभात्मक आंदोलन की बहुमुखी व्याख्या करनी अभी भी शेष है। इस कारण–वश हमारे लिए यह आवश्यक हो जाता है कि प्रतिभात्मक आंदोलन की विशेषताओं और मौलिकताओं के साथ–साथ अन्य सामाजिक आंदोलनों के सापेक्ष इनकी समानताओं और असमानताओं पर विस्तृत विवेचना की जाये।

हम इस अध्याय में उपरोक्त वर्णित तथ्यों की व्याख्या करेंगे इन तथ्यों के सातत्य की जांच के लिए संग्रहित प्रयोगाश्रित आंकड़े इस पुस्तक में आगे संकलित हैं।

प्रतिभा की अवधारणा

'समकालीन समाजशास्त्र में प्रतिभा[1] की अवधारणा के वृहत प्रचलन के बावजूद समाजशास्त्र में इसके सैद्धांतिक विश्लेषण की वैधता और इसके प्रयोग को लेकर काफी विरोधाभास और उलझन व्याप्त है। उदाहरणार्थ वोल्पे[2] प्रतिभा के बारे में यह तर्क देते हैं, "वैश्लेषिक दृष्टि से प्रतिभा की अवधारणा उपयोगी नहीं है।" कुछ लोग इस बात पर जोर देते हैं कि वेबर द्वारा दी गई प्रतिभा की अवधारणा पर्याप्त है और उन्हीं के विचारों का प्रयोग किया जाना चाहिए। वहीं कुछ अन्य लोग[3] तो यहाँ तक कहते हैं कि इस अवधारणा से धार्मिक संदर्भ (प्रसंग) को हटा देना चाहिये ताकि इसका प्रयोग आधुनिक धर्मनिरपेक्ष संदर्भ में आसानी से किया जा सके।

यद्यपि वोल्पे[4] प्रतिभा के विचार को ही खारिज करने के लिए उत्सुक दिखते हैं, फिर भी निश्चित रूप से वे दूसरे विद्वानों की तरह बहुत ज्यादा उग्र नहीं हैं।[5] इस तर्क की अनुगूँज वोल्पे द्वारा लिखित इन पंक्तियों में दिखाई पड़ती है, "मैं ऐसे किसी भी विश्लेषण की वैधता को प्रश्नचिह्नित कर रहा हूँ, जो यह मानता है कि व्यक्तिगत गुण या शक्ति या विश्वास, अपने बलबूते पर और व्यवस्था संबंधी कारकों से अलग होकर, समाज की शक्ति व्यवस्था या सत्ता का या फिर व्यक्तियों के प्रारंभ और पृष्ठिभूमि का वर्णन करता है।" इस तर्क के सारांश के रूप में वोल्पे आगे कहते हैं कि प्रतिभा सामाजिक व्यवस्था की विशेषताओं से संबंद्ध है और प्रतिभा की प्रकृति को सामाजिक व्यवस्था से स्वतंत्र रहकर दृष्टिगत नहीं किया जा सकता। यहाँ मैं यह सिद्ध करने का प्रयास करूँगा कि प्रतिभा अंततः सामाजिक संरचना का परिणाम है और इस कारण इसकी प्रकृति और विषयवस्तु, सामाजिक परिवर्तनों के सापेक्ष ठीक उसी प्रकार बदलती रहती है, जिस प्रकार इसका कार्य–क्षेत्र बदलता है।

मैक्स वेबर ने प्रतिभा की अवधारणा का उपयोग अपने द्वारा विकसित प्रमाण के प्रतीकवाद के संदर्भ में किया था। उन्होंने इसका (प्रमाण का प्रतीकवाद) का उपयोग व्यक्तित्व की विशेषता दर्शाने के लिए भी किया था। वेबर के मतानुसार प्रतिभा की अवधारणा उन विशेष लोगों द्वारा प्रतिपादित की जाती है, जो प्रतिकूल परिस्थितियों से अपने को सुरक्षित रखने में सफल रहते हैं और उनके द्वारा प्रस्तावित और प्रतिपादित ये विचार सामाजिक परिवर्तन में महत्वपूर्ण भूमिका प्रदान करते हैं। ये विशेष लोग दार्शनिक, धर्मोपदेशक, सिद्ध संत या समाज सुधारक हो सकते हैं।

प्रायः प्रतिभा (करिश्मा), विषम या संकटपूर्ण परिस्थितियों में नये विचारों के साथ असामान्य शक्तियों के उदय को प्रदर्शित करता है।

वस्तुतः प्रतिभाशाली सत्ता (प्राधिकार) का सिद्धांत पारंपरिक सत्ता और कानूनी–तार्किक सत्ता के सिद्धांतों के प्रतिकूल होता है। प्रतिभा न सिर्फ गैर–संस्थागत होता है, बल्कि यह संस्थागत सिद्धांतों के विरूद्ध भी होता है और प्रतिभाशाली ऑफिस (पदानुषंग) का उदय सिर्फ प्रतिभा को नियमबद्ध करने के क्रम में होता है। प्रतिभाशाली संबंध किसी भी व्यवस्थित श्रम–विभाजन विशिष्टता या स्थायीत्व से परे होते हैं। किसी प्रतिभाशाली नेता की मूलोन्मुखता (Orientation) गैर–पेशवर होती है। इसी कारण उसके क्रियाकलाप आकस्मिक होते हैं।

वेबर द्वारा प्रतिभाशाली नेतृत्व को वैधानिक सत्ता के साथ–साथ पारंपरिक और कानूनी–तार्किक सत्ता के अंतर्गत दिखाना, प्रतिभाशाली की अवधारणा के क्रियान्वयन में एक बहुत बड़ी कठिनाई उत्पन्न करती है। वेबर ने शक्ति और सत्ता के मध्य अंतर स्पष्ट करते हुए कहा है कि सत्ता वास्तविक रूप से 'वैधानिक शक्ति' होती है और इसकी बाध्यताओं के साथ कुछ निश्चित अनुशस्तियाँ जुड़ी होती हैं। सत्ता की इस अवधारणा में (Sanctions) कौन 'वैधानिक' है– इसमें प्रयुक्त थोड़ी–बहुत जोर–जबरदस्ती या धमकी?

वेबर द्वारा सत्ता को एक प्रतिभाशाली नेता का गुण बताना गलत था, क्योंकि 'वैधीकरण' (Legitimacy) और 'अनुशस्तिता' (Sanctions) उस पदानुषंग (Office) से संबद्ध होते हैं, जिससे वह नेता जुड़ा होता है और एक विशुद्ध प्रतिभाशाली नेता न सिर्फ एक गैर–संस्थागत संदर्भ में अपना काम करता है, बल्कि वह प्रचलित संस्थागत मान्यताओं और विरोधाभाषी विचारों के विरुद्ध विद्रोह भी करता है। अतः वह 'संस्था–विरोधी' होता है। अतः इसलिए आदर्श–प्रारूपी प्रतिभाशाली नेता पास कोई 'सत्ता' नहीं होती, वह अपनी शक्ति द्वारा अपने अनुयायियों के व्यवहार को प्रभावित करने में सक्षम होता है। अगर कोई जनसमूह उसकी 'शक्ति' पर प्रश्न करता है या उसकी 'अवज्ञा'

करता है, तो वह उन लोगों को ना तो एक कानूनी–तार्किक नेता की तरह कानूनी ढंग से दंडित करता है और ना ही एक पारंपरिक नेता की तरह उन्हें प्रचलित रीति–रिवाजों के अनुसार दंडित करता है। वस्तुतः एक प्रतिभाशाली नेता और उसके अनुयायियों के बीच ऐसा संबंध होता है कि उसके अनुयायी उसके नेतृत्व पर प्रश्न उठाते हैं तो उसके प्रतिभा में आंशिक कमी होती है और उसके अनुयायियों द्वारा उसका स्वेक्षिक अनुसरण उसके प्रतिभा को संपुष्ट करता है।

हमें यहाँ यह बात अवश्य याद रखनी चाहिये कि इस संदर्भ में ज्यादातर संदेह इस तथ्य के कारण होता है कि अधिकतर सरकारों के शासनाध्यक्ष (विशेषकर विकासशील और अविकसित देशों में) भी प्रतिभाशाली व्यक्तित्व के हैं। नेहरू और नक्रूममाह के पास सत्ता इसीलिये नहीं थी कि वे प्रतिभाशाली नेता थे, बल्कि वह राजनीतिक कानूनी पदानुक्रम में भी शीर्षस्थ थे। फिर भी उनमें प्रतिभाशाली गुणों के अस्तित्व से इंकार नहीं किया जा सकता है। दरअसल, यह सही है कि उनके कानूनी–तार्किक सत्ता के संचालन में उनके प्रतिभाशाली गुणों और उनकी शक्ति ने उन्हें सरलता प्रदान की। सारांशतः मैं जो सुझाव प्रस्तुत कर रहा हूँ, वह यह है कि वेबर द्वारा प्रतिभाशाली नेता की 'शक्ति' को 'सत्ता' बताना गलत था। यदि हमें सत्ता में एक अर्थपूर्ण अंतर प्रदर्शित करना हो तो हम प्रतिभाशाली सत्ता की बजाय प्रतिभाशाली शक्ति या प्रतिभाशाली प्रभाव पर अपना ध्यान केंद्रित कर सकते हैं।

इससे हमें नेतृत्व के तीनों प्रकारों अर्थात् पारंपरिक, कानूनी–तार्किक और प्रतिभाशाली के बीच विभेद स्पष्ट हो जाता है। पहले दोनों प्रकार के नेतृत्व में एक आधारभूत यह है कि इन दोनों में नेताओं का पदानुषंग (Office) में प्रवेश एक निश्चित परिपाटी के अनुसार होता है। (यहाँ ऑफिस का प्रयोग वंशानुगत पदों के लिए भी किया गया है)

परंतु एक विशुद्ध प्रतिभाशाली नेता के पास न तो अनुशास्तियाँ (Sanctions) होती हैं और न ही ऑफिस की सत्ता होती है। हाँ, ऐसा हो सकता है कि एक प्रतिभाशाली नेता ऑफिस के लिए निर्वाचित हो, परंतु जब ऐसा होता है तो वह सिर्फ एक प्रतिभाशाली नेता नहीं रह जाता और उसकी सत्ता या तो कानूनी–तार्किक मानी जाती है या फिर पारंपरिक। नेता के प्रतिभाशाली गुण एक हद तक उसे सत्ताहीन होने में मदद करते हैं। प्रतिभाशाली सत्ता संरक्षित रखने का प्राकृतिक साधन (स्रोत) होता है लेकिन मौलिक रूप से प्रतिभाशाली के द्वारा उसे सत्ता नहीं प्राप्त होती है।

वेबरीयन प्रारूपवाद के अनुसार प्रतिभाशाली सत्ता का संचालन किसी पैगंबर, नायक या प्रखर वक्ता द्वारा उसकी जादुई शक्तियों, दैवी–प्रेरणा, वीरता, आदर्श कार्यशैली या दूसरे नैतिक गुणों के बल पर किया जाता है और प्रतिभाशाली नेता का उदय मुख्यतः धार्मिक संस्थाओं से होता है। बहुत से लेखकों ने हिटलर, क्राइस्ट, मुसोलनी और मोसेस (Moses) को दरकिनार कर सिद्धांत सृजन की कड़ी आलोचना की है।[6] दैवी पुकार के वास्तविक इन्द्रिय ज्ञान पर आधारित नेतृत्व और प्रेरणादायी (inspirational) नेतृत्व के मध्य अंतर स्पष्ट करने के लिये एक ठोस तर्क दिया गया है। फ्रेडरीख के अनुसार प्रखर वक्ताओं, सर्वाधिकारवादी आंदोलनों के नेताओं और धर्म संस्थापकों को एक साथ दिखाना काफी भ्रामक है जहाँ सर्वाधिकारवादी नेता अपने आपको सिर्फ शक्ति से ही संबद्ध रखते हैं, वहीं धार्मिक नेता ऐसा कभी–कभार ही करते हैं। अतः प्रतिभात्मक नेतृत्व और प्रेरणादायी नेतृत्व के विभिन्न प्रकारों के मध्य एक महत्वपूर्ण अंतर है। श्लेशिंगर (Schlesinger) इस तथ्य को जोरदार ढंग से इस प्रकार प्रस्तुत करते हैं: "वेबर के अनुसार प्रतिभा कल्पना और जादू के संसार का एक विशिष्ट रूपक होता है। ... संदीप में यह भविष्यसूचक

(Prophetic) गुप्त, अस्थायी और तर्कहीन होता है और वेबर की परिभाषानुसार औद्योगिक समाज की वास्तविकताओं को स्पष्ट नहीं किया जा सकता।"[7]

वेबर बार–बार अपने पाठकों को यह याद दिलाते हैं कि उनके प्रारूपवाद की परिकल्पना 'आदर्श प्रारूपों' और वैचारिक पृथक्करण के रूप में की गई है, न कि प्रयोगाश्रित यथार्थों के रूप में। वस्तुतः वे यह कहते हुए काफी दूर तक चले जाते हैं कि सत्ता के इन विभिन्न प्रकारों में कोई भी विशुद्ध नहीं है और प्रायोगिक धरातल पर इनका अस्तित्व मिश्रित रूप में देखने को मिलता है।[8] यह कहना कि कोई भी 'सत्ता' विशुद्ध रूप से तार्किक, पारंपरिक या प्रतिभाशाली नहीं होती है, जबकि किसी शासन तंत्र को तार्किक, पारंपरिक या प्रतिभाशाली सत्ता के रूप में नामांकित करना निश्चितरूपेण संभव है। इस तथ्य को वेबर के कुछ आलोचक भूल जाते हैं। फिर भी निष्पक्ष रूप से कोई भी व्यक्ति वेबर की आलोचना इसलिए नहीं कर सकता कि उनके वर्गीकरण में प्रतिभाशाली 'सत्ता' को पारंपरिक और कानूनी–तार्किक सत्ता से अलग नहीं दिखाने की प्रवृति का अभाव है और उनके वर्गीकरण का मुख्य दोष यह है कि वे पारंपरिक और कानूनी–तार्किक 'सत्ता' में प्रतिभाशाली तत्वों के प्रभाव को स्पष्ट करने में असफल रहे। हाल ही में शील्स (Shils)[9] ने प्रतिभा की असाधारणता और इसकी कार्यपद्धति का परीक्षण धर्मनिरपेक्ष समाजों में किया। साथ ही उन्होंने इसका परीक्षण उन गैर–धार्मिक संस्थाओं में भी किया जिन्हें परंपरागत रूप से प्रतिभाशाली तत्वों से स्वतंत्र माना जाता है। यहाँ इन गैर–धार्मिक संस्थाओं में कभी–कभार उत्पन्न होने वाली विघटनकारी प्रवृत्तियों और कुछ प्रतिभाशाली व्यक्तियों के बलात प्रवेश को दृष्टिगत नहीं किया गया है। यह तथ्य इस उद्देश्य को दृष्टिगत करने के लिए पर्याप्त हो जाता है कि यद्यपि "प्रतिभा" को विश्लेषिक रूप से अलग

वर्गीकृत किया जा सकता है, तथापि यह सत्ता के दूसरे प्रकारों में भी विद्यमान रहता है।

इसके अलावा धार्मिक संस्थाओं में प्रतिभा की सीमित उपस्थिति को स्वीकार करने पर यह तार्किक परिणाम प्राप्त होता है कि अब तक की औद्योगीकरण, शहरीकरण प्राप्त और नौकरशाही करण की विकासात्मक प्रक्रियाओं के विकास के प्रतिभा का सत्ता के एक प्रकार के रूप में अस्तित्व समाप्त हो जायेगा।[10] यहाँ यह शील्स द्वारा दृढ़तापूर्वक प्रस्तावित किए गए इस तर्क को दृष्टिगत करना काफी उपयोगी है, "किसी भी समाज में पवित्रता की उपस्थिति को टाला नहीं जा सकता है। सभी समाजों में पवित्रता के रूप में निर्णयों के कुछ निश्चित मानदंड, चिंतन और आचरण के कुछ नियम और प्रतिक्रियाओं (actions) की कुछ निश्चित व्यवस्थायें विद्यमान होते हैं।"[11] व्यक्तिगत और व्यवसायिक सफलताओं की सच्चाई के मूल्यों को विभिन्न सोपानों पर प्रतिभा की पवित्रता (Sacredress) को एक साथ मिश्रित किया जा सकता है। स्पष्ट रूप से यह वेबर की अवधारणा का धर्मनिरपेक्ष संदर्भ में विस्तार है। वर्तमान अध्ययन में हम प्रतिभा की इस विस्तृत अवधारणा को स्वीकार करते हैं।

ऊपर हमने देखा कि प्रतिभा और प्रतिभाशाली नेतृत्व आधुनिक धर्मनिरपेक्ष संदर्भ में भी विद्यमान होते हैं। फिर भी धर्मनिरपेक्ष संदर्भ में प्रतिभा व्यक्तित्व के रूप में नामांकित व्यक्तियों को बड़ी मुश्किल से एक विशेष वर्ग में रखा जा सकता है। हिटलर, नासेर नकरूमाह, केनेडी, ख्रुश्चेव, नेहरू, गाँधी, विनोबा कुछ ऐसे उल्लेखनीय नाम हैं, जिन्हें प्रतिभाशाली नेता कहा जाता है। यहाँ यह उल्लेख करना आवश्यक है कि गाँधी और विनोबा को छोड़कर सभी अपने देश के सरकारी पदानुषंगों (Offices) में शीर्ष पदों पर पदस्थापित थे। इसका मतलब यह हुआ कि इन दोनों को छोड़कर अन्य सभी के पास उनके

ऑफिसों के कारण सत्ता थी। अब हम यह नहीं कह सकते हैं कि गाँधी और विनोबा को छोड़ दूसरे नेताओं में प्रतिभाशाली गुण नहीं थे। परंतु यह भी निश्चित नहीं कर सकते कि इन दूसरे नेताओं पर क्रमशः प्रतिभाशाली शक्ति और तार्किक–वैधानिक सत्ता का प्रभाव किस हद तक था। ऐसा भी हो सकता है कि तार्किक वैधानिक सत्ता के शीर्ष पर उनके पदस्थापन ने उन्हें अपने प्रतिभाशाली गुणों को प्रदर्शित और क्रियांन्वित करने में मदद किया हो (प्रेस और प्रचार के द्वारा) और या जनता ने उनके साथ प्रतिभा को इसलिए जोड़ दिया कि वे नौकरशाही के पिरामिड में सर्वोच्च शिखर पर पदस्थापित थे।

प्रतिभा, सामाजिक संरचना और सामाजिक परिवर्तन

विभिन्न सामाजिक शक्तियों के कार्यरत रहने के कारण विभिन्न व्यवस्थाओं में प्रतिभा का परिणाम और गुणों में अंतर होता है। इसीलिए औद्योगिक और अपेक्षाकृत अधिक स्थायी पश्चिमी देशों की तुलना में विषम परिस्थितियों से जूझ रहे नये राष्ट्रों में प्रतिभाशाली नेता पैगंबर या शांतिदूतों के सदृश शांति पर जोर देते हैं। यहाँ इस बात पर मैं अधिक जोर दे रहा हूँ कि सामाजिक व्यवस्था की प्रकृति और प्रकार से स्वतंत्र होकर हम प्रतिभा की विशेषता और प्रतिभाशाली नेतृत्व पर विचार नहीं कर सकते हैं।

सामाजिक व्यवस्था में होने वाले परिवर्तन प्रतिभा की प्रकृति को भी बदलने में समर्थ होते हैं। वेबर ने लिखा है, "प्रतिभा" शब्द का प्रयोग किसी व्यक्ति विशेष के व्यक्तित्व के उन विशेष गुणों के लिये किया जायेगा जिनके द्वारा वह अपने आप की पहचान किसी सामान्य आदमी से अलग स्थापित करता है और उसकी प्रतिभा के कारण उसे आलौकिक या महामानव माना जाता है या कम से कम उसमें कुछ ऐसी विशिष्ट शक्तियाँ और गुण होते हैं जो दूसरों में नहीं होती।[12]

आदिकालीन और परंपरागत समाजों में युद्ध के नायकों के अलावा शामन (Shaman) जादूगर यहाँ तक कि वैध और कानूनी ज्ञान रखने वाले लोगों को भी प्रतिभाशाली माना जाता था। आज जादू और धर्म के घटते महत्व और बढ़ते हुए तकनीकी ज्ञान और युद्ध के बदले शांति की तीव्रेच्छा के साथ–साथ प्रतिभाशाली व्यक्ति के मानक मापदंड भी बदल चुके हैं। इसी कारण हमें धर्मनिरपेक्ष और गैर–धार्मिक संदर्भ "प्रतिभा" की अवधारणा पर भी विचार करना चाहिए।

एक ही समाज अलग–अलग समयों में अलग–अलग अपीलों से प्रभावित हो सकता है। जब भारत एक ब्रिटिश उपनिवेश था, तब स्वतंत्रता सबसे महत्वपूर्ण अपील थी, परंतु जब भारत स्वतंत्र हो गया तो आर्थिक विकास सर्वप्रमुख उद्देश्य बन गया। यह बात उल्लेखनीय है कि किसी विशेष परिस्थिति में क्रियाशील कोई प्रतिभाशाली व्यक्तित्व किसी दूसरी परिस्थिति में उसी हद तक क्रियाशील नहीं रह सकता। गाँधी सबसे महान स्वतंत्रता सेनानी थे, परंतु बहुत से लोग ऐसा नहीं मानते हैं। ये लोग गाँधीवादी दर्शन और गाँधीवादी कार्यक्रमों के द्वारा गाँधी भारत को आर्थिक खुशहाली के द्वार तक ले जाने में असफल रहे थे। अनिवार्यतः उनका स्थान नेहरू ने ले लिया जिनकी आधुनिकता के मूल्यों के प्रति वचनबद्धता तत्कालीन प्रवृत्तियों के ज्यादा अनुकूल थी।

यदि किसी समाज को विदेशी आक्रमणकारियों द्वारा निरंतर दी गई चुनौतियों का सामना करना पड़े तो विदेशियों के विरूद्ध लड़े जाने वाले युद्ध के सफल सेनानायक को सैद्धांतिक रूप से प्रतिभाशाली व्यक्तित्व का माना जाता है। गरीबी की जंजीरों में जकड़े समाज में खुश्याहाली लाने वाले नेता को भी प्रतिभाशाली माना जाता है। जिस समाज में भ्रष्टाचार सर्वव्याप्त हो, वहाँ एक ईमानदार व्यक्ति को प्रतिभाशाली व्यक्ति के रूप में मान्यता दी जा सकती है। यहाँ मैं यह

कहना चाहता हूँ: प्रतिभा की विशेषताएं पूर्णकालिक नहीं होती, बल्कि ये हमेशा संदर्भित होती हैं। अंततः प्रतिभा सामाजिक व्यवस्था की उपज होती है और इसलिए समाज की प्रकृति के साथ–साथ इसमें गुणात्मक परिवर्तन होते रहते हैं।

वेबर द्वारा सामाजिक परिवर्तन का जो वर्णन किया गया है, उसके लिए प्रतिभा का विश्लेषण महत्वपूर्ण हो जाता है। वेबर ने जर्मनी के ऐतिहासिक ढ़ांचे के अर्न्तगत रहकर परिवर्तन का यह सिद्धांत प्रस्तावित किया: प्रतिभाशाली व्यक्तियों द्वारा सामाजिक व्यवस्था में अनुकूलनों (adaptions) की एक शृंखला के रूप में बड़े पैमाने पर परिवर्तनों को प्रतिस्थापित किया जाता है। सत्ता की दूसरी पद्धतियों में स्थायीत्व के प्रभाव या निरंतर आग्रह के कारण अति सूक्ष्म स्तर पर परिवर्तन होते हैं। वेबर ने बड़े पैमाने पर परिवर्तन की समस्या का विश्लेषण प्रतिभाशाली की अवधारणा के द्वारा किया है जिसे बेंडिक्स (Bendix) ने 'परिवर्तन का समाजशास्त्र (Socioloegy of Immovation) का नाम दिया है।[13] प्रतिभाशाली शक्तियाँ परिवर्तन और नवनिर्माण दोनों को अंजाम देती हैं जिसके कारण बड़े पैमाने पर परिवर्तन होते हैं।[14] इन शक्तियों को वेबर ने व्यवस्था संरक्षक शक्तियों (Maintainers) से अलग बताया है।

शील्स[15] के मतानुसार प्रतिभा न सिर्फ सामाजिक व्यवस्था के विघटन के लिए प्रयासरत रहता है बल्कि यह इसके संरक्षण और विकास के लिए भी प्रयासरत रहता है। आइजनस्टाड (Eisentadt)[16] ने इस विचार का विस्तार करते हुए आगे कहा है कि प्रतिभा को नियत या स्थायी का विपरीत ध्रुव नहीं मानना चाहिये बल्कि इसका प्रयोग संस्था निर्माण की विधि और इस क्रम में व्यवस्था में स्थायित्व को प्रभावित करने के संदर्भ में अपेक्षाकृत अधिक लाभदायी ढंग से किया जा सकता है। इस तर्क को दृष्टिगत करते हुए हम आगे इस

बात पर जोर देना चाहेंगे कि प्रतिभा लंबे समय तक परिवर्तन के लिए प्रयासरत शक्ति के सदृश प्रभावी नहीं रह सकता है। जैसे ही सामाजिक परिस्थितियाँ स्थिर हो जाती हैं और सामाजिक, आर्थिक विकास मुख्य उद्देश्य हो जाता है, प्रतिभाशाली नेताओं का प्रभाव समाप्त हो जाता है। इस तथ्य को डॉ (Dow)[17] ने आधुनिक अफ्रीकी प्रगति का विश्लेषण करते हुए स्पष्ट ढंग से प्रस्तुत किया है। अधिकांश अफ्रीकी स्वतंत्रता आंदोलनों में प्रतिभाशाली नेता थे। फिर भी स्वतंत्रता प्राप्ति से पहले किए गए वायदे स्वतंत्रता प्राप्ति के बाद पूरे नहीं किए जा सके। जैसे ही इन नेताओं ने देश की दैनिक समस्याओं और आर्थिक पिछड़ेपन से संघर्ष करना शुरू किया। इनके प्रतिभा की तीव्रता फीकी पड़ने लगी। डॉ (Dow) के अनुसार, "अपने शोध में वेबर ने सिर्फ यह माना है कि एक संस्थागत संरचना के अंतर्गत प्रतिभा के अस्तित्व को स्वीकार नहीं किया जा सकता है। ऐसा इसलिए नहीं कि कोई नेता स्थायी अपेक्षाओं को पूरा नहीं कर सकता है, बल्कि ऐसा इसलिए होता है कि वह अपने असाधारण मिशन को जारी नहीं रख पाता है या अपने उन वायदों को पूरा नहीं कर पाता है, जिनके आधार पर उस नेता के नेतृत्व की प्रतिभाशाली पृष्ठभूमि तैयार हुई होती है। ऐसा इसलिए भी होता है कि नेता पर दैनिक जीवन के मामलों में रुचि लेने के लिए दबाव होता है और इससे उसके अनुयायियों के बीच उसकी ख्याति और प्रतिष्ठा कम हो जाती है। खासकर आर्थिक गतिविधियों में उसकी तन्मयता उसके किसी भी सतत् प्रतिभाशाली आडंबर के लिए चुनौती उत्पन्न करती है। दिन–प्रतिदिन उसकी आर्थिक गतिविधियों का प्रभाव निश्चित रूप से उसके असाधारण आर्थिक लक्ष्यों के अनुरूप होना चाहिए। फिर जब ऐसा होता है तो वह नेता आर्थिक विकास के अपने असाधारण कार्यक्रम से बाजार में उत्पन्न अपरिहार्य मायूसी और निराशा को

समाप्त नहीं कर पाता है। अतः इन परिस्थितियों में प्रतिभा को संरक्षित रख पाना असंभव हो जाता है।[18]"

कोई तार्किक–वैधानिक नेता अगर परिवर्तन के कारक के रूप में कार्य करता है तो उसे आम–जनता द्वारा अधिक सम्मान मिलता है और उसे प्रतिभाशाली कहा जाता है। यहाँ वेबर के वैचारिक अंदाज़ में इस मानसिक कमजोरी को समझने की आवश्यकता है। वेबर के विचारों के विपरीत सरकारी मशीनरी के अंतर्गत भी कार्य करने वाले कानूनी–तार्किक नेता परिवर्तन या आधुनिकता के पैगंबर हो सकते हैं। विलोमतः यह जरूरी नहीं कि प्रतिभाशाली नेता परिवर्तन के कारक के रूप में कार्य करे। अंततः मेरा यह कहना है कि एक प्रतिभाशाली व्यक्तित्व किसी नई व्यवस्था का आविष्कारक, पुनरोद्धारक, व्यवस्था संरक्षक या व्यवस्था–विघटक हो सकता है।

काइन (Kahin)[19] और कुछ दूसरे विद्वानों के मतानुसार परिस्थितियाँ जनता में ऐसी मनोवृति उत्पन्न करती हैं जो प्रतिभाशाली नेताओं के प्रतिभा को स्वीकार करने की वकालत करती हैं। दृढ़ पारंपरिक बंधनों के क्षीण होने से जो वैचारिक रिक्तता उत्पन्न होती है, उसे प्रतिभाशाली नेता भरते हैं। रतनाम[20] (Ratnam) ने उल्लेख किया है कि इस वैचारिक रिक्ता (Vacuum) के कारण पारंपरिक सत्ता के प्रति असम्मान उत्पन्न नहीं होता और प्रतिभाशाली नेता के प्रभाव से जनता पारंपरिक नेता की अवमानना करने लगती है। यहाँ प्रतिभाशाली नेता के प्रति प्रचलित इस गलत धारणा पर ध्यानाकृष्ट काफी महत्वपूर्ण है कि एक प्रतिभाशाली नेता प्रचलित परंपराओं को चुनौती देता है, अपने समाज को आधुनिक बनाने के लिए उत्सुक होता है और परिवर्तन का बहुत बड़ा कारक (Agent) होता है।

मौलिक रूप से विश्लेषण करने पर हम प्रतिभा के दो प्रारूपों– व्यवस्था परिवर्तकों और व्यवस्था संरक्षकों के बीच अंतर स्पष्ट कर

सकते हैं। किसी नेता का प्रतिभाशाली होने के लिए न सिर्फ उसके उद्देश्य और उसके व्याख्यान उत्तरदायी हैं, बल्कि इसके साथ यह कारक भी उत्तरदायी हैं कि वह किस प्रकार अपने कार्यक्रमों को क्रियान्वित करने का प्रयास करता है। इस तर्क को नेहरू केनेडी आदि नेताओं का उदाहरण देकर और स्पष्ट किया जा सकता है। इन नेताओं के लक्ष्य और कार्यक्रम इतने आकर्षक और प्रभावशाली थे कि जनता ने इनके प्रति वफादारी को सहर्ष स्वीकार किया दूसरी ओर गाँधी और विनोबा ने अपने उद्देश्यों की पूर्णता के लिये जो माध्यम चुना, वह उनके प्रतिभा के प्रदर्शन में निर्णायक रहा।

बहुत से उपनिवेशों ने अपने आपको औपनिवेशिक दासता से मुक्त कराकर स्वतंत्रता प्राप्त की, किंतु गाँधी को छोड़कर किसी ने सत्याग्रह और अहिंसा को हथियार बनाकर संघर्ष नहीं किया। इतिहास में भूमि सुधार और संस्थागत नवनिर्माण के रूप में वैधानिक प्रक्रिया के अंतर्गत कई प्रयास किए गए, किंतु किसी व्यक्ति विशेष द्वारा स्वैच्छिक रूप से सामाजिक संरचना में इतने वृहत पैमाने पर परिवर्तन नहीं लाया गया। गाँधी और विनोबा द्वारा प्रयुक्त कार्यप्रणाली की विशिष्टता के कारण उन्हें प्रतिभाशाली माना गया। एक ऐसी सामाजिक व्यवस्था को व्यवस्थित करना उनका परम् लक्ष्य था, जो बहुसंख्य जनता के लिए चित्ताकर्षक नहीं था। इसी लक्ष्य की प्राप्ति के लिए उन्होंने एक अद्भुत कार्यप्रणाली अपनाई। यहाँ मैं यह तर्क प्रस्तुत करना चाहता हूँ कि प्रतिभाशाली नेतृत्व हमेशा ही बड़े पैमाने पर परिवर्तन के लिए नेतृत्व नहीं संभालता, बल्कि यह व्यवस्था में स्थायित्व लाने के लिए हो सकता है या इसके लिए प्रयास करता है। एक नेता के प्रतिभाशाली होने के लिये कई मानदंड होते हैं। जैसे– उसका परम् लक्ष्य, औपचारिक शासन व्यवस्था में उसका स्थान, उसकी कार्यप्रणाली, उस सामाजिक व्यवस्था की प्रकृति जिसमें वह क्रियाशील होता है, आदि।

प्रतिभाः विस्तार और बिखराव

समाजशास्त्रियों में यह धारणा प्रचलित है कि प्रतिभाशाली नेता संपूर्ण जनसमूह को स्वीकार्य होता है या होना चाहिए। वोल्पे ने इस नकरूमाह और कास्त्रों का उदाहरण देते हुए इस धारणा का प्रयोग किया है। उन्होंने इनके बारे ने लिखा है, "अब यह स्पष्ट है कि दोनों नेताओं में से किसी के प्रतिभाशाली व्यक्तित्व को संपूर्ण जनता ने किसी भी स्तर पर स्वीकार नहीं किया।"[21] यह बात कल्पना से परे है कि राष्ट्रीय, जातीय, नस्ली आदि किसी संदर्भ में संपूर्ण जनता किसी समय विशेष में किसी नेतृत्व को स्वीकार करे। उदाहरणार्थ यद्यपि जब गाँधी "भारतीय स्वतंत्रता संग्राम" में संघर्षरत थे तब बहुसंख्य भारतीयों को उनका नेतृत्व प्रचंड रूप से स्वीकार्य था (जिसे वस्तुतः संपूर्ण जनता की इच्छा और अपेक्षा माना जाता था), तथापि सभी लोगों ने उनके नेतृत्व को स्वीकार नहीं किया। कुछ लोगों ने उनकी कार्यप्रणाली को आधार बनाकर उनका विरोध किया और कई दूसरे लोग ब्रिटिश प्रभुसत्ता की समाप्ति नहीं चाहते थे। अतः उसके प्रतिभाशाली व्यक्तित्व को शत–प्रतिशत जनता के द्वारा स्वीकार नहीं किये जाने पर भी उन्हें प्रतिभाशाली माना गया। ऐसा भी हो सकता है कि प्रतिभाशाली नेता एक विशेष जनसमूह को ही स्वीकार्य हो। इसका एक सटीक उदाहरण मार्टिन लूथर किंग हैं, जिन्होंने अमरीकी नीग्रो जाति के लिए संघर्ष किया। यह सर्वविदित है नीग्रो जाति के ही कुछ लोगों ने उनका तीव्र विरोध किया। यहाँ यह उल्लेखरीय है कि – "प्रतिभा के ह्रास" की भी सम्भावनांए मौजूद होती हैं। जीवन के अंतिम क्षणों में गाँधी के साथ ऐसा ही हुआ। गाँधी को भारतीय स्वतंत्रता संग्राम का मसीहा माना गया और उन्हें राष्ट्रपिता कहा गया, परंतु ग्रामीण गणतंत्रों से बने राष्ट्र या 'हिंद स्वराज' की उनकी अवधारणा भारतीय जनता के एक बड़े भाग के लिए चित्ताकर्षक नहीं थी। यह आजादी के बाद उनकी महत्ता की समाप्ति का एक मुख्य कारण था।

निष्कर्षतः हम यह कह सकते हैं कि एक ऐसे नेता के लिए जिसके पास सत्ता नहीं हो, जनता के किसी बड़ी विशेष की स्वीकृति उसे प्रतिभाशाली सिद्ध करने में महत्वपूर्ण होती है।

उपरोक्त वर्णित तथ्य से संबंधित एक और मान्यता यह है कि प्रतिभा का गुण सिर्फ सर्वोच्च नेतृत्व तक ही सीमित होता है। यह भी एक गलत मान्यता है। प्रतिभा की अवधारणा प्रयोगाश्रित शोध करने वाले किसी व्यक्ति के लिए यह बात काफी स्पष्ट होती है। बहुत से ऐसे स्थानीय नेता हैं जिन्हें मैं 'स्थानीय प्रतिभाशाली' का नाम दे रहा हूँ। इन नेताओं का आचार–व्यवहार राष्ट्रीय प्रतिभाशाली नेताओं के सदृश ही होता है। इन स्थानीय नेताओं के वस्त्र, आहार, दैनिक आदि में यह चीज प्रत्यक्ष रूप से झलकती है। इन क्षेत्रीय नेताओं के पास ना तो कोई पारंपरिक वैधानिक स्रोत होता है और ना ही इनके पास तार्किक–कानूनी सत्ता में कोई पद। फिर भी जनसामान्य पर इनका गहरा प्रभाव होता है।

ऐसा माना जाता है कि क्षेत्रीय प्रतिभाशाली नेताओं के अस्तित्व और कार्य सामान्यतः भारत में उपस्थित हैं। उदाहरण के लिए "राजस्थान का गाँधी", "मैसूर का नेहरू" आदि जैसी उपाधियाँ यहाँ बड़ी आसानी से दे दी जाती हैं। स्थानीय प्रतिभा का उदय और इसकी क्रियाशीलता एक गाँव जैसे सीमित क्षेत्र में भी हो सकती है। अगर हम किसी स्थानीय प्रतिभाशाली नेता में गाँधी, नेहरू या विनोबा भावे के गुणों को ढूंढ़े तो हमारा यह प्रयास बेकार होगा। वस्तुतः प्रतिभा निराकार होत है और विभिन्न स्तरों पर इसकी प्रकृति और गुणों में भिन्नता होती है। उदाहरण के लिए नैतिक गुणों से परिपूर्ण किसी व्यक्ति का प्रतिभाशाली नेता के रूप में ग्रामीण भारत में हो सकता है।

क्षेत्रीय प्रतिभा का विचार कई सवालों को पैदा करता है। उदाहरण के लिए यह पूछा जा सकता है कि क्या क्षेत्रीय प्रतिभा क्षेत्रीय ही होती

है या फिर यह किसी आदर्श राष्ट्रीय का विशुद्ध स्थानीय संस्करण होता है? व्यवहारिक धरातल पर नेतृत्व दो प्रकार का हो सकता है: (1) क्षेत्रीय प्रतिभाशाली नेता किसी वृहत जनसमूह का नेतृत्व किए बिना ही प्रतिभाशाली माना जाता है। इस तरह की संभावना सांस्कृतिक रूप से बंद व्यवस्था में होती है। जैसे– भारतीय जनजातीय समाज में ऐसे प्रतिभाशाली नेताओं द्वारा बहुत से मसीहाई, पुनर्जागरण और धर्मसुधार आंदोलन चलाये जा रहे हैं। ये नेता राष्ट्रीय नेताओं से स्वतंत्र रहकर कार्य करते हैं। उनकी इस स्वतंत्र कार्यशैली के लिए उस व्यवस्था की सांस्कृतिक स्वायत्ता उत्तरदायी है जिसमें वे क्रियाशील रहते हैं: (2) स्थानीय प्रतिभाशाली नेता राष्ट्रीय या अंतर्राष्ट्रीय स्तर के प्रतिभाशाली नेताओं की जीवनशैली का अनुसरण करते हैं। यह प्रभाव प्रतिभा के लंबवत प्रसार के कारण उत्पन्न होता है। राष्ट्रीय नेताओं द्वारा क्षेत्रीय नेताओं को प्रशिक्षण देने से राष्ट्रीय नेताओं का प्रतिभा निम्नतम स्तर तक प्रसारित हो जाता है या फिर स्थानीय नेतागण राष्ट्रीय नेताओं से प्रयापत संपर्क स्थापित कर राष्ट्रीय प्रतिनिधि के सदृश आचरण करते हैं। इन दोनों परिस्थितियों में स्थानीय नेता राष्ट्रीय नेताओं की तरह कई महत्वपूर्ण कार्यों को अंजाम देते हैं।

प्रतिभा का उदय

यद्यपि वेबर के अनुसार प्रतिभा का उदय सामान्यतः (अनिवार्य नहीं) विषम परिस्थितियों में होता है, तथापि उन्होंने सामाजिक व्यवस्था के उन परिदृश्यों का वर्णन नहीं किया, जो समाज में प्रतिभा तत्वों को चिरस्थायी और सतत् बनाने हैं। यहाँ हम सामाजिक व्यवस्था में मौजूद उन कारकों को समझने का प्रयास करेंगे, जो प्रतिभा के उदय और उसकी निरंतरता के लिए अनुकूल होते हैं। यह ध्यान देने योग्य है कि संभावित प्रतिभाशाली व्यक्तियों के प्रतिभा का निरंतर विकास सामाजिक व्यवस्था द्वारा होता रहता है, परंतु सभी प्रतिभाशाली

व्यक्तियों को न सिर्फ नजरअंदाज कर दिया जाता है, बल्कि उन्हें पथभ्रष्ट या मानसिक रूप से विक्षिप्त समझा जाता है। ऐसी स्थिति में प्रतिभा की सामाजिक स्वीकृति महत्वपूर्ण हो जाती है। प्रतिभाशाली व्यक्ति होने के लिए अनिवार्यतः यह आवश्यक नहीं कि उसके पास प्रतिभा हो, बल्कि इसके लिये उसे सामूहिक स्वीकृति भी प्राप्त होनी चाहिए। अतः प्रतिभा की मौलिकता को समझने के लिए यह आवश्यक है कि हमारा विश्लेषण उन सामाजिक परिस्थितियों, जिनमें उस प्रतिभाशाली व्यक्ति का प्रादुर्भाव (जन्म) हुआ हो और जिनमें वह क्रियाशील रहता है तथा उसके द्वारा दिये गये उपदेशों के आस–पास केंद्रित हो। दूसरे शब्दों में किसी नेता के प्रतिभा को समाज द्वारा स्वीकार कर लिया जाता है, यदि केवल उसके उपदेशों की महत्ता सामाजिक वातावरण के अनूकूल हो।

फ्रीडलैंड (Friedland)[22] ने प्रतिभाशाली नेतृत्व के उदय के 3 कारणों को वर्णित किया है– (1) ऐसी भावनाओं को व्यक्त करना जो समाज में अविकसित रही हो, परंतु कुछ लोगों द्वारा वर्तमान में या थोड़े समय पूर्व इन भावनाओं को प्रकाशित किया गया हो; (2) नेताओं द्वारा इन भावनाओं को व्यक्त करने की शैली को अधिकांश जनता खतरनाक मानती हो; (3) नेताओं के क्रियाकलापों को "सफल" गतिविधियों के रूप में मान्यता।

फ्रीडलैंड ने तंजानिया (Tanganyka) का उदाहरण प्रस्तुत करते हुए प्रतिभाशाली नेतृत्व के उदय की पूर्वाकांक्षाओं (पूर्व + आकांक्षा) को सावधानीपूर्वक वर्णित किया था फिर भी हम यह महसूस करते हैं कि प्रतिभाशाली नेतृत्व के उदय के लिए सामाजिक स्थिति को छोड़कर किसी अन्य कारण को निर्णायक और ठोस नहीं कहा जा सकता है। उदाहरण के लिए एक प्रतिभाशाली नेता द्वारा उठाये मुद्दे अविकसित नहीं भी हो सकते हैं, अर्थात् ये पहले से ही उठाये गये

और मान्यता प्राप्त हो सकते हैं। अगर समाज में व्याप्त समस्याओं के निराकरण के लिए पूर्व में उठाये गए कदम अप्रभावी रहते हैं और उस वक्त कोई नेता इन समस्याओं के समाधान के लिए कोई नया कार्यक्रम जनमानस के समक्ष प्रस्तुत करता है तो उसका प्रतिभाशाली नेता के रूप में उदय संभव है। इसी प्रकार यह जरूरी नहीं कि वह नेता अपनी जान की बाजी लगाकर समस्याओं के समाधान का प्रयास करे या खतरनाक परिस्थितियों में सक्रिय हों। यह माना जा सकता है कि इन नेताओं का तार्किक वैधानिक सत्ता का भरपूर समर्थन और संरक्षण प्राप्त होता है और इन नेताओं की श्रेष्ठता स्थापित करने वाले कारक उन लोगों के स्थायित्व को चुनौती नहीं देते हैं, जो ऑफिस में होते हैं। जहाँ तक सफलता के साक्ष्यों का प्रश्न है, यह मूल्यांकन का विषय है। कुछ समूह नेता की गतिविधियों को उसके उत्थान का कारण मान सकते हैं, जबकि दूसरे समूह इसे "ढोंग" या "राजनीतिक प्रचार" मानकर उसे खारिज कर सकते हैं।

उपरोक्त विचार को दृष्टिकोण करते हुए हम प्रतिभा के उदय के लिए सामाजिक व्यवस्था में निम्नांकित परिस्थितियों को जिम्मेवार मान सकते हैं– (1) विषम परिस्थितियों की उत्पत्ति; (2) परोक्ष या अघोषित असंतोष; (3) समस्याओं के समाधान के लिये तब तक उठाये गये कदमों की असफलता; (4) सत्ताहीन और सत्ता के बाहर की निहित स्वार्थी शक्तियों द्वारा दिया गया संरक्षण। इन शर्तों में एक या एकाधिक शर्तों की उपलब्धता प्रतिभाशाली नेतृत्व के उदय के अनुकूल हो सकता है। यद्यपि यह अनिवार्य शर्त है, फिर भी इसका मतलब यह नहीं कि यह पर्याप्त हो। इनमें से एक या एकाधिक शर्तों की पूर्ति होने के बाद नेताओं द्वारा अपने प्रतिभा की स्वीकृति के लिए निम्नांकित कार्य किये जाते हैं।

(1) वे सामाजिक समस्याओं के प्रति जनता को जागरूक करते हैं और इन समस्याओं के समाधान हेतु संभाव्य उपायों के बारे में उन्हें बताते हैं। इस क्रम में वे जनता की अपेक्षाओं का नेतृत्व करते हैं।

(2) समस्याओं के अविलंब समाधान हेतु वे नये साधनों और सुझावों को प्रस्तुत करता है।

(3) किसी समय विशेष में लक्ष्यों के प्रति वचनबद्धता या तत्परता को जनता की भरपूर स्वीकृति।

(4) वे अपने संदेशों को इस प्रकार जनमानस पर रखते हैं जिससे वे समाज के सभी या कुछ समुदायों को अपनी ओर आकर्षित करते हैं।

अब तक हमारा प्रयास प्रतिभा की अवधारणा से संबद्ध कुछ ऐसे विचारों को विस्तारपूर्वक समझना रहा है, जो हमारे लिए बहुत ही उपयोगी माध्यम का काम करेंगे। एट्जीओनी (Etzioni)[23] ने दिखाया था कि "सत्ता" का वेबर द्वारा किए गए वर्गीकरण का प्रयोग समाजों, सामाजिक इकाईयों और व्यक्तिगत संबंधों पर आधारित समूहों के लिये किया जा सकता है। अतः प्रतिभाशाली आंदोलनों की चर्चा कोई साहसिक कार्य नहीं हो सकता है। फिर भी उन कारणों का निर्धारण यहाँ आवश्यक है, जो प्रतिभाशाली आंदोलनों की स्वीकृति के लिए उत्तरदायी होते हैं। इसके लिए हमें सामाजिक आंदोलन पर चर्चा करनी होगी।

प्रतिभाशाली आंदोलन का अर्थ

'प्रतिभाशाली आंदोलन' एक ऐसा शब्द है, जिसका समाजशास्त्र को साहित्य में काफी विस्तृत ढंग से प्रयोग होने के बावजूद इस पर बहुत कम चर्चा की गई है। अतः यह आवश्यक है कि जिस संदर्भ में हम इसका प्रयोग करते हैं पहले उसका अर्थ स्पष्ट किया जाए।

.... आधुनिक सामाजिक आंदोलनों पर अमेरिका में प्रकाशित होने वाली पहली टेक्सट बुक में बहुसंख्य तथ्यों को वर्णित किया गया है। इसमें प्लेटो की रिपब्लिक, थामस मूर की यूटोपिया, मार्क्स के समाजवाद, मुसोलिनी के फासीबाद, गाँधी का अहिंसक आंदोलन और सहकारिता आंदोलन शांतिवादी आंदोलन, मजदूर आंदोलन आदि कुछ सामाजिक आंदोलनों की चर्चा की गई है। यह स्पष्ट है कि न सिर्फ आंदोलनों (सामूहिक व्यवहार या गतिविधियाँ) को, बल्कि सामाजिक व्यवस्थाओं में उपस्थित उन विचारों को भी जिनके कुछ आंदोलन व्यवहारिक धरातल पर क्रियान्वित नहीं हुए, भी सामाजिक आंदोलन की परिधि में रखा जाता है। हम यह तर्क प्रस्तुत करना चाहते हैं कि सिर्फ सामूहिक व्यवहार या गतिविधियों के संदर्भ में 'सामाजिक आंदोलन' का प्रयोग और अधिक कड़ाई के साथ (नियंत्रित ढंग से) होना चाहिए। फिर ऐसा करने पर हमारे समक्ष एक नई समस्या उत्पन्न हो जाती है। सामाजिक व्यवहार कई तरह के होते हैं जैसे– आतंकवादी प्रतिक्रिया, विरोधी गतिविधियाँ, सामूहिक सामाजिक गतिविधियाँ आदि।[24] पहले दो प्रकार के उपरोक्त सामाजिक व्यवहारों को आंदोलन का नाम नहीं दिया जा सकता। ये अपेक्षाकृत लघु स्तर की असंगठित गतिविधियाँ होती हैं, इन्हें निश्चितरूपेण किसी विचारधारा या मुद्दे से नहीं जोड़ा जाना चाहिए। अतः सिर्फ जब एक प्रारंभिक सामूहिक व्यवहार (भीड़ की गतिविधि, जनता के व्यवहार) संगठित हो जाता है, तो यह एक सामाजिक आंदोलन हो जाता है। जब एक प्रारंभिक सामूहिक व्यवहार, "... संगठित हो जाता है और रिवाजों, परंपराओं, स्थायी नेतृत्व, स्थायी श्रम विभाजन, सामाजिक नियमों और सामाजिक मूल्यों की स्थापना या संक्षेप में एक संस्कृति, एक सामाजिक संगठन और एक नई जीवनशैली स्थापित करता है।[25] तब यह एक सामाजिक आंदोलन हो जाता है।

'सामाजिक आंदोलन' शब्द के प्रयोग में भ्रम उत्पन्न करने वाला एक महत्वपूर्ण कारक यह है कि 'सामान्य' सामाजिक आंदोलनों, जिनमें भाग लेने वाले लोगों के कुछ सुनिश्चित साझे स्वार्थ होते हैं और जो कई उचित असहयोगात्मक तरीकों से जारी रखे जाते हैं, की भी चर्चा संभव है। मजदूर आंदोलन, युवाओं के आंदोलन आदि 'सामान्य' सामाजिक आंदोलनों के उदाहरण हैं। सामान्य वर्ग के कुछ विशिष्ट आंदोलनों के लिये भी सामाजिक आंदोलन का प्रयोग किया जा सकता है। "जैसे– ट्रेड यूनियन आंदोलन यूथ होस्टल्स आंदोलन'' जहाँ एक सामाजिक परिवर्तनों के लिए लोगों को उत्तेजित करने के प्रयासों को सामाजिक आंदोलन समझा जाता है, तो वहीं दूसरी ओर सामाजिक आंदोलनों को समस्याओं के निराकरण का माध्यम माना जाता है और इनमें सक्रिय लोगों (नेता और उसके अनुयायियों) को निराश और कुंठित समझा जाता है।[26] निष्कर्षतः सामाजिक आंदोलनों का विशेषताओं के अनुरूप इन्हें कई नाम दिए जा सकते हैं। जैसे– "तार्किक", "मसीहात्मक", "जन्मजात (Nativistic)", फासीवादी", "अहिंसक", "धार्मिक", "धर्मनिरपेक्ष", आदि। इस प्रकार की भ्रामक परिस्थिति में प्रयोगाश्रित अध्ययन करने वाले किसी छात्र को किंकर्तव्यविमूढ़ता की स्थिति का सामना करना पड़ता है। यह बात बिल्कुल ही सही है कि प्रयोगाश्रित शोध करने वाले किसी छात्र के लिए कुछ निश्चित तथ्यातमक यथार्थ की गणना काफी सहायक होती है। इस विचार को दृष्टिगत करते हुए हमारे तत्काल प्रयास ये हैं: (क) सामाजिक आंदोलनों के प्रतिभा की चर्चा करना; (ख) सामाजिक आंदोलनों के प्रमुख घटकों की पहचान करना; (ग) सामाजिक आंदोलनों का एक 'प्रारूपवाद' प्रस्तुत करना।

सामाजिक आंदोलनों की प्रतिभा

सामाजिक आंदोलनों के प्रतिभा को और सुस्पष्ट करने के लिए हमने दस लेखकों के पारिभाषिक मापदंडों (Defining Criteria) का

परीक्षण किया। यद्यपि बहुत से और भी विचारकों ने सामाजिक आंदोलन को पारिभाषित करने का प्रयास किया है, तथापि यहाँ लेखकों का चयन आकस्मिक (Random) ढंग से किया गया है। आशा है कि दूसरे लेखकों की परिभाषाओं पर भी विचार करने के बाद मौलिक रूप से इनका स्वरूप नहीं बदला होगा। ऑरनोल्ड ग्रीन जैसे कुछ विचारकों की परिभाषाओं को जानबूझकर इसलिए छोड़ दिया गया है कि इससे सामाजिक आंदोलनों के स्वरूप और गुणों में विरोधाभास उत्पन्न हो जाता है। यह कहने की जरूरत नहीं, हमारा उद्देश्य कुछ निश्चित तथ्यों के विश्लेषण तक ही सीमित है।

इसलिए भी इस सैद्धांतिक सूत्र द्वारा पारिभाषित कुछ प्रकार के आंदोलन तो व्यवहारिक रूप में नहीं पाये जा सकते और कुछ आंदोलन प्रायोगिक संभावनाओं में भी नहीं पाये जा सकते।

इन समस्याओं के साथ–साथ हमारे द्वारा अपनाया गया पारिभाषिक मापदंड एक संतोषजनक आधार नहीं प्रदान करता है। सिर्फ उद्देश्य को ही सामाजिक आंदोलनों को पारिभाषित करने वाले सभी लेखकों ने उद्देश्यों को आंदोलनों की एक सामान्य विशेषता के रूप में प्रयुक्त किया है। आंदोलन का उद्देश्य वह निर्धारित लक्ष्य होता है जिसे भविष्य में प्राप्त करने का प्रयास किया जाता है। यह जरूरी नहीं कि किसी आंदोलन का निर्धारित लक्ष्य पूरा ही हो जाये और ऐसा भी होता है कि आंदोलन के शुरू होने के बाद इसके कुछ लक्ष्यों को त्याग दिया जाता है और कुछ नए लक्ष्यों को अपना लिया जाता है। आंदोलन के लक्ष्यों के क्षणिक स्वरूप के कारण आंदोलनों के इस सैद्धांतिक वर्गीकरण में कठिनाई उत्पन्न होती है। चूंकि आंदोलन के विस्तार के दो आयाम (स्थानीय और सामाजिक) हैं, अतः इस आधार पर आंदोलनों को चार संभावित उपवर्गों में बांटा जा सकता है: (क) एक विस्तृत भौगोलिक प्रसार वाले आंदोलन, जो समाज के

मापदंडों को स्पर्श करते है; (ख) एक सीमित भौगोलिक प्रसार वाले आंदोलन, जो समाज के सभी मापदंडों को स्पर्श करते हों; (ग) एक विस्तृत भौगोलिक प्रसार वाले ऐसे आंदोलन जो कुछ सीमित सामाजिक मापदंडों को स्पर्श करते हों; और (घ) एक सीमित भौगोलिक प्रसार वाले ऐसे आंदोलन जो कुछ या सिर्फ एक ही सामाजिक मापदंडों को स्पर्श करते हों। इस विधि द्वारा निर्धारित इन चार उपवर्गों की एक लंबी श्रृंखला प्राप्त होती है, जो हमारे प्रारूपवाद को और भ्रामक बना देती है। यद्यपि विषयवस्तु और माध्यम आंदोलन की आवश्यक विशेषताएं हैं, तथापि सभी आंदोलनों में इनका स्वरूप एक समान नहीं होता। इस कारण हमारे लिये आवश्यक हो जाता है कि हम आंदोलनों के वर्गीकरण के लिए एक नहीं बल्कि कई मापदंडों पर विचार करें। इस संदर्भ में हम सामाजिक आंदोलनों के उदय (कारकों और परिणामों) के साथ–साथ इसके जीवन चक्र की भी समीक्षा कर सकते हैं।

सामाजिक आंदोलनों का उदय

डेविस के अनुसार सामाजिक आंदोलनों का उदय 'नवजागृत इच्छाओं'[40] की तृप्ति के लिए होता है। बारबर के मतानुसार मसीहात्मक आंदोलनों और विभिन्न प्रकार के शोषणों के मध्य एक सकारात्मक संबंध होता है।[41] ब्लूमर यह तर्क प्रस्तुत करते हैं कि सामाजिक उदय ऐसी "अनिश्चित और अव्यवस्थित परिस्थितियों" में होता है जो व्यवस्था में तनाव उत्पन्न करती है।[42] वैल्लासे के मतानुसार पुनर्निर्माण आंदोलनों की शुरुआत तभी होती है, जब एक संस्कृति की धारणा करने वाले लोगों को प्रचलित व्यवस्था असंतोषजनक लगने लगती है।[43] लिंटन ऐसा मानते हैं कि पैतृक (Nativistic) आंदोलनों का संबंध निराशाजनक परिस्थितियों से होता है और ऐसी परिस्थितियों के कारण समाज में उत्पन्न निराशा को समाप्त करने का प्रयास इन आंदोलनों के द्वारा किया जाता है।[44] बैंक्स (Banks) उल्लेख करते हैं कि सामाजिक

आंदोलन प्रत्यक्ष रूप से असंतोष के प्रतिफल (Functions) होते हैं।[45] एबेल के अनुसार सामाजिक आंदोलन किसी तत्व या तथ्य के विरुद्ध संघर्ष कर इसे समाप्त करना होता है और इसके लिए किए जाने वाले सामूहिक प्रयासों के पीछे प्रचलित व्यवस्था में हो सकने वाले संभावित सुधार प्रेरणा स्रोत का कार्य करते हैं।[46]

उपरोक्त वर्णित लेखकों के साथ–साथ बहुत से अन्य लेखकों ने यह उल्लेख किया है कि सामाजिक आंदोलनों का उदय समाज में कुछ के कारण होते हैं। जहाँ तक सामाजिक तनाव को सभी सामाजिक आंदोलनों का मौलिक कारण मानने का प्रश्न है, तो हम इसे एक प्रारूपवाद के उदय का मूल नहीं मान सकते। फिर भी सामाजिक आंदोलनों के परिपक्वता की कार्यविधि और इसके परिणामी परिवर्तनों का अध्ययन हमारे कार्य में सहायक हो सकता है। इसके लिए हमें सामाजिक आंदोलनों के घटकों का विश्लेषण करना होगा।

समाजिक आंदोलनों के घटक

जैसा कि बैंक्स[47] ने उल्लेख किया है कि सामाजिक आंदोलनों के दो आवश्यक घटक होते हैं – पहली विचारधारा और दूसरा संगठन। यह हमारा तर्क है कि किसी सामाजिक आंदोलन की प्रारंभिक अवस्था में अनेक दूसरे कारकों के साथ–साथ या तो विचारधारा[48] अपने अस्तित्व को धारण करती है या फिर संगठन। समाज में एक नई विचारधारा की उपस्थिति व्यवस्था में उत्पन्न तनाव के लिए उत्तरदायी होता है। पारसन्स (Parsons)[49] के मतानुसार विचारधारा तनावपूर्ण परिस्थितियों को शांत करने के यंत्र के रूप में कार्य करती है। तनाव को समाप्त करने के क्रम में यदि निहित स्वार्थी तत्व काफी शक्तिशाली हों तो प्रचलित व्यवस्था और मजबूत हो सकती है और इस क्रम में यदि प्रतिरोध काफी प्रबल हो तो यह व्यवस्था को समाप्त कर सकता

है। सट्टन (Sutton)[50] और कुछ दूसरे विचारक ऐसा मानते हैं कि विचारधाराएं उन परिस्थितियों को जो एक आदर्श मानदंड और वास्तविक जीवनशैली के मध्य प्रतिकूलता उत्पन्न करती हैं, जटिलता और महत्त्व प्रदान करने के लिए अग्रसर रहती है, जीमरमैन (Zimmerman)[52] कहते हैं कि प्रचलित सामाजिक व्यवस्था पर आधारित विभिन्न विचारों में मतभेद के कारण विचारधाराओं का उदय होता है। स्मेल्सर[52] भी सामाजिक तनाव या मतभेद को विचारधाराओं की उत्पत्ति का कारण मानते हैं। इन विचारकों के विचारों से यह बात स्पष्ट हो जाती है कि तनावपूर्ण परिस्थितियाँ समाज में नई विचारधाराएं उत्पन्न करती हैं और यदि पर्याप्त संख्या में लोग इन विचारधाराओं के प्रति आकर्षित हों तो इसके फलस्वरूप विचारधारात्मक आंदोलनों की शुरूआत हो सकती है।

फिर भी यह आवश्यक नहीं कि एक सामाजिक आंदोलन की शुरूआत के लिए पहले विचारधारा का उदय हो। प्रायोगिक परिस्थितियों में प्रायः ऐसा देखा गया है कि तनावपूर्ण परिस्थितियों से उबरने के लिए लोग एक साथ मिलते हैं और संगठन बनाते हैं। ऐसा भी हो सकता है कि वे अपने संगठन के किसी निश्चित विचारधारा के प्रति आश्वस्त नहीं हो। इस कारण के संगठनों का गठन किसी 'कष्टप्रद व्यवस्था' के विरुद्ध संघर्ष करने या कुछ विशेष सामाजिक समस्याओं को समूल विनष्ट करने के लिए किया जाता है। जैसे–जैसे संगठन का विकास होता है, एक निश्चित विचारधारा का विकास या खोज होती है। कालांतर में इस प्रकार के प्रयासों द्वारा एक आंदोलन की शुरुआत होती है। इसे एक उचित नाम देने के लिए हम इसकी समीक्षा संगठनात्मक आंदोलन के रूप में करेंगे।

हमारे द्वारा उपरोक्त वर्णित तर्क के अनुसार सामाजिक आंदोलन दो प्रकार के होते हैं: विचारधारात्मक और संगठनात्मक आंदोलन।

यहाँ एक तीसरे प्रकार के आंदोलन की संभावना बनती है। वह है– प्रतिभाशाली आंदोलन। जैसा कि वेबर[53] ने इसे स्पष्ट करते हुए कहा है कि प्रतिभाशाली नेताओं का उदय प्रतिकूल परिस्थितियों में होता है। प्रतिभा संकटकाल में दैविक शक्तियों के आकस्मिक उदय का प्रतिनिधित्व करता है। चूंकि प्रतिभा न सिर्फ गैर–संस्थागत होता है, बल्कि यह संस्था–विरोधी भी होता है, अतः इस प्रकार के आंदोलन में (विशेषकर आंदोलन के प्रारंभिक अवस्था में) किसी संगठनात्मक व्यवस्था के निर्माण की संभावना लगभग समाप्त हो जाती है। किसी प्रतिभात्मक आंदोलन की शुरुआत किसी पूर्वनिर्धारित विचारधारा के साथ नहीं होती बल्कि इसमें जो कुछ भी विचारधारात्मक तत्व होते हैं। वह आंदोलन के नेता के प्रवचन होते हैं। निस्संदेह आंदोलन में विचारधारा का समावेश इसकी शुरुआत के कुछ समय बाद होता है। चूंकि आंदोलन का प्रारंभिक प्रेरणास्रोत नेता होता है, अतः विचारधारा द्वितीयक महत्व का तत्व हो जाती है (विशेषकर आंदोलन की प्रारंभिक अवस्था में)।

हमारा विश्लेषण यह तर्क प्रस्तुत करता है कि समाज में व्याप्त तनावपूर्ण परिस्थितियाँ सामाजिक आंदोलनों के उदय के लिए उत्तरदायी हो सकती है। इस संदर्भ में हमने 3 संभावनाओं का उल्लेख किया है:

(1) एक प्रतिभाशाली नेता की उपस्थिति, जो कष्टदायी तत्वों को चुनौती देने के लिए और भविष्य में काल्पनिक ढंग से जनता को नेतृत्व प्रदान करने के लिए दृढ़ प्रतिज्ञ हों

(2) एक नई विचारधारा का उदय जो असंतुष्ट जनसमूह को प्रभावित करती है;

(3) एक ऐसे नये संगठन की स्थापना जो समस्याओं को अविलंब समाप्त करने के लिए स्थापित किया गया हो।

यहाँ हम यह सुझाव प्रस्तुत करते हैं कि ये संभावनाऐं तीन विशिष्ट प्रकार के आंदोलनों की शुरुआत के लिए उत्तरदायी हैं: प्रतिभाशाली विचारधारात्मक और संगठनात्मक। अब हम इन आंदोलनों की विशेषताओं और इनके जीवन–चक्र पर विस्तृत ढंग से विचार करेंगें।

प्रतिभात्मक आंदोलनों का प्रतिभा

हमारे द्वारा प्रतिभाशाली आंदोलनों का जो अब तक विश्लेषण किया गया है उसकी और अधिक स्पष्टता के लिए इन आंदोलनों की कुछ मुख्य विशेषताओं का उल्लेख किया जा सकता है।

(1) सामाजिक व्यवस्था व्याप्त तनावों और विकृतियों से उत्पन्न संकटपूर्ण परिस्थितियों में प्रतिभा का उदय होता है।

(2) आंदोलन का मूल बिंदु अस्पष्ट होता है। इसका प्रेरणा स्रोत प्रायोगिक सिद्धांतों से परे होता है।

(3) आंदोलन का लक्ष्य या उद्देश्य उस प्रचलित सामाजिक व्यवस्था में परिवर्तन लाना होता है जो संकटकाल में अपने चरमोत्कर्ष पर होती है। इसका लक्ष्य परिवर्तन, पुनर्गठन, पुनर्स्थापन, संरक्षण या स्थायीत्व हो सकता है।

(4) आंदोलन की शुरुआत नए विचारों के साथ या समाज में व्याप्त समस्याओं के निराकरण और सामाजिक तनाव को खत्म करने के लिए नई कार्यपद्धति के साथ होती है।

(5) यद्यपि आंदोलन में विचारधारा नेतृत्व द्वारा निर्देशित विचार आवश्यक होता है, तथापि प्रतिभात्मक अपील सर्वश्रेष्ठ होती है और निश्चित स्तर के बाद विचारधारा का महत्व कम होने लगता है।

(6) आंदोलन का नेता प्रतिभाशाली होना चाहिए और उसके अनुयायियों के साथ उसका संबंध श्रद्धा और आदर का हो। उसके अनुयायियों द्वारा उनके कर्तव्यों को स्वेच्छा से स्वीकार करना चाहिए।

(7) आंदोलन का कोई पदानुषंग या कोई संगठनात्मक तंत्र नहीं होना चाहिए। प्रतिभा को नियमित स्वरूप देने के लिए एक हद तक संगठनात्मक आधार हो।

(8) आंदोलन के कार्यक्रम की मूलोन्मुखता निश्चित रूप से आर्थिक गतिविधियों से स्वतंत्र होनी चाहिए। आंदोलन एक मिशन के समान होना चाहिए।

(9) आंदोलन जनता की दैनिक गतिविधियों से स्वतंत्र होना चाहिए और इसके आर्थिक स्रोत उपहार, अनुदान या स्वैच्छिक या अनियमित ढंग के सहयोग चाहिए।

(10) आंदोलन में स्वच्छ और व्यवस्थित श्रम–विभाजन नहीं होता। आंदोलन के कार्यकर्ताओं के लिए पदोन्नति बरखास्तगी, वेतन, पेशा, नियम और कानून अपेक्षाकृत कम महत्व रखते हैं।

यह बात काफी असंभावित लगती है कि एक प्रतिभात्मक आंदोलन का आरंभिक प्रतिभा एक लंबे समय तक संरक्षित रहे। ऐसा दो कारणों से होता है।[54] पहला कारण तो यह है कि अन्य सामान्य जनों की भांति प्रतिभात्मक नेता का जीवनकाल सीमित होता है और यदि प्रतिभात्मक नेता अपने उत्तराधिकारी को यथोचित प्रशिक्षण दे भी दे तो भी उत्तराधिकार की प्रक्रिया में किसी उथल–पुथल के संपन्न होने की संभावना नगण्य ही होती है। वस्तुतः प्रतिभात्मक आंदोलन के सतत् सक्रियता के लिए यथोचित उत्तराधिकार का अभाव, एक बड़ी चुनौती होती है। यहाँ तक उत्तराधिकार के संस्थागत होने का प्रश्न है,

तो इससे आंदोलन के उत्तराधिकारियों में प्रतिभा का क्रमिक रूप से हरास होता है। दूसरा कारण यह है कि प्रतिभाशाली नेता कुछ आपत्तिजनक (गलत) नीतियाँ भी निर्धारित कर सकते हैं और यह संभव भी नहीं कि वे हमेशा ही सही नीतियाँ निर्धारित करें। अगर वे ऐसी गलत नीतियाँ बनाएं तो यह संभव नहीं कि उनके अनुयायी उन्हें तुरंत ही ऐसा करने से रोकें। फिर भी ऐसी स्थिति में भी यह संभव है कि अनुयायियों का कोई समूह अपने नेता के जीवित रहने तक आंदोलन के स्थगन का विरोध करे। यदि नेता अपने जीवित रहने तक अपने अनुयायियों को सफल और कुशल नेतृत्व प्रदान करता है, तो भी उसकी मृत्यु आंतरिक असंतोष, नेतृत्वहीनता या आंदोलन के बिखराव के संकेतन के समान होता है। ऐसी स्थिति में एक प्रतिभात्मक आंदोलन की सतत् सक्रियता के लिए दो शर्तों का होना अति आवश्यक हैः पहला यह कि आंदोलन में पर्याप्त संख्या में ऐसे कार्यकर्ता होने चाहिए जो आंदोलन की विचारधारा के सक्रिय रूप से प्रभावित हो।

विचारधारात्मक आंदोलन

समाज में दोषपूर्ण विचारधाराओं के प्रचलन के कारण उत्पन्न तनावों या विकृतियों के कारण विचारधारात्मक आंदोलनों की शुरूआत होती है। यह (आंदोलन) वर्तमान व्यवस्था से असंतुष्ट लोगों के समक्ष एक नई वैकल्पिक जीवनशैली प्रस्तुत करती है। आंदोलन की विचारधारा समाज की उस जीवनशैली को चित्रित करती है जिसे आंदोलन के अनुचर खुद अपनाना चाहते हैं और दूसरे लोगों से भी उसे अपनाने का आह्वान करना चाहते हैं। आंदोलन की विचारधारा को स्वीकार करने वाले लोग प्रचलित व्यवस्था के बदले इससे अच्छी सामाजिक व्यवस्था की स्थापना के लिए आशान्वित रहते हैं। आंदोलन की विचारधारा आंदोलन के अनुचरों और समर्थकों को समाज के शेष लोगों से अलग पहचान देने का कार्य करती है। समाज के दूसरे

लोगों से अलग पहचान देने के लिए जो आवश्यक एवं प्रत्यक्ष कार्यपद्धति अपनाई जाती है, वह हैः आंदोलन के अनुचरों में वैचारिक साम्य की स्थापना पर जोर देते हुए आंदोलन को मजबूती प्रदान करना और दूसरे लोागें से होने वाले मतभेद पर जोर देना।[55]

विचारधारात्मक आंदोलन द्वारा प्रस्तावित जीवनशैली काल्पनिक और नवीन या पुनरोद्धारात्मक और परंपरागत या परंपरागत और नवीनता का मिश्रित रूप हो सकती है। प्रतिभात्मक आंदोलनों की भांति इसमें नेता के प्रति आभार श्रद्धा और अंधभक्ति नहीं होती। 'विचारधारा के प्रति समर्पित भाव' इस प्रकार के आंदोलनों की आधारभूत विशेषता होती है।

विचारधारात्मक आंदोलनों के नेता वे लोग होते हैं, जो इसकी विचारधारा का प्रतिपादन करते हैं या वे लोग जो इसकी विचारधारा के प्रति दृढ़ प्रतिज्ञ होकर समर्पित रहते हैं। आंदोलन के एक हद तक विस्तार के बाद कुछ नेताओं का आंदोलन की विचारधारा में एक प्रतिभात्मक आंदोलन की विचारधारा, इसके नेता के प्रवचनों और लेखों के साथ–साथ नेता के निकट सहयोगियों द्वारा नेता के विचारों का जो अर्थपूर्ण विश्लेषण और रूपांतरण होता है, में निहित होती है। यदि आंदोलन के आंदोलनकारी अपने नेता की छोटी–मोटी गलतियों को नजरअंदाज करके आंदोलन की मौलिक विचारधारा के प्रति सक्रिय रूप से समर्पित रहे तो इसे आंदोलन की सतत सक्रियता का पहला संकेत माना जा सकता है। फिर यह संभव नहीं कि सिर्फ विचारधारा के प्रस्तुतीकरण से ही आंदोलन के आंदोलनकारी संतुष्ट हो जाएं। ज्यादातर भौतिक उत्प्रेरक (प्रलोभन) की आशा रखते हैं अतः आंदोलन की विचारधारा को व्यवहारिक धरातल पर प्रयोग में लाने के लिए आंदोलन का एक कार्यक्रम होना चाहिए और यह आंदोलन में एक संगठनात्मक तंत्र की स्थापना के प्रतिबंध के रूप मे कार्य करता

है। अंततः एक प्रतिभात्मक आंदोलन की सतत सक्रियता सिर्फ यह आवश्यक है कि आंदोलन की विचारधारा आंदोलनकारियों को स्वीकार्य हो और व्यावहारिक रूप से एक संगठनात्मक तंत्र के द्वारा इसका (विचारधारा का) क्रियान्वयन हो। अब हम प्रतिभात्मक आंदोलनों के जीवनकाल को तीन भागों में बांट सकते हैं: प्रतिभात्मक काल, विचारधारात्मक काल और संगठनात्मक काल। कालांतर में यदि आंदोलन के क्रमिक विकास के फलस्वरूप यह अपनी अंतिम अवस्था में पहुँचता है तो अंततः एक हद तक इसकी मौलिक विशेषताएं अनुपस्थित हो जाती हैं। मसीहात्मक, तार्किक, धार्मिक और सुधार आंदोलनों को प्रतिभात्मक आंदोलनों का विशिष्ट या आदर्श प्रकार माना जा सकता है। विश्वास कम होने लगता है और उनका आंदोलन के अनुचरों पर नियंत्रण ढीला पड़ने लगता है जिससे आंदोलन कमजोर पड़ने लगता है। जहाँ विचारधारा के प्रवर्तकों का उनके कार्य में असफलता का सवाल है, तो इसके कई कारण हो सकते हैं। जैसे– आपसी विद्वेष, झगड़े, मतभेद और बिखराव। समग्र रूप से अगर हम देखें तो यह बात स्पष्ट होती है कि एक विचारधारात्मक आंदोलन की विचारधारा को व्यवहारिक रूप में अपनाने के लिए यदि एक संगठनात्मक तंत्र का विकास नहीं हो पाता है, तो इसकी सतत् सक्रियता असंभव हो जाती है। अंततः हम कह सकते हैं कि विचारधारात्मक आंदोलनों की दो अवस्थाएं होती हैं: विचारधारात्मक अवस्था और संगठनात्मक अवस्था। समाजवादी आंदोलन, राष्ट्रवादी आंदोलन, समकालीन छात्र आंदोलन आदि विचारधारात्मक आंदोलनों के कुछ उदाहरण हैं।

संगठनात्मक आंदोलन

इस प्रकार के आंदोलन की शुरुआत एक समूह विशेष के लोगों के कष्टों का निवारण हेतु होने वाले संगठित प्रयास से होती है। यह समूह विशेष अल्पसंख्य शोषित या असंतुष्ट समुदाय के लोगों का

होता है। यह बात सत्य है कि इन आंदोलनों की भी कोई न कोई विचारधारा होती है जिसका विकास बाद में होता है। पंरतु इनकी मूलभूत विशेषता यह होती है कि इनका एक संगठित तंत्र होता है, जो नीतियों का निर्धारण करता है और इनके अनुचरों के दुःखों और असंतोष को समाप्त करने का प्रयास करता है। चूंकि इस प्रकार के आंदोलन की मुलोन्मुखता का स्वरूप यांत्रिक होता है, अतः इस आंदोलन का आधार विश्वास नहीं बल्कि आवश्यकता होती है। संगठनात्मक आंदोलनों में संगठन का व्यवस्थापक ही आंदोलन का नेता माना जाता है। इसमें अयोग्य नेतागण उन लोगों द्वारा दरकिनार कर दिए जाते हैं, जो नेतृत्व की लगाम संभालने में सक्षम होते हैं। जहाँ प्रतिभात्मक और विचारधारात्मक प्रयास नहीं किया जाता (विशेषकर आंदोलन की प्रारंभिक अवस्था में)। वहीं संगठनात्मक आंदोलनों का प्रमुख उद्देश्य 'आंदोलन के अनुचरों के व्यक्तिगत हितों की पूर्ति सुनिश्चित करना' होता है। संगठनात्मक आंदोलनों में नेताओं और सामान्य कार्यकताओं के बीच स्पष्ट रूप से श्रम विभाजन किया जाता है। इस प्रकार के आंदोलन के लक्ष्य पूर्ति के लिए निर्धारित कार्ययोजना को अंजाम देने के लिए आवश्यक धन औपचारिक निबंधन शुल्क और सदस्यता शुल्क से प्राप्त होता है। ट्रेड यूनियन आंदोलन, सहकारिता आंदोलन, सामुदायिक विकास आंदोलन आदि कुछ संगठनात्मक आंदोलनों के उदाहरण हैं।

इन तीनों प्रकार के सामाजिक आंदोलनों का मौलिक विश्लेषण करने के बाद मैं पाठकों को ध्यान कुछ विशेष बिंदुओं पर आकृष्ट करना चाहूँगा। तीनों में से प्रत्येक आंदोलन को 'आदर्श प्रारूपिक' आंदोलन माना जा सकता है। स्पष्टतः इन आंदोलनों के अलग–अलग विश्लेषण के समय थोड़ा भ्रम पैदा हो जाता है। दूसरी ओर इस बात को दिमाग में बैठा लेना चाहिए कि विचारधारा, संगठन और नेतृत्व

आंदोलनों के अभिन्न अंग होते हैं। फिर भी किसी आंदोलन में किसी समय विशेष में इन तीनों में से किसी एक की प्राथमिकता अन्य दोनों के सापेक्ष अधिक होती है। अतः कोई भी आंदोलन विशुद्ध रूप से विचारधारात्मक, संगठनात्मक या प्रतिभात्मक नहीं होता बल्कि इसकी आपेक्षिक विशेषताओं के आधार पर इसे इन तीन नामों में कोई एक नाम दिया जा सकता है।

इस सैद्धांतिक प्रारूप का मूल्यांकन करने से पूर्व मैं यह स्पष्ट कर देना चाहूँगा कि सामाजिक आंदोलनों को पारिभाषित करने के लिए हमारे द्वारा प्रस्तावित सिद्धांत के मापदण्डों को इस प्रारूपवाद के प्रयोग में कतई नजरंदाज नहीं किया जा सकता। दूसरे शब्दों में प्रस्तावित प्रारूपवाद में चारों मापदंडों अर्थात उद्देश्य (व्यवस्था में परिवर्तन या स्थायीत्व), माध्यम (हिंसक या अहिंसक), विषयवस्तु (आंशिक या विस्तृत) का होना अति आवश्यक है। उदाहरणार्थ–हम सीमित विस्तार धार्मिक स्वरूप का एक विचारधारात्मक आंदोलन जो हिंसक ढंग से परिवर्तन का प्रयास करता है पर विचार कर सकते हैं। इसी प्रकार कोई आंदोलन धर्मनिरपेक्षता की ओर मूलोन्मुख होने के साथ–साथ अहिंसक ढंग से परिवर्तन के लिए अपने बहुमुखी विस्तार के साथ प्रयासरत हो सकता है। मैं यहाँ इस बात पर जोर देना चाहूँगा कि यद्यपि सामाजिक आंदोलनों को पारिभाषित करने की यह कसौटी की सार्थकता पर्याप्त नहीं है, फिर भी यह हमारे द्वारा प्रस्तावित तीन प्रकार के आंदोलनों की मौलिक विशेषताओं को समझाने के लिए काफी उपयोगी है। अतः अन्य विचारकों द्वारा सामाजिक आंदोलनों को पारिभाषित करने का जो मानदंड अपनाया गया है, उसके साथ हमारे द्वारा प्रस्तावित प्रारूपवाद के सम्मिलन से हमें एक और फायदा होगा।

तार्किक विश्लेषण

हमारे द्वारा अब तक किए गए विश्लेषण की और अधिक स्पष्टता के लिए हम अब तक के अध्ययन का मूल्यांकन करेंगे। एक सामाजिक आंदोलन की सतत् सक्रियता और उद्देश्य पूर्ति के लिए सिर्फ यह आवश्यक नहीं कि आंदोलन के अनुचरों का आंदोलन की विचारधारा के प्रति पूर्ण समर्पण हो, बल्कि आंदोलन में एक यथोचित संगठनात्मक तंत्र भी शक्तिशाली नहीं होता। आंदोलन के एक हद तक विकास के बाद विचारधारात्मक अपील का महत्व बढ़ जाता है और प्रतिभात्मक विषयवस्तु का महत्व कुछ कम हो जाता है। इसी प्रकार इसके एक हद तक विकास के बाद प्रतिभा के स्थायित्व के लिए एक संगठनात्मक आधार के विकास की प्रवृत्ति दृढ़ होने लगती है और नीतियों के क्रियान्वयन के लिए एक संगठनात्मक तंत्र का विकास अवश्यंभावी हो जाता है। इसके विपरीत इस प्रक्रिया में प्रतिभा का काफी ह्रास होता है और आंदोलन ढांचागत व्यवस्था के संरक्षण या अपने विस्तार की तकनीक बन जाता है। समग्र रूप से मूल्यांकन पर हम यह कह सकते हैं कि एक विशुद्ध प्रतिभात्मक आंदोलन का सतत् विकास हो सकता है परंतु यह अधिक समय तक व्यवस्था परिवर्तन के लिए उत्तरदायी नहीं हो सकता।

नोट्स

1. वेबर द्वारा प्रयुक्त प्रतिभा की अवधारणा को समझने के लिए देखें, मैक्स वेबर, द थ्योरी ऑफ सोशल एंड इकोनॉमिक आर्गनाइजेशन, लंदन, विलियम हॉग (Hodge) एंड कंपनी, 1947.
2. हैरॉल्ड वोल्पे, "ए क्रिटिकल एनालिसिस ऑफ सम आस्पेक्टस ऑफ करिज्मा", द सोशयोलॉजीकल रिव्यू, वॉल्यूम, 16 (7), न्यू सिरीज, नवम्बर 1968, पेज 305–18.
3. सी.जे. फ्रेडरिख, "लीडरशिप एंड द प्रोब्लम ऑफ द कैरिज्मेटिक पावर", जरनल ऑफ पॉलिटिक्स वॉल्यूम–23, नं. 1, 1961, पेज 3–24 और डॉर्थी एमेट फंशन, परपस एंड पावरस? मैकमिलन कंपनी लिमिटेड, लंदन 1958.

4. एडवर्ड शील्स, "करिज्मा, ऑर्डर एंड स्टेटस", अमेरिकन सोशयोलॉजीकल रिव्यू, वॉल्यूम–30, नं. 2, 1965, पेज 199–215, और एस.एन.आइजनस्टाड, "करिज्मा एंड इस्टिट्यूशन बिल्डिंग", इन मैक्स वेबर, ऑन करिज्मा एंड इस्टिट्यूशन बिल्डिंग, द हेरिटेज ऑफ सोशयोलॉजी सीरीज, शिकागो, शिकागो यूनिवर्सिटी प्रेस, 1968, पेज, IX-LVI.
5. हेरॉल्ड वोल्पे, ओ.पी.सीआईटी, पेज 306
6. टी.के. ऊमन, "करिज्मा, सोशल, स्ट्रक्चर एंड सोशल चेंज" कॉपरेटिव स्टडिज इन सोसायटी एंड हिस्ट्री, वॉल्यूम X (1), 1967, पेज 85–99.
7. सी.जे. फ्रेडरीख, ओ.पी.सीआईटी, पेज 15, आर्थर शंलसिंगर, "डेमोक्रेसी एंड हीरोइक लीडरशिप इन द ट्वंटींथ सेंचुरी", (जिसे कांग्रेस फॉर कल्चरल फ्रीडम, बर्लिन में जून 1966 में पढ़ा गया था) (फ्रेडरीख, ओ.पी. सीआईटी, पेज 16 (एफ.एन.) में उद्धत) डॉर्थी एमेट, ओपी. सीआईटी, पेज 206–238.
8. फ्रेडरीख, ओ.पी. सीआईटी, पेज 16
9. फ्रेडरीख, ओ.पी. सीआईटी, पेज 16 से उद्धत
10. मैक्स वेबर, ओ.पी. सीआईटी, पेज 305–51.
11. एडवर्ड शील्स, "करिज्मा, ऑर्डर एंड स्टेटस", अमेरिकन सोशियोलॉजीकल रिव्यू, वॉल्यूम–30, नं. 2, 1965, पेज 200.
12. यह उल्लेखनीय है कि करिज्मा को न सिर्फ व्यक्ति या व्यक्तित्व के गुणों के संदर्भ में प्रयोग किया जा सकता है बल्कि यह संस्थाओं, सामाजिक स्तरों या समूहों में भी विद्यमान रहता है। देखें, शील्स, ओ.पी. सीआईटी, 1965, पेज 202, एट्जोनी यह कहते हैं कि मिश्रित समाजों में भी प्रतिभाशाली तत्व पाये जाते हैं। देखें, एमीटाई एट्जानी, अ कॉम्प्रिहेंसिव एनॉलाइसिस ऑफ कॉम्पलेक्स आर्गनाइजेशन, द फ्री प्रेस ऑफ ग्लेंको, आईएनसी, न्यूयॉर्क, 1961, पेज 201–33.
13. एडवर्ड शील्स, "ट्रेडिशन एंड लिबर्टी, एंटिनॉमी एंड इंटरडिपेंडेंस", एथिक्स, वॉल्यूम–LXVII, नं. 3 1958, पेज 156.
14. मैक्स वेबर, ओ.पी. सीआईटी, पेज 359.
15. राइनहार्ड बेंडिक्स, मैक्स वेबनः एन इंटरनेशनल पोरट्रेट, हाइनामान एंड कंपनी, लंदन, 1960, पेज 9.
16. सीएफ थॉमस ने व्यक्तित्व को 3 समूहों में बांटा हैः क्रिएटिव, बोहेमियन और फिलिस्तिनिज। क्रिएटर्स प्रवर्तक और परिवर्तन के एजेंट होते हैं। देखें डब्ल्यू आई. थॉमस, सोशल बिहेबियर एंड प्रस्नालिटी एडमुंड एच, बोल्कार्ट (इडी.) सोशल साइंस रिसर्च काउंसिल, न्यूयॉर्क, 1951। टॉनबी एक समूह की

रचनात्मक को एक विशेषता बताते हैं। वे अल्पमत की रचनात्मकता की बात करते हैं। देखें ऑरनॉल्ड टॉनबी अ स्टडी ऑफ हिस्ट्री, (एब्रिजूट बाई डी.सी. सोगरवेल, 2 वॉल्यूम) ऑक्सफोर्ड यूनिवर्सिटी प्रेस, लंदन, 1946 और 1957.

17. एडवर्ड शील्स, ओ. पी. सीआईटी, 1965, पेज 200
18. एस.एन. आइजनस्टाड, ओ.पी. सीआईटी.
19. थॉमस ई. डॉ. (जूनियर), "द रोज ऑफ करिज्मा इन माडर्न इंडियन डेवलपमेंट" सोशल फोर्सेज, वॉल्यूम 46 (3), मार्च 1968, 328–338.
20. आईबीड, पेज 332–3.
21. जी. मैक काहीन, गाई जे. पाउकर एंड ल्यूसियन डब्ल्यू पे, "कॉपरेटिव पॉलिटिक्स इन नन वेस्टर्न कंट्रिज, द अमेरीकन पॉलिटिकल साइंस रिव्यू''), वॉल्यूम 49, 1955, पेज 1022–41.
22. के.जे. रतनाम, "करिज्मा एंड नॉलिटिकल लीडरशिप" पॉलिटिकल स्टडीज, वॉल्यूम 12, नं. 3, 1964, पेज– 341–54.
23. हेरॉल्ड वोल्पे ओ.पी., सीआईटी, पेज– 315.
24. डब्ल्यू.एच. फ्राइलैंड, "फॉर ए सोशयोलॉजीकल कन्सेप्ट ऑफ करिज्मा, सोशल फोर्स, वॉल्यूम 43 (1), 1964, पेज 22.
25. एमीआई एट्राजॉनी, माडर्न ऑर्गनाइजेशन्स, न्यू जर्सी, प्रेंटाइस हॉल, 1965, पेज 51–53.
26. जीरोमे डेविस, कंटेंपररी सोशल मूवमेंट्स, न्यूयॉर्क एंड लंदन, डी.अप्लेंटन सेंचुरी कंपनी, 1930, पेज IX.
27. एन.जे.स्मेल्सर, द थ्योरी ऑफ कॉलेक्टिव बिहेवियर, लंदन, रूटलेग एंड केगान पॉल, 1962, पेज 2.
28. हरबर्ट ब्लूमर, "कौलेक्टिव बिहेवियर", ए.एम.ली. (इडी.) में न्यू आउटलाइन ऑफ द प्रिंसपल्स ऑफ सोशयोलॉजी, न्यूयार्क, बार्नेस एंड नोबल, 1951, पेज 109.
29. आरनॉल्ड ग्रीन, सोशयोलॉजी, न्यूयार्क मैक ग्रा बुक एंड कंपनी, आइएनसी, 1956, पेज 532–33.
30. टी एबेल, "द पैटर्न ऑफ ए सक्सेसफुल पॉलिटिकल मूवमेंट", बर्टलेट एच. स्टूडले (इडी) सोसायटी एंड सेल्फ ए रीडर इन सोशल फिलास्फी., न्यूयार्क, द फ्री प्रेस ऑफ क्लेंको, 1962, पेज 561–67 में.
31. बी बारबर "एक्यूलटरेशन एंड मैसियानिक मूवमेंट्स" अमेरीकन सोशयोलॉजिकल रिव्यू, वॉल्यूम VI (3), 1941, पेज 663–69.

32. एच. ब्लूमर, ए.म.ली., ओपी, सीआईटी, पेज 199–214 में.
33. एस.एन. आइजनस्टाड, "सोशयोलॉजीकल आस्पेक्ट ऑफ पॉलिटिकल डेवलपमेंट इन अंडरडेवलप्ड कंट्रीज" इकॉनामिक डेवलपमेंट कल्चरल चेंज, वॉल्यूम V (4), 1957, पेज 289–307.
34. आर. हेबरले, "ऑबजर्वेशन्स ऑन द सोशयोलॉजी ऑफ द सोशल मूवमेंट्स", अमेरीकलन सोशयोलॉजीकल रिव्यू, वॉल्यूम 14 (3), 1949, पेज 346–57.
35. रॉल्फ लिंटन, "नेटिविस्टिक मूवमेंट्स", अमेरीकन एंथ्रोपोलॉजिस्ट, वॉल्यूम 45 (2), 1943, पेज 230–40.
36. एन.जे.स्मेल्सर, ओपी, सीआईटी, पैसम।
37. वेंडल किंग, सोशल मूवमेंट्स इन यूनाइटेड स्टेट्स न्यूयॉर्क रैनडम हाउस, 1956, पेज 27.
38. ए.एफ.सी. बैल्लासे, "रीवाइटलाइजेशन मूवमेंटस", अमरीकन एन्थ्रोपोलॉजिस्ट, वॉल्यूम 58 (2), 1966, पेज 264–281.
39. मेयर एन. जाल्ड और रोबर्स एश, "सोशल मूवमेंट आर्गनाइजेशन्सः ग्रोथ, डीके एंड चेंज", सोशल फोर्सेस, वाल्यूम 44 (3), 1966, पेज 327–41.
40. जेरोम डेविस, ओपी. सीआईटी
41. बी.बारबर, ओपी. सीआईटी. 663–67.
42. एच. ब्लूमर, जे.बी.गीट्टलर (इडी.), रिव्यू ऑफ सोशयोलॉजी, एन एनालाइसिस ऑफ ए डीकेड न्यूयार्कः बार्नेस एंड बीकर, 1957, पेज 130.
43. ए.एफ.सी. वैल्लासे, ओपी. सीआईटी. पेज 265.
44. आर. लिंटन, ओपी, सीआईटी, पेज 233.
45. जे.ए.बैंक्स एंड ओलीव बैंकस, "फेमीनिज्म एंड सोशल चेंजः ए केस स्टडी ऑफ ए सोशल मूवमेंट", जॉर्ज के. जौलशान एंड वाल्टर हाइर्स (इडी.) एक्सप्लोरेशन्स इन सोशल चेंज, लंदन, रूटलेग एंड केगान पॉल, 1964, पेज–552 में।
46. टी. एबेल, ओपी, सीआईटी, पेज 562–63.
47. जे.ए.बैंक्स एंड ओलीव बैंकस, ओपी, सीआईटी, पेज 547–69.
48. यहाँ 'विचारधारा' शब्द का प्रयोग मार्क्सवादी, फ्रिउडीयन या मसीहात्मक संदर्भ में नहीं हुआ है। अतः विचारधारा ना तो मिथ्या या भ्रांत विचार होता है और ना ही यह निहित स्वार्थी तत्वों द्वारा प्रयुक्त हथियार ही। एक सामाजिक विचारधारा का अर्थ इसके अभिलेखों उल्लेखित इसके नेता के विचारों और उसकी नीतियों के क्रियान्वयन के साक्ष्यों से है।

49. टाल्कॉट पारसन्स, द सोशल सिस्टम, इल्यिन्यास, द फ्री प्रेस ऑफ ग्लेंको, 1951, पेज 289–97.

50. फ्रांसिस सूटॉन इटी एल., द अमेरीकन बिजनेस क्रीड, कैंब्रिज, हारवर्ड यूनिवर्सिटी प्रेस, 1956.

51. कार्ल सी. जीमरमान, "आइयोलाजिकल मूवमेंट्स एंड सोशल चेंज" जोसेफ रोउसीक (इडी.), कन्टेंपररी पॉलिटिकल आइड्योलॉजीज न्यूजर्सी, लिट्ल फिल्ड एडम्स एंड कंपनी, 1961, पेज 5–6.

52. एन.जे.स्मेल्सर, सोशयोलॉजी ऑफ इकोनॉमिक लाइफ, नई दिल्ली, प्रेंटाइस हॉल ऑफ इंडिया, 1965, पेज 40–44.

53. मैक्स वेबर, ओपी, सीआईटी., 1947, पेज 358– 373.

54. प्रतिभाशाली नेताओं के गुणों के विवरण के लिए देखें, मारीओन जे.लेवी (यूनियन), मॉडर्नाइजेशन एंड द स्ट्रक्चर्स ऑफ सोसायटीज् वॉल्यूम–2, प्रिंसेस्टन, प्रिंसेस्टन यूनिवर्सिटी प्रेस, 1966, पेज 350–53.

55. जे.ए.थैंक्स एंड ओलीव बैंक्स, ओपी. सीआईटी., पेज 551.

अध्याय–2

भूदान–ग्रामदान आंदोलनः एक विश्लेषण

पहले अध्याय में हमने एक आदर्श प्रारूपिक प्रतिभात्मक आंदोलन की रूप–रेखा और विशेषताओं को स्पष्ट किया। हमारा अगला काम भूदान–ग्रामदान आंदोलन के संदर्भ में इस विश्लेषण की सार्थकता का मूल्यांकन करना है। इस कार्य को शुरु करने से पहले यह आवश्यक है कि हम इस आंदोलन के इतिहास को जान लें। यहाँ हमारा उद्देश्य और विकास का क्रमागत विवरण प्रस्तुत करना नहीं, बल्कि इस आंदोलन के लक्ष्य–परिवर्तन का उल्लेख करना है।

ऐतिहासिक पृष्ठभूमि

यद्यपि भूदान–ग्रामदान आंदोलन की शुरुआत गाँधीजी की मृत्यु के तीन साल के बाद अर्थात् 1951 में हुई, फिर भी आंदोलन की विचारधारा का मूल बिंदु गाँधी जी के विचारों के आसपास था। गाँधीजी एक आदर्श समाज में एक अहिंसक सामाजिक व्यवस्था का विकास चाहते थे। इसके लिए उन्होंने दो प्रमुख लक्ष्य रखे स्वराज (स्वतंत्रता) और सर्वोदय (शाब्दिक अर्थों में सबों की उन्नति)। स्वतंत्रता प्राप्ति के बाद सर्वोदय प्रमुख गाँधीवादी लक्ष्य हो गया और फिर गाँधी तथा गाँधीवादियों ने इसी लक्ष्य को केंद्र मानकर काम करना शुरु किया।

स्वतंत्रता प्राप्ति के पहले भी गाँधी और उनके अनुयायियों के मध्य वैचारिक मतभेद थे। इसी मतभेद के कारण गाँधीजी उस भारतीय राष्ट्रीय काँग्रेस से अलग हो गये जिसका नेतृत्व उन्होंने अंग्रेजों से लड़ने में किया था। गाधीं ने अपने इस फैसले के लिए उत्तरदायी कारणों का वर्णन किया था, जिसमें से कुछ महत्वपूर्ण कारण निम्नवत हैं।

(1) चरखे के प्रयोग को सुनिश्चित करने में कांग्रेस की असफलता गाँधीजी ने कांग्रेस के सदस्यों से नाममात्र सदस्यता शुल्क के बदले प्रतिदिन चरखे के प्रयोग पर जोर दिया था।

(2) छुआछूत की समस्या (गाँधीजी छुआछूत के बिल्कुल विरोधी थे)।

(3) कांग्रेस सदस्यों द्वारा अहिंसा के सिद्धांत को यथोचित महत्व नहीं देना।

(4) कार्य पद्धति (माध्यम) और उद्देश्य के मध्य विरोधाभास (गाँधी जी ने अहिंसक माध्यम के प्रयोग पर जोर दिया था)।

(5) कांग्रेस के उच्चपदस्थ सदस्यों में भ्रष्टाचार।

कांग्रेस जैसे संगठन से अपनी सेवानिवृति के लिए कांग्रेस सिद्धांतों (विचारों) और कार्यों में अंतर को जिम्मेवार बताया। स्वतंत्रता प्राप्ति के तुरंत बाद गाँधी जी ने यह सुझाव दिया था कि कांग्रेसियों को समर्पित समाज सेवकों (लोकसेवकों) की भांति संगठित होकर कार्य करना चाहिए। उनके इस सुझाव पर गंभीरता से ध्यान नहीं दिया गया और इससे पहले कि वे खुद इसे एक ढांचागत स्वरूप देते, उनका देहांत हो गया। उनके देहांत के तुरंत बाद मार्च, 1948 में वर्धा के सेवाग्राम (जहाँ गाँधी जी का आश्रम है) में 'रचनात्मक स्वयंसेवकों' (गाँधीजी के सुझाव पर सामाजिक पुनर्निर्माण में लगे गाँधीवादी) की बैठक हुई और एक साथ सभी के कल्याण और उत्थान के लिए परस्पर भ्रातृत्व पर

आधृत सर्वोदय समाज की स्थापना का निर्णय लिया गया। सर्वोदय समाज उन लोगों से भी परस्पर भाईचारा बनाने का पक्षधर था जो अपने जीवन के सभी क्षेत्रों में सत्य और अहिंसा के प्रयोग में विश्वास रखते थे।[2] वार्षिक मेला और सम्मेलनों को बुलाने के लिए सेवकों के नामों और अन्य विवरणों का लेखा–जोखा रखने और देश–विदेश में सर्वोदय के विचार से प्रभावित लोगों से पत्राचार करने के लिए एक सर्वोदय समिति का गठन किया गया। इस प्रकार बेरोजगार रचनात्मक सेवकों की एक बड़ी संस्था द्वारा किसी चुनौतीपूर्ण लक्ष्य या कार्यक्रम के बगैर एक संगठन के रूप में सर्वोदय समिति का गठन हुआ।

1949 में इंदौर (मध्य प्रदेश) के निकट इस संगठन का पहला सम्मेलन बुलाया गया जिसमें उस समय के सबसे प्रतिष्ठित गाँधीवादी विनोबा भावे ने सर्वोदय के सिद्धांतों और सर्वोदय समाज के लक्ष्यों की व्याख्या की। समाज की गतिविधियों को संचालित करने के लिए अखिल भारतीय सर्व सेवा संघ की स्थापना की गई। भारत में भूदान–ग्रामदान आंदोलन सहित गाँधीवादी पर आधारित सभी गति–विधियों में तालमेल स्थापित किया गया। सर्वोदय समाज का दूसरा सम्मेलन 1950 में उड़ीसा में और तीसरा सम्मेलन 1951 में हैदराबाद में बुलाया गया। सेवाग्राम आश्रम से सम्मेलन में भाग लेने के लिए विनोबा हैदराबाद गए और इसके बाद उन्होंने हैदराबाद से आश्रम तक पैदल लौटने का निर्णय लिया। इस पदयात्रा का उद्देश्य यह था कि वे इस पदयात्रा के दौरान खुद ग्रामीण परिस्थितियों (खासकर तेलंगाना के) से परिचित होना चाहते थे। तेलंगाना में कुछ समय पहले ही किसानों के बीच हिंसक दंगे हुए थे। वहाँ के भूमिहीनों की समस्याओं का अहिंसक ढंग निराकरण के विचार के वशीभूत होकर विनोबा तेलंगाना गये जहाँ उन्होंने भूदान में दान स्वरूप भूमि प्राप्त कर भूदान योजना (भूदान मिशन) की शुरुआत की।

तेलंगाना के किसान दंगे

1947 के पहले से ही तेलंगाना में साम्यवादी (कम्युनिस्ट) नेताओं के नेतृत्व में किसान आंदोलन की शुरुआत हो चुकी थी तत्कालीन हैदराबाद के राजशाही राज्य के पूर्वी आधे भाग को तेलंगाना कहते थे। इसमें 8 जिले शामिल थे और इसका क्षेत्रफल 44000 वर्ग मील था। यहाँ की अधिकांश जनसंख्या तेलगुभाषी थी। निजाम के नियंत्रण में यहाँ एक बनदाम अर्द्ध–सामंतवादी व्यवस्था प्रचलित थी और किसानों का बढ़ता असंतोष उन्हें पृथकतावादी नेतृत्व को स्वीकार करने के लिए तैयार कर रहा था। हिंदू बाहुल्य क्षेत्र होने के बावजूद एक मुस्लिम शासक द्वारा पूर्णतः शासित होने और मुस्लिम सामंतों द्वारा निर्देशित भूमि व्यवस्था के कारण आजादी के बाद हैदराबाद भारत के हृदय पर एक बड़ा प्रश्न चिह्न बन गया। एक कट्टरपंथी मुस्लिम वर्ग (राजाकार) के द्वारा हैदराबाद के पाकिस्तान में विलय की मांग की जाने लगी। इस पर कांग्रेस और साम्यवादियों ने एक अस्थायी मोर्चा बनाकर अपना भूमिगत अभियान शुरु किया। सितंबर 1948 में भारत सरकार ने हैदराबाद में सैनिक अभियान (मार्च) शुरु करा दिया और मजबूर होकर निजाम ने रास्ता दे दिया। जब हैदराबाद भारत में विलय के बाद यहाँ अंतरिम सरकार का गठन हुआ तो साम्यवादियों ने आत्मसमर्पण करने से इंकार कर दिया और उन्होंने सरकार के विरुद्ध अपना भूमिगत अभियान शुरु कर दिया। साम्यवादियों ने नालगोंडा और वारंगल जिलों सहित अन्य जिलों में भी भूस्वामियों के विरुद्ध बड़े पैमाने पर भूमिगत प्रचार अभियान शुरु कर दिया। हथियारधारी साम्यवादी रात में भूस्वामियों की हत्या कर उनकी भूमि को गरीबों में बांटने लगे। साम्यवादी सूत्रों के अनुसार कुल मिलाकर 3000 गाँवों का सोवियतीकरण हुआ और किसानों द्वारा लगभग दस लाख एकड़ भूमि का अधिग्रहण हुआ। इन दंगों में साम्यवादियों और पुलिस के द्वारा बड़ी संख्या में लोग मारे गए।

भारतीय साम्यवादी नेताओं के अनुसार ''तेलंगाना किसान दंगे भारत में स्थापित सामंतवादी व्यवस्था के विरुद्ध पहला बड़ा अभियान था।" और "इसने भारतीय जनता के लिए लोकतंत्रिक क्रांति का मार्ग प्रशस्त किया।"[4] 1948 से 1950 तक तेलंगाना में आतंक और असुरक्षा सर्वव्याप्त थी।[5] यह वही अव्यवस्थित तेलंगाना है जहाँ 1951 में हैदराबाद में हुए सर्वोदय सम्मेलन में भाग लेने के बाद गए। हैदराबाद से वर्धा लौटने की पदयात्रा के दौरान विनाबा पोचम्पाली नामक गाँव में गये जहाँ चालीस भूमिहीन हरिजन परिवारों ने विनोबा से अपने लिए कुछ भूमि की व्यवस्था सुनिश्चित करने का आग्रह किया। गाँव में हुई बैठक में विनोबा ने गाँव के भूमिहीन अछूतों की इच्छाओं को रखा और यहीं पर उन्हें 100 ऐकड़ भूमि दानस्वरूप प्राप्त हुई।[6] इस प्रकार भूदान–ग्रामदान आंदोलन का उदय संकटकालीन परिस्थितियों में हुआ।

आंदोलन का विकास

जब 1951 में भूदान आंदोलन की शुरुआत हुई तो इसका मुख्य उद्देश्य दान स्वरूप भूमि प्राप्त कर इसे भूमिहीनों के मध्य बांटना था। इस कार्य के पीछे भूस्वामियों और भूमिहीनों के बीच पैदा हुई कड़वाहट को समाप्त करना था। फिर आंदोलन में सभी भूस्वामियों से अपनी भूमि का 1/6 भाग दान करने को कहा गया। 1952 में आंदोलन का विस्तार कर इसमें ग्रामदान को भी सम्मिलित किया गया। ग्रामदान में भूमि के सामूहिक स्वामित्व की वकालत की गई

उत्तर प्रदेश के हमीरपुर जिले में मंगरोथ नामक गाँव ग्रामदान में प्राप्त होने वाला पहला गाँव बना। इसके बाद दूसरे ग्रामदान में दूसरा गाँव प्राप्त होने में तीन साल से अधिक समय लग गया। दूसरा और तीसरा ग्रामदान उड़ीसा में हुआ और ग्रामदान आंदोलन का विस्तार होने लगा। ग्रामीणों में सामाजिक जागरुकता या सामूहिक संकल्प की

भावना के विकास के साथ ग्रामभावना ग्रामदान की शुरुआत होती है। इसके बाद की प्रक्रिया ग्राम संकल्प है ग्रामदान की जीवनशैली को अपनाने के लिए सामुदायिक समर्पण की भावना का विकास किया जाता है। ऐसा माना जाता है कि ग्राम संकल्प लोक शक्ति का परिणाम है और इससे लोक नीति का जन्म होता है। इस प्रकार एक नए सामाजिक वातावरण की उत्पत्ति की आशा की जाती है, जहाँ सभी गतिविधियों और प्रयासों का केंद्रबिंदु व्यक्तिगत हो।

किसी गाँव को ग्रामदान कहलाने के लिए तीन शर्तें होती हैः (1) ग्रामदान का निर्णय लेने वाले ग्रामीणों का अपनी समूची भूमि को कानूनी रूप गठित ग्रामसभा को लिखित रूप से हस्तांतरित करने के लिए तैयार होना; (2) इसके लिए एक पूर्व निर्धारित शर्त यह थी कि ग्रामसभा पहले से ही गठित होनी चाहिए; और (3) सामाजिक उत्थान के कार्यक्रमों और आर्थिक विकास के लिए एक ग्राम कोष की स्थापना।

प्राप्ति, पुष्टि (पूर्णता) और निर्माण ग्रामदान के आरंभिक चरण होते हैं। पहले चरण में लोग यह घोषणा करते हैं कि उन्होंने अपनी भूमि का स्वामित्व स्वेच्छा से ग्रामसभा को सौपने का निर्णय लिया है। दूसरे चरण में यह अपेक्षा की जाती है कि गाँव के लोग सामूहिक रूप से ग्रामदान की प्रारंभिक शर्तों अर्थात भूमि का पुनर्वितरण ग्राम सभा का गठन और ग्राम कोष की स्थापना को पूरा करे। अंतिम चरण अर्थात निर्माण की प्रक्रिया सभी ग्रामवासियों के सक्रिय और परस्पर सहयोग से पूर्ण की जाती है।

यहाँ यह आवश्यक है कि हम ग्रामदान द्वारा विकसित परिवर्तन की अवधारणा से हुए परिवर्तनों से परिचित हों। यद्यपि ग्रामदान की शुरुआत 1952 में हुई तथापित इसे पारिभाषित करने का पहला सुव्यवस्थ्ति प्रयास अखिल भारतीय सर्वसेवा संघ की प्रबंध समिति

द्वारा सितंबर 1957 में संघ की बैठक में किया गया। यहाँ ग्रामदान और ग्राम परिवार को निम्नवत ढंग से पारिभाषित किया गयाः "यदि गाँव के लगभग 80 प्रतिशत भूस्वामी अपनी भूमि हस्तांतरित करने के लिए तैयार हों और इस प्रकार प्राप्त हुई भूमि गाँव की कुल भूमि के 51 प्रतिशत से कम नहीं हो तो उस गाँव को ग्रामदान कहा जाता था। यदि गाँव के भूमिहीन लोग और ऐसे परिवार जिनके पास काफी कम भूमि हो, अपनी आय से दूसरी वस्तुओं या नकद दान करने के लिए तैयार हो, तो इस गाँव को ग्राम परिवार कहा जाता था।" इस प्रकार ग्राम परिवार के विचार ने लोगों को भूदान से लेकर संपत्ति दान के अवसर उपलब्ध कराये।

लोगों के परस्पर सहयोग को सुनिश्चित करने तथा विभिन्न संसाधनों की उपलब्धता सुनिश्चित करने के लिए श्रमदान, बुद्धिदान, जीवनदान आदि को भी आमंत्रित किया गया।

शुरुआत में ग्रामदान के आवश्यक 80 प्रतिशत भूस्वामियों द्वारा कम से कम 51 प्रतिशत भूमि दान स्वरूप प्राप्त होने की शर्त के साथ गाँव को ग्रामदान कहा जाता था। यहाँ यह उललेखनीय है कि अधिकांश गाँव छोटे–छोटे टोलों और पट्टियों में बंटे होते हैं, परंतु इन ग्रामदान की अवधारणा में इन्हें भी गाँव माना जाता था।[7]

ग्रामदान घोषित होने के बाद यह अपेक्षा की जाती थी कि दान में प्राप्त भूमि गाँव के सभी परिवारों के बीच परिवार में सदस्यों की संख्या के आधार पर समान रूप से वितरित की जाए। इस प्रकार की व्यवस्था से सामान्यतः धनी भूस्वामीयों का वर्ग पूर्णतः संतुष्ट नहीं था। एक सामान्य नियम के अनुसार एक समान रूप से का शायद ही कहीं भूमि का पुनर्वितरण किया गया हो। अतः विचारों और कार्यों के बीच के अंतर को कम करने के लिये 1965 में ग्रामदान की अवधारणा को फिर से पारिभाषित किया गया। इसमें भूमि एक समान वितरण की

जगह सभी भूस्वामियों से अपनी कुल भूमि का 1/20 भाग भूमिहीनों को वितरित करने के लिए दान करने को कहा गया। ऐसा माना गया कि लोगों के लिए यह विचार अपेक्षाकृत अधिक संतोषप्रद होगा। इस नई पद्धति को सुलभ ग्रामदान का नाम दिया गया। यद्यपि आंदोलन इस लक्ष्य परिवर्तन के द्वारा आंदोलन के नेताओं ने 'दो कदम आगे बढ़ाने के लिए एक कदम पीछे हटना' उचित समझा था, परंतु वास्तव में सुलभ ग्रामदान के विचार ने आंदोलन के लक्ष्य के प्रति मूलोन्मुखता में महत्त्वपूर्ण परिवर्तन ला दिए जिसकी परिणति आंदोलन के पतनोन्मुखता के रूप में हुई।

मिल्कियत और स्वामित्व के बीच स्पष्टता के लिए सुलभ ग्रामदान की अवधारणा को प्रस्तुत किया गया था। ग्रामदान में भाग लेने वाले लोगों से यह अपेक्षा की जाती थी कि वे अपनी पूरी मिल्कियत का 1/20 भाग दान कर दें, फिर भी किसी व्यक्ति के पास इसके बाद भी उसकी कुल पुश्तैनी भूमि का 22/20 भाग शेष बचता था जिस पर उसका पूर्णस्वामित्व रह सकता था। यद्यपि सैद्धांतिक रूप से यह तर्क दिया जा सकता है कि इससे भूमि का निजी स्वामित्व समाप्त हो जायेगा, तथापि व्यवहारिक रूप से प्रत्येक भूस्वामी के पास एक अच्छी–खासी भूमि शेष रहती थी।

बाद में आंदोलन के कार्यकर्ताओं ने यह महसूस किया कि भूदान और इसके पुनर्वितरण की सुनिश्चितता पर जोर देने से आंदोलन संकुचित होने लगा। फलतः 1963 में ग्राम स्वराज के अपेक्षाकृत बड़े लक्ष्य के लिए कार्य करने का निर्णय लिया गया। तब ग्रामदान के साथ शांति सेना के गठन और खादी के प्रयोग के लिए ग्रामीण जागरुकता को आंदोलन के विस्तार में शामिल किया गया। अब इस कार्यक्रम को त्रिविध (तीन) कार्यक्रम के नाम से जाना जाने लगा। गाँधी जी के जन्म के सौवें साल अर्थात 1969 में विनोबा ने यह घोषणा

की कि उस साल के अंत तक भारत के प्रत्येक गाँव में ग्राम स्वराज की स्थापना करके गाँधी जी को सर्वश्रेष्ठ श्रद्धांजलि दी जा सकती है।

सुलभ ग्रामदान की अवधारणा निम्नलिखित चार शर्तों पर मौलिक रूप से जोर देती है।

(1) गाँव की कुल कृषि योग्य भूमि का कम से कम 1/20 भाग सभी भूस्वामियों द्वारा भूमिहीनों में वितरण हेतु दान दे दिया जाय।

(2) गाँव की पूरी भूमि ग्राम सभा की मिल्कियत में होनी चाहिए। भूस्वामियों को अपनी अपनी भूमि का 19/20 भाग के स्वामित्व का उत्तराधिकार प्राप्त होगा। सरकार या सहकारी बैंकों से ऋण लेने के लिए कोई व्यक्ति ग्राम सभा की अनुमति से अपनी भूमि को गिरवी रख सकता है और कोई व्यक्ति अपनी भूमि ग्राम सभा या ग्रामदान संबद्ध किसी परिवार को बेच सकता है।

(3) भूमि कर अदा करने और फसल के बँटवारे के बाद सभी को अपनी उपज का 1/40 भाग ग्राम सभा को ग्रामनिधि के लिए देना पड़ता है। जो लोग भूमिहीन हैं या जिनके पास आय के दूसरे स्त्रोत हैं, को अपनी आय का 1/30 भाग श्रमदान या नकददान देना पड़ता है। ग्रामनिधि का उपयोग अनाथों और अभावग्रस्तों की परवरिश के लिए तथा गाँव में शिक्षा की व्यवस्था और गाँव के आर्थिक विकास के लिए किया जाएगा।

(4) सभी परिवारों से एक–एक सदस्य को मिलाकर ग्राम सभा का गठन होगा। ग्राम सभा का कार्य बहुमत या सर्वसम्मति से होना चाहिए।

1963 में ग्रामीण पुनर्निर्माण के लिए स्वीकृत त्रिविध कार्यक्रम को ज्यादा जोरदार ढंग से क्रियान्वित नहीं किया जा सका और इस

कार्यक्रम के द्वारा आशातीत सफलता नहीं मिली। आंदोलन की त्वरित गति प्रदान करने के लिए 1965 में विनोबा ने ग्रामदान तूफान की पुकार लगाई। आंदोलन के इस चरण का केंद्र बिहार राज्य था। छह महीनों के अंतर ही बिहार के लगभग 70,000 गाँवों में से इसके 1/7 भाग गाँव ग्रामदान के अंतर्गत आ गये जिससे आंदोलन के लिए अनुकूल वातावरण तैयार हुआ।

वृहत स्तर पर आंदोलन के संचालन में संभावित खतरों से बचने के लिए किसी गाँव को ग्रामदान कहलाने के लिए चार आधारभूत शर्तों को स्वीकार किया गया।

(1) जिस गाँव में कम से कम 75 प्रतिशत भूस्वामियों और गाँव में रहने वाले कम से कम 75% लोग अपनी मिल्कियत हस्तांरित करने की घोषणा करते हैं, उसे प्रतिज्ञा ग्रामदान कहा जायेगा।

(2) ग्राम प्रतिज्ञा पर हस्ताक्षर करने के समय ही सभी को एक समर्पण पत्र (स्वामित्व हस्तांतरित करने का फार्म) भरना चाहिए।

(3) यदि ग्रामीण भूमि का 1/20 भाग भूमिहीनों और गठित ग्रामसभा को दे दिया गया हो तो उस गाँव को 'सक्रिय ग्राम' माना जायेगा।

(4) सरकार द्वारा ग्रामदान एक गाँव के निबंधन के बाद से इसे 'घोषित ग्राम' माना जायेगा।

जैसा कि हम पहले ही चर्चा कर चुके हैं कि आंदोलन के कार्यकर्ताओं द्वारा जटिल सामाजिक व्यवस्था वाले काफी बड़े गाँवों को छोड़कर (सामान्यतः) अपेक्षाकृत छोटे गाँवों और टोलों को ग्रामदान के रूप में स्वीकार करने के निर्णय से ग्रामदान गाँवों की संख्या में काफी वृद्धि हुई। ऐसी परिस्थिति ने विनोबा को प्रखंड (ब्लाक) दान

की पुकार लगाने के लिए मजबूर किया। इसके अलावा यह भी अपेक्षा की गई कि प्रखंड दान से पुनर्निर्माण के कार्यों में काफी सहायता मिलेगी और आर्थिक रूप से विकास के लिए प्रखंड के आकार की इकाई पर्याप्त होगी।

1966 में तमिलनाडु के तिरुनिवेली जिले में पहला प्रखंड दान हुआ। शुरु में यह विचार किया गया कि प्रखंड के सभी गाँवों में ग्रामदान घोषित होने के बाद इसे प्रखंडदान माना जायेगा।

परंतु बाद में (अप्रैल 1966) में यह निर्णय लिया गया कि किसी प्रचंड शहरी जनसंख्या को छोड़कर कम से कम 75 प्रतिशत जनसंख्या या 85 प्रतिशत गाँवों के ग्रामदान घोषित हो जाने के बाद पूरे प्रखंड को प्रखंडदान माना जायेगा।

जब किसी जिले के सभी प्रखंड प्रखंडदान के अंतर्गत आ जाये तो इसे जिलादान कहा जायेगा। 1967 की शुरुआत में बिहार का दरभंगा जिला पहला जिलादान बना।

सर्वोदय के नेता यह आशा करने लगे कि आंदोलन का यह विस्तार जिलों, राज्यों और राष्ट्र की राजनीतिक गतिविधियों को प्रभावित करेगा। इस समय आंदोलन के विस्तार का केंद्र बिहार था और यह बिहार दान के लिए प्रयासरत था। अगले कदम के रूप में भारत दान की चर्चा होने लगी।

हमने आंदोलन के शुरुआत से लेकर तब तक हुए विकास चित्रित किया है। इनमें हमारा मुख्य उद्देश्य आंदोलन के लक्ष्य परिवर्तन को प्रकाशित करना था। दानस्वरूप प्राप्त भूमि के संग्रहण और वितरण के लक्ष्य से आंदोलन का विस्तार समाज में हो रहे पृथकतावादी परिवर्तनों को रोकने के लिए एक सामुदायिक या सामूहिक स्थायित्व की सुनिश्चितता का प्रयास करने के लक्ष्य तक पहुँच गया। इस कार्य में

TABLE I

Statewise Distribution of *Gramdans*, *Prakhand-dans* and *Ziladans* as on 20-1-1969.

States	*No. of Gramdans*	*No. of Prakhand-dans*	*No. of Ziladans*
1. Andhra Pradesh	4,200	10	—
2. Assam	1,489	1	—
3. Bihar	39,085	335	7
4. Delhi	74	—	—
5. Gujarat	803	3	—
6. Himachal Pradesh	17	—	—
7. Jammu & Kashmir	1	—	—
8. Kerala	418	—	—
9. Madhya Pradesh	4,242	18	1
10. Maharashtra	3,126	12	—
11. Mysore	570	—	—
12. Orissa	9,348	40	—
13. Punjab & Haryana	3,694	7	—
14. Rajasthan	1,021	1	—
15. Tamilnadu	5,302	50	1
16. Uttar Pradesh	12,675	77	2
17. West Bengal	644	—	—
Total	86,709	554	11

परेशानियों का सामना करने के बाद आंदोलन के विस्तृत भौगोलिक प्रसार के लिए इसके लक्ष्य को संकुचित कर दिया गया। समूची जनता की आंदोलन में सहभागिता आंदोलन का मुख्य लक्ष्य हो गया। इसकी ऐतिहासिक पृष्ठभूमि के बाद इस बात का मूल्यांकन काफी रोचक होगा कि वास्तव में ग्रामदान की कार्यप्रणाली क्या थी और ग्रामदान के द्वारा कौन–कौन से परिवर्तन हुए। अगले अध्यायों में हम यह कार्य करने का प्रयास करेंगे।

आंदोलन का प्रतिभात्मक स्वरूप

बहुत से समाजशास्त्रियों[9] ने इस आंदोलन को और इसके नेतृत्व को प्रतिभात्मक माना है और कुछ लोकप्रिय लेखकों ने आंदोलन को एक अद्वितीय सामाजिक आंदोलन, विनोबा को एक 'संत' और उनकी सफलताओं को 'आश्चर्यजनक'[11] माना है। फिर भी आंदोलन के प्रतिभात्मक स्वरूप के मूल्यांकन का कोई भी ठोस प्रयास अब तक नहीं हुआ है। पहले अध्याय में वर्णित प्रतिभात्मक आंदोलनों के प्रतिभा को दृष्टिगत करते हुए हम इस कार्य को अंजाम देंगे। हम इस बात का पहले ही उल्लेख कर चुके हैं कि इस आंदोलन की शुरुआत तेलंगाना के किसान दंगों जैसी संकटकालीन परिस्थितियों में हुआ।

जिस आंदोलन में पहला भूदान प्राप्त हुआ वह इसके प्रतिभात्मक स्वरूप को स्पष्ट करता है। जब भूमिहीन हरिजन परिवारों ने विनोबा से अपने लिए कुछ भूमि की व्यवस्था करने का आग्रह किया तो विनोबा ने उन लोगों को यह विश्वास दिलाया कि वे इसके लिए अपनी तरफ से हर संभव प्रयास करेंगे। तब ग्रामीणों की बैठक बुलाई गई। "कुछ समय के लिए चारों ओर गहरा सन्नाटा छाया हुआ था। विनोबा पूरी तल्लीनता के साथ ध्यान मग्न थे। उन्होंने सिर उठाकर यह देखना चाहा कि क्या गाँव के भूस्वामी वहाँ मौजूद हैं। वहाँ बहुत

से भूस्वामी उनके सामने बैठे हुए थे"[12] उनके आत्मिक प्रश्न का उत्तर सकारात्मक था और तब उन्होंने प्रश्न किया, "यदि सरकार द्वारा भूमि का वितरण नहीं किया जाता है या इस कार्य में कुछ समय लगता है, तो क्या ग्रामीणों द्वारा भूमिहीनों को थोड़ी सी भूमि नहीं दी जा सकती?" इसके बाद सौ एकड़ भूमि दान करने का पहला प्रस्ताव आया। "विनोबा ने बिना सोये हुए पूरी रात बिताई। दिन की घटना उन्हें बार–बार याद आ रही थी। रात उन्होंने प्रार्थना में बिताई। उन्हें लगा कि जो कुछ हुआ, उस सबके पीछे भगवान का हाथ था और उन्होंने इसका उपयोग अपने कार्य को अंजाम देने के लिए एक यंत्र के रूप में करना चाहा।" इस प्रकार श्रद्धा और भक्ति के वातावरण में भूमि दान करने वाले के अंतःकरण की प्रेरणा और नेता के भगवान में विश्वास के कारण भूमिदान का पहला प्रस्ताव आया।

विनोबा का भगवान में प्रचंड विश्वास था। वे खुद कहते हैं, "उस दिन (प्रथम भूदान के दिन) भगवान ने मुझे एक संकेत दिया। अगली रात को मैंने इस पर गहन चिंतन किया और अंततः मैंने पाया कि अब आगे मुझे क्या करना था।... इस संकेत के बगैर भूदान के विचार के प्रति मैं अपने आप को कभी समर्पित नहीं कर पाता।"[14] बिट्नर (Bittner)[15] के मतानुसार एक प्रतिभाशाली नेता के विचारों को जनता द्वारा स्वीकार करने के लिए यह आवश्यक होता है कि लोगों को ऐसा लगे कि उस नेता ने अपने विचारों या संदेशों को काफी असामान्य परिस्थितियो से ग्रहण किया है और उसका यह अनुभव असाधारण है।

विनोबा की उक्तियाँ इस बात को प्रमाणित करती हैं कि उन्होंने इस आंदोलन की शुरुआत दैवी प्रेरणा से की। "देवता के अलावा भूमि का मालिक दूसरा कोई नहीं है। हम नश्वर प्राणी सिर्फ उनकी संतान हो सकते हैं।[16] वे लोगों से यह महसूस करने का आग्रह करते थे

कि "... भगवान की इच्छा है कि इस भूमि (भारत) पर एक सफल सामाजिक और आर्थिक क्रांति हो।"[17] विनोबा द्वारा "सद्भावना के उपहार" को बड़े स्वाभाविक ढंग से प्रस्तुत करने, आंदोलन में इसके प्रयोग, उनके प्रतिभात्मक गुणों को स्पष्ट करता है। अतः आंदोलन की प्रेरणा गैर–प्रयोगाश्रित स्रोतों से प्राप्त हुई।

आंदोलन के नेता की शक्ति को प्रतिभात्मक घोषित करने में सबसे बड़ी परेशानी पर्याप्त मात्रा प्रयोगाश्रित तथ्यों का अभाव होना है। आंदोलन के अनुचरों का व्यवहार हमेशा ऐसा नहीं रहा जो यह सिद्ध करे कि पूरी शक्ति नेता में निहित है। फ्राइडलैंड कहते हैं कि यह जानने के बाद कि किसी नेता की सत्ता कानूनी या पंरपरागत नहीं है, प्रेक्षक अपने अंतर्मन से उसकी सत्ता को तार्किक रूप से प्रतिभात्मक कह सकता है।[19] परंतु जिस कारण से हम विनोबा को प्रतिभात्मक कह रहे हैं, वह इससे काफी अलग है। पारसन्स (Parsons) के अनुसार, "प्रतिभा कोई ऐसी परिघटना नहीं जिसका कोई आध्यात्मिक अस्तित्व हो बल्कि यह मानव या किसी वस्तु का मानवीय अनुक्रियाओं और उद्देश्यों से संबंधित ऐसा गुण होता है जिसका एक कठोर अनुशासन के साथ प्रायोगिक अवलोकन किया जा सकता है।[20]

आम जनता आंदोलन के प्रणेता अर्थात् विनोबा को एक "संत" माना जाता है। स्वच्छ मानवीय गुणों से युक्त, खान–पान और व्यवहार धारण करने वाले विनोबा ने जिस असाधारण ढंग से आंदोलन का संचालन किया, उसके फलस्वरूप जनमानस पर आंदोलन का अविश्वसनीय प्रभाव उत्पन्न हुआ। विनोबा कमर पर एक वस्त्र (धोती) धारण किए हुए रहते और सामान्यतः कपड़े से उनके कमर के नीचे का भाग ही ढका होता था। सामान्यतया वे जिंदा रहने के लिए 5 कप दूध पीते थे और जब भी वे खाना खाते थे, थाली के बदले केले के पत्ते का प्रयोग करते थे। 4 बजे सुबह से उठना, चरखा चलाना, सुबह

और शाम को प्रार्थना करना, ध्यान करना तथा सादा और अनुशासित जीवन व्यतीत करना उनकी दिनचर्या का अभिन्न अंग था। विनोबा की वेश–भूषा व्यवहार और विश्वास के साथ–साथ दूसरों के प्रति उनकी श्रद्धा और आदर का भाव उन्हें एक 'पवित्र मानव' बनाता है।

भूदान–ग्रामदान आंदोलन का प्रारंभिक लक्ष्य तत्कालीन भारतीय समाज में पूर्णतः परिवर्तन लाना था। जहाँ विस्तृत लक्ष्य को आंदोलन का सैद्धांतिक लक्ष्य बनाया गया था, वहीं व्यवहारिक रूप में इसका लक्ष्य देश में प्रचलित भूव्यवस्था को पुनर्व्यवस्थित करना हो गया। वस्तुतः आंदोलन का विकास भूव्यवस्था से संबंधित अराजकता को समाप्त करने के प्रयास से हुआ। इस बात का उल्लेख इस अध्याय की शुरुआत में किया जा चुका है।

इस बात का उल्लेख करना आवश्यक है कि एक ओर जहाँ भारत भूव्यवस्था संबंध समस्याओं की जड़ें काफी गहरी और विस्तृत हैं, वहीं भूव्यवस्था के कारण उत्पन्न सामाजिक अव्यवस्था को समाप्त करने के लिए बहुत कम ही आंदोलन शुरू किए गए। आजादी के बाद ही भूमि सुधार कानूनों को लागू करने के बावजूद भी भूव्यवस्था संबंधी समस्या यथावत बनी रही। "इतने कम समय में भूमि कानूनों को लागू करने के लिए सबसे बड़े वैधानिक तंत्र की स्थापना किसी अन्य राष्ट्र में नहीं हुई।"[21] 1947 में भारत स्वतंत्र हुआ और भूदान–ग्रामदान आंदोलन की शुरुआत 1952 में हुई। एक नवगठित सरकार से इतनी बड़ी समस्या के तत्काल निराकरण की अपेक्षा करना काफी अव्यवहारिक लगता है। परंतु "... घोषित लक्ष्यों को प्राप्त करने में ये भूमि सुधार सामान्यतः असफल ही रहे और ... भूव्यवस्था संबंधी मौलिक और गंभीर समस्याएं पहले की तरह ही समाज में एक विशाल वृक्ष के सदृश अपनी जड़ें फैलाए रहीं।"[22] और "भूव्यवस्था संबंधी समस्याओं की समाप्ति के लिए लाए गए भूमि सुधारों की सक्रियता विशुद्ध रूप से एक रूढ़िवादी

प्रक्रिया मे बदल गई।"[23] सभी कानूनी प्रयास जब परिस्थितियों को संभालने में नाकाम प्रतीत हो रहे थे तो इस भूमि सुधारों के बावजूद ग्रामदान–भूदान आंदोलन की शुरुआत हुई ओर समस्याओं के समाधान हेतु आंदोलन द्वारा अपनाए गए वैकल्पिक दृष्टिकोण को स्वीकार किया गया।

यह स्पष्ट है कि आंदोलन के प्रारंभिक लक्ष्य का स्वरूप आर्थिक और सुधारवादी रहा है। यहाँ तक आंदोलन में प्रतिभा की उपस्थिति नहीं मालूम पड़ती है। फिर भी विनोबा इस बात पर जोर देते हैं कि आंदोलन का उद्देश्य नैतिक है। वे कहते हैं, "खानों (खनिज निकालने का स्थान) के द्वारा भूखों का पेट नहीं भरा जा सकता, बल्कि इसके द्वारा गृह निर्माण की सामग्री प्राप्त की जा सकती है। लोगों को खुद भोजन–ग्रहण करने से पहले दूसरों को खिलाना चाहिए। एक ऐसे युग में जिसमें लोग पाने की इच्छा रखते हैं, मैं एक ऐसे वातावरण का निर्माण करना चाहता हूँ, जहाँ लोग स्वेच्छा से खोने की इच्छा रखें।"[24] विनोबा की यह उक्ति यह सिद्ध करती है कि आंदोलन एक मिशन है, न कि एक विस्तृत आर्थिक और सुधारवादी कार्यक्रम।

नेतृत्व द्वारा आंदोलन की जो प्रकृति बतायी गयी है उसके बावजूद भी यह आवश्यक है कि सामूहिक रूप से इसे किस प्रकार दृष्टिगत किया जाता है, और लोगों को आंदोलन में शामिल होने के लिए किस प्रकार प्रेरित किया जाता है। कई अवसरों पर हम देखते हैं कि ज्यादातर आंदोलनकारियों को भौतिक (वस्तुपरक) लाभों द्वारा प्रेरित किया गया। शायद आंदोलन के सुधारवादी कार्यक्रमों के कारण यह अपरिहार्य हो गया हो।

प्रतिभात्मक आंदोलनों की विशेषताओं को क्रमबद्ध करते समय हम यह पहले ही उल्लेख कर चुके हैं कि इसकी शुरुआत नए विचारों के साथ होनी चाहिए। यह नया विचार या तो एक नया लक्ष्य हो सकता

है या किसी नए माध्यम से ऐसे लक्ष्य की प्राप्ति का हो सकता है, जिसे प्राप्त करने के लिए पूर्व में उस माध्यम विशेष को नहीं अपनाया गया हो। सुधार कानूनों की विफलता भूदान–ग्रामदान आंदोलन की शुरुआत के लिए बहुत हद तक जिम्मेदार थी। आंदोलन के लक्ष्य को प्राप्त करने के लिए अपनाई गई कार्य पद्धति और माध्यम इस आंदोलन की एक विशेषता है। यद्यपि 'समाज के लिए भूमि' आंदोलन का आदर्श वाक्य और उद्देश्य था, फिर भी भूमि पर सामूहिक स्वामित्व का विचार किसी प्रकार से अलौकिक नहीं है।[25] इसके पहले भी भूमि सुधार कानूनों और हिंसक क्रांतिकारियों द्वारा भूव्यवस्था में सुधार और संस्थागत ढंग से नवनिर्माण के प्रयास किए गए थे। समाज में सर्वांगीण परिवर्तन के लिए भूमि, धन या बुद्धि के स्वैच्छिक दान के विचार को किसी ने भी नहीं अपनाया। विनोबा द्वारा अपनाई कार्य पद्धति और माध्यम से लोगों में आंदोलन के प्रति प्रतिभात्मक आग्रह का शुभारंभ हुआ।

हमारे द्वारा अब तक किए गए विश्लेषण से यह स्पष्ट हो जाता है कि आंदोलन की प्रकृति प्रतिभात्मक है। अब हम आंदोलन की विचारधारा और संगठन की चर्चा करेंगे।

आंदोलन की विचारधारा और संगठन

डेनियल बेल[26] कहते हैं उनके समकालीन पश्चिमी विद्वानों के बीच लोककल्याणकारी राज्य की स्थापना, सत्ता में शक्तियों के विकेंन्द्रीयकरण की आवश्यकता, मिश्रित व्यवस्था वाली शासन पद्धति और राजनीतिक बहुत्ववाद (Pluralism) जैसे कुछ प्रमुख राजनीतिक मुद्दों पर मतैक्य (एकमत होना) था। बहुत हद तक यह मतैक्य शहरीकरण और औद्योगीकरण के कारण जनसामान्य के शोषण के विरुद्ध प्रतिक्रियास्वरुप था।[27] एक रोचक बात यह है कि जब पश्चिम के विद्वान विचारधाराओं पर वाद–विवाद कर रहे थे, तभी एशिया और अफ्रीका के देशों के राजनेताओं द्वारा जो विचारधाराएं प्रस्तावित की

गईं वे संकीर्ण और यांत्रिक थीं। इन विचारधाराओं को निर्देशित करने वाली शक्तियाँ सामाजिक समानता और स्वतंत्रता की भावना थी। राष्ट्रवादी शक्तियाँ और आर्थिक विकास इन विचारधाराओं के लिए प्रेरणास्रोत का कार्य कर रही थीं।[28] मैटोसियन[29] (Matossion) भी इसी बिंदु पर अपना ध्यान केंद्रित करते हुए कहते हैं कि औद्योगिक रूप से पिछड़े हुए राष्ट्रों की दो समस्याएं होती हैं: 1. पारंपरिक संस्थाओं और मूल्यों में परिवर्तन की आवश्यकता; और 2. आधुनिकता को अपना चुके पश्चिमी राष्ट्रों की चुनौती। पश्चिम के औद्योगिक राष्ट्रों के बुद्धिजीवी बड़े पैमाने पर आधुनिकीकरण और औद्योगीकरण के पक्षधर थे।

इस पृष्ठभूमि के विपरीत हमें भूदान–ग्रामदान आंदोलन की आधारभूत विचारधारा अर्थात सर्वोदय को निश्चितरूपेण समझने की आवश्यकता है। इस समय आंदोलन की विचारधारा का एक विस्तृत विश्लेषण प्रस्तुत करने का प्रयास करना हमारा उद्देश्य नहीं है। विचारधारा के विभिन्न पक्षों को उचित संदर्भों में उसके प्रमुख प्रस्तावकों और विचारकों के विचारों को दृष्टिगत करके हम यह काम करेंगे। फिलहाल हम विचारधारा के मौलिक तथ्यों को प्रस्तुत करने का प्रयास करेंगे।

सर्वोदय का विचार हिंदू सामाजिक संरचना के तीन आधारभूत सिद्धांतों अर्थात् वर्ण, आश्रम एवं धर्म के आधार पर भारतीय समाज को पुनर्परिभाषित करने का प्रयास करते हैं। सर्वोदय का आधार अहिंसा, सत्य, अस्तेय, शरीर, श्रम, अस्वाद सर्व भाव वर्जन (पूर्णतः भयमुक्त), सर्व–धर्म–समानता, स्वदेशी, स्पर्श, भावना आदि जैसे कुछ प्रमुख सिद्धांत हैं। इन मूल्यों या सिद्धांतों के प्रसार के लिए दान का उपदेश दिया गया। भूदान, ग्रामदान, संपत्तिदान, बुद्धिदान और जीवनदान जैसी प्रथाओं का विकास पहले ही हो चुका था और आंदोलन में

इनका क्रियान्वयन किया गया। सर्वोदय की नैतिक विचारधारा को अपनाने वाले लोगों के लिए यह आवश्यक होता है कि समाज की सेवा करने की शपथ लेने वाले स्वयंसेवकों के जीवन–यापन के लिए नकद रकम या अन्य जीवनोपयोगी वस्तुओं को रखने के लिए अपने घर में एक बर्तन (सर्वोदय पात्र) रखें। आंदोलन का आधार सर्वोदय की मौलिक भावना (ट्रस्टशिप), सामूहिक स्वामित्व और ग्राम स्वराज थे।

भारत के प्रतिभावान लोगों को दृष्टिगत कर सामाजिक विकास के साथ–साथ विश्व मानव के रूप में उनका चरित्रोद्घाटन करना सर्वोदय का उद्देश्य है। यह एक संश्लिष्ट विचारधारा है जिसमें कुछ हद तक वैश्विक और मानवीय सिद्धांतों को अपनाया है। इसके साथ–साथ ग्रामीण गणतंत्र रूपी प्रयोगशाला में वैश्विक मानव का निर्माण भी इस विचार में सम्मिलित है। इस प्रकार व्यापक रूप से आंदोलन की मूलोन्मुखता स्थानीय है। यह आंदोलन के संबंध इस विचार को खरिज कर देता है कि यह अनियंत्रित अपेक्षाओं की क्रांति थी। इससे यह स्पष्ट होता है कि इस आंदोलन का आधार इच्छाओं का स्वैच्छिक नियंत्रण था। ऐसा नहीं कि औद्यौगीकरण के प्रति आंदोलन की वचबद्धता अमान्य है। हाँ, ऐसा हो सकता है कि इसके द्वारा समाज में एक न्यूनतम औद्योगिक विकास को प्राप्त करने का प्रयास किया गया हो। आंदोलन के अनुचर एक प्रतिबंधित अर्थव्यवस्था नहीं चाहते हैं बल्कि वे एक आत्मनियंत्रित एवं मितव्ययी अर्थव्यवस्था के पक्षधर थे। इसके द्वारा जहाँ एक ओर परंपराओं को कुछ हद तक स्वीकार किया गया वहीं आधुनिकता को भी पूर्णतः अस्वीकार नहीं किया गया। इसका अभिप्राय यह है कि इसके द्वारा सामाजिक बुराईयों को समाप्त करके आधारभूत सामूहिक संबंधों को स्थापित करने का प्रयत्न किया गया। इसके द्वारा यह आशा की जाती है कि ऐसे समाजवादी समाज की स्थापना की जाय जिसमें किसी व्यक्ति विशेष के सापेक्ष समूह को प्राथमिकता प्राप्त हों। समाज के सभी

व्यस्क सदस्यों द्वारा लोकतांत्रिक ढंग से कोई भी निर्णय लेने का अवसर प्रदान करने वाली पद्धति के विकास की अवधारणा इस आंदोलन ने प्रस्तुत की। इस अवधारणा को व्यवहारिकता प्रकार करने के लिए अनपद, राज्य और राष्ट्र जैसी बड़ी इकाइयों के अंतर्गत ग्राम स्वराज का विचार प्रस्तुत किया जाता है। सर्वोदय की विचारधारा में प्रस्तावित सामाजिक व्यवस्था न तो परंपरागत है और न ही आधुनिक है। इसके साथ ही ना तो यह पूर्ण रूप से आधुनिकता को स्वीकार करने की पक्षधर है और ना ही यह परंपरागत पद्धति को अस्वीकार करती है। सर्वोदय को हम नागरीय (Civil)[30] समाज की सामाजिक व्यवस्था का नाम देते हैं।[30] इस प्रकार सर्वोदय और आधुनिकता को एक साथ प्राथमिकता देने से पुनर्निर्माण और आधुनिकता दोनों के पक्षधर इसके प्रति आकर्षित होते हैं।

भूदान ग्रामदान आंदोलन की विचारधारा की यह विशेषता इसे आंशिक रूप से आदर्श–प्रारूपिक प्रतिभात्मक आंदोलन से अलग करती है जिसमें आंदोलन की शुरुआत और इसका विकास मुख्यतः प्रतिभाशाली नेता की अपील पर निर्भर करता है। अब तक आंदोलन और इसकी विचारधारा आधिकारिक रूप से प्रायोजित या किसी विशेष विचारधारा द्वारा निर्देशित आंदोलनों से चारित्रिक रूप से अलग दिखती है। यह समाज के कुछ लोगों को अपनी विचारधारा से प्रभावित कर उन्हें अपनी ओर आकृष्ट करती है जो प्रतिभाशाली नेता के बिना आंदोलन की लक्ष्यपूर्ति की संभावना को और प्रबल बना देती है।

जैसा कि हम पहले ही यह तर्क प्रस्तुत कर चुके हैं कि एक प्रतिभाशाली आंदोलन का संचालन किसी संगठन नौकरशाही या पदानुषंग के बिना ही होता है। इसमें नेताओं की स्थिति सर्वोपरि होती है, न कि संगठन की।

विनोबा स्वतंत्र जनशक्ति का तर्क प्रस्तुत करते हैं। वे ऐसा मानते हैं कि जनता की शक्ति राज्य की शक्ति पर ही सर्वोपरि होती है। कानूनों द्वारा निर्देशित राज्य की शक्ति अस्वीकार करते हुए वे (*a*) विचार शासन और (*b*) कतृत्व–विभाजन अर्थात् किसी प्रशासनिक नौकरशाही को आरोपित किए बिना श्रमविभाजन की वकालत करते हैं।[31]

दूसरे लोगों के विचारों और दृष्टिकोणों को खुद अपनाना और समझना तथा इसके लिए दूसरों को भी प्रेरित करना, विचार शासन का अर्थ है। यह एक व्यक्ति के विचारों को दूसरों पर थोपने के विरुद्ध है। यह सिर्फ इस बात पर जोर देता है कि किसी व्यक्ति विशेष के विचारों से प्रभावित होने और उसके सातत्य को समझने के बाद ही, उसे अपनाना चाहिए। इस प्रकार यह विचार तार्किक–वैधानिक सत्ता, कानूनी तंत्र और आंदोलन के द्वारा जबरदस्ती परिवर्तन को नहीं मानता।[32] कतृत्व विभाजन का विचार सामूहिक शक्ति के प्रयोग की वकालत करते हुए राज्य और इसकी नौकरशाही को महत्वहीन बना देता है।

संगठन और नौकरशाही का प्रत्यक्ष रूप अस्वीकृत करने के बावजूद प्रथम भूदान के तुरंत बाद भूमि के वितरण की देखरेख और नियमन के लिए भूमि दानकर्ताओं, भूदान कार्यकर्ताओं और ग्राम प्रमुखों को शामिल करके एक ट्रस्ट बनाया गया। जैसे–जैसे आंदोलन का विस्तार हुआ, भूदान कार्यकर्ताओं की संख्या भी काफी बढ़ी। जब भूदान का विस्तार ग्रामदान के रूप में हुआ तो, ग्राम गाँवों के विकास की देखरेख के लिए बहुत से संगठनों की आवश्यकता महसूस की गई। किसी क्षेत्र विशेष में कई गाँवों में आंदोलन की गतिविधियों के सफल संचालन के लिए इन गाँवों के लोगों का परस्पर सहयोग आवश्यक हो गया और तत्पश्चात ग्राम, जनपद और राज्य स्तर पर

क्षेत्रीय–स्थानीय संगठनों का गठन हुआ। राष्ट्रीय स्तर पर आंदोलन की गतिविधियों के संचालन के लिए इन गाँवों के लोगों का परस्पर सहयोग आवश्यक हो गया और तत्पश्चात ग्राम, जनपद और राज्य स्तर पर क्षेत्रीय–स्थानीय संगठनों का गठन हुआ। राष्ट्रीय स्तर पर आंदोलन की गतिविधियों के संचालन अखिल भारत सर्व सेवा संघ के द्वारा किया जाता था। हमारे द्वारा प्रतिभाशाली आंदोलन का जो जीवन चक्र पहले प्रस्तुत किया गया है, उसे आंदोलन का यह विचार स्पष्ट करता है।

आंदोलन के कार्यक्रमों के संचालन के लिए एक संगठनात्मक आधार आवश्यक होता है। यद्यपि यह आंदोलन की प्रतिभाशाली मूलोन्मुखता को कम करता है, फिर भी प्रतिभा के नियमन और इसके स्थायीत्व के लिए यह आवश्यक होता है। इसके साथ ही आंदोलन में स्थानीय नेतृत्व में प्रतिभाशाली गुणों का होना अत्यावश्यक होता है। शीर्ष नेतृत्व (राष्ट्रीय) द्वारा प्रतिभाशाली गुणों को धारण करने के बाद ही ऐसा हो सकता है कि स्थानीय (ग्राम या जनपद स्तर पर) नेतृत्व में यह अनुपस्थित हो। फिर भी हमारे लिए प्रतिभा के लंबवत् प्रसार[33] या संपर्क द्वारा प्रतिभा के प्रसार को स्वीकार करना और समझना आवश्यक है। इसकी चर्चा हम पहले अध्याय में ही कर चुके हैं।

भूदान–ग्रामदान आंदोलन में प्रतिभा की उपस्थिति की समीक्षा करने पर हम पाते हैं कि एक और जहाँ आंदोलन पर प्रतिभात्मक प्रभाव दिखता है, वहीं दूसरी ओर इसकी गैर–प्रतिभाशाली विशेषताएँ भी हैं। प्रबल विचारधारात्मक झुकाव तथा एक स्वस्थ्य और सुदृढ़ संगठनात्मक आधार आंदोलन की प्रतिभाशाली विषयवस्तु के महत्त्व को कम कर देती है। भूदान–ग्रामदान आंदोलन के दो विशेष रूपक इसके प्रतिभात्मक स्वरूप को और अधिक विशिष्ट बना देते हैं। अब

हमें अपना ध्यान आंदोलन के इस प्रतिभाशाली स्वरूप का विश्लेषण करने पर केंद्रित करना चाहिए।

आंदोलन के विशेष रूपक

दूसरे सामाजिक आंदोलनों के विपरीत भूदान–ग्रामदान आंदोलन के आदर्श वस्तुतः वे लोग थे जो स्वार्थों को त्यागकर आंदोलन में सक्रिय थे।[34] हम देख चुके हैं कि अब तक आंदोलन में स्वैच्छिक दान (भूमि, धन, श्रम, बुद्धि आदि) पर पूरा जोर दिया गया, क्योंकि आंदोलन की सफलता के लिए साधन संपन्न लोगों का सहयोग आवश्यक था। यह बात उल्लेखनीय है कि बहुत से लोगों ने सिर्फ वैसी ही भूमि दान की जो कृषि के लिए अनुपयुक्त थी और बहुत से लोगों को यह कहकर भूदान के लिए प्रेरित किया गया कि अगर वे भूमि दान नहीं करते हैं तो वैधानिक ढंग से उसकी भूमि का सरकार द्वारा अधिग्रहण कर लिया जायेगा। साधन संपन्न लोगों के व्यक्तिगत हितों की रक्षा के लिए आंदोलन की निरंतरता कुछ हद तक कवच का काम करती थी। वहीं आंदोलन का एक व्यवस्था–निर्धारक तंत्र के रूप में काम करना और आंदोलन की क्रांतिकारी सक्रियता इसके लिए एक खतरे के समान थी।

आंदोलन द्वारा निहित स्वार्थी तत्वों या शक्तियों को नजरंदाज करना भी आंशिक रूप से आंदोलन की निरंतरता का कारण था। विनोबा ने कई बार जनता के बीच में यह कहा कि आंदोलन असफल रहा और इस कारण वे अपने वर्द्धा आश्रम से संन्यास ले लेंगे। परंतु सरकार, स्थानीय कांग्रेसी नेताओं और भूस्वामियों के सक्रिय सहयोग से आंदोलन फिर सक्रिय हो गया। सरकार द्वारा दिए गए आधिकारिक संरक्षण का कारण यह था कि सरकार सामाजिक ढांचे को समाजवादी बनाने की अपनी वचन बद्धता को प्रदर्शित करना चाहती थी। तेलंगाना की घटना की पुनरावृत्ति और भूमि अधिग्रहण के दूसरे संभावित

विकल्पों के भय से भूस्वामियों का समर्पित सहयोग आंदोलन को प्राप्त हुआ। विनोबा ने लोगों को यह भी उपदेशित किया कि अगर वह स्वेच्छा से भूदान नहीं करते हैं तो इसका विकल्प साम्यवाद (कम्यूनिज़्म) होगा। शायद यहाँ यह विचार असंगत नहीं होगा कि निहित स्वार्थी तत्वों और आंदोलन के प्रतिभाशाली स्वरूप के सम्मिलित रूप के कारण आंदोलन को काफी हद तक सुदृढ़ता मिली।

आंदोलन में साधन संपन्न और साधनहीन लोगों की सम्मिलित भागीदारी के कारण आंदोलन में विभिन्न उद्देश्यों और लक्ष्यों का विकास हुआ। आंदोलन की सफलता के लिए वैधानिक तत्वों का भी सामान्य उद्देश्य की प्राप्ति के लिए प्रयासरत रहना चाहिए। ग्रामदान–भूदान आंदोलन में विभिन्न प्रकार के लोगों ने भाग लिया परंतु कुछ हद तक द्वेषपूर्ण उद्देश्यों की प्राप्ति हेतु प्रयासरत लोगों की भागीदारी के कारण आंदोलन की लक्ष्यपूर्ति की संभावना को कम कर दिया।

प्रतिभा सिर्फ गैर–संस्थागत ही नहीं होता बल्कि यह संस्था–विरोधी भी होता है। अतः कानूनी–तार्किक सत्ता (सरकार) के साथ–साथ आंदोलन का संगठनात्मक ढांचा एक प्रतिभात्मक आंदोलन के प्रतिभाशाली तत्व को कम कर देता है।

ऊपर हमने सरकारी संगठन और आंदोलन में इसकी भागीदारी की चर्चा की। अब तक पूरे देश में भूव्यवस्था में तार्किक ढंग से परिवर्तन लाना, आंदोलन का प्रमुख लक्ष्य था जो सरकारी तंत्र के लिए भी काफी हद तक एक ग्राह्य उद्देश्य था। इसके साथ–साथ चूंकि आंदोलन सर्वोदय की उस विचारधारा पर आधृत था जो सैद्धांतिक रूप से गाँधी के विचारों से प्रेरित था, इसलिए सत्ताधारी दल इसके प्रति मौन–सहानुभूति रखते हुए इसमें खुद को सम्मिलित करने के लिए प्रेरित हुआ। तीसरी महत्वपूर्ण बात यह है कि चूंकि यह आंदोलन सरकार द्वारा लाए भूमि सुधारों की विफलता के परिणामस्वरूप शुरु

हुआ था, फलतः सरकार अपने को आंदोलन से पृथक नहीं रख सकी। वस्तुतः सरकार आंदोलन को भूव्यवस्था संबंधी समस्याओं के निवारण हेतु एक पूरक प्रयास के रूप में देखती थी। अंततः हम यह कह सकते हैं कि सरकार ने आंदोलन का उपयोग तनावपूर्ण परिस्थितियों को सामान्य बनाने और सामाजिक विषमता को दूर करने के एक वैधानिक तंत्र के रूप में किया।

सरकारी तंत्र द्वारा आंदोलन को संरक्षण और विनोबा को मान्यता देना यहाँ ध्यातव्य है। 1957 में, तत्कालीन प्रधानमंत्री पंडित नेहरु ने विनोबा को शासन संबंधी कुछ मुख्य मुद्दों पर विचार करने के लिए आमंत्रित किया। इसके बाद जब विभिन्न राज्यों में पदयात्रा शुरु हुई उन राज्यों की सरकार के मंत्रियों ने पदयात्रा में भाग लिया। केंद्र सरकार के मंत्रियों ने भी अखिल भारतीय सर्वोदय कांफ्रेंस की स्थापना को पदयात्रा में भाग लेकर या प्रशंसापूर्ण वक्तव्यों के द्वारा अपनी स्वीकृति प्रदान की। सरकार ने भी आंदोलन के तत्वावधान में होने वाले भूदान को वैधानिकता प्रदान करने के लिए कुछ विशेष कानून भी बनाये। अंततः ग्रामदान गाँवों को विशेष ऋण और अनुदानों के रूप में प्रोत्साहन दिया गया। इस प्रकार के प्रयासों से ग्रामदान के साथ–साथ अन्य प्रकार के दानों में लोग काफी सक्रिय हुए। भूदान–ग्रामदान आंदोलन और सरकार के नेताओं और राजनेताओं ने मिलकर एक समान उद्देश्य की प्राप्ति हेतु अपनी सक्रियता दिखाई। सामुदायिक विकास मंत्रालय के अधिकारियों और अखिल भारत सर्व संघ ने परस्पर सहयोग की नीति अपनाने का प्रयत्न किया।[35]

अब हमारे लिये यहाँ सरकार द्वारा जनता को आंदोलन के लिए प्रेरित किए जाने से अधिक महत्वपूर्ण सरकार की आंदोलन में भागीदारी है। एक महत्वपूर्ण तथ्य यह है कि आंदोलन में सरकार ने लोगों को वस्तुपरक और अन्य जीवनोपयोगी लाभों का वास्ता देकर अपना

साहचर्य प्रदर्शित किया। यह प्रतिभाशाली आंदोलन के लक्ष्यों के विपरीत है। यद्यपि आंदोलन के नेतागण यह तर्क देते हैं कि आंदोलन निश्चितरूपेण नैतिक है, तथापि जैसा कि हमने ऊपर उल्लेख किया है, आंदोलन के सुधार कार्यक्रम इसके प्रतिभाशाली स्परूप को कम कर देते हैं। इसके साथ ही आंदोलन से प्राप्त होने वाली संभावित वस्तुपरक सुविधाओं की आकांक्षा विकसित करने से आंदोलन में प्रतिभा का ह्रास हुआ।

अब तक हमने ग्रामदान–भूदान आंदोलन की व्यवस्था परिवर्तक सामर्थ्य की एक 'नए ढंग से समीक्षा की है। पहले अध्याय में हम यह चर्चा कर चुके हैं कि एक विशुद्ध प्रतिभाशाली आंदोलन अपनी कमजोर विचारधारा और दुर्बल संगठनात्मक आधार के कारण किसी अस्तित्वमान परिवर्तन लाने का सामर्थ्य नहीं रखता। एक ओर जहाँ हमने पाया कि ग्रामदान–भूदान आंदोलन में बहुत से प्रतिभाशाली तत्व मौजूद थे, वहीं इसकी प्रबल विचारधारात्मक झुकाव और सुव्यवस्थित संगठनात्मक आधार ने व्यवस्था परिवर्तक शक्तियों के रूप में कार्य किया। इसके साथ ही आंदोलन के ये रूपक इसके वास्तविक लक्ष्य को रेखांकित करने के कार्य में एक धर्मसंकट उत्पन्न करते हैं। सर्वोदय की विचार–धारा में परंपरा और आधुनिकता पर एक साथ जोर देने के कारण, इसके प्रति अलग–अलग पृष्ठभूमि के लोग आकर्षित हुए। कुछ हद तक यह आंदोलन के कार्यक्रमों को सफलतापूर्वक संचालित करने में मदद कर सकता है। दूसरी ओर जब आंदोलन समाज के निचले (आधारभूत) स्तर पर संचालित होता है, तो स्थानीय नेताओं की गुणवत्ता ज्यादा महत्वपूर्ण हो जाती है। जहाँ तक संगठनात्मक स्तर का सवाल है, तो स्थानीय स्तर पर जब संगठन के सदस्यों का चुनाव किया गया तब इसके लिए किसी भी योग्यता या प्रतिबंध को आधार नहीं बनाया गया और इस कारण इस संभावना से इंकार नहीं किया जा सकता कि चुने गए इन लोगों में अधिकतर लोग असंतुष्ट,

हतोत्साहित या निहित स्वार्थी हों। संगठन के पदों को इस प्रकार भरने से परिवर्तन की प्रक्रिया अवरोधित हो सकती है।

ऐसा हो सकता है कि सुधारवादी कार्यक्रम और सरकार के साहचर्य ने लोगों को आंदोलन में भाग लेने के लिए प्रभावी ढंग से प्रेरित किया हो। आंदोलन में भाग लेने वाले लोगों में बहुत से लोग वस्तुपरक लाभों के लालच में आंदोलन में सम्मिलित हुए हों। चूंकि आंदोलन में भाग लेने वाले लोग साधनहीन और साधनसंपन्न दोनों समूहों के थे, अतः संगठन के सदस्य निश्चितरूपेण विभिन्न पृष्ठभूमि के थे। अतः धनी और गरीब, आदर्शवादी और नौकरशाह हतोत्साहित और शक्तिशाली, आधुनिक या परंपरागत– सभी प्रकार के लोगों को आंदोलन ने अपने में समाहित किया। इस प्रकार सर्वोदय की विचार धारा का इन विभिन्न समूहों में विस्तार हुआ और इन सभी समूहों ने इसकी व्याख्या अपने मतानुसार करके इसका प्रयोग किया। ऐसा माना जा सकता है कि इस कारण आंदोलन अस्पष्ट, भ्रांत और एक खोखले आवरण की तरह होकर रह गया। अनिवार्यतः इन परिस्थितियों, में आंदोलन परिवर्तन को लाने में असमर्थ रहा।

नोट्स

1. डीजी. तेंदुलकर, द महात्मा, बंबई, विद्याभाई के. झावेरी और डी.जी. तेंदुलकर, 1952, वॉल्यूम–III, पेज 362–367.
2. देखें, सुरेश रामभाई, विनोबा एंड हिज मिशन, काशी अखिल भारतीय सर्व सेवा संघ, 1954, पेज 26–27.
3. तेलंगाना किसान दंगों के विवरण के लिए देखें, जेने डी. ओवरस्ट्रड एंड मार्शल विंडमिलर, कम्यूनिज़्म इन इंडिया, बर्कले, यूनिवर्सिटी ऑफ कैलिफोर्निया प्रेस, 1953, विशेषतः पेज 246, 266–67 और 300.
4. जी. अधिकारी, रसर्जेंट इंडिया, बंबई, पीपुल्स पब्लिशिंग होम, 1956.
5. तेलंगाना पर कम्यूनिष्ट पार्टी के अधिकारिक वक्तत्य को देखने के लिए देखें, इनफॉरमेशन डाक्यूमेंट नं. 7, 1950 (स्थान वर्णित नहीं) 6 और

जमींदारी–पुलिस टेरर इन आंध्रा (स्थान ओर दिनांक अवर्णित)। सरकारी वक्तव्य को जानने के लिए देखें, कम्यूनिस्ट व्यालेंस इन इंडिया, नई दिल्ली, गृह मंत्रालय, 1954.

6. यह उल्लेखनीय है कि विनोबा को भूमिदान में देने वाले पहले व्यक्ति रामचंद्र रेड्डी एक बहुत बड़े आदर्शवादी थे। उनके दो भाई मधुसूदन रेड्डी और नारायण करम रेड्डी उस्मानिया विश्वविद्यालय में दर्शनशास्त्र पढ़ाते हैं और मधुसूदन ने अरविंदों के दर्शन पर डॉक्टरेट की उपधि प्राप्त की थी। रामचंद्र रेड्डी जो कि खुद एक स्नातक हैं और अरविंदो के विचारों से काफी प्रभावित हैं। कम्युनिस्ट पार्टी और कम्यूनिस्टों के वे इतने विरोधी थे कि उन्होंने तीसरे आम चुनाव में कम्युनिस्टों के एक प्रसिद्ध ने (तेलंगाना किसान दंगों के शीर्षस्थ नेताओं में से एक) रवि नारायण रेड्डी (उनके साले) के विरुद्ध चुनाव लड़ा था। वस्तुतः यहाँ भूमिदान करने के पीछे रामचंद्र रेड्डी के प्रेरणा स्रोत की जाँच करना काफी रोचक हैः या तो यहाँ उनका यह दृढ़ विश्वास रहा होगा कि समस्या का निदान इस अहिंसक प्रयास द्वारा किया जा सकता है या फिर तेलंगाना में हुई हिंसक वारदातों से दुःखी होकर उन्होंने कम्युनिस्टों के विरोध में यह कार्य किया या जनता की असुरक्षा को समाप्त करने के लिए वे यह सोचते होंगे कि जमींदारों को भूमि के एक निश्चित परिणाम से अधिक भूमि नहीं रखनी चाहिए। यद्यपि हमने उनके प्रेरणा स्रोत की जटिलता पर विचार किया है तथापि यह हमारे इस विश्लेषण के क्षेत्र से बाहर हैं।

7. इसके विश्लेषण के लिए देखें, टी.के. ऊमन "प्रोब्लम्स 5 ऑफ ग्रामदान : ए स्टडी इन राजस्थान", इकोनॉमिक वीकली वॉल्यूम XVIII (20) पेज 1035–40 और अध्याय–3.

8. मंथली न्यूज लेटर ऑफ अखिल भारत सर्व सेवा संघ वाराणसी, सितंबर, 1968, पेज 22–23.

9. मिल्टन यींगर, "रीलिजीयस चेंज एंड सोशल चेंज" में और रिलीजन सोसायटी एंड इंडिविजूअल, न्यूयॉर्क मैकमिलन कंपनी, 1957, पेज 305 और एम.सी शेखर, सोशल चेंज इन इंडिया, डेकन कॉलेज, पुणे, पेज 280–357.

10. डेनियल पी. हॉफमान, इंडियाज सोशल मिरैकल, कैलिफोर्निया, नेचर ग्राफ कंपनी, 1961.

11. हैल्लाम टैनीसन, सेंट ऑफ मार्च, लंदन, विक्टर गोलैंज, 1955, एच. एच. स्टेवेन्स, "इंडियाज न्यूएस्ट सेंट" फारवर्ड टू हॉफमाम, ओपी. सीआईटी. पेज 4 भी।

12. सुरेश राम, ओपी, सीआईटी, 1954, पेज 39.

13. आइबीड, पेज 40.
14. लांजा डेल वास्तो, गाँधी टू विनोबा, राइडर एंड कंपनी लंगन, 1956, पेज 851.
15. इंगोन बिटनर, "रेडिकलिज्म एंड द आर्गनाइजेशन ऑफ रेडिकल मूवमेंट, अमरीकन सोशियोलॉजिकल रिव्यू, वॉल्यूम–22 (6)" 1963, पेज 936–7.
16. हॉफमाम, ओपी, सीआईटी., पेज 46.
17. आइबीड, पेज 24.
18. सुरेश राम, ओपी, सीआईटी, पेज 44.
19. डब्ल्यू.एच. फ्राइलैंड, "फॉर ए सोशियोलॉजिकल कन्सेप्ट ऑफ करिज्मा" सोशल फोर्सेज, वॉल्यूम 43 (1), 1964, पेज 22.
20. टैकोट पारसन्स, स्ट्रक्चर ऑफ सोशल एक्शन, द फ्री प्रेस ऑफ ग्लेंको, इल्लिन्यास, 1940, पेज, 68–69.
21. डेनियल एंड एलिस थारनर, लैंड एंड लेबर इन इंडिया, बंबई आइबीड, पेज 5.
22. .
23. भारत में कृषि संबंधी सुधारों से जुड़े दूसरे लोगों ने भी भूमि अधिनियमों की निष्क्रियता की बात की है। उदाहरण के लिए देखें, एम.एल.दाँतवाला, "प्रोस्पेक्टस एंड प्राब्लम्स ऑफ लैंड रिफार्म इन इंडिया" इकोनॉमिक डेवलपमेंट एंड कल्चरल चेंज, वॉल्यूम 6(1), 1957, पेज 3–11.
24. सुरेश रामभाई, प्रोग्रेस ऑफ ए पिलग्रीमेज, काशी, अखिल भारतीय सर्व सेवा संघ, 1958, पेज 43.
25. भूव्यवस्था संबंधी समाजवाद और 'समाज की भूमि' की बात करने वाले सुधारकों में हेनरी जार्ज का नाम काफी महत्वपूर्ण है। देखें, उनके द्वारा लिखित प्रोग्रेस एंड प्रापर्टी, न्यूयॉर्क, द माडर्न लाइब्रेरी, (1891) लियो टॉल्सटॉय, थॉमर पेंक और जॉन रस्किन ने भी भूमि के स्वामित्व पर इसी प्रकार की अवधारणा प्रस्तुत की है। फेबियनों ने आरंभिक चरण में, "भूमि पर सामूहिक स्वामित्व समाजवाद की आधारभूत आर्थिक शर्त है" की बात की थी, देखें बर्नाड शा फेबियन एसेज, लंदन, एलेन एंड यूविन, 1948 (जूबली एडीशन) पेज 24.
26. डेनियल बेल, द एंड ऑफ आइडियोलॉजी, इल्लिन्यास, द फ्री प्रेस ऑफ ग्लेंको, 1960, पेज 373.
27. आइबीड, पेज, 29–36.
28. आइबीड, पेज 373.

29. एम.मैटासियन, आइडियोलॉजीज् ऑफ डिलेड इंड्रस्ट्रियलाइजेशन" इकॉनामिक डेवलमेंट एंड कल्चरल चेंज, वॉल्यूम VI, (2) 1958, पेज 217–18.

30. एडवर्ड शील्स, अलमोंड औ वर्बा ने नागरीय संस्कृति का वर्णन इस प्रकार किया है, "यह ना तो पारंपरिक और ना ही आधुनिक होती है, बल्कि इसमें दोनों का मिश्रित स्वरूप विद्यमान होता है, यह प्लरलिस्टिक संस्कृति होती है जो संप्रेषण और क्रियान्वयन पर आधारित होती है। यह मतैक्य और मतभेद की संस्कृति होती है, यह परिवर्तन के लिए तत्पर होती है परंतु आधुनिकता के साथ" गैब्रीएल ए. अलमोंड और सिडनी वर्बा द सिविक कल्चर, प्रिंसेस्टन, प्रिंसेस्टन यूनिवर्सिटी प्रेस 1963, पेज 8. हमने लगभग इसी प्रकार सर्वोदय के सामाजिक स्तर को पारिभाषित किया है। इन्हीं चिंतनों को ध्यान में रखकर हमने सर्वोदय के सामाजिक स्तर के संदर्भ में नागरीय समाज का प्रयोग किया है।

31. सुरेश राम, भाई, ओपी, सीआईटी, 1958, पेज 5.

32. इसकी अस्वीकृति या सर्वोदय के नेताओं द्वारा कानून को परिवर्तन के यंत्र के रूप में स्वीकार करने के बाद आंदोलन की गतिशीलता को बढ़ाने के लिए कई कानून बनाए गए, जो कि प्रतिभाशाली आंदोलन की प्रवृति के प्रतिकूल है। फिर किसी प्रभावशाली तंत्र को विकसित किए बिना स्वैच्छिक गतिविधियों पर निर्भरता उतनी ही खतरनाक है जितना कि बिना यथोचित सामाजिक वातावरण के निर्माण के कानून का निर्माण करना है। यह रोचक है कि यह बिंदू हमारे तर्क के प्रतिकूल है और आगे इसे छोड़ दिया गया।

33. शील्स यह तर्क प्रस्तुत करते हैं कि आर्थिक विकास के लिए प्रतिभा का राजनैतिक और धार्मिक क्षेत्रों से आर्थिक क्षेत्र में स्थानांतरण (प्रसार) होना चाहिए। स्पष्टतः यहाँ क्षैतिज प्रसार की बात की गई है। हमारे मतानुसार प्रतिभा का लम्बवत प्रसार भी उतना ही महत्वपूर्ण है। वर्तमान संदर्भ में लंबवत प्रसार को प्रतिभाशाली नेतृत्व के प्रभावशाली होने के लिए अपेक्षित माना गया है। देखें, एडवर्ड शील्स, "द कन्सनट्रेशन एंड डिस्पर्शन ऑफ करिज्माः देयर बियरिंग ऑन इकॉनमिक पॉलिसी इन अंडर डेवलप्ड कंट्रिज" वर्ल्ड पॉलिटिक्स, वॉल्यूम II (I), पेज 1– 19.

34. विनोबा इस समस्या से परिचित हैं। वे कहते हैं, "यदि मैं धनी और गरीब दोनों के लिए एक एजेंट हो सकता हूँ तो मुझे खुशी होगी। गरीबों को उनके अधिकार दिलाने के लिए और अमीरों के नैतिक विकास के लिए मैं प्रयास कर रहा हूँ।" देखें एच. टेनीसन, ओपी., सीआईटी. पेज 69.

35. विस्तृत विवरण के लिए देखें, ग्रामदान मूवमेंट, योजना आयोग, भारत सरकार, नई दिल्ली, 1964.

अध्याय–3

अध्ययन की रूपरेखा

भूदान–ग्रामदान आंदोलन द्वारा तत्कालीन भारत में लाए गए परिवर्तनों को समझने के लिए यह आवश्यक है कि हम आंदोलन के क्रियान्वयन का अध्ययन एक विशेष प्रयोगाश्रित परिस्थिति में करें। हमारी यह प्रयोगाश्रित समीक्षा भारत के राजस्थान राज्य तक ही सीमित है। इस अध्याय में हम अपने अध्ययन के विस्तार और इसकी प्रकृति के साथ–साथ समस्याओं और आँकड़ों के संग्रहण में अपनायी गई तकनीकों का वर्णन करेंगे।

1951 में आंदोलन की शुरुआत के साथ ही विस्तार शुरु हो गया। राजस्थान में भी आंदोलन के कार्यकर्ताओं को दान–स्वरूप भूमि और गाँव (ग्रामदान) प्राप्त हुए। 1954 में राजस्थान विधान–मंडल द्वारा पारित 'राजस्थान भूदान योजना एक्ट' पारित हुआ। इस एक्ट के अनुसार किसी गाँव को ग्रामदान कहलाने के लिए निम्न वैधानिक शर्तें रखी गईं– (1) गाँव की निजी स्वामित्व वाली कुल भूमि का कम से कम 51 प्रतिशत दान कर दी गई हो; (2) अपनी निजी भूमि रखने वाले लोगों में से कम से कम 80 प्रतिशत लोगों ने भूदान किया हो; (3) गाँव के कम से कम 75 प्रतिशत वयस्क लोगों ने यह घोषणा की हो कि वे आंदोलन के नियमों और विचारों से सहमत होने के साथ ही

आंदोलन में अपनी सहभागिता प्रदान करेंगे।'[1] इसका मतलब यह था कि यदि गाँव की समूची जनता अपनी भूमिदान कर दे तो उस गाँव को पूर्ण ग्रामदान माना जायेगा अन्यथा सिर्फ न्यूनतम शर्तें पूरी होने पर उसे आंशिक ग्रामदान कहा जायेगा।

भूदान एक ऐसी केंद्रीय समिति या तंत्र को दिया जाने वाला भूमिदान है, जो इसे बाद में भूमिहीनों के मध्य वितरित करती है, जबकि ग्रामदान समाज की संपूर्ण जीवनशैली में सुधार लाने की अवधारणा है। अतः यह एक ऐसी अवधारणा है जो समाज में पूर्ण–परिवर्तन लाते हुए एक अहिंसक सामाजिक व्यवस्था की स्थापना के लिए दृढ़ प्रतिज्ञ है। हमने इस आंदोलन के विस्तार, इसकी प्रकृति और इसके द्वारा लाये गए परिवर्तनों को समझने के लिए कुछ ग्राम–दान गाँवों का अध्ययन किया है। यहाँ यह कहने की जरूरत नहीं कि हमारा यह अध्ययन आंदोलन के उद्देश्यों को ध्यान में रखते हुए कुछ विशेष क्षेत्रों तक ही केंद्रित है।

अध्ययन के कार्यक्षेत्र

विचारों या सूचनाओं के समुचित या यथोचित आदान–प्रदान के वगैर परिवर्तन की कोई भी प्रक्रिया शुरु नहीं की जा सकती। अपर्याप्त या कपट–पूर्ण ढंग से किया गया संप्रेषण सामाजिक कार्यकर्ताओं को गलत ढंग से कार्य करने के लिए प्रेरित कर सकता है। अतः यह जानना काफी जरूरी है कि क्या ग्राम–दान गाँवों के लोगों को आंदोलन के उद्देश्यों की सही–सही और पूरी जानकारी थी, और उन्होंने अपना गाँव क्यों दान किया।

यह आंदोलन एक शोषण रहित अर्थव्यवस्था की स्थापना का स्वप्न देखता है। इसके द्वारा कृषि और औद्योगिक– दोनों रूप से एक उन्नत ग्रामीण समुदाय की रूपरेखा प्रस्तुत की गई। आंदोलन द्वारा

भू–व्यवस्था संबंधी कई दूरगामी चित्रों भी को रेखांकित किया गया। जैसे– भूमिहीनता की समाप्ति, सामूहिक कृषि का पुनर्वितरण इत्यादि। भूस्वामित्व और कृषि व्यवस्था में प्रस्तावित परिवर्तनों को सफलतापूर्वक लाने के लिए एक ऐसे बहुउद्देश्यीय सहकारी समाज की स्थापना की वकालत की गई, जिसमें गाँव के सभी परिवारों की सदस्यता अनिवार्य हो। एक ठोस अर्थव्यवस्था के विकास के लिए भू–व्यवस्था संबंधी सुधारों के साथ–साथ चरखा, खाद्य तेल, हथकरघा, इत्यादि जैसे लघु उद्योगों के विकास की बात कही गई। अतः आंदोलन–द्वारा आधारभूत आर्थिक परिवर्तनों को दृष्टिगत किया गया और इस कारण अब हमारे विस्तृत अध्ययन का केंद्रबिंदु यही क्षेत्र होगा।

समाज में प्रस्तावित परिवर्तनों को संस्थागत बनाने के लिए पुराने संगठनों के पुनर्गठन या और नये संगठनों के गठन की बात कही गई। आंदोलन के वास्तविक–लक्ष्यों की प्राप्ति–हेतु गाँवों में बहुत संगठन गठित किए गए। उदाहरण के लिए वैधानिक ढंग से गठित ग्राम–पंचायतों की जगह गाँव के सभी वयस्क लोगों को मिलाकर ग्रामसभा का गठन किया गया। ग्राम–पंचायत 'जनप्रतिनिधियों' की एक छोटी संस्था होती है जो सामान्यतः कई गाँवों के लोगों की सुविधाओं का प्रबंध और स्थानीय निर्णय लेने के लिए गठित की जाती है। इसके विपरीत ग्रामसभा ग्राम–पंचायत की अपेक्षा एक छोटे जनसमूह, अर्थात् किसी गाँव के सभी लोगों को निर्णय लेने की प्रक्रिया में सहभागिता मिल सके। ग्राम–सभा को व्यवस्थापिका, कार्यपालिका और न्यायापालिका तीनों की शक्तियाँ प्राप्त होती हैं। यहाँ यह आशा की जाती है कि योजनाओं का नियमन और क्रियान्वयन ग्राम स्तर पर ही हो। इसके द्वारा एक ऐसी राज–व्यवस्था की स्थापना की कल्पना की गई थी सर्वसम्पति और परस्पर सहयोग से शासन संचालित हो जिसकी मूलोन्मुखता (Orientation) शक्ति की ओर न होकर सेवा की भावना पर आधारिता हो। स्पष्टतः इस प्रकार

के नये संगठनात्मक विकास की समीक्षा हमारे अध्ययन का एक उपयोगी आधार है।

जहाँ एक ओर सर्वोदय के नेतागण ग्रामदान–गाँवों में परिवर्तन के लिए प्रयासरत थे, तो वहीं दूसरी ओर गाँव के नेताओं से यह अपेक्षा की जाती थी कि बाह्य शक्तियों द्वारा शुरु की गई परिवर्तन की प्रक्रिया में अपना सक्रिय योगदान दें। परिवर्तन की प्रक्रिया को गतिशीलता प्रदान करने के लिए सर्वोदय के नेताओं से यह अपेक्षा की जाती है कि शक्ति की ओर उन्मुखता के बदले उनकी उन्मुखता की ओर हो। परिवर्तन की समीक्षा करने के लिए सर्वोदय के स्थानीय नेतृत्व और ग्रामीण नेतृत्व दोनों का अध्ययन हमारे लिए महत्वपूर्ण है और आगे हम इस कार्य को पूरा करेंगे। ग्रामदान तो फिर गाँवों की सामाजिक व्यवस्था और मानवीय व्यवहार इन चार महत्वपूर्ण मूल्यों पर आधारित है– परस्पर सहयोग, अहिंसा, शोषण रहित समाज और सामाजिक–आर्थिक समानता।

अध्ययन के भौगोलिक क्षेत्र

आंदोलन के अध्ययन के कार्यक्षेत्र को पारिभाषित करने के बाद हमारे लिए यह आवश्यक है कि अब हम अपने अध्ययन के भौगोलिक क्षेत्रों की चर्चा करें। परिवर्तन की प्रक्रिया में किसी कारक या तथ्य–विशेष (यहाँ प्रतिभाशाली कारक) के योगदान का मूल्यांकन करने के क्रम में हमें उस कारक विशेष के प्रभावों को समझ लेना चाहिए। इस बात को ध्यान में रखकर हमने दोनों प्रकार के गाँवों अर्थात् ग्रामदान और गैर–ग्रामदान, का कुछ महत्वपूर्ण मापदंडों के आधार पर तुलनात्मक अध्ययन किया है।

राजस्थान में जहाँ हमने अपना प्रयोगाश्रित अध्ययन किया था, को कुछ निश्चित सामाजिक, पारिस्थितिक और आर्थिक आधार पर तीन

भौगोलिक क्षेत्रों[2] में बांटा जा सकता है। ये तीन भौगोलिक क्षेत्र हैं– (1) पूर्वी मैदान– यह क्षेत्र तत्कालीन अजमेर प्रमंडल का सीमावर्ती इलाका है, जिसमें 8 जिले आते हैं जहाँ की 78.2 प्रतिशत जनसंख्या ग्रामीण है और इसमें 6,906 गाँव हैं; (2) सूखा क्षेत्र– भूतपूर्व जोधपुर और बीकानेर राजस्व प्रमंडलों के उस पार तक फैला क्षेत्र जिसमें थार का विस्तृत मरुस्थल भी सम्मिलित है। इस क्षेत्र में 10 जिले तथा 5,185 गाँव हैं। यहाँ की 81.2 प्रतिशत जनसंख्या ग्रामीण है; (3) दक्षिणी उच्चभूमि – कोटा और उदयपुर प्रमंडलों सहित क्षेत्र है इस क्षेत्र में 8 जिले हैं। यहाँ के 8,887 गाँवों में कुल जनसंख्या का 88.7 प्रतिशत जनता रहती है, अर्थात् यह सर्वाधिक ग्रामीण क्षेत्र है।

जहाँ राजस्थान में एक गाँव का औसत भौगोलिक क्षेत्रफल 6.28 वर्ग मील है, वहीं सूखे क्षेत्र में एक गाँव का औसत क्षेत्रफल 24 वर्ग मील है जो काफी अधिक है। औसत भौगोलिक क्षेत्रफल में इस बड़े अंतर के कारण खेती करने की जमीन के औसत आकार में भी बड़ा अंतर है।

मैदानी भागों में जनसंख्या का घनत्व बहुत कम है और जोतों का आकार तुलनात्मक–रूप से काफी छोटा है। अन्य क्षेत्रों की अपेक्षा मैदान क्षेत्र में अधिक वर्षा और सिंचाई के लिए उपलब्ध जल की अधिकता के कारण यहाँ पैदावार काफी अच्छी होती है। दूसरी ओर सूखे क्षेत्र को कम वर्षा तथा सिंचाई सुविधाओं की कमी और क्रमिक अकालों की मार झेलनी पड़ती है। सूखे और मैदानी दोनों भागों की अधिकांश जनसंख्या हिंदू है, जबकि उच्च भूमि वाले क्षेत्र की बहुजनसंख्या जनजातीय (भील) है। जल की अपेक्षाकृत अधिक उपलब्धता के कारण यहाँ वर्ष में दो फसलें उगायी जाती हैं। यहाँ मैदानी भाग की अपेक्षा खेती करने की जमीन का आकार छोटा है।

खेती करने वाली जमीन के आकार, फसलों के पैदावार की पद्धति या सिंचाई आदि की सुविधाओं के आधार पर उच्च–भूमि और मैदानी–क्षेत्र में कोई विशेष अंतर नहीं है। फिर भी इन दोनों क्षेत्रों की सामाजिक और संस्कृति व्यवस्था (किसान और जनजातीय) में काफी अंतर है। दूसरी तरफ मैदानी और सूखे भागों की भौतिक एवं सामाजिक व्यवस्था एक–सी होने के बाद भी भूमि के आकार एवं परिस्थितियाँ भिन्न हैं। ये तथ्य हमें सूखे क्षेत्र को अन्य दोनों क्षेत्रों से पृथकविश्लेषण करने का स्रोत उपलब्ध कराते हैं। उपरोक्त वर्णित तथ्यों के आधार पर प्रायोजिक और नियंत्रित दोनों प्रकार के गाँव, इन तीनों क्षेत्रों का प्रतिनिधित्व करते हैं।

यहाँ हमारे लिए यह आवश्यक है कि हम अध्ययन के लिए चुने गये गाँवों के अलग–अलग गुणों का अध्ययन करें। इसे समझने के लिए यह अपरिहार्य है कि ग्रामदान के अंदर की बात गाँवों की प्रकृति और प्रकार को समझा जाए। जोतों खेती करने वाली जमीन के आकार, परिवार और जनसंख्या के आधार पर ग्रामदान गाँवों में ना सिर्फ अखिल भारतीय स्तर पर बल्कि राजस्थान में भी, काफी भिन्नता है। (परिशिष्ट में सारणी संख्या 5 एवं 6 देखें) यह भिन्नता हमें इसके कारणों पर विचार करने के लिए प्रेरित करती हैं। हमारे शोध के समय तक 1964 में घोषित 234 ग्रामदान गाँवों में से 65 गाँव '1960 के राजस्थान ग्रामदान एक्ट' के अंतर्गत आ चुके थे। किसी ठोस आंकड़े के लगभग अभाव में यह हमारी मजबूरी हो जाती है कि हम अपने विश्लेषण को सिर्फ इस एक्ट के अंतर्गत घोषित गाँवों तक ही सीमित रखें।

सारणी संख्या–2 (अगले पृष्ठ पर) यह दर्शाती है कि 10 प्रतिशत गाँवों में 1000 एकड़ से अधिक भूमि है और 88.5 प्रतिशत गाँवों में 2.00 एकड़ या इससे भी कम भूमि है। इसी प्रकार 4.6 प्रतिशत ग्रामदान गाँवों में 100 से अधिक परिवार है और 50.8 प्रतिशत

ग्रामदान गाँवों में 25 या इससे भी कम परिवार हैं। फिर, सिर्फ 6.2 प्रतिशत ग्रामदान गाँवों की जनसंख्या 5000 से अधिक है और 33.8 प्रतिशत गाँवों की जनसंख्या 100 से कम है।

सारणी संख्या–3 हमें सामाजिक व्यवस्था और उद्गम के आधार पर ग्रामदान–गाँवों के बारे में जानकारी उपलब्ध कराती है। कुल 65 गाँवों में से 52.3 प्रतिशत गाँवों की पूरी जनता जनजाति है, 6.2 प्रतिशत गाँवों की अधिकांश जनसंख्या जनजातीय है, 18.5 प्रतिशत गाँवों में एक ही जाति के लोग रहते हैं, जबकि 7.7 प्रतिशत गाँवों में सिर्फ दो जातियाँ रहती हैं और 15.4 प्रतिशत गाँवों में 3 या अधिक जातियाँ रहती हैं। अतः इससे यह निष्कर्ष निकाला जा सकता है कि 'ग्रामदान गाँवों' का सामाजिक ढांचा अन्य गाँवों की अपेक्षा कम जटिल और मिश्रित है।

सारणी संख्या–3 हमें 'ग्रामदान–गाँवों' के विकास का भी विश्लेषण कराती है। जहाँ 46.2 प्रतिशत गाँवों को बिना वहाँ की व्यवस्था या संघटन में परिवर्तन लाए ही 'ग्रामदान एक्ट' के अंतर्गत ले लिया गया, 41.5 प्रतिशत गाँव बहुत छोटे हैं जिन्हें ग्रामदान की संज्ञा मिली ओर 12.3 प्रतिशत गाँव सरकार या कुछ परोपकारी– लोगों द्वारा दान की गई भूमि पर बसायी गई नयी बस्तियाँ थीं।

हमें राजस्थान के इन प्रमुख भौगोलिक क्षेत्रों में मिले हुए आँकड़े बताते हैं कि 50 प्रतिशत से अधिक गाँव जनजातीय हैं। इसके अलावा ग्रामदान गाँवों के अध्ययन से पता चलता है कि प्रत्येक 8 ग्रामदान 3 गाँवों में से एक गाँव हाल में ही बसाया गया है। इन तथ्यों को दृष्टिगत करते हुए हमने दो जनजातीय और दो सामान्य जातीय वाले गाँवों को चुनने का निर्णय लिया है। नए बसाये गए गाँवों को प्रतिनिधित्व देने के लिए हम एक ऐसे जनजातीय–गाँव को रखेंगे जो हाल ही में बसाया गया है।

TABLE 3

Types of *Gramdan* Villages

Classified by Caste

Types	*Percentage of villages in the category*
Unicaste	18.5
Bi-caste	7.6
Multicaste	15.4
Castes & Tribes	6.2
Tribes	52.3
	100.0 (N = 65)

Classified by Origin

Origin	*Percentage of lages in the category*
Revenue villages brought under the Act as they were	46.2
Hamlets conferred the status of villages under the Act	41.5
New colonies brought under the Act	12.3
	100.0 (N = 6

उपरोक्त तथ्यों को मान्यता देने के बावजूद गाँवों के चयन की समस्या अभी भी बनी हुई है। सामान्यतः यह कहा जाता है कि एक प्रारूपिक राजस्थानी–गाँव के बहुत से भाग केंद्रीय–गाँव से जुड़े होते हैं। राजस्थान ग्रामदान एक्ट, 1960 में ग्रामदान गाँवों के निर्धारण के लिए गाँवों की वही परिभाषाएं दी गईं जो भूराजस्व एक्ट 1956 में दी गई थीं। इसके अनुसार किसी गाँव के छोटे उपभागों को कई नाम दिए जा सकते हैं जैसे – ठोक, पट्टी, धानी, पुरा, फाला, वाडा आदि। इन सभी उपभागों को स्वतंत्र गाँव नहीं माना जाता है। फिर भी ग्रामदान गाँवों के उदय से बहुत राजस्व गाँव एक अलग श्रेणी में आ गए। 41.5 प्रतिशत ग्रामदान गाँव इसी प्रकार छोटे गाँव हैं। (आकस्मिक ढंग से यह ग्रामदान गाँवों की असाधारणता का कारण बन जाता है।) इस स्थिति को और अधिक स्पष्ट बनाने के लिए हमने विभिन्न परिस्थितियों की प्रकृति और प्रकार का उल्लेख किया है:

(1) ऐसी स्थितियाँ जिसमें राजस्थान ग्रामदान एक्ट के तहत ग्रामीण उपभागों (छोटे गाँवों या टोलों) को राजस्व (रेवेन्यू) गाँवों का पृथक ढंग से दर्जा दिया गया और गाँव के केंद्रीय उपभाग को ग्रामदान से अलग रखा गया।

(2) ऐसी स्थिति जिसमें कुछ ग्रामीण उपभागों और केंद्रीय ग्रामीण उपभाग को नए पृथक राजस्व गाँवों के अंतर्गत रखकर बाकी सभी उपभागों को छोड़ दिया गया।

(3) ऐसी स्थिति मे जिसमें केवल कुछ ही ग्रामीण उपभागों को ही एक्ट के अंतर्गत राजस्व इकाई माना गया और केंद्रीय उपभाग सहित सभी अन्य उपभागों को छोड़ दिया गया।

(4) ऐसी स्थिति जिसमें सभी ग्रामीण उपभागों और केंद्रीय उपभाग को एक्ट के तहत एक ही इकाई के रूप में नहीं, बल्कि अलग–अलग राजस्व गाँवों का दर्जा दिया गया।

यहाँ दो ऐसे कारण हैं जो हमें इन छोटे ग्रामीण उपभागों को पृथक नमूनों के रूप में चयनित करने में कठिनाई उत्पन्न करते हैं: (1) ये बहुत छोटे हैं, अर्थात् इनमें 25 से भी कम परिवार हैं; (2) इनके सामाजिक–ऐतिहासिक पृष्ठभूमि और निरंतरता को इनका एक दूसरे से पृथक्करण एक नियम ढंग से प्रभावित करते है।[3] जब हम समान आकार और सामाजिक व्यवस्था वाले गाँवों (प्रायोगिक और नियंत्रित) का अध्ययन करना चाहते हैं तो ये दोनों उपरोक्त तथ्य इनका नियंत्रित गाँवों से तुलना करने में परेशानी उत्पन्न करते हैं।

यहाँ यह उल्लेखनीय है कि सिर्फ 15 प्रतिशत ग्रामदान गाँव ऐसे हैं जहाँ का समाज बहुजातीय है। शेष हिंदू जातीय गाँव या तो एकजातीय हैं या द्विजातीय हैं या फिर मिश्रित (जाति और जनजाति) हैं। एक सामान्य प्रारूपिक भारतीय गाँव बहुजातीय होता है। अतः हमने अपने अध्ययन के लिए इसी प्रकार के गाँवों का चयन किया है। फिर हमारे द्वारा हमने अपने अध्ययन के लिए चयनित गाँवों (नियंत्रित और प्रायोगिक) में दस के कम जातियाँ ही हैं। जनजातीय गाँवों में सिर्फ जनजातियाँ ही निवास करती हैं। हम यह आशा करते हैं कि इससे तुलना करने का एक नया आधार प्राप्त होगा। समांगीं (जनजातीय) और विषमांगी (हिंदूजातीय) के बीच]

ग्रामदान गाँवों की विशेषताओं के विश्लेषण का उद्देश्य सिर्फ हमारे अध्ययन के विभिन्न प्रभागों के प्रतिनिधित्व को दिखाना नहीं है, बल्कि इसके साथ–साथ हमारे द्वारा चयनित नमूनों की सीमाओं को भी खोलना है। हमने आकार, उद्गम और सामाजिक विशेषताओं के आधार पर कई प्रारूपिक गाँवों को छोड़ दिया है।

यह उल्लेखनीय है कि नमूनों के चयन में इस पूर्वाग्रह के साथ–साथ एक और तथ्य जुड़ जाता है जो हमारे अध्ययन को एक विस्तृत मानदंड प्राप्त करता है। वस्तुतः हमारा उद्देश्य भूदान–ग्रामदान

आंदोलन का तत्कालीन भारतीय समाज पर पड़ने वाले प्रभाव का मूल्यांकन करना है। इस बात को ध्यान में रखकर हमने सोचा कि यदि हम ग्रामदान गाँवों के 'सफल मामलों' का अध्ययन करें तो यह अपेक्षाकृत अच्छा होगा। यदि आंदोलन के प्रवर्तक और संचालक ऐसा मानते हैं कि उन्हें सफलता मिली है या वे सफलता के पथ पर गतिशील हैं तो उन शर्तों और परिस्थितियों को समझना महत्वपूर्ण है, जो आंदोलन की तथाकथित सफलता के लिए उत्तरदायी हैं। किसी विशेष मामले में यदि सामाजिक परिवर्तन अपेक्षित दिशा में हो रहा है तो दूसरे मामले में भी सामाजिक परिवर्तन को त्वरित गति से लाने के लिए यह आवश्यक है कि उसी प्रकार की परिस्थितियाँ इन मामलों में भी उत्पन्न की जाये। जिला और राज्य स्तर के सर्वोदय कार्यकर्ताओं से विचार–विमर्श करने के बाद हमने सफल ग्रामदान गाँवों की सूची बनाई है और हमने अपने अध्ययन के लिए जो चार गाँव की सूची बनाई है और हमने अपने अध्ययन के लिए जो चार गाँव चयन किया वे इसी प्रकार के हैं।

अतः अध्ययन के लिए हमने कई मापदंडों को आधार मानकर ग्रामदान गाँवों का चयन किया है। जैसे– क्षेत्रीय असमानता, आकार, सामाजिक व्यवस्था की प्रकृति, उद्‌गम की पृष्ठभूमि और इन गाँवों में आंदोलन की सफलता का स्तर।

अध्ययन के लिए चयनित गाँव

हम पहले ही यह उल्लेख कर चुके हैं कि हम यहाँ ग्रामदान और गैर ग्रामदान गाँवों का तुलनात्मक अध्ययन करेंगे। जहाँ अध्ययन के लिए चार ग्रामदान गाँवों (प्रायोगिक मामलों) को चुना गया, वहीं इसके लिए चुने गए गैर–ग्रामदान (नियंत्रित) गाँवों की संख्या तीन थी। ये तीन नियंत्रित गाँव राजस्थान के तीन विभिन्न क्षेत्रों से थे। (चूँकि

नियंत्रित समूह में नए बसाए गए गाँव उपलब्ध नहीं थे। अतः यहाँ चौथे गाँव के चयन की आवश्यकता नहीं है)। प्रायोगिक और नियंत्रि दोनों श्रेणी के गाँव एक ही जिले, तालूका और पंचायत से लिए गए हैं और सामान्यतः उनके बीच की दूरी पाँच से दस मील है। नियंत्रित और प्रायोगिक दोनों श्रेणियों के गाँवों को एक ही प्राशासनिक इकाई से चुनने के पीछे सामुदायिक विकास कार्यक्रमों, पंचायती राज आदि के प्रभावों को रेखांकित करने का इरादा था। इस कार्य में भू–स्वामित्व की व्यवस्था, जनसंख्या और सामाजिक व्यवस्था के आधार पर भी नियंत्रित और प्रायोगिक गाँवों के मध्य समानता का ध्यान रखा गया। अगले पृष्ठ पर सारणी–4 में कुछ महत्वपूर्ण तथ्य उपलब्ध हैं।

हमने चार ग्रामदान गाँवों को चार विभिन्न जिलों जयपुर, नागौर, डूंगरपुर और बांसवाड़ा से लिया है। यहाँ यह स्पष्ट करना आवश्यक है कि हमने इन चार गाँवों को इन्हीं चार जिलों से ही क्यों चुना? हमारे द्वारा एकत्रित आँकड़े (परिशिष्ट की सारणी सं.–6) यह बताते हैं। कि राजस्थान ग्रामदान एक्ट 1960 के तहत ग्रामदान गाँवों का दर्जा पा चुके 65 गाँवों में से 62 गाँव सिर्फ 5 जिलों में हैं। अतः स्पष्टतः हमें अध्ययन के लिए इन्हीं जिलों के गाँवों में से चार गाँवों को चुनना था। इन पाँच जिलों में से डूंगरपुर, बांसपुरा और चित्तौड़ दक्षिणी उच्च भूमि (पहाड़ी) क्षेत्र में हैं। हमने पहाड़ी क्षेत्र के दो जिलों डूंगरपुर और बांसवाड़ा से दो गाँवों को चुना है। बाकी दो गाँव जयपुर (मैदानी क्षेत्र) और नागौर (सूखा क्षेत्र) से लिए गए हैं।

अपने अध्ययन के लिए हमारे द्वारा चयनित चार ग्रामदान गाँवों मे कुल मिलकर 200 परिवार थे जबकि तीन गैर–ग्रामदान गाँवों में कुल मिलाकर 218 परिवार थे। इनमें से ग्रामदान श्रेणी के 188 परिवारों और गैर–ग्रामदान श्रेणी के 207 परिवारों से साक्षात्कार किया गया। दूसरे लोगों से साक्षात्कार नहीं लिया जा सका क्योंकि हमारे अन्वेषण

के समय या तो वे अपने गाँव से बाहर थे या फिर उनसे संपर्क नहीं किया जा सका। (जैसे राजपूत महिलाएँ पर्दे में रहती हैं)।

प्रायोगिक और नियंत्रित गाँवों के बीच महत्पूर्ण तुलना का प्रयास करते वक्त प्रायोगिक श्रेणी के गाँवों के कुछ तथ्यों पर विचार–विमर्श करना होगा। कभी–कभी कुछ विशेष प्रायोगिक गाँवों का उदाहरण भी प्रस्तुत करना होगा। हमारे द्वारा चयनित ग्रामदान गाँवों के नाम निम्नांकित हैं। इंद्रपुरा (मैदानी क्षेत्र); सुकपुरा (सूखा क्षेत्र), रघुपुरा और भूदानपुरा (पहाड़ी क्षेत्र)। इंद्रपुरा में 8 जातियाँ रहती हैं। इनमें अहीरों की जनसंख्या सर्वाधिक 184 है, जो गाँव की कुल जनसंख्या के 50 प्रतिशत से भी अधिक है। यद्यपि राजपूतों की जनसंख्या काफी कम (सिर्फ 38) है, फिर भी गाँव में उनका महत्वूपर्ण स्थान है क्योंकि उस समय वे ही वहीं के जागीरदार और बड़े भूस्वामी हैं। इंद्रपुरा के 165 वयस्कों में सिर्फ 10 प्रतिशत ही शिक्षित हैं। यहाँ संख्या के हिसाब से 22 या 43 प्रतिशत परिवार व्यक्तिगत (छोटे) थे जबकि बाकी के 57 प्रतिशत किसी न किसी रूप में संयुक्त परिवार हैं।

रघुपुरा एक जनजातीय गाँव है। यहाँ सामाजिक विभाजन का आधार वंश या कबीला है। यहाँ की कुल जनसंख्या 312 है। यहाँ रहने वाले चार कबीलों में कोटदिआ कबीले की जनसंख्या 240 अर्थात् 77 प्रतिशत है। राजपुरा के 32 प्रतिशत वयस्क शिक्षित हैं जबकि यहाँ केवल 30% परिवार ही संयुक्त हैं।

भूदानपुरा एक नई बसाई गई बस्ती है, जहाँ रहने वाले लोग आस–पास के कई गाँवों से आये हुए हैं। यहाँ 8 विभिन्न कबीलों के लोग रहते हैं परंतु ना तो संख्या के हिसाब से और ना ही आर्थिक सामर्थ्य के आधार पर कोई भी कबीला दूसरे कबीलों से श्रेष्ठ है। यहाँ के 65 युवकों में से 66 प्रतिशत शिक्षित हैं और सभी परिवार व्यक्तिगत हैं।

आँकड़ों के संग्रहण की तकनीक

किसी विषय के अध्ययन की विषय–वस्तु और उस सामाजिक व्यवस्था की प्रकृति जिसका विशलेषण करना हमारा लक्ष्य होता है, आँकड़ों के संग्रहण में हमारे द्वारा अपनायी गई तकनीक को काफी हद तक प्रभावित करते हैं। 4 हमारे अध्ययन के लिए अपेक्षित आँकड़े भारतीय गाँवों से एकत्रित किए गए हैं। आँकड़ों के संग्रहण की विधि और तकनीक पर ग्रामीण सामाजिक व्यवस्था का काफी प्रभाव है।

हमारे अन्वेषण में 7 गाँवों के उन सभी परिवारों के प्रमुखों का साक्षात्कार किया गया जो उस वक्त उपलब्ध थे और हमारी पहुँच में थे। फिर भी हमने पाया कि यह तकनीक कई महत्वपूर्ण मुद्दों पर आँकड़ों के संग्रहण में अपर्याप्त है। उदाहरण के लिए गाँवों में होने वाली समानांतर गुटबंदी की प्रकृति और प्रकार। इस प्रकार के मामलों में अनौपचारिक साक्षात्कार, प्रेक्षण आदि काफी लाभप्रद मालूम पड़ते हैं। अनौपचारिक साक्षात्कार सिर्फ कुछ विशेष सूचना देने वाले लोगों का ही लिया गया। इन विशेष लोगों से अन्वेषण में होने वाली समस्या संबंधी और कई दूसरी सूचनाएं प्राप्त की गईं। अतः, ग्रामीण गुटबंदी के लिए उत्तरदायी ऐतिहासिक शत्रुता या गठबंधन को जानने के लिए जहाँ बुजुर्ग बहुत उपयोगी सिद्ध हुए, वहीं युवा वर्तमान घटनाओं की जानकारी देने में काफी विश्वस्त साबित हुए।

गाँव पंचायत, तहसील, जनपद और राज्य स्तर के संगठनों के अभिलेखों में चुनकर बहुत से लाभकारी आँकड़े संग्रहित किए गए। राजस्व और भू–नियमन विभागों, सहकारी समितियों, ग्राम सभाओं, ग्राम पंचायतों आदि के अभिलेख विशेष महत्वपूर्ण थे।

सर्वोदय के कार्यकर्ताओं और राज्य, जिला तथा ग्राम स्तर के विकासात्मक कार्यों के अधिकारियों से बातचीत करने, पर कुछ

बहुमूल्य सूचनाएं और विचार प्राप्त हुए। विभिन्न स्तरों पर काम करने वाले सर्वोदय के सदस्यों से किए गए साक्षात्कार में उनकी पृष्ठभूमि और आंदोलन के क्रियान्वयन में होनेवाली समस्याओं की जानकारी प्राप्त हुई।

अतः अपने अध्ययन में हमने गुणात्मक और संख्यात्मक दोनों प्रकार के आँकड़ों को एकत्रित कर उन्हें यथोचित ढंग से श्रेणीबद्ध करने और समझने का प्रयास किया है, जिससे कि मूलभूत समस्या का स्पष्ट चित्र खींचा जा सके।

नोट्स

1. दानकर्ताओं के लिए यह आवश्यक होता है कि अपनी स्वेच्छा से एक निर्धारित फॉर्म अर्थात् ग्रामदान प्रतिज्ञा को भरकर राजस्व अधिकारियों के पास जमा कराएं। दानकर्ता द्वारा ग्रामदान के सामुदायिक जीवन को स्वीकार करने के निर्णय को पूरे गाँव में प्रचारित कर दिया जाता है और एक महीने के अंदर आपत्तियों और शिकायतों पर विचार किया जाता है।
2. राज्य का तीन भागों में यह वर्गीकरण राजस्थान सरकार के सर्वे संगठन द्वारा अपनाया गया था। उदाहरणार्थ राजस्थान में हुए 1960 के पंचायत चुनावों पर 1961 में राजस्थान सरकार के सर्वे संगठन द्वारा प्रकाशित रिपोर्ट देखें।
3. गाँव के विभिन्न टोलों और गाँव के केंद्रीय उपभाग के बीच एक स्पष्ट भौगोलिक सीमा होने के बावजूद केंद्रीय उपभाग में मंदिर, दुकानें, पंचायत घर और दूसरे सार्वजनिक केंद्र होते हैं, जहाँ पूरा ग्रामीण समुदाय एक साथ बैठकर विचारों का समुचित आदान–प्रदानकर सके। इससे गाँव के लोगों में आत्मीयता और उनके विचारों का विकास होता है। यह सामाजिक–ऐतिहासिक पृष्ठभूमि ऐसे अनेक ग्रामदान गाँवों को गलत ढंग से प्रभावित करती हैं, जो पुराने राजस्व गाँवों से भिन्न है।
4. इस बिंदु के विस्तृत विवरण के लिए देखें– टी.के. ऊमन, "डाटा कलेक्शन टेकनीक्स, द केस ऑफ सोशियोलॉजी एंड सोशल एंथ्रोपोलॉजी" इकोनॉमिक एंड पॉलिटिकल विकली, मई 10, 1969, पी.पी., 809–15.

APPENDIX

TABLE 5

Gramdan Villages—All-India Position in 1961

State	Total No. of villages	No. of Gramdan villages	Average Acreage of Land per village		Average No. of Households per village	
			General	Gramdan	General	Gramdan
Andhra	27,084	587	2308.8	49.8	280.9	11.0
Assam	25,702	414	1106.5	62.5	79·5	7.0
Bihar	67,665	85	542.1	144.4	112.9	48.0
Gujarat	18,584	148	2421.8	218.0	52.1	46.7
Jammu & Kashmir	6,559	N.A.	5095.2	N.A.	81.1	N.A.
Kerala	1,573	403	5920.9	N.A.	1591.3	21.0
Madhya Pradesh	70,414	153	1401.9	105.9	79.9	4.3
Madras	14,124	254	2090.3	N.A.	380.4	N.A.
Maharashtra	35,851	282	1905.8	422.3	154.0	60.6
Mysore	26,377	58	1584.5	128.1	127.9	33.7
Orissa	46,466	1,929	733.9	128.0	72.0	16.0
Punjab	21,268	6	1323.0	179.3	129.8	45.3
Rajasthan	23,241	234	2405.5	297.4	97.2	7.0
Uttar Pradesh	112,624	57	576.6	218.2	107.4	21.0
West Bengal	38,454	25	511.8	91.0	128.0	32.2
Delhi	276	Nil	953.6	Nil	178.8	Nil
Himachal Pradesh	10,438	4	581.5	N.A.	23.2	N.A.
All-India	567,338	4,640	1249.1	148.1*	121.5	18.8

NOTE: All-India general averages have been worked out on the basis of 1961 Census data and the All-India *Gramdan* averages have been worked out on the basis of the data supplied by the Secretary, Akhil Bharat Sarva Seva Sangh, Kashi.

*Jammu & Kashmir, Madras, Delhi and Himachal Pradesh, excluded for working out the average.

N.A.—Not available.

TABLE 6

Gramdan Villages in Rajasthan (1964)

Name of the District/State	*Average Acreage per Village*		*No. of Households per Village*		*Population per Village*	
	Gramdan	*General*	*Gramdan*	*General*	*Gramdan*	*General*
Chittor	318.5	1201.8	23.4	65.9	136.6	217.2
Nagaur	1016.4	3663.7	26.0	119.6	152.0	679.1
Jaipur	430.9	1253.5	21.8	93.5	121.9	520.5
Dungarpur	434.3	1139.0	46.0	87.3	236.8	472.4
Banswara	524.0	874.0	55.0	57.3	284.3	315.8
All-Rajasthan	511.7	2405.5	40.0	97.2	210.5	523.3

NOTE: The district-wise analysis is confined to the five districts where there is a high concentration of *Gramdan* villages. Of the 65 villages brought under the Act, 62 are distributed in these districts. While the general averages have been worked out on the basis of the information provided by the Superintendent of Census Operations, Rajasthan, the district-wise *Gramdan* averages have been worked out on the basis of data collected by the author.

अध्याय–4

संप्रेषण और प्रेरणा परिवर्तन की आवश्यकता

किसी आंदोलन द्वारा निर्धारित लक्ष्य को प्राप्त करने के लिए यह आवश्यक है कि अपेक्षित लोगों को आंदोलन में भाग लेने के लिए अपेक्षित लोगों को प्रेरित किया जाए और महत्वपूर्ण विचारों को उन लोगों को अच्छी तरह बताया जाए। विचारों के संप्रेषण की प्रक्रिया में तीन तथ्य काफी निर्णायक होते हैं: विचारों को कौन संप्रेषित कर रहा है? किस प्रकार के विचारों का संप्रेषण हो रहा है? विचारों को किस प्रकार संप्रेषित किया जा रहा है? एक परंपरागत समाज में इन विचारों को मान्यता (स्वीकृति) मिलना या लोगों द्वारा इसे खारिज करना बहुत हद तक उस समाज में विचारों के संप्रेषक की प्रतिष्ठा पर निर्भर करता है। फिर भी इसका मतलब यह नहीं कि समाज के किसी प्रभावी व्यक्ति को यदि संप्रेषण का एजेंट बना दिया जाये तो उस समाज में किसी भी विचारधारा को मान्यता मिल जाती है। यहाँ संप्रेषण की विषयवस्तु समान रूप से महत्वपूर्ण होती है। यदि समाज में प्रचलित मूल्यों से मौलिक रूप से भिन्न मूल्यों को प्रचारित किया जाए तो वहाँ इसे मान्यता प्राप्त होने की संभावना काफी कम होती है। अंततः संप्रेषण का माध्यम (मीडिया) भी लोगों के शैक्षणिक और मानसिक स्तर के अनुरूप होना चाहिए। जब ये सभी कारक एक साथ कार्य करते हैं तो श्रोताओं में प्रचारित विचारों को मान्यता मिलने की संभावना काफी बढ़ जाती है। एक बार जब समाज में प्रचारित विचारों

को स्वीकार कर लिया जाता है, तो इसके बाद लोग इसका प्रयोग व्यवहारिक जीवन में शुरु कर देते हैं।

भूदान–ग्रामदान आंदोलन में इसके विचारधारा के प्रसाद द्वारा सामाजिक परिवर्तन लाने का प्रयास किया गया विनोबा भावे ने ग्रामीण भारत जहाँ अधिकांश लोग अशिक्षित थे, मैं लोगों से प्रत्यक्ष रूप से संपर्क कर विचारों के प्रसार की विधि अपनाई। विनोबा ने एक आदर्श भारतीय साधु की भांति गाँव–गाँव[1] घूमकर (पदयात्रा) संपत्ति के सामुदायिक स्वामित्व के लिए अहिंसक सामाजिक व्यवस्था को इसका प्राथमिक स्तर बताया। विनोबा और उनके अनुचरों द्वारा देश के विभिन्न भागों में गाँव–गाँव घूमकर चलायी गई पदयात्रा के साथ–साथ आंदोलन के मूलभूत विचारों और आंदोलन के विकास पर नियमित रूप से बहुत सी रिपोर्टों को प्रकाशित[2] किया गया। इसके साथ–साथ राष्ट्रीय प्रेस द्वारा भी आंदोलन के विकास पर रिपोर्ट प्रकाशित की गई और कभी–कभी ऑल इंडिया रेडियो पर भी चर्चाएं प्रसारित की गईं। परंतु ग्रामीणों को भूमिदान के लिए प्रेरित करने हेतु मुख्यतः सीधे संपर्क कर मौखिक संप्रेषण को अपनाया गया। इस अध्याय में हम संप्रेषण के उन विभिन्न स्तरों का वर्णन करेंगे जो, हमारे द्वारा चयनित गाँवों में ग्रामदान के विचारों के प्रसार के लिए अपनाए गए। यहाँ उन तथ्यों का भी विश्लेषण किया जाएगा जो ग्रामीण को ग्रामदान करने के लिए प्रेरक सिद्ध हुए। इसके साथ ही इसके प्रभावों पर भी हम विचार करेंगे।

आंदोलन के राष्ट्रीय प्रसार और विकास के बावजूद 1951 में हमारे द्वारा चुने गए गाँवों में से किसी भी गाँव के लोगों को प्रेस के माध्यम से आंदोलन का पता नहीं चल पाया था। उल्लेखनीय है कि इन गाँवों की 68 प्रतिशत जनता निरक्षर है और 24 प्रतिशत जनता बड़ी मुश्किल से पढ़–लिख सकती है। सिर्फ 8 प्रतिशत लोग ही प्राथमिक

स्तर (पाँचवीं कक्षा) या इससे ऊपर की शिक्षा प्राप्त कर चुके हैं। केवल इन्हीं लोगों (8 प्रतिशत) के लिए लिखित सूचनाएँ समझ पाना संभव है। इन गाँवों में से किसी में भी सर्वोदय प्रकाशन के समाचार–पत्र नियमित रूप से नहीं आते हैं। अतः, इन्हें या तो सर्वोदय के कार्यकर्ताओं द्वारा या ग्रामीण नेताओं द्वारा आंदोलन की जानकारी प्राप्त हुई होगी। इन गाँवों में आंदोलन के प्रारंभिक विचार विभिन्न माध्यमों से आये। आगे, हम इन सभी की विस्तार से चर्चा करेंगे।

इंद्रपुरा

इंद्रपुरा में आंदोलन से संबंधित सूचनाएँ 'ओपिनियम नेताओं'[3] के द्वारा प्रचारित की गई। ग्राम प्रमुख (पाटिल) और गाँव के तत्कालीन जागीरदार के सबसे बड़े बेटे को गाँव की समस्याओं पर तहसीलदार (जिला कलेक्टर और गाँव के पटवारी के बीच का अधिकारी) से विचार–विमर्श करने के लिए नेता के रूप में नामजद किया गया। तहसीलदार ने गाँव के नेताओं का परिचय एक सर्वोदय कार्यकर्ता से कराया जिसने इन नेताओं को यह सुझाव दिया कि उनके गाँव की समस्याओं का निराकरण ग्रामदान के द्वारा किया जा सकता है। सर्वोदय कार्यकर्ता के तर्कों से प्रभावित हो जाने के बाद ग्रामीण नेतागण उसे कुछ समय बाद अपने गाँव आने का निमंत्रण दिए। इसके बाद सर्वोदय किया। अपने गाँव जाकर नेतागण अपने मित्रों को इस नए आंदोलन और निकट भविष्य में सर्वोदय कार्यकर्ता के आगमन के बारे में बताए। कुछ सप्ताह बाद गाँव में सर्वोदय कार्यकर्ताओं द्वारा तीन दिनों का एक शिविर लगाया गया जिसमें जिला और राज्य स्तर के बहुत से नेताओं ने अपना व्याख्यान दिया और विचार–विमर्श किया। इन नेताओं द्वारा किए गए वायदों और उनके द्वारा ग्रामीण विकास की बतायी गई संभावनाओं से प्रभावित होकर गाँव के लोगों ने अपने गाँव को दान करने का निर्णय लिया।

सुकपुरा

सुकपुरा में लोगों को ग्रामदान–भूदान आंदोलन और इसकी विचारधारा की जानकारी आंदोलन के सर्व–सामान्य प्रचार माध्यम अर्थात् पदयात्रा से मिली। नागौर के जिला सर्वोदय मंडल, जिसमें यह गाँव अवस्थित है, के कार्यकर्ताओं ने भूमिदान और ग्रामदान प्राप्त करने के लिए पदयात्रा निकाली। इस पदयात्रा के पदयात्रियों ने गाँव में रुककर ग्रामीणों से ग्रामदान की विचारधारा पर बातचीत की। तब ग्रामीणों ने इस तथ्य पर विचार करने के लिए अपनी सहमति दे दी और इसके बाद यह गाँव दान कर दिया गया।

रघुपुरा

1935 में गाँधीवादी कार्यकर्ताओं के द्वारा रघुपुरा में 'रचनात्मक कार्य' शुरु किया गया। इस जनजातीय गाँव में उच्च जाति के हिंदुओं द्वारा सुधार कार्यक्रम चलाया गया। यहाँ भूदान–ग्रामदान आंदोलन के प्रसार के पहले तक की 'रचनात्मक कार्यकर्ताओं' द्वारा लोगों को सर्वोदय की विचारधारा से अवगत कराने का प्रयास किया जा रहा था। रचनात्मक कार्यक्रमों के क्रियान्वयन की एक लंबी परंपरा के बावजूद हुंदुजातीय कार्यकर्ताओं को बिना किसी आदिवासी कार्यकर्ता को सम्मिलित किए बगैर ग्रामीणों को भूमिदान करने के लिए प्रेरित करने में सफलता नहीं मिली। जब विनोबा ने अपनी राजस्थान पदयात्रा के दौरान इस गाँव का भ्रमण किया, तब यह औपचारिक रूप से ग्रामदान घोषित हुआ।

भूदानपुरा

भूदानपुरा, भूमिहीन आदिवासियों के एक समूह की एक नई बस्ती थी जिसे हाल ही में बसाया गया था। चूंकि यहाँ के ग्रामीण भूमि प्राप्तकर्ता थे, दानकर्ता नहीं, अतः यहाँ ग्रामदान के स्वीकृति की

सहमति का प्रश्न ही नहीं उठा। इस बस्ती को बसाये जाने के तुरंत बाद से ही सर्वोदय कार्यकर्ता सक्रिय रूप से इससे जुड़ गए और गाँव को ग्रामदान माना जाने लगा यहाँ पुनर्वास प्राप्त करने वाले लोगों में भूमि का वितरण लगभग एकसमान ही किया गया।

उपरोक्त विवरणों से यह स्पष्ट है कि यद्यपि इन चारों गाँवों में विचारधारा का प्रवाह अलग–अलग ढंग से हुआ, परंतु सभी मामलों में वैचारिक संप्रेषण का माध्यम मौखिक ही था। यहाँ उन व्यक्तिगत स्रोतों का उल्लेख करना ज्ञानप्रद होगा जिनके द्वारा ग्रामीणों को आंदोलन और इसकी विचारधारा की जानकारी मिली। हमारे द्वारा चयनित ग्रामदान के नमूनों (गाँवों) के परिवारों के प्रमुखों से साक्षात्कार करने के बाद यह जानकारी हासिल की गई।

संप्रेषण के अभिकर्ता (एजेंट)

उन सभी परिवार प्रमुखों जिनसे साक्षात्कार किया गया, को यह बात पता थी कि उनका गाँव एक ग्रामदान गाँव है।[4] साक्षात्कार देने वाले 67.5 प्रतिशत परिवार प्रमुखों ने यह बताया कि उन्हें आंदोलन की जानकारी सर्वोदय कार्यकर्ताओं से मिली, जबकि बाकी 32.5 प्रतिशत को जानकारी ग्रामीण नेताओं से मिली। जनजातीय गाँवों के जिन परिवार प्रमुखों का साक्षात्कार लिया गया उनमें से सभी ने यह कहा कि आंदोलन के बारे में उन्हें जानकारी सर्वोदय कार्यकर्ताओं से प्राप्त हुई जबकि हिंदूजातीय गाँवों में यह उत्तर देने वाले 41 प्रतिशत थे। हिंदूजातीय गाँवों के शेष 59 प्रतिशत परिवार प्रमुखों को यह जानकारी अपने ग्रामीण नेताओं से मिली। अतः, जहाँ जनजातीय गाँवों में संप्रेषण के ऐजेंट पूर्णतः ब्राह्म थे, वहीं हिंदूजातीय गाँवों में यह कार्य प्रमुखतः आंतरिक एजेंटों के द्वारा किया गया। सामान्यतः यह कहा जाता है कि संप्रेषण के आरंभिक चरण में सर्वोदय कार्यकर्ताओं की भूमिका निर्विवाद रूप से महत्वपूर्ण है।

ग्रामीण भारत के संदर्भ में लिखित माध्यमों द्वारा संप्रेषण की सीमाओं को हम रेखांकित कर चुके हैं और यह भी बता चुके हैं कि यहाँ मौखिक संप्रेषण सबसे उपयुक्त माध्यम है। फिर भी भारतीय गाँवों में मौखिक संप्रेषण को प्रभावी बनाने के लिए इसे अनौपचारिक होना चाहिए और इसका क्रियान्वयन व्यक्तिगत समूहों के संदर्भ में होना चाहिए। इसके बावजूद समर्पित और नियमित पदयात्रा और प्रचार के लिए दिए गए व्याख्यानों ने सर्वोदय कार्यकर्ताओं या ग्रामीण नेताओं द्वारा समाज के निचले स्तर पर किए गए अनौपचारिक और अकस्मात संप्रेषण की अपेक्षा आंदोलन को अधिक ख्याति प्रदान की। इसकी चर्चा पहले ही की जा चुकी है कि अध्ययन के लिए चुने गए ग्रामदान गाँवों में आंदोलन की जानकारी स्वच्छ रूप से दी गई और संप्रेषण का माध्यम बुद्धिजीवियों के लिए अपेक्षाकृत अधिक उपयुक्त था। फिर भी, इस प्रकार के संप्रेषण से ग्रामीणों को आंदोलन के उद्देश्य और इसमें सक्रिय लोगों के बारे में समग्र जानकारी नहीं दी जा सकी।

विनोबा के बारे में जानकारी और उनकी छवि

संप्रेषण का माध्यम उपयुक्त था, किंतु इसके बावजूद यह अपर्याप्त था, क्योंकि 55 प्रतिशत परिवार प्रमुखों को आंदोलन के प्रणेता के बारे में पता नहीं था। साक्षात्कार देने वाले परिवार प्रमुखों में से 28 प्रतिशत ही यह जानते थे कि भूदान–ग्रामदान आंदोलन को विनोबा भावे ने शुरु किया था।[5] शेष 17 प्रतिशत लोगों को विनोबा के बारे में अधूरी जानकारी थी। जैसे– कुछ ने कहा, "मुझे यह मालूम है कि एक संत ने यह आंदोलन शुरू किया था या मुझे यह पता है कि एक संत, जो किसी दूसरी जगह से 1958 में इस जगह आया था, ने यह आंदोलन शुरू किया था।"

हमारे आँकड़ों से यह बात स्पष्ट होती है कि सूचनाओं का प्रसार उन गाँवों में अधिक हुआ, जहाँ संप्रेषण बाह्य एजेंटों द्वारा किया गया। जैसा कि पहले बताया जा चुका है कि जनजातीय गाँवों में संप्रेषण के एजेंट निर्विवाद रूप से सर्वोदय कार्यकर्ता ही थे और यहाँ साक्षात्कार देने वालों में से 40 प्रतिशत यह जानते थे कि विनोबा आंदोलन के प्रणेता थे। इसकी तुलना में हिंदू जातीय गाँवों, जहाँ सर्वोदय कार्यकर्ताओं की संप्रषेण में ऐजेंटों के रूप में भूमिका कम महत्वपूर्ण थी, में साक्षात्कार देने वाले परिवार प्रमुखों में से सिर्फ 19 प्रतिशत ही विनोबा के बारे में जानते थे। इससे यह निष्कर्ष निकाला जा सकता है कि भारतीय गाँवों में 'ओपिनियन नेतागण' विचारों का स्वतंत्रतापूर्वक और सफलतापूर्वक संप्रेषण नहीं करते हैं। भारतीय ग्रामीण समाज के आधारभूत समूहों, जैसे– वंश, उपजाति, कबीले आदि तक सीमित रहे। ऐसा भी हो सकता है कि 'ओपिनियन नेताओं' ने यह सोचा हो कि सभी लोगों तक विचारों का संप्रेषण आवश्यक नहीं है। उन्हें लगा होगा कि संप्रेषण के कार्य में आयु, वंश, जाति, निवास स्थान आदि का ख्याल रखना चाहिए। इस तर्क को इस तथ्य से और अधिक बल मिलता है कि हिंदूजातीय गाँवों में विनोबा को जानने वाले अधिकांश उच्च जाति के थे। साक्षात्कार देने वाले उच्च जाति के 44 प्रतिशत परिवार प्रमुख विनोबा के बारे में जानते थे, वहीं कोई भी दलित उन्हें नहीं जानता था। इस अवसर पर बात समझना काफी महत्वपूर्ण है कि सभी गाँवों में आंदोलन की विचारधारा का संचार स्थानीय सर्वोदय कार्यकर्ताओं या ग्रामीण नेताओं के द्वारा किया गया। रघुपुरा को छोड़कर, विनोबा ने किसी गाँव का भ्रमण नहीं किया, परंतु इसके बावजूद यहाँ के ग्रामीणों को उनके बारे में पता था। अतः विनोबा ज्यादातर ग्रामदान गाँवों के लोगों के लिए पर्दे के पीछे कार्यरत थे। फिर भी इन लोगों के हृदय में विनोबा के लिए बहुत ही सम्मान था।

साक्षात्कार देने वाले उन सभी लोगों ने जिन्हें विनोबा के बारे में चाहे पूरी जानकारी थी या अधूरी विनोबा को दैवी शक्तियों से युक्त एक संत या अद्‌भुत मानव कहा। विनोबा की यह छवि ग्रामीण जनता द्वारा आंदोलन को स्वीकार करने के लिए एक प्रेरक यंत्र की तरह कार्य करती थी। संन्यासियों के प्रति भारतीयों की अपार श्रद्धा उन्हें संन्यासी के समान वस्त्र धारण करने वाले किसी व्यक्ति के प्रति सम्मान दिखाने के लिए मानसिक रूप से भी प्रेरित करती है। जैसा कि आगे वर्णन किया जायेगा। (अध्याय–VII) कि ग्रामीण भारतीयों में एक आदर्श राजनेता की छवि एक संत, प्रतिभाशाली आदि के समान होती है जो विनोबा में काफी हद तक मौजूद थी। प्रतिभाशाली आंदोलन में प्रतिभाशाली अपील सर्वप्रमुख होती है, जोकि भूदान–ग्रामदान आंदोलन में उपस्थित थे। यह प्रतिभाशाली अपील आंदोलन के नेतागण सीधे विनोबा से नहीं सहखे बल्कि यह चरणबद्ध अर्थात् क्रमिक रूप से स्थानीय नेताओं तक पहुँचा।

ग्रामदान का अर्थ

संप्रेषण का कार्य के प्रभाव मूल्यासांकन संप्रेषित विचारें को मिलनेवाली स्वीकृति और लोगों में इसकी समझ के आधार पर किया जाता है। "ग्रामदान से आप क्या समझते हैं?" यह प्रश्न जब लोगों से पूछा गया तो प्रत्येक तीन में से एक व्यक्ति इसके विचार या उद्देश्यों के बारे में कुछ नहीं जानते थे जबकि बाकी लोगों के तरह–तरह के उत्तर थे।

साक्षात्कार देने वाले 27 प्रतिशत लोगों का कहना था कि यह भूमि के पुनर्वितरण और आर्थिक विकास का एक कार्यक्रम है और इस आंदोलन का उद्देश्य आर्थिक सुधार और विकास है। यद्यपि कुछ उद्देश्यों पर आंदोलन के प्रारंभिक चरण से ही ध्यानाकृष्ट किया गया। फिर भी आंदोलन के नेतागण आपने व्याख्यानों में इस बात पर जोर

देते थे कि महत्व की दृष्टि से ये आंदोलन के द्वितीयक उद्देश्य हैं, प्राथमिक नहीं। साक्षात्कार देने वाले 12 प्रतिशत व्यक्तियों का कहना था कि ग्रामदान, गाँवों को स्वायत्तशासी इकाईयों के रूप से परिणित करने का एक प्रयास था। यद्यपि स्वशासन ग्रामदान का एक प्रमुख लक्ष्य था परंतु इसके पीछे व्यक्तियों को सामुदायिक विकास के लिए अपना योगदान देने का अवसर सुनिश्चित करना मुख्य उद्देश्य था। (अध्याय–VI)। 26 प्रतिशत लोगों का मत था कि ग्रामदान का अर्थ, परस्पर सहयोग पर आधारित समाज की स्थापना है। यह उत्तर आंदोलन के नेताओं द्वारा आंदोलन के निर्धारित लक्ष्य से साम्य रखता है। सिर्फ 3 प्रतिशत लोगों का उत्तर ग्रामदान के बारे में विनोबा के विचारों के अनुरूप अर्थात् 'सम विभाग या समान अधिकार' था। अतः जहाँ 68 प्रतिशत लोगों को ग्रामदान के बारे में थोड़ी–बहुत समझ थी, वहीं बहुत कम लोगों को इसके सही–सही लक्ष्य की जानकारी थी जैसा कि हम जान चुके हैं कि स्थानीय नेतागण अपने शीर्ष प्रतिभाशाली नेता के विचारों के प्रचारक के रूप में कार्य करते थे। अतः समाज के निचले स्तर पर संप्रेषित किए गए विचारों की मौलिक विचारें से भिन्नता की संभावना को नज़रअंदाज़ नहीं किया जा सकता। गलत विचारों के संप्रेषण का कारण जो भी हो, इसका प्रमाण हमारे आँकड़े प्रस्तुत करते हैं जिसमें बहुत ही कम लोगों को विनोबा द्वारा पारिभाषित ग्रामदान की जानकारी थी।

हम यह पहले ही बता चुके हैं कि भूदान–ग्रामदान आंदोलन के विचारों के संप्रेषण के लिए अपनाया गया माध्यम सामाजिक वातावरण के अनुकूल था। परंतु इसके बावजूद ग्रामदान के बारे में जनता की जानकारी अपर्याप्त थी। यहाँ हम यह कह सकते हैं कि विचारों के प्रचार–प्रसार के लिए प्रभावी माध्यम का होना एक आवश्यक शर्त है, परंतु यह पर्याप्त नहीं। श्रोताओं (जनता) द्वारा विचारों को मान्यता

प्राप्त होने के लिए संप्रेषकों और श्रोताओं के बीच वैचारिक आदान–प्रदान में लिया गया समय भी काफी महत्वपूर्ण होता है। हम पहले भी चर्चा कर चुके हैं कि आंदोलन के विचारों के प्रचार–प्रसार की कार्यविधि अर्थात् पदयात्राा सिर्फ प्रतिभाशाली लोगों से वैचारिक लिये संप्रेषण के उपयुक्त थीं परंतु संप्रेषण के ऐजेंटों और आम जनता के बीच परस्पर वैचारिक आदान–प्रदान पर दिया गया समय इतना पर्याप्त नहीं था कि आम जनता इस आंदोलन को स्वीकार करने से होने वाले महत्वपूर्ण परिवर्तनों पर तर्क–वितर्क कर सोच–विचार सके। आम जनता के बीच विनोबा की छवि एक प्रतिभाशाली व्यक्ति की थी और प्रायः इसीलिए लोगों ने आंदोलन में अपने योगदान के महत्व को भली–भाँति समझे बिना दानकार्य को अपनाया यह आंदोलन का एक बहुत बड़ा दोष है।

निष्कर्षतः हम यह कह सकते हैं कि यदि प्रभावी माध्यम के साथ–साथ विचारों के संप्रेषकों और जनता के बीच यथोचित सामंजस्य हो, तो जनता प्रचारित विचारों को ग्रहण कर सकती है। फिर भी, हमारे विचार से इन दो शर्तों की उपलब्धता के बावजूद भी विचारों को मान्यता मिलना अवश्यंभावी नहीं हो सकता। इस अवसर पर विषयवस्तु भी काफी महत्वपूर्ण हो जाती है। रघुपुरा जैसे जगह पर जहाँ सर्वोदय कार्यकर्ता लगभग एक दशक तक लोगों को आंदोलन के आदर्शों के बारे में शिक्षित करने का प्रयत्न करते रहे और तब भी वहाँ के लोगों ने सर्वोदय की विचारधारा को गंभीरतापूर्वक और सफलतापूर्वक ग्रहण नहीं किया। यह बात विचारों को जनता की स्वीकृति या अस्वीकृति में संप्रेषण की विषयवस्तु के महत्व को प्रदर्शित करती है। अंततः यह कहा जा सकता है कि जनता द्वारा विचारों की स्वीकृति या अस्वीकृति के लिए संप्रेषण के माध्यम, संप्रेषकों और जनता के बीच वैचारिक आदान–प्रदान की प्रबलता और संप्रेषण की विषयवस्तु समान रूप से महत्वपूर्ण होती है।

ग्रामदान अपनाने के लिए प्रेरणा

यहाँ यह जानना आवश्यक है कि ग्रामदान का वास्तविक अर्थ समझे बिना लोगों ने क्यों अपनी भूमि दान की। यहाँ हम सर्वोदय कार्यकर्ताओं द्वारा लोगों को ग्रामदान के लिए प्रेरित करने के लिए अपनायी गई कार्यपद्धति की समीक्षा करेंगे। साक्षात्कार देने वाले 75 प्रतिशत व्यक्तियों ने यह कहा कि सर्वोदय कार्यकर्ताओं ने उन्हें ग्रामदान अपनाने से प्राप्त होने वाले वस्तुपरक लाभों और बहुमुखी विकास की योजनाओं का भरोसा दिलाया। 10 लोग स्पष्टतः यह कहने में अक्षम रहे कि उनसे इस तरह के वायदे किए गए थे या नही सिर्फ 15 लोगों ने इस बात से इंकार किया कि उनसे इस प्रकार वायदे किए गए थे। यह स्पष्ट है कि ग्रामदान गाँवों के ग्रामीण अपने गाँव को दान करने के बदले वस्तुपरक लाभों की अपेक्षा रखते थे। अतः यह कहना उचित होगा कि विचारधारा को मान्यता दिलाने के लिए लोगों को व्यवस्थित ढंग से भौतिक लाभों का भरोसा दिलाकर भौतिकता की ओर उन्मुख किया गया। (अध्याय–VIII देखें)।

ग्रामीणों को सिंचाई सुविधाओं, बिजली, ऋण, गाँव में स्कूल, अस्पताल आदि सुविधाऐं प्रदान करने का वायदा किया गया था। ग्रामीणों से कुछ विशेष वायदे भी किए गए जो उन्हें ग्रामदान अपनाने को प्रेरित करने के लिए बहुत हद तक महत्वपूर्ण थे। यह बात बहुत रोचक मालूम पड़ती है कि आंदोलन के द्वारा भूमि के सामुदायिक स्वामित्व का लक्ष्य रखा गया और फिर भूमि को ही आंदोलन के विकास के लिए एक प्रेरक यंत्र की तरह उपयोग किया गया।

भूमिः एक प्रेरक शक्ति के रूप में

सामान्यतः ग्रामदान गाँवों का क्षेत्रफल गैर–ग्रामदान गाँवों की तुलना में कम है। (अध्याय–III देखें)। राजस्थान में प्रचलित व्यवस्था

में गाँवों के चारागाह, सार्वजनिक भवन, बंजर भूमि, कब्रिस्तान आदि पर निजी स्वामित्व न होकर सरकारी नियंत्रण होता था। परंतु इन सब का उपयोग पूरा ग्रामीण समुदाय करता था। परंतु कुछ गाँव सार्वजनिक भूमि के अभाव में अपंग थे। उदाहरण के लिए, राजस्व अभिलेखों के अनुसार इंद्रपुरा में कोई भी चारागाह नहीं था, जो ग्रामीणों की एक चिरस्थायी समस्या थी। सर्वोदय कार्यकताओं ने ग्रामीणों से यह वायदा किया कि वे जिला कलेक्टर (राजस्व अधिकारी) से बातचीत कर बगल के गाँव की 200 एकड़ भूमि उनके लिए आबंटित कराएंगे। ग्रामदान अपनाने को प्रेरित करने के लिए यह एक बहुत बड़ी प्रेरक शक्ति थी परंतु हमारे अन्वेषण के समय तक यह वायदा पूरा नहीं किया जा सका था। गाँव दान करने के सात साल बाद भी गाँव में यह समस्या एक संकट की तरह विद्यमान थी। इस बात का वर्णन अध्याय में है। यहाँ सिर्फ यह निष्कर्ष निकाल लेना उचित होगा कि इंद्रपुरा के लोगों को अपने गाँव को दान करने के लिए इस अतिरिक्त भूमि को उपहार स्वरूप दिलाने का वायदा, तात्कालिक प्रेरणा का स्रोत था।

सुकपुरा में भी ग्रामदान अपनाने के लिए भूमि का लालच दिया गया। सुकपुरावासियों ने अपने पड़ोसी गाँवों की 684 एकड़ भूमि पर अवैध ढंग से कब्जा कर रखा था। सर्वोदय कार्यकर्ताओं ने सुकपुरावासियों को यह सुझाव दिया कि इस भूमि पर सहकारी खेती की व्यवस्था अपनाकर इस भूमि को वैधानिक ढंग से प्राप्त किया जा सकता है। इस प्रस्ताव से आकर्षित होकर और भावी लाभों को देखकर ग्रामीणों ने अपने गाँव को दान करने की स्वीकृति दे दी।

भूदानपुरा एक नई बसाई गई बस्ती थी। अतः यहाँ के ग्रामीणों को भूमिदान करने के लिए प्रेरित करने की समस्या नहीं आई। फिर भी सर्वोदय कार्यकर्ताओं को यहाँ पर लोगों को बसाने में कई कठिनाईयों

का सामना करना पड़ा। शुरू में गाँव की पूरी जमीन को सार्वजनिक कर दिया गया और फिर इसे पुनर्वासियों में समान रूप से वितरित किया गया। 35 परिवारों ने पैत्रिक गाँव को छोड़कर यहाँ पुनर्वास प्राप्त किया। उन्हें यह कहकर इस गाँव में बसने के लिए प्रेरित किया गया कि उन्हें निजी भूमि (पट्टा) दी जायेगी। अतः इस गाँव के लोग यद्यपि भूमि प्राप्तकर्ता थे, तथापि उन्होंने भूमि के निजी स्वामित्व पर जोर दिया। उपरोक्त वर्णित तथ्यों से यह बिल्कुल स्पष्ट है कि यहाँ आंदोलन के आदर्श ने लोगों को दान के लिए प्रेरित नहीं किया बल्कि तात्कालिक भौतिक लाभों के वायदों के कारण यह संभव हुआ।

रघुपूरा से बहुत से ग्रामीणों के अनुसार उन्हें धोखा देकर उनके गाँव को ग्रामदान घोषित किया गया। भूमि दान करने के पत्र पर उन लोगों से यह कहकर हस्ताक्षर कराया गया कि वे टक्कावी ऋण के लिए यह हस्ताक्षर कर रहे हैं। लोगों द्वारा प्रतिज्ञा पत्र पर हस्ताक्षर कर देने के बाद जब विनोबा अपनी राजस्थान पदयात्रा के दौरान यहाँ पहुँचे तो इस गाँव को औपचारिक रूप से ग्रामदान घोषित कर दिया गया। इस कार्य से इस गाँव के ग्रामीण काफी निराश हुये फिर निचले स्तर के सर्वोदय कार्यकर्ताओं ने उन्हें उत्साहित करने के लिए यह भरोसा दिलाया कि उन्हें अपनी भूमि से बेदखल होने की जरूरत नहीं है। (इसकी चर्चा हम अध्याय–V में करेंगे) रघुपुरा में एक भी व्यक्ति ने ग्रामदान से प्रभावित होकर भूमि दान नहीं किया। वस्तुतः उनसे पड़ोसी गाँवों से और भूमि दिलाने का वायदा किया गया था।

संप्रेषण में दोष

रघुपुरा की घटना से हमें आंदोलन के विचारों के संप्रेषण में दोष और इसके साथ–साथ लोगों को गलत ढंग से प्रेरित करने की बात का पता चलता है। ग्रामदान का पहला चरण ग्राम–प्रतिज्ञा है जिसमें लोग स्वेच्छा से अपनी भूमि दान करते हैं। राजस्थान ग्रामदान एक्ट

1960 के अनुसार जब किसी गाँव की कम से कम 51 प्रतिशत भूमि कम से कम 80 प्रतिशत लोगों द्वारा दान कर दी जाती है तो उसे ग्रामदान माना जाएगा। इस एक्ट के अन्तर्गत अपने गाँव को ग्रामदान घोषित कराने के लिए दानकर्ताओं को राजस्व अधिकारी के समक्ष आवेदन करना पड़ता है। इसके लिए दानकर्ताओं को अपने भूमि अभिलेखों के साथ एक अपेक्षित फॉर्म पर हस्ताक्षर कर तहसीलदार के यहाँ जमा करना पड़ता है और फिर तहसीलदार पूरे गाँव को इस भूदान की सूचना देता है। यह सूचना लोगों को एक अधिसूचना के माध्यम से दी जाती है जिसे गाँव के किसी महत्वपूर्ण स्थान पर चिपका दिया जाता है और इसकी एक प्रति जिला कलेक्टर के कार्यालय के आवश्यक दस्तावेजों में संलग्न कर दी जाती है। विरोध और शिकायतों को दर्ज कराने के लिए एक माह का समय दिया जाता है और इस निर्धारित अवधि में कोई शिकायत पत्र यदि नहीं आये तो गाँव को ग्रामदान घोषित कर दिया जाता है।

बहुत से मामलों में ग्रामदान के उद्देश्यों का संप्रेषण स्पष्ट ढंग से नहीं किया गया या सर्वोदय कार्यकर्ताओं द्वारा किए गए वैधानिक कार्यों को गुप्त रखा गया था फिर ग्रामीणों को धोखा दिया गया। चूंकि शिकायत के लिए तहसीलदार के पास आवेदन करना पड़ता था, अतः इसके साथ–साथ अभिलेखों की समीक्षा भी वही करता था। राजस्थान ग्रामदान एक्ट में से 60 गाँव उन चार तहसीलों में स्थित थे, जहाँ हमने इस अन्वेषण कार्य के लिए चार गाँवों को चुना था। ग्रामदान के अभिलेखों की समीक्षा करने के बाद यह पता चलता है कि इस चार तहसीलों में दर्ज कराई गई शिकायतों में से 10 से 28 प्रतिशत शिकायत ग्रामदान कार्यकर्ताओं द्वारा उठाए गए तथाकथित वैधानिक कदम के खिलाफ थे। जैसा कि सारणी संख्या–7 के आँकड़े बताते हैं कि इन 10 गाँवों से 21 शिकायत पत्र आवेदित किए गए।

सारणी संख्या–7

शिकायत पत्रों में तीन प्रकार की समस्याओं का उल्लेख किया गया था: ग्रामदान की विचारधारा के अनुमोदन को अस्वीकार करना। (3 गाँवों से 6 शिकायतें); संप्रेषण में धोखेबाजी (3 गाँवों से 4 शिकायतें) : अपर्याप्त संपेषण (4 गाँवों से 11 शिकायतें)। यह उल्लेखनीय है कि अधिकतर शिकायतें या तो संप्रेषण में की गई धोखेबाजी या फिर अपर्याप्त संप्रेषण के खिलाफ थी। संप्रेषण में की गई धोखेबाजी का एक विशिष्ट उदाहरण यह है कि लोगों का हस्ताक्षर लेते समय यह कहा गया कि इसके बाद उन्हें ऋण मिलेगा। अपर्याप्त संप्रेषण की बात इस तथ्य से प्रकाश में आती है कि ग्रामीणों को ग्रामदान अपनाने के बाद इसके वैधानिक नियमों के बारे में नहीं बताया गया। निष्कर्षत: हम यह कह सकते हैं कि ग्रामीणों को फर्जी और अपर्याप्त संप्रेषण के द्वारा ग्रामदान के जाल में फँसाया गया।[7]

बहुसंख्य ग्रामीणों ने सर्वोदय कार्यकर्ताओं को किसी भी व्यक्तिगत स्वार्थ से प्रेरित होने की बात को नकार दिया। साक्षात्कार देने वाले 6 लोगों में 59 प्रतिशत ने सर्वोदय कार्यकर्ताओं को स्वार्थरहित और समाजोद्धारक माना और 29 प्रतिशत ने कहा कि उन्हें इन कार्यकर्ताओं की मंशा का पता नहीं, "सर्वोदय कार्यकर्ता अपनी रोजी–रोटी के लिए काम करते थे।" या "इसे वे अपना कर्तव्य समझते थे। बहुसंख्य लोगों का मानना है कि सर्वोदय कार्यकर्ता व्यक्तिगत तौर पर निष्ठावान और ईमानदार थे।"[8] यह उपरोक्त तथ्य के सापेक्ष विरोधाभासी हो सकता है। वस्तुतः निचले स्तर के सर्वोदय कार्यकर्ताओं ने जो लगन श्रद्धा दिखाई वह ग्रामीण को भूमि और अन्य वस्तुएं दान करने और सर्वोदय की विचारधारा को अपनाने हेतु प्रेरित करने के लिए पर्याप्त नहीं था। यह विशेष रूप से महत्वपूर्ण और उल्लेखनीय है कि सर्वोदय आंदोलन ने जिस जीवनशैली और जिन विचारों को अपनाया, वह बहुत हद तक

TABLE 7

Complaints Received Objecting to *Gramdan* (Four Tehsils)

S. No. (Villages)	*No. of complaints received*	*Reasons Stated*	*To pers*
1	2	Do not subscribe to *Gramdan* ideology	
2	3	-do-	
3	1	-do-	
4	1	Signatures collected through fradulent communication.	
5	1	-do-	
6	2	-do-	
7	3	Inadequate communication	
8	2	-do-	
9	3	-do-	
10	3	-do-	

स्वदेशी था और इसके साथ–साथ संप्रेषण का माध्यम भी भारतीय था। इन सबके बावजूद हमारे पास ऐसे उपयुक्त प्रमाण नहीं जो यह सिद्ध कर सकें कि लोगों ने सर्वोदय की विचारधारा को अपनाया।

ज्यादातर ग्रामीणों ने विनोबा को एक संत माना। संत एक ऐसा व्यक्ति होता है, जो अध्यात्मकवादी और गैर–उपभोक्तावादी उपदेश देता है, परंतु ग्रामदान की मूलोन्मुखता सांसारिकता की ओर थी। इसके साथ–साथ आंदोलन की विचारधारा भौतिक साधनों पर व्यक्तिगत स्वामित्व का विरोध करती है और यह कहती है कि इस संसार में शोषण का कारण है। नेताओं द्वारा अपील करने और जनता द्वारा स्वीकार करने के बावजूद आंदोलन के उद्देश्य न तो लौकिक थे और ना ही अलौकिक और इसलिए इसे अस्वीकारा गया। आंदोलन का एक सबसे बड़ा विरोधाभास आत्म–पराजय रहा।

निष्कर्ष

सभी गाँवों में भूदान–ग्रामदान आंदोलन की जानकारी मौखिक संप्रेषण के द्वारा दी गई। संप्रेषण के एजेंट स्थानीय सर्वोदय कार्यकर्ता या ग्रामीण नेता थे। आंदोलन के विचारों को अनौपचारिक ढंग से संप्रेषित किया गया जो भारतीय सामाजिक वातावारण के अनुकूल था। यद्यपि, पदयात्रा के दौरान संप्रेषण के एजेंटों और जनता के बीच सीधा संपर्क स्थापित होता था, फिर वैचारिक संप्रेषण का समय इतना पर्याप्त नहीं था कि जनता आंदोलन के विचारों को भली–भांति समझ सके और उसे अपना सके। इसके साथ ही जहाँ एक ओर जनता विनोबा की प्रतिभाशाली अपील से प्रभावित थी, वहीं स्थानीय नेताओं ने उनके विचारों को जनता तक पहुँचाया। विचारों के इस कृमिक या लंबवत प्रवाह के कारण मूल विचारों को कुछ हद तक विकृत ढंग से जनता तक पहुँचाया गया। यहां इन कारणों से जनता आंदोलन का अर्थ ठीक ढंग से नहीं समझ पाई। इसके बावजूद लोगों ने स्थानीय

नेताओं के संप्रेषण से प्रेरित और प्रभावित होकर अपनी भूमि दान की। ग्रामदान गाँवों के ग्रामीणों से कई प्रकार के भौतिक लाभों और अतिरिक्त भूमि को दिलाने का वायदा किया गया। दूसरी ओर गलत और झूठे संप्रेषण के द्वारा जनता को गुमराह किया गया और जबरदस्ती ग्रामदान को अपनाने के लिए कहा गया। अतः विचारों का संप्रेषण अपर्याप्त और अप्रभावी था जबकि स्थानीय नेताओं द्वारा संप्रेषण के लिए अपनायी गई कार्यपद्धति आंदोलन के सिद्धांतों के विपरीत थी। एक ओर तो ग्रामीण जनता ने विनोबा की प्रतिभाशाली अपील से प्रभावित होकर उन्हें संत माना, तो वहीं उनके द्वारा प्रस्तावित विचारों (गैर–भौतिक आनंद) को उन्होंने अस्वीकार कर दिया। इस मत को स्वीकार करने के लिए सिर्फ यह आवश्यक है कि हम ग्रामदान गाँवों की अर्थव्यवस्था में हुए परिवर्तन को जान लें।

नोट्स

1. विनोबा ने डॉक्टरी सलाह पर 1966 में कभी कभार कार में घूमना शुरु किया। 1952 से लेकर इस समय तक वे एक जगह से दूसरी जगह खुद चलकर जाते रहे।
2. उदाहरण के लिए 1964 में भूदान योजना (हिंदी में) शुरु की गई। 1956 से भूदान भी अँग्रेजी में छपने लगी। इन साप्ताहिक पत्रिकाओं के अलावा 1957 में ग्रामदान नाम से एक अलग पत्रिका छपने लगी। ये पत्रिकाऐं भूदान–ग्रामदान आंदोलन की प्रगति की खबर छापने को तो कृतसंकल्प थी ही, इसके अलावा सर्वोदय और गाँधी मार्ग जैसी पत्रिकाऐं आंदोलन को मौलिक विचारों और दर्शन को प्रचारित करने का प्रयास कर रही थीं।
3. मेरटॉन भारत के संदर्भ में 'ओपिनियन नेताओं' के बारे में इस प्रकार बताते हैं। ओपिनियन नेता समाज के ऐसे प्रभावशाली व्यक्ति होते हैं जो आम जनता और किसी व्यक्ति विशेष के बीच मध्यस्थता का काम करते हैं। उनके अनुसार इन नेताओं पर आम जनता का काफी प्रभाव होता है जिसे वे अपने ऊपर के नेताओं तक पहुँचाते हैं। स्पष्टतः वैचारिक आदान–प्रदान की इस प्रक्रिया में वे आम जनता को प्रभावित कर जाते हैं। हमारा मानना है कि उन समाजों में भी जहाँ साक्षरता बहुत कम है और इस कारण वहाँ मास मीडिया

अप्रभावी होती है, ये ओपिनियन नेतागण काम करते हैं। जब विचारों को मौखिक रूप से संप्रेषित किया जाता है तो केवल प्रबुद्ध लोग ही उसे समझ पाते हैं और उसे जनता के बीच प्रचारित कर पाते हैं। यदि बाह्य स्रोतों द्वारा किसी को विकृत या अधूरी जानकारी प्राप्त हो जाती है तो ये लोग इसे दूर करते हैं। 'स्थानीय' और 'सार्वभौमिक' नेताओं के बीच मेराटॉन ने जो अंतर स्पष्ट किया है ये भिन्न समाजों और भिन्न–भिन्न स्तरो पर कार्यरत रहते हैं। हमारे लिए काफी उपयोगी है। ग्रामीण भारत के संदर्भ में ओपिनियन नेता प्रायः स्थानीय स्तर पर कार्यरत रहते हैं। इन विचारों के विस्तृत विवरण के लिए आर.के.मेराटॉन की "Patterns of infuerce: A study of inter-personal influence and Communication behauiour un a local Community" जो पी.एफ. लाजाराफेल्ड द्वारा लिखित है, Communication Research, न्यूयॉर्क, हार्पर ऐंड ब्रोस, 1949, देखें।

4. भारत में सामान्यतः जो संप्रेषण के विस्तार की परंपरा है, उसके सापेक्ष यह एक आश्चर्यजनक किंतु सुखद स्थिति है। जैसे– सामुदायिक विकास कार्यक्रम के अंतर्गत आनेवाले गाँवों के लगभग 50 प्रतिशत लोगों को यह पता नहीं था कि उनके गाँव में एक परियोजना चलायी जा रही है। भारत में होने वाले इस अपर्याप्त संप्रेषण की विस्तृत जानकारी के लिए देखें ए.सी. दूबे की "Indias changing villages, London Routledge and Kegar Poul, 1958, especially pp. 113-114."

5. दामले (Damle) के अनुसार सामान्यतः गाँव के संभ्रांत लोग ही राष्ट्रीय राजनेताओं के बारे में जानते हैं। देखें Y.B. Damle, Communication of Modern ideas and Knowledge en Indian Villages, M.I.T., Massachusetts, 1955 (The setuation- in Gramdan, Villages sllm to be happier)

6. सावधान का एक शब्द यहाँ पर जोड़ना आवश्यक है। अध्याय– II में हमने उल्लेख किया है कि सर्वोदय की सामाजिक व्यवस्था में समूह को व्यक्ति के समक्ष प्राथमिकता प्राप्त होती है। इस परिस्थिति में, यह विचारधारा के बारे में जाने। अब तक यह स्पष्ट हो चुका है कि परिवार प्रमुखों द्वारा सर्वोदय की परिकल्पना को जानने की बात ज्यादा महत्व नहीं रखती। सर्वोदय की विचारधारा जहाँ व्यक्ति के ऊपर समूह को महत्वपूर्ण मानती है, वहीं यह समुदाय द्वारा निर्णय लेने की प्रक्रिया में सभी व्यक्तियों की सक्रिय भागीदारी पर जोर देती है। अतः यदि किसी गाँव को ग्रामदान की विचारधारा अपनानी हो तो सभी व्यस्कों को इसकी जानकारी होनी चाहिए और इसके साथ–साथ उन्हें अपना मत प्रस्तुत करने का भी मौका मिलना चाहिए। सर्वोदय की विचारधारा के इस पक्ष को मान्यता देने के लिए इस तथ्य की समीक्षा की

जानी चाहिए कि ग्रामदान गाँवों के वयस्कों में इस विचारधारा की कितनी समझ थी और इसलिए संप्रेषण की कार्यपद्धति की समीक्षा आवश्यक हो जाती है। वास्तव में हमने अपनी समीक्षा को वयस्कों के एक विशेष समूह अर्थात परिवार प्रमुखों तक ही सीमित रखा है। यह स्थिति अंततः समस्यापूर्ण हो जाती है क्योंकि वयस्कों का यह समूह भी आंदोलन और इसकी विचारधारा से अपरिचित है।

7. यहाँ यह वर्णन करना काफी रोचक होगा कि विनोबा दानकर्ताओं के उद्देश्यों के बारे में क्या सोचते थे वे लिखते हैं "..... ऐसा कोई कारण नहीं जिससे कि दानकर्ताओं को पाखंडी कहा जाये।" इसका आशय यह हुआ कि लगभग सभी लोगों ने स्वेच्छा से दान किया था। विनोबा यहाँ प्रत्येक दानकर्ता से व्यक्तिगत घनिष्ठता बनाये रखना चाहते हैं। कोई आदमी पूर्णतः आश्वस्त नहीं हो सकता कि जनसमूह को सिर्फ संबोधित करके यह कार्य कैसे किया जा सकता है। और यह भी कि प्रत्येक दानकर्ता पूर्णतः सोच–विचार कर अपनी संपत्ति दान करे। वे लिखते हैं, "मैं इस बात से संतुष्ट हूँ कि लोग बिना किसी दबाव के और पूरी तरह से सोच विचार करके दानकार्य कर रहे हैं...." हमारे अध्ययन के अनुसार ऐसा कोई प्रमाण नहीं जो यह सिद्ध कर सके कि दानकर्ताओं ने भली–भांति सोच–विचार कर और बिना किसी दबाव के दान किया हो। इस संदर्भ में विनोबा के विचार जानने के लिए देखें– विनोबा भावे, भूदान योजना, अहमदाबाद, नवजीवन पब्लिशिंग हाउस, 1953, पेज 9 और 72।

8. यह इस बात को खारिज करता है कि आंदोलन अपर्याप्त संप्रेषण के कारण असफल रहा। देखें– सच्चिदानंद, Sarvodaya in a Communist State, बंबई, पॉपुलर प्रकाशन, 1964.

अध्याय–5

ग्रामदानः गाँवों में आर्थिक परिवर्तन

भूदान–ग्रामदान आंदोलन में एक ऐसी अहिंसक अर्थव्यवस्था की कल्पना की गई थी जो पूर्ण रूप से शोषण मुक्त हो यह कल्पित अर्थव्यवस्था कृषि प्रधान थी और इसमें लघु उद्योगों तथा करघा उद्योग को भी उचित महत्व दिया गया था। समाज में बिचौलियों के शोषण को रोकने के लिए सहकारी संस्थाओं की स्थापना तथा अर्थव्यवस्था को संतुलित करने के उद्देश्य से ग्रामीण लघु उद्योगों और करघा उद्योगों को प्रश्रय देने की बात कही गई। इस अध्याय में हम ग्रामदान के आर्थिक क्षेत्र में हुए परिवर्तनों का मूल्यांकन करेंगे।

कुछ वैचारिक स्पष्टीकरण

यह आवश्यक है कि हम कुछ वैचारिक स्पष्टीकरणों से शुरुआत करें।[1] 'भूमि सुधार' और "कृषि व्यवस्था संबंधी सुधार" जो कि "भूमि के पुनर्वितरण के पर्याप हैं, इस कार्य को आवश्यक बनाते हैं। ऐतिहासिक रूप से भूमि सुधार भूमि के स्वामित्व की अवधि में परिवर्तन को रेखांकित करता है। यह भूमि के स्वामित्व में परिवर्तन हो सकता है, भू–स्वामी से पट्टेदार को भूमि का स्थानांतरण हो सकता है, सार्वजनिक स्वामित्व से निजी स्वामित्व में परिवर्तन हो सकता है, व्यक्तिगत स्वामित्व में परिवर्तन हो सकता है या फिर इन सबका उल्टा भी हो

सकता है। कृषि व्यवस्था संबंधी सुधारों का मतलब भूमि के पट्टे की अवधि में परिवर्तन के अलावा अन्य परिवर्तनों से भी है। इसे इस प्रकार पारिभाषित किया जा सकता है, ".... कृषि व्यवस्था के एक या कई क्षेत्रों में होने वाले त्वरित सुधारों को और सामान्यतः दो क्षेत्रों में सुधारः पट्टे की अवधि में सुधार और भूमि सुधार जिसमें कृषि व्यवस्था संबंधित अन्य सुधार हों।"[2]

ग्रामदान के द्वारा व्यक्तिगत स्वामित्व की जगह सामूहिक स्वामित्व का प्रयास किया जाताा है। यह भूमि सुधार के दिशा में परिवार द्वारा खेती करने की बजाय सामूहिक या सहकारी खेती पर जोर देता है। अतः वर्तमान संदर्भ में 'कृषि व्यवस्था संबंधी सुधार की शब्द अपेक्षाकृत अधिक उपयुक्त है।

अगर, हम 'कृषि व्यवस्था संबंधी सुधार' पद पर और विस्तृत संदर्भ में विचार करें, तो इसमें सामंतवाद क़ा अंत भी सम्मिलित हो जायेगा किंतु भूमि सुधार का दायरा इतना संकुचित होता है कि इसमें समाज के मूलभूत ढांचे में होने वाले इस परिवर्तन को सीमांकित नहीं किया जा सकता। सामंतवादी व्यवस्था में किसान परंपरागत ढंग से जमींदारों के अधीन काम करने को बाध्य होते हैं और लोक–कल्याण या सामाजिक विकास का कार्य जमींदारों के विवेक पर निर्भर करता है। भूमि के पट्टे की अवधि में परिवर्तन या भूमि पुनर्वितरण न तो सामंतवादी व्यवस्था के उन्मूलन पर आश्रित है और न ही इसका यह मतलब है। यहाँ इस बात का एक बार फिर ज़िक्र करना महत्वपूर्ण है कि भूदान–ग्रामदान आंदोलन की शुरुआत तेलंगाना के किसानों के हिंसक संघर्ष के बाद हुई (देखें अध्याय–II) जिसमें किसानों ने (राजनीतिक रूप से प्रेरित होकर) उस कुख्यात अर्द्धसामंती व्यवस्था[3] के विरुद्ध विद्रोह किया जो तत्कालीन हैदराबाद रियासत में प्रचलित थी। ग्रामदान आंदोलन में धनी लोगों से भूमिहीनों के लिए कुछ भूमि

की व्यवस्था कराने को प्राथमिकता इस आशा के साथ दी गई की भूमि पर स्वामित्व भूमि जोतने वाले का हो। अतः, इस दृष्टि से भी 'कृषि व्यवस्था संबंधी सुधार' की शब्दावली ज्यादा उपयुक्त होगी।

अंततः भूमि के सामूहिक स्वामित्व और सहकारी खेती को स्थायित्व प्रदान करने के लिए एक विश्वस्त संस्थागत व्यवस्था की आवश्यकता होती है। ऋण की समस्या भारतीय किसानों के लिये एक बड़ी समस्या है। यहाँ गाँव के साहूकार ऋण के परंपरागत स्रोत होते हैं, जो किसानों से सूद लेते हैं। इन परिस्थितियों में ग्रामीण किसानों को साहूकारों के चंगुल से छुड़ाने के लिए ग्रामीण सहकारी संस्थाओं की स्थापना एक दूरगामी कदम होगा। जब गाँवों में सहकारी आंदोलन जोर पकड़ेगा, तो आशा की जाती है कि ग्रामदान गाँवों के सभी परिवार इसके सदस्य के रूप में अपना पंजीयन कराएंगे। ऐसी स्थिति में ग्रामदान गाँवों में सहकारी संस्थाओं की स्थापना, विकास और स्थायित्व की संभावना काफी बढ़ जाती है। अतः कृषि संबंधी सुधारों पर हमारा विश्लेषण तीन क्षेत्रों पर केंद्रित होगा– भूमि सुधार, भू–स्वामित्व सुधार और संगठनात्मक सुधार।

भूमि सुधार

यद्यपि ग्रामदान गाँवों में भूमि पर सामूहिक स्वामित्व माना जाता है, परंतु अभी भी भूमि पर स्वामित्व और खेती व्यक्ति विशेष द्वारा ही की जाती है। ग्रामदान गाँवों में भूमि के केंद्रियकरण के होने या न होने की सापेक्षिक समीक्षा करने के लिए हम प्रायोगिक (ग्रामदान) और नियंत्रित गाँवों के बीच एक व्यवस्थित ढंग से तुलना करने का प्रयास करेंगे। जैसा कि हमने पहले ही उल्लेख कर रखा है कि हमने नमूने के तौर पर जिन गाँवों का चयन किया है, वे भूमि के प्रकार और जोतों के आकार के आधार पर राजस्थान के तीन विभिन्न क्षेत्रों में अवस्थित हैं।[4]

सारणी संख्या–8 के आँकड़ों से प्राप्त साक्ष्यों के आधार पर प्रायोगिक और नियंत्रित गाँवों में भूमि व्यवस्था संबंधी महत्वपूर्ण अंतरों का यहाँ उल्लेख किया जा सकता है।[5] क्षेत्रफल के आधार पर नियंत्रित गाँव प्रायोगिक गाँवों से अपेक्षाकृत बड़े हैं। ग्रामदान गाँवों के सापेक्ष नियंत्रित गाँवों का क्षेत्रफल मैदानी भागों में तीन गुणा और शुष्क क्षेत्रों में दो गुणा है। पहाड़ी क्षेत्रों में नियंत्रित और प्रायोगिक गाँवों के क्षेत्रफल में कोई महत्वपूर्ण अंतर नहीं है, परंतु प्रति परिवार जोत की भूमि के क्षेत्रफल में अंतर है। मैदानी भागों में प्रायोगिक गाँवों की तुलना में नियंत्रित गाँवों में प्रति परिवार द्वारा जोती गई भूमि तीन गुनी है जबकि शुष्क भागों में नियंत्रित गाँवों में ग्रामदान गाँवों की अपेक्षा आठ एकड़ अधिक है। दूसरी ओर पर्वतीय क्षेत्र में यह अंतर नगण्य है।

वस्तुतः पर्वतीय ग्रामदान गाँवों में भूमि का यह छोटा आकार, लोगों द्वारा ग्रामदान को अपनाने का एक प्रमुख कारण था।[6] अध्याय–IV में हम यह उल्लेख कर चुके हैं कि लोगों को ग्रामदान अपनाने के लिए प्रेरित करने के लिए भूमि का एक प्रेरक शक्ति के रूप में प्रयोग किया गया। मैदानी और पहाड़ी दोनों भागों में गैर–ग्रामदान गाँवों में ग्रामदान गाँवों की अपेक्षा भूमि की उपलब्धता थोड़ी सी ही अधिक है। यद्यपि शुष्क क्षेत्र के नियंत्रित गाँवों में उच्च वर्ग के लोगों के पास भूमि की उपलब्धता अधिक है किंतु यह स्थिति सर्वव्याप्त नहीं है। इस क्षेत्र के नियंत्रित गाँवों में जहाँ 20 प्रतिशत संपन्न परिवारों के पास 50.6 प्रतिशत भूमि है। वहीं ग्रामदान गाँवों में इतनी ही संपन्न परिवारों के पास 45.3 प्रतिशत भूमि है। दूसरी ओर ग्रामदान गाँवों में 80 प्रतिशत के पास 99.3 प्रतिशत भूमि है तो गैर–ग्रामदान गाँवों में इतने ही परिवारों के पास 97.2 प्रतिशत भूमि है। सामान्यतः यह कहा जा सकता है कि भूमि के उपलब्धता की व्यवस्था के आधार पर ग्रामदान

और गैर–ग्रामदान गाँवों में कोई खास अंतर नहीं है। दोनों प्रकार के मामलों में 20 प्रतिशत गरीब परिवार या भूमिहीन हैं या उनके पास बहुत थोड़ी सी भूमि है।

यद्यपि प्रायोगिक और नियंत्रित गाँवों में भूमि की उपलब्धता में कोई खास अंतर है, फिर भी तथ्य की जाँच की जानी चाहिए कि क्या ग्रामदान के कारण यह नगण्य अंतर पाया गया। यह पहले चर्चा की जा चुकी है कि जिन चार ग्रामदान गाँवों का अध्ययन किया गया, उनमें से सिर्फ एक गाँव भूदानपुरा को छोड़कर किसी अन्य गाँव में भूमि की उपलब्धता में असमानता को कम करने का प्रयास नहीं किया गया। भूदानपुरा चूंकि एक नई बसाई गई बस्ती थी जहाँ भूमि के पुनर्वितरण में कमोवेश सामानता बरती गई। यहाँ सभी को 7 से 9 एकड़ भूमि दी गई। रघुपुरा में भूमि की उपलब्धता में अंतर को कम करने के लिए कोई प्रयास नहीं किया गया और वहाँ किसी भी भूमिहीन को भूमि वितरित नहीं की गई। यहाँ तक कि दूसरे गाँवों द्वारा दी गई कृषि के अनुपयुक्त भूमि को भी भूमिहीनों को नहीं दिया गया। (नीचे देखें) । सुकपुरा और इंद्रपुरा में भूमिहीनों को भूमि देने के कुछ प्रयास किए गए। जिसे व्यवस्थित ढंग से अपनाया गया। हम इन गाँवों में भूमि के पुनर्वितरण पर एक विश्लेषण प्रस्तुत कर रहे हैं।

सुकपूरा

ग्राम प्रतिज्ञा के द्वारा सुकपुरा को ग्रामदान घोषित किए जाने के कुछ महीनों बाद सर्वोदय कार्यकर्ताओं ने प्रत्येक किसान को भूमि देने का काम शुरु किया। मोटा–मोटी तौर पर ग्रामदान अपनाने के पहले प्रत्येक परिवार के साथ जो भूमि थी, यह यथावत बनी रही। भूमि की अदला–बदली के कुछ मामले निम्नांकित हैं–

TABLE 8

Concentration of Land in Experimental and Control Villages: A Comparative Study

Region	*Experimental (Gramdan) Villages*				*Control (Non-Gramdan) Villages*			
	Households %	*Population* %	*Land held* %	*Average holding per household (in acres)*	*Households* %	*Population* %	*Land held* %	*Average holding per household (in acres)*
Plain	10	10.4	27.2	9.46	10	15.3	35.4	28.16
	20	22.2	45.7	7.92	20	24.2	59.0	25.60
	40	48.2	68.8	5·93	40	46.1	89.9	19.54
	60	66.6	83.8	5.83	60	66.1	97.7	14.15
	80	84.2	95.4	4.11	80	78	100	11.66
	100(51)	100(356)	100(174)	3.45	100(55)	100(290)	100(478)	11.66
Arid	10	13	27.7	88.83	10	14.5	31.6	126.55
	20	23.4	45.4	72.83	20	25.9	50.6	101.27
	40	46.8	73.9	56.90	40	46.0	74.4	74.41
	60	62.1	90.3	46.97	60	66.1	88.5	59.03
	80	86.4	99.3	38.21	80	86.1	97.2	47.94
	100(64)	100(436)	100(1924)	31.03	100(91)	100(556)	100(3600)	39.56
Highland	10	12.5	24.8	5.01	10	11.4	25.8	5.43
	20	24.0	37.6	4.14	20	22.8	45.5	4.44
	40	42.95	61.1	3.37	40	41.2	69.4	3.55
	60	61.2	80.2	2.94	60	65.4	87.0	2.90
	80	81.7	91.7	2.52	80	81.5	98.6	2.49
	100(55)	100(312)	100(121)	2.20	100(72)	100(488)	100(147)	2.04

सारणी–8

I. पुशा नाम के एक जाट ने एक अछूत मोची (चमार) जगमल को 2 एकड़ भूमि दी। सर्वोदय कार्यकर्ताओं द्वारा पूछने पर जगमल ने कहा, मैं दो एकड़ भूमि से संतुष्ट हूँ "मैं सुकपुरा का मोची हूँ। मैं समझता हूँ कि यह मेरे जीवन–यापन के लिए पर्याप्त है।"

जगमल का यह उत्तर सर्वोदय कार्यकर्ताओं के लिए संतोषप्रद था। परंतु हमारे शोध के दौरान यह रहस्य पता चलता है कि जगमल ने दबाव में आकर और किसी के द्वारा गंभीर चेतावनी देने के कारण ऐसा किया। पुशा ने उसे दो एकड़ भूमि का लालच देकर उससे आठ एकड़ जमीन खरीद ली। पुशा को लगा कि यदि भूमि पर ग्राम सभा का अधिकार रहा तो भूमि का इस प्रकार हस्तांतरण वैधानिक रूप से संभव नहीं होगा।[7] इस प्रकार पुशा ने जगमल से आठ एकड़ भूमि खरीदी। जगमल दस एकड़ भूमि चाहता था और उसे यह दो एकड़ ही मिली।

पुशा द्वारा किए गए भूमि के इस हस्तांतरण से गाँव में विरोधाभास उत्पन्न हो गया। परंतु ग्रामीण विधायिका में उसकी अच्छी पैरवी होने के कारण उसे इसका लाभ मिला। यह गाँव के एक दबंग जाट खानदान से था और उसका बड़ा भाई गाँव का एक पटेल था। फिर ग्राम सभा का प्रमुख उसकी साली का पति था। इन संबंधों के कारण वह इस मुद्दे को दबा देने में सफल रहा।

फिर भी ग्राम स्तर के सर्वोदय कार्यकर्ता (ग्रामसेवक) ने इस बात की सूचना जिला और राज्य स्तर के सर्वोदय अधिकारियों को दी थी इन स्तरों पर मतभेद के कारण उसने अखिल भारतीय स्तर के सर्वोदय कार्यकर्ताओं का काशी में

स्थित संगठन, अखिल भारतीय सर्व सेवा संघ में इस मामले को भेजा। अखिल भारतीय सर्व सेवा की इस पर प्रतिक्रिया ठीक सरकारी नौकरशाही के समान हुई। ग्रामसेवक को यह सूचना दी गई कि इस मामले में कार्रवाई के लिए राजस्थान सर्व सेवा संघ को आदेश दिया गया है। राजस्थान सर्व सेवा संघ ने कार्रवाई के लिए जिला सर्वोदय मंडल को आदेश दिया। इस मामले में ए.बी.एस.एस. के समक्ष उठाने के लिए आर.एस.एस. और जिला सर्वोदय अधिकारियों की फटकार सुननी पड़ी और अंततः कोई कार्रवाई नहीं हुई।

II. किशन सिंह नामक एक राजपूत ने पाँच दलित परिवारों (नाईक) में 10 एकड़ भूमि (प्रत्येक को पाँच एकड़) दान की। हमारे परीक्षण के दौरान यह पता चला कि दान की गई इस भूमि पर किशन सिंह का स्वामित्व विवादास्पद था। इसी पर दो और राजपूत परिवार अपना दावा करते थे। बाद में यह पता चला कि जिन लोगों को यह भूमि दान की गई, वे कुछ वर्ष पहले से इसे जोतते थे। जहाँ राजपूत इस बात पर जोते थे कि उन्होंने अपनी भूमि ग्रामदान से प्रेरित होकर दान की है, वहीं नाईक इसे यह कहकर भूमिदान नहीं मानते थे कि वे इस भूमि पर पहले से खेती करते थे। भूमि के इस आबंटन में भूमिहीनता को कहीं भी मापदंड नहीं बनाया गया। जिन पाँच परिवारों को भूमि आबंटित की गई, उनमें से दो के पास अपनी खुद की जमीन थी, जबकि बारह नाईक परिवारों से छह एकदम भूमिहीन थे। राजपूतों द्वारा वितरित की गई इस भूमि के पीछे उनका उद्देश्य सहायता करना नहीं था, बल्कि उन्होंने यह सोचकर यह कार्य किया कि वे इस भूमि पर अपना दावा नहीं रख सकते।

III. लकमा नाम के जाट ने अपने साले खिया को 12 एकड़ भूमि दान की। खिया ग्रामदान आंदोलन के पहले से ही इस भूमि पर खेती कर रहा था परंतु पास के किसी अन्य गाँव में रहता था। परंतु ग्रामदान के बाद उसे इस गाँव में बसाया गया और ग्राम सभा द्वारा उसे यह भूमि आबंटित की गई। यह उदाहरण यह सिद्ध करता है कि भूदान किस प्रकार अर्थहीन रहा। आंदोलन में इस प्रकार की छूट दी गई थी कि दानकर्ता खुद प्राप्तकर्ता का चयन कर सकता है।

IV. जगन्नाथ, जो कि सुकपुरा का एक जाट था, गाँव छोड़कर जिला मुख्यालय में जा बसा। जब गाँव में ग्रामदान अपनाया गया, तो वह गाँव में नहीं था और उससे संपर्क नहीं किया जा सकता। गाँव में उसके पास आठ एकड़ भूमि थी जिसे उसने अपने चचेरे भाई के हाथों 400 रुपये में बेच दी। फिर सर्वोदय कार्यकर्ताओं ने इसे भूमि दान माना।

V. ओम सिंह नामक एक राजपूत ने अपने रिश्ते के एक भाई को 6 एकड़ भूमि दान दी। उसके पास भाई भेरू सिंह के पास गाँव में सिर्फ दो एकड़ भूमि थी, जबकि उसके पास पाँच मील की दूरी के भीतर स्थित दो गैर–ग्रामदान गाँवों में 160 एकड़ जमीन थी।

सुकपुरा में ग्रामदान के दरम्यान यही पाँच भूमि हस्तांतरण के मामले थे। यहाँ इस भूमि हस्तांतरण का अर्थपूर्ण विश्लेषण करना काफी रोचक होगा।

पहले मामले से यह स्पष्ट होता है कि किस प्रकार संभ्रांतों द्वारा अपने व्यक्तिगत स्वार्थों की पूर्ति हेतु कमजोर वर्ग के लोगों को मौन रहने के लिए मजबूर किया गया सतही तौर पर सर्वोक्षण करने वाले लोगों को यहाँ लगता है कि धनी लोग 'उदार' हैं और गरीब 'संतोषी'

हैं। ये उदाहरण इस भ्रांति को खारिज करते हैं कि भारतीय ग्रामीण समाज में उच्च वर्गों की उपेक्षा निम्न वर्गों में आकांक्षा का स्तर निम्न है। आंदोलन द्वारा उद्घोषित यह सिद्धांत कि 'इच्छाओं पर स्वैच्छिक नियंत्रण' के संदर्भ में यह बात और महत्वपूर्ण हो जाती है। यह उदाहरण गरीबों के प्रति धनी लोगों के विचारों और गरीबी के संरक्षण हेतु उनके सामार्थ्य को स्पष्ट करता है। फिर भी हमारी सूचनाओं से इन तर्कों का विरोधाभास प्रदर्शित होता है। भूमि दान के दूसरे मामले से लोगों में विवादस्पद भूमि को दान करने की प्रवृति और दान कार्य के द्वारा अपेक्षित लोगों की सहायता की भावना के अभाव का पता चलता है। तीसरे मामले द्वारा यह पता चलता है कि अपने सगे–संबंधियों को किस प्रकार भूमि दान की गई और दानकर्ता को प्राप्तकर्ता चुनने का अधिकार देने के क्या गलत परिणाम हुए। चौथे मामले में ग्रामदान द्वारा प्रगतिशीलता का विरोध करने तथ्य स्पष्ट होता है। जब कोई व्यक्ति गाँव छोड़ना चाहता है तो यह समस्या उत्पन्न होती है कि यदि ग्रामसभा उसके हिस्से की जमीन नहीं खरीद सकती और तब यह किसी दूसरे व्यक्ति को भी इसे खरीदने की अनुमति नहीं दे तो क्या यह उस व्यक्ति के साथ जबरदस्ती नहीं है? दूसरी ओर यदि किसी व्यक्ति को अपने इच्छित व्यक्ति के हाथों अपनी जमीन बेचने का अधिकार नहीं दिया जाये, तो क्या यह स्वतंत्र भारत के संविधान द्वारा भारतीय नागरिकों को दिए गए मौलिक अधिकारों का अतिक्रमण नहीं है? ये समस्याएं काफी गंभीर हैं। हमारे वर्तमान अध्ययन का उद्देश्य इन समस्याओं को प्रकाशित करना है। यह मामला भूमि की सामूहिक स्वामित्व की वैधता के कुछ दोषों को भी प्रकाशित करता है। ग्रामदान गाँवों में प्रचलित भूव्यवस्था (ग्रामसभा द्वारा) में भूमि की खरीद–बिक्री नहीं हो सकती। यह शर्त किसी भी ग्रामीण को गाँव छोड़कर जाने या किसी बाहरी व्यक्ति को गाँव में आकर बसने से पूर्णतः रोकती है। इसके बावजूद यदि ग्रामदान गाँवों

की संख्या में उत्तरोतर वृद्धि होगी तो यह संकीर्णता भारत के भावी औद्योगिकरण के विपरीत होगी। इस प्रकार भूमि की खरीद–फरोख्त को निषेधित करने से देहातीकरण की स्थायित्व बरकरार रहेगा और शहरीकरण प्रतिबंधित होगा।[9] पाँचवा मामला दो समस्याओं को उजागर करता है। तीसरे मामले की तरह यहाँ भी यह बात सिद्ध होती है कि यदि कोई व्यक्ति चाहे तो अपनी जमीन को अपने किसी निकट संबंधी को हस्तांरित करके उसका वास्तविक मालिक बना रह सकता है। दूसरी समस्या यह है कि यदि कोई ऐसा व्यक्ति जिसके पास किसी ग्रामदान गाँव में बहुत थोड़ी सी जमीन है, अपनी इस थोड़ी सी जमीन को दान करके दूसरे गैर–ग्रामदान गाँवों में स्थित अपनी जमीन का मालिक बना रह सकता है। ये सब सिर्फ इसी गाँव में कुछ व्यक्तियों के साथ नहीं हुआ बल्कि ऐसी घटनाएं बहुत से दूसरे ग्रामदान गाँवों में भी घटित हुई (इसका विवरण आगे है)।

हम यह पहले ही बता चुके हैं कि सुकपुरा में बहुत थोड़ी सी भूमि का हस्तांतरण हुआ और भूमि हस्तांतरण के सभी मामले दोषपूर्ण थे हमारे आँकड़ों से इस बात का भी प्रमाण मिलता है उच्च जाति के लोगों के पास इस गाँव में बहुत अधिक भूमि थी। चूंकि जाति और वर्ग में बहुत अंतर नहीं है, अतः भूस्वामी उच्च वर्ग के ही लोग थे।

सुकपुरा मे जातिगत आधार पर भूमि की उपलब्धता को सारणी संख्या–9 में दर्शाया गया है। राजपूतों और ब्राह्मणों के प्रति व्यक्ति भूमि की उपलब्धता सर्वाधिक है।

जाटों की जनसंख्या इस गाँव में सर्वाधिक होने के साथ–साथ कुल भूमि का सबसे बड़ा भाग उनके नियंत्रण में है। यद्यपि इस समुदाय में प्रति व्यक्ति भूमि की उपलब्धता औसत से थोड़ी ही अधिक है, फिर भी गाँव में यह सबसे सशक्त समुदाय है। चमार और नाईक अछूत हैं और इनके पास भूमि औसत से बहुत ही कम है। नाईकों के

TABLE 9

Caste-wise Distribution of Land in Sukpura after *Gramdan*

S. No.	*Name of the caste*	*No. of households*	*No. of persons*	*Land in acres*		*Total land*	*Land per capita*
				Inside the village	*Outside the village*		
1.	Rajput	9	55	450	281	731	13.29
2.	Brahmin	1	9	46	46	92	10.22
3.	Nai (Barber)	1	8	20	61	81	10.12
4.	Jat	39	297	1386.3	1017.5	2404	8.17
5.	Chamar (Untouchable)	1	3	10.5	Nil	10.5	3.50
6.	Naik (Untouchable)	12	64	11.5	11.5	23	0.35
		63	436	1924	1417	3341	7.66

पास तो भूमि का परिमाण लगभग नगण्य है। सुकपुरा में प्रत्येक परिवार के पास औसतन 31 एकड़ (सारणी सं. – 8) भूमि है और प्रति व्यक्ति भूमि की उपलब्धता 7.66 एकड़ है। इसके बावजूद यहाँ छह नाईक परिवार बिल्कुल ही भूमिहीन हैं। हम यहाँ इस तर्क को प्रकाशित करना चाहते हैं कि सुकपुरा में पर्याप्त भूमि की उपलब्धता के बावजूद भी ग्रामदान के बाद यहाँ भूमिहीनता समाप्त नहीं की जा सकी।

इंद्रपुरा

इंद्रपुरा में भूमि वितरण के कार्य को व्यवस्थित ढंग से अंजाम देने का प्रयास किया गया। इंद्रपुरा में दो प्रकार की भूमि थीः कृषि के उपयुक्त और कृषि के लिए अनुपयुक्त। कृषि योग्य भूमि पर एक साल में दो फसलें उगाई जाती थीं जबकि कृषि के अनुपयुक्त भूमि साल में एक बार ही जोती जाती थी। यहाँ ग्रामदान के बाद जो भूमि का वितरण हुआ, वह कृषि के अनुपयुक्त थीं। सारणी संख्या–10 गाँव में जाति के आधार पर ग्रामदान के पूर्व भूमि के वितरण के आँकड़े दर्शाती है।

सुकपुरा की तरह यहाँ उच्च जाति के लोगों के पास सर्वाधिक भूमि नहीं थीं वस्तुतः प्रति व्यक्ति भूमि की उपलब्धता के आधार पर ब्राह्मणों का स्थान तीसरा और राजपूतों का स्थान पाँचवां था। अहीर और जाट दो कृषक जातियाँ थीं जिनके पास सर्वाधिक भूमि के साथ–साथ सर्वाधिक जनसंख्या भी थी। पेशेवर जातियों जैसे– नाई, कुम्हार आदि के पास भी अपनी भूमि थी। भलाईयों (अछूत) के पास भी 17 एकड़ जमीन थी जो गाँव के बाहर थी परंतु इस पूरी जमीन पर एक ही परिवार का नियंत्रण था और शेष पाँच भलाई परिवार भूमिहीन थे।

TABLE 10

Caste-wise Distribution of Land in Idanpura (Pre-*Gramdan*)

S. No.	*Name of the caste*	*No. of house-holds*	*No. of persons*	*Land in acres* *Inside the village*	*Outside the village*	*Total land*	*Per capita land*
1.	Ahir	24	184	112.27	150.19	262.46	1.42
2.	Jat	2	20	11.04	14.66	25.70	1.28
3.	Brahmin	2	7	7.25	Nil	7.25	1.03
4.	Nai (Barber)	1	7	6.64	1.42	8.07	1.15
5.	Rajput	9	39	29.74	Nil	29.74	0.76
6.	Kumhar (potter)	1	5	3.50	Nil	3.50	0.70
7.	Bahlai (untouchable)	6	40	Nil	17	17	0.42
8.	Khati (carpenter)	6	34	4.0	Nil	4.0	0.11
		51	336	174.44	183.28	357.72	1.06

TABLE 11

Caste-wise Gain/Loss of Land in Idanpura due to *Gramdan*

S. No.	*Caste*	*No. of house-holds*	*Land possessed*		*Net gain/ loss for the caste (in acres)*	*Net gain/ loss per household (in acres)*
			Prior to Gramdan (*in acres*)	*During* Gramdan (*in acres*)		
1.	Ahir	24	262.46	233.46	—29.00	—1.20
2.	Jat	2	25.70	25.70	Nil	Nil
3.	Brahmin	2	7.25	8.75	+1.50	+0.75
4.	Nai	1	8.07	9.07	+1.00	+1.00
5.	Rajput	9	29.74	38.74	+9.00	+1.00
6.	Kumhar	1	3.50	4.50	+1.00	+1.00
7.	Khati	6	4.00	10.00	+6.00	+1.00
8.	Bhalai (untouchable)	6	17.00	27.50	+10.50	+1.75
	Total	51	357.72	357.72	0	0

ग्रामदान के पूर्व के इस भूमि वितरण को दृष्टिगत करते हुए हम ग्रामदान के बाद हुए भूमि के पुनर्वितरण के प्रभावों की समीक्षा करेंगे। सारणी संख्या 11 जातिगत आधार पर भूमि के लाभ या हानि को दर्शाती है। इस कार्य में सिर्फ अहीरों को ही भूमि की हानि हुई। जहाँ ब्राह्मणों को सबसे ज्यादा फायदा हुआ वहीं भलाइयों ने सर्वाधिक भूमि प्राप्त (0.75 एकड़ प्रति परिवार) की दूसरी सभी जातियों को कम से कम एक एकड़ प्रति परिवार के हिसाब से भूमि का फायदा हुआ। यहाँ यह महत्वपूर्ण तथ्य उल्लेखनीय है कि भूमि के पुनर्वितरण में भूमिहीनता को मानदंड नहीं बनाया गया। उदाहरण के लिए नाई परिवार के पास आठ एकड़ भूमि थी और ब्राह्मण, राजपूत और कुम्हार परिवारों के पास औसतन तीन एकड़ से अधिक जमीन थी। खाटी और भलाई दो ऐसी जातियाँ थीं जिन्हें विशेष रूप से सहयोग की आवश्यकता थी यद्यपि भूमि के पुनर्वितरण का प्रयास किया गया, फिर भी समाज में असमानता व्याप्त रही। एक दूसरी समस्या थी कि कुछ लोगों ने जो अपनी भूमि दान की, उसे फिर वापस ले लिया (सारणी संख्या–8 में इस तथ्य के आँकड़े नहीं हैं)।

दानकर्ताओं द्वारा भूमिदान करने के बाद पुनः वापस ले लेने की घटना की समीक्षा हम इंद्रपुरा की समग्र स्थिति का मूल्यांकन करके करेंगे। इंद्रपुरा में भूमि का कुल क्षेत्रफल 272.24 एकड़ था। कृषि योग्य भूमि (106.20 एकड़) और कृषि के अनुपयुक्त भूमि (68.24 एकड़) दोनों ही पर व्यक्तिगत स्वामित्व था, जबकि बंजर भूमि (77.9 एकड़) अवाड़ी भूमि अर्थात् गाँव की सार्वजनिक भूमि (19.81 एकड़) आदि पर सरकार का स्वामित्व रहता था। बंजर भूमि का प्रयोग पूरे गाँव के लोग कब्रिस्तान, चराई की भूमि, ईधन के लिए लकड़ी तोड़ने आदि के लिए करते थे। यह उल्लेखनीय है भूमि अभिलेखें के अनुसार इंद्रपुरा में कोई भी चराई की भूमि नहीं थी। इसकी चर्चा पहले भी हम

कर चुके हैं कि दूसरे गाँव से चराई भूमि प्राप्त होने के लालच ने इस गाँव के लोगों को ग्रामदान अपनाने की प्रेरणा के रूप में काम किया।

जब सर्वोदय कार्यकर्ताओं ने इंद्रपुरावासियों से भूमि दान करने की अपील की तो अहीरों और राजपूतों ने क्रमशः 29 और 12 एकड़ भूमि दान कर सबसे पहले पहल की। राजपूतों का भूमिदान करने के पीछे यह उद्देश्य था कि इस कार्य द्वारा वे अहीरों को भूमि दान के लिए प्रेरित कर सकें। ग्रामीणों द्वारा छींटाकशी करने पर अहीरों ने भी भूदान किया जब भूमि का पुनर्वितरण होने लगा तो राजपूतों को 21 एकड़ भूमि प्राप्त हुई और इस प्रकार उन्हें 9 एकड़ भूमि का लाभ हुआ। 24 अहीर परिवारों में से 11 ने भूमि दान किया: दो परिवारों ने पाँच–पाचँ एकड़, तीन परिवारों ने तीन–तीन एकड़ और छह परिवारों ने डेढ़–डेढ़ एकड़ भूमि दान की। इस प्रकार सिर्फ इन्हीं 11 अहीर परिवारों के लिए ग्रामदान मंहगा पड़ा जबकि दूसरे परिवार या तो लाभान्वित हुए या अप्रभावित रहे।

1958 के पूर्वार्द्ध में (इंद्रपुरा को ग्रामदान घोषित होने के ठीक पहले) इंद्रपुरा में कृषि के अनुपयुक्त 78 एकड़ भूमि में से 65.62 एकड़ भूमि को राजपूतों ने अपने नाम करा लिया। इंद्रपुरा में राजपूतों के दो गुट थे– गणपत गुट और राम नारायण गुट। गणपत गुट ने 37.51 एकड़ और रामनारायण के गुट ने 28.1 एकड़ जमीन अपने नाम करायी। इससे गाँव में एक बड़ी समस्या उत्पन्न हो गई क्योंकि पहले यह भूमि पशु चराई के लिए उपयोग में लाई जाती थी।

यद्यपि राजपूतों ने 1958 में यह भूमि अपने लिए आबंटित करा ली थी परंतु 1963 तक उन्होंने इस पर खेती करनी नहीं शुरू की थी। इस बीच सर्वोदय कार्यकर्ताओं और ग्राम सभा द्वारा राजपूतों को इस बात के लिए मनाने के कई असफल प्रयास किए गए कि वे इस भूमि को पशुओं की चराई के लिए छोड़ दें। रामनारायण के गुट ने यह

आश्वासन दिया कि वे इस भूमि को तब छोड़ देंगे जब गणपुत का गुट भी ऐसा करे। परंतु गणपत गुट ने इन प्रस्तावों पर ध्यान नहीं दिया। ग्रामसभा ने इस गुट के समक्ष यह 37 एकड़ भूमि लौटाने के बदले वर्ष में एक फसल उगाने के योग्य 15 एकड़ भूमि देने का प्रस्ताव रखा, परंतु यह प्रस्ताव भी गणपत गुट को प्रभावित नहीं कर सका। 1963 में गणपत ने यह निर्णय लिया कि यह कृषि के अनुपयुक्त इस 24 एकड़ भूमि को खेती करने के लिए दे देगा। इसके साथ उसने यह शर्त रखी कि गाँव के सशक्त गुट के लोगों को इस पर खेती नहीं करने दी जायेगी। इस शर्त के पक्ष में उसे उन आठ अहीर परिवारों का भी समर्थन प्राप्त था जो इस 24 एकड़ जमीन में हिस्सेदार थे। इस प्रस्ताव को रामनारायण गुट ने भी स्वीकार कर लिया।

इस भूमि पर खेती करने के सवाल पर इंद्रपुरा में तनाव उत्पन्न हो गया। वाक्‌युद्ध से लेकर मार–पीट तक की कई घटनाएं हुईं। इसे शांत करने के लिए धर्म की दुहाई देकर भी अपीलें की गईं। 20 जुलाई, 1963 को ग्राम सभा की बैठक में लोगों ने यह कहाः "जो लोग पशुओं को इस भूमि पर चरने से रोकते हैं, वे सही अर्थों में हिंदू धर्म के दुश्मन हैं। गणपत और उसके साथियों पर ना तो मार–पीट का और ना ही धार्मिक अपीलों का असर पड़ा और उन्होंने इस गैर कृषि योग्य भूमि पर खेती करने की योजना बनाई।

यहाँ यह उल्लेखनीय है कि ग्रामदान की प्रक्रिया के दौरान दान की गई और वितरित की गई भूमि सिंचाई की सुविधा से रहित थी और इस पर वर्ष में सिर्फ एक ही फसल उगायी जाती थी। बाकी समय में यह चारागाह के रूप में प्रयुक्त होती थी। जिन लोगों के पास पर्याप्त सिंचित भूमि थी, वे प्रायः इस भूमि पर पशुओं के लिए चारा उगाते थे। जब यह भूमि दान कर दी गई तो सभी दानकर्ता इस गैर

कृषि योग्य भूमि पर आश्रित हो गये जो कि अब सार्वजनिक थी और इस पर राजपूतों ने फिर से कब्जा कर लिया। यह घटना ने दानकर्ताओं को भूमि दान करने के बाद दूसरी भूमि प्राप्त करने के अवसर को खत्म कर दिया। दो अहीर परिवारों ने जिन्होंने पाँच–पाँच एकड़ भूमि दान की थी, को छोड़कर सभी दानकर्ताओं ने अपनी दान की गई भूमि को वापस ले लिया। अतः इंद्रपुरा में भूमिहीनों में भूमि वितरित करने का प्रयास पूर्णतः असफल रहा। वस्तुतः हमारे आँकड़े भी स्पष्टतः यह बताते हैं कि भूमि के वितरण का उद्देश्य किसी प्रकार से भी भूमिहीनों की दशा सुधारना नहीं था। भूमि वितरण और फिर इसे वापस ले लेने की घटना के कारण इंद्रपुरा के झगड़े, गंभीर तनाव और प्रतिकूल परिस्थितियाँ उत्पन्न हुईं। अब यह बात स्पष्ट हो जाती है कि इंद्रपुरा में ग्रामदान के मौलिक विचार बहुत ही विकृत थे।

रघुपुरा

दूसरे गाँवों की तरह रघुपुरा वासियों को भी ग्रामदान अपनाने के लिए अतिरिक्त भूमि दिलाने का प्रलोभन दिया गया। इसके पहले भी सर्वोदय कार्यकर्ताओं के साथ मिलकर रघुपुरा के लोग इसके लिए प्रयासरत थे और बाद में राजस्व अधिकारियों के सहयोग से उन्हें पड़ोस के दूसरे गाँव से 32 एकड़ अतिरिक्त भूमि प्राप्त हुई जो गैर–कृकृणि योग्य थी। इस भूमि के आबंटन और वितरण को अधिकांश रघुपुरावासियों से गुप्त रखा गया। रघुपुरा एक जनजातिय गाँव था जहाँ 55 परिवार रहते थे। यहाँ वंशवादी संगठन काफी मजबूत था और सामान्यतः लोग कबीलों में बँटे हुए थे। रघुपुरा में चार कबीले थे– कोटेदिया (43 परिवार), बतात (5 परिवार), परगिस (4 परिवार) और खरादी (3 परिवार)। भूमि वितरण की प्रक्रिया का खुलासा छोटे कबीलों के साथ–साथ कुछ कोटेदिया परिवारों समझ भी नहीं किया गया। रघुपुरा के कोटेदिया कबीले में चार गुट बन चुके थे। इसमें दो

प्रमुख गुटों में क्रमशः 17 और 12 परिवार थे। गाँव में वितरित की गई समूची भूमि उन्हीं दो समूहों में बाँटी गई। इसमें बड़े समूह को 18 एकड़ और छोटे समूह को 14 एकड़ भूमि प्राप्त हुई। इसके साथ ही ये दो समूह रघुपुरा में अपेक्षाकृत अधिक सक्षम थे। ये बातें उन लोगों के लिए किसी प्रकार से भी आश्चर्यजनक नहीं हो सकती जो किसानों की भूमि रूपी भूख से परिचित है। परंतु चूंकि ये घटनाएं एक ग्रामदान गाँव में घटित हुईं, जहाँ भूमि के सार्वजनिक स्वामित्व की वकालत की जाती थी, अतः यह विचारणीय है।[10]

इस प्रकार वितरित भूमि स्वाभाविक रूप से उन लोगों के लिए हतोत्साह, अविश्वास और असंतोष का कारण बना। इस बात पर उस पड़ोसी गाँव के लोग चिंतित थे जहाँ के लोगों ने यह भूमि दान की थी और उन लोगों ने ग्रामदान गाँवों में होने वाले इस पक्षपात की शिकायत जिले के राजस्व अधिकारियों के समक्ष की। हम यह पहले बता चुके हैं सुकपुरा में सर्वोदय कार्यकर्ताओं ने इस गाँव में सहकारी कृषि शुरु करने की शर्त पर दूसरे गाँव में वैधानिक आबंटन में सहयोग का वायदा किया था। इंद्रपुरा के लोगों को भी दूसरे पड़ोसी गाँव से चारागाह के लिए भूमि दिलाने का वायदा किया गया। इस तरह के और भी कई उदाहरण हो सकते थे। जब इन वायदों को पूरा करने का कार्य शुरू किया गया तो गाँव में भूमि के कारण कई झगड़े शुरू हो गए। वस्तुतः हमारे अनुसंधान के दौरान गाँव में भूमि पर आधृत कई झगड़ों का पता चला जो आंदोलन के उद्देश्य के बिल्कुल विपरीत थे। तत्कालीन गाँवों को गैर–राजस्व गाँवों से अलग वर्गीकृ त किया गया। इस प्रक्रिया में छोटे–छोटे टोलों या ग्रामीण उपभागों को भी पूर्ण ग्राम का दर्जा दे दिया गया जिससे स्थिति और भी बिगड़ गई। अध्याय–III में विस्तृत विवरण उपलब्ध हैं। जब किसी राजस्व गाँव को छोटी–छोटी इकाईयों में बाँटा जाता है और इन सभी

इकाईयों में राजस्व की व्यवस्था एकसमान और समरूप होती है। इस कारण सार्वजनिक भूमि के आबंटन के मुद्दे पर इनके बीच झगड़े होते हैं।

शायद यह उचित होगा कि भूमि सुधार क्षेत्र में ग्रामदान के प्रभावों और सक्रियता से संबंधित संदेहों को छोड़ दिया जाये। अब हम अपना ध्यान ग्राम स्तर पर भूमि सुधार को क्रियान्वित करने में आने वाली परेशानियों पर केंद्रित करेंगे। सारणी संख्या–12 से यह स्पष्ट होता है कि इंद्रपुरा वासियों की कुल भूमि का 51 प्रतिशत और सुकपुरावासियों की कुल भूमि का 42 प्रतिशत उनके अपने गाँव से बाहर है। रघुपुरवासियों की कुल भूमि का 11 प्रतिशत इस गाँव के बाहर है। ग्रामदान प्रतिज्ञा के द्वारा सिर्फ उसी भूमि का दान किया गया जो उनके अपने गाँव में थी।

परिणामतः वे लोग या समूह जिनके पास अपने गाँव के बाहर भी भूमि थी, वे अपने गाँव की भूमि को ग्रामदान के लिए दान करने के बाद दूसरे गाँव में स्थित अपनी भूमि पर अपना अधिकार रख सकते थे। जिन तीन गाँवों का हमने अध्ययन किया है, उनमें से सभी गाँव में यह स्थिति सर्वव्यप्त है और यह भूमि सुधारों को निष्प्रभावी बना देती है। इस स्थिति में हम प्रखंडदान और जिलादान के रूप में आंदोलन के विकास पर प्रकाश डालेंगे। इसके साथ–साथ हम इस समस्या पर भी चर्चा करेंगे।

हम पहले ही यह स्पष्ट कर चुके हैं कि ग्रामदान गाँवों में गैर–ग्रामदान गाँवों की तरह ही भूमि की उपलब्धता है। इसका अर्थ यह हुआ कि देश भर में आर्थिक असमानता को दूर करने के लिए जो वैधानिक प्रयास किए गए वे ग्रामदान गाँवों में अप्रभावी रहे। ग्रामदान गाँवों में भूमि पर सैद्धांतिक रूप से सार्वजनिक स्वामित्व दिखाया जाता है परंतु वास्तव में इस पर कुछ लोगों का ही स्वामित्व होता है।

TABLE 12

Location of Land Owned by *Gramdan* Village

S. No.	*Name of village*	*Land inside the village*	*Land outside the village*	*Total land*
		(in acres)		
1.	Idanpura	174.44(49%)	183.28(51%)	367.72
2.	Sukpura	1924.00(58%)	1417.00(42%)	3341.00
3.	Raghupura	121.19(89%)	15.19(11%)	136.38

इस कारण सरकार द्वारा भूमि अधिग्रहर्ण के लिए उठाये गए कदम इन पर लागू नहीं हो पाते। चूंकि भूमि से प्राप्त आय की गणना व्यक्तिगत आय में नहीं की जाती (चूंकि भूमि पर सार्वजनिक स्वामित्व बताया जाता है), अतः इस तर्क आधार पर लोग करों में रियायत पा जाते हैं (जैसे–आयकर, राजस्व कर आदि)। ग्रामदान आंदोलन के संदर्भ में वैधानिक तौर पर दी गई इन रियायतों को नजरअंदाज नही किया जा सकता, क्योंकि इस वक्त लगभग 1,00,000 ग्रामदान गाँव है। अतः सुधारवादी या विकासात्मक कानूनों की अवहेलना अर्थात् प्रतिक्रियावादी तत्वों को संरक्षण और निहित स्वार्थी तत्वों के उत्साहवर्द्धन को ग्रामदान आंदोलन का परोक्ष परिणाम माना जा सकता है।

हम यह पहले ही उल्लेख कर चुके है कि इंद्रपुरा और सुकपुरा में भूमि के पुनर्वितरण का आधार भूमिहीनता नही थी। इंद्रपुरा में भूमि का वितरण लगभग सभी जातियों में हुआ, परंतु ऊँची जाति के लोगों को भी भूमिहीनों के समान ही भूमि आबंटित की गई। दूसरी ओर भूमि वितरण में ग्रामदान में घोषित सिद्धांत अर्थात् ''भूमि पर जोतनेवाले का अधिकार हो'' का भी सही ढंग से पालन नहीं किया गया। उदाहरण के लिए इंद्रपुरा के ब्राह्मण परिवार अपनी भूमि पर खेती हाली'' से करवाते थे, जो कि एक खेतिहर मजदूर होता था और इसके बदले वे उसे कुछ निश्चित वार्षिक राशि कई किश्तों में दिया करते थे। बढ़ई भी अपने खेतों में खेतिहर मजदूरों के द्वारा खेती कराते थे। जहाँ एक बढ़ई की अपनी दैनिक मजदूरी चार से छह रूपये होती थी, वहीं वे खेतिहर मजदूरों को दो से तीन रूपये मजदूरी देते थे। इसी प्रकार नाई और कुम्हार जाति के लोगों ने खेती करने के लिए भूमि पाई, परंतु ये लोग भी दूसरों के द्वारा खेती कराते थे। ये तथ्य इस बात को स्पष्ट करते हैं कि भूमि उन लोगों के पास चली गई जिनके लिए कृषि कार्य महत्वपूर्ण नही था। भूमि वितरण में 'जोतनेवाले की भूमि' के सिद्धांत को नज़रअंदाज किया गया और इस कार्य में भूमिहीनता को कोई मापदंड नही बनाया गया। सैद्धांतिक रूप से भूमि वास्तविक भू–स्वामियों

(अहीरों) के हाथों से निकल गई। दूसरे शब्दों में हम यह कह सकते हैं कि भूमिहीनता को फिर से पारिभाषित करने की आवश्यकता है। भूमिहीनता के मानदंडों में सिर्फ भूमि का अभाव ही नहीं बल्कि व्यक्ति या समूह की कृषि कार्य को व्यवसाय की तरह अपनाने की लालसा को भी रखना चाहिए। गाँव के जो लोग खेती नहीं करते हैं। उन्हें भूमि न देकर उन्हें अपने व्यवसाय में सरंक्षण और प्रोत्साहन देना चाहिए।

इंद्रपुरा में सिर्फ भलाई (अछूत) लोग ही अपनी भूमि पर खुद से खेती करते थे। चमड़ा कमाना, जूते बनाना तथा गाँव में संवादवाहक का काम करना इनका परंपरागत व्यवसाय था। अपने को इस तथाकथित तुच्छ व्यवसाय से मुक्त रखने के लिए उन्होंने रस्सी बनाने और खेतों में मजदूरी करने का काम अपना लिया था। भलाई जाति के सभी लोग काश्तकार बनना चाहते थे। यह कहा जा सकता है कि ग्रामदान अपनाने के बाद प्रत्येक भलाई परिवार को लगभग दो एकड़ भूमि प्राप्त होना, उनके लिए एक बहुत बड़ा उपहार था परंतु जब उन्हें दी गई भूमि जब उनसे वापस ले ली गई तो वे काफी हतोत्साहित हुए।

हम यहां इस बात पर जोर देना चाहेंगे कि परंपरागत रूप से खेती नहीं करने वाले नीची जाति के लोगों की दशा और आय में सुधार के लिए उन्हें भूमि देने के बाद यह आवश्यक है कि भूमि का वितरण निष्पक्ष ढंग से किया जाए। वस्तुतः ऐसा नही किया गया और इस प्रकार भूमि वितरण की प्रक्रिया ग्रामदान की अवधारणा के विपरीत थी। दूसरी ओर इन जातियों को भूमि देने से वे अपने परंपरागत पेशा को छोड़ सकते हैं और इस कारण ग्रामीण जनता को इनके द्वारा बनायी गई उन वस्तुओं और उनकी उन सेवाओं के लिए शहर की ओर जाना पड़ेगा। जिनकी आपूर्ति इनके द्वारा अब तक शहरों में की जाती है। इससे ग्रामीण अर्थव्यवस्था कमजोर होगी और ग्रामीणों का स्वावलंबन समाप्त होने लगेगा। ये दोनों तथ्य आंदोलन के लक्ष्यों के विपरीत थे।

दूसरी और भारत में बड़े पैमाने पर आर्थिक विकास और औद्योगिकरण के लिए यह आवश्यक है कि अधिक से अधिक लोगों को कृषि कार्य से मुक्त किया जाय। यह तभी संभव है जब अन्य व्यवसायों को खेती के समान ही महत्व और प्राथमिकता दी जाय। उन्नत कृषि और औद्योगिक रूप से विकसित समाज की जो सर्वोदय की अवधारणा है, वह यहाँ परस्पर विरोधाभासी दिखती है। ग्रामदान अपनाने के पीछे यदि कोई प्रेरक शक्ति दिखती है तो वह है भूमि से जुड़ी सामाजिक प्रतिष्ठा और प्रत्येक ग्रामीण को बिना किसी भेदभाव के काश्तकार (अपनी भूमि पर खेती करने वाले) बनाने का विचार था।

भूमि के लिए झगड़े

ग्रामदान गाँवों में भूमि के पुनर्वितरण के असफल प्रयासों का वर्णन करने के बाद हम ग्रामदान अपनाने के पश्चात् गाँवों में भूमि के लिए होने वाले झगड़ों का अध्ययन करेंगे। भूमि के लिए होने वाले झगड़ों के विश्लेषण से यह पता चलता है कि भूमि पर व्यक्तिगत स्वामित्व की इच्छा कितनी प्रबल है। इंद्रपुरा में इस प्रकार के दो महत्वपूर्ण झगड़े हुए।

पहला झगड़ाः खाना अहीर के तीन भाईयों में से किसी के कोई संतान नहीं थी। अतः खाना का बेटा रामकुमार पूरी संपति का वारिस था। रामकुमार को तीन बेटे थे– शुजा, लालू और शुवा। शुवा सबसे छोटा था। उसे उसके पिता के दो भाईयों ने सम्मिलित रूप से गोद ले रखा था। जिसके कारण वह उनकी संपत्ति का वारिस होने का दावा कर सकता था। शुजा और लालू का पालन–पोषण उनके पिता और एक दूसरे चाचा सम्मिलित रूप से करते थे। गोद लेने के प्रावधानों का हवाला देकर शुवा ने पूरी पुश्तैनी भूमि के 50 प्रतिशत भाग पर अपना दावा किया और उसे जोत लिया, जबकि शुजा और लालू यह चाहते थे कि पूरी संपत्ति तीन बराबर भागों में वितरित हों यह झगड़ा चलता रहा और 1963 (ग्रामदान के 5 साल बाद) में यह

अपने चरम पर पहुँच गया जब शुवा ने अपने भाईयों को इस भूमि पर खेती करने से रोक दिया। शुजा गाँव के गुट का नेतृत्व कर रहा था और उसके गुट ने उसके दावे का समर्थन किया अब शुवा ने मजबूर होकर गाँव के एक दूसरे गुट की मदद मांगी जिसका नेता रामनारायण था। रामनारायण गाँव के भूतपूर्व जागीरदार और गाँव के राजस्व पटेल, नाथू का बड़ा लड़का था। उन दो पड़ोसी गाँवों के लोग भी इस झगड़े में शामिल हो गए, जहाँ इस परिवार की भूमि थी।

इस विवाद को सुलझाने के लिए 20 जुलाई 1963 को इंद्रपुरा ग्रामसभा और पड़ौसी गाँवों की एक संयुक्त बैठक बुलाई गई। 9 बजे रात को गाँवों के प्रमुख आए और बैठक शुरू हुई। ग्रामसेवक को बैठक में आये लोगों के विचारों का अभिलेख तैयार करने को कहा गया। एक प्रपत्र तैयार किया गया और उसे पढ़कर सुनाया गया जो निम्नवत हैः– ''हम लोग, शुजा, पिता–रामकुमार, लालू, पिता–हुकुमा, शुवा, पिता–रामनाथ, जोकि तीनों भाई हैं और हमें अपनी संपत्ति के बँटवारे को लेकर परेशानियाँ थीं और इसी कारण हमारे बीच झगड़े हो रहे थे। आज 20 जुलाई 1963 को इस विवाद को सुलझाने के लिए ग्राम सभा की बैठक बुलाई गई है और ग्राम सभा द्वारा चुने गए पंचों के फैसले हम लोगों को स्वीकार्य होगा।'' इस प्रपत्र पर तीनों भाईयों ने अपने दस्तखत किए। विवाद सुलझाने के लिए पाँच लोगों को चुना गया। इसमें तीन पड़ोसी गाँवों के पटेल थे और दो लोग इंद्रपुरा से थे जिसमें एक इंद्रपुरा का पटेल और एक बुजुर्ग अहीर था। पंचों के निर्णय के अनुसार शुवा को पूरी संपत्ति के 50 प्रतिशत से थोड़ा कम दिया गया। इस प्रकार 6 वर्षों से चला आ रहा यह विवाद समाप्त हुआ।

दूसरा विवाद – हरबक्श नाम के राजपूत ने नाथू अहीर (पटेल) से 1956 में 100 रूपये उधार लेकर अनोपचारिक रूप से अपनी दो एकड़ भूमि बंधक रखी। इसी साल हरबक्श की मृत्यु हो गई और 1958 में उसके उत्तराधिकारी गणपत ने नाथू को उसकी दो एकड़ भूमि वापस करने को। इसके लिए गणपत ने 200 रूपये देने की पेशकश की।

नाथू ने गणपत की भूमि लौटाने से मना कर दिया। अब गणपत कोई भी वैधानिक कदम नहीं उठा सकता था, क्योंकि राजस्व अभिलेखों में इसकी चर्चा नही की गई थी। इन परिस्थितियों में गणपत ने हिंसक रूख अपनाकर 1959 में इस भूमि को जोत लिया। (ग्रामदान के एक वर्ष बाद)। गणपत एक पुलिस कांस्टेबल था। इस कारण वह पुलिसवालों को अपने पक्ष में करने में सफल रहा। जब गाँव का पटेल (नाथू) फुलेरा के पुलिस थाने में गया तो उसे वहाँ पकड़कर लाया गया और उसे जबरदस्ती यह भूमि गणपत को लौटाने को कहा गया। बाद में ग्रामीणों की एक बैठक हुई जिसमें पटेल को पैसे दे दिए गए और भूमि गणपत को दे दी गई। सुकपुरा में हुए चार भूमि विवादों का उल्लेख निम्नवत है।

पहला विवादः इरकान जाट को तीन बेटे थे – मंदरूप, भूरा और निंबा। मंदरूप को कोई संतान नहीं थी निंबा की मृत्यु उस समय ही हो गई जब उसका पुत्र गहना बहुत छोटा था। भूरा भी अपने तीन पुत्रों को छोड़कर मर गया। चूंकि मंदरूप को कोई संतान नहीं थीं, अतः घाना यह चाहता कि मंदरूप की पुश्तैनी संपत्ति उसके और भूरा के पुत्रों के बीच आधी–आधी बांटी जाए। इसके विपरीत भूरा के पुत्र यह चाहते थे कि यह संपत्ति तीन बराबर भागों में बाँटी जाए ताकि वे दो हिस्सा प्राप्त कर सकें। यद्यपि उनके बीच खुलकर कोई झगड़ा नहीं हुआ, फिर भी दोनों परिवारों के बीच काफी शत्रुता, असंतोष और विरोधाभास व्याप्त था। ग्राम सभा ने इस मतभेद को सुलझाने के लिए एक नीति बनाई।

दूसरा विवादः केथा और बुड्डा नाम के जाटों के बीच खेतों की सीमा को लेकर विवाद उत्पन्न हुआ। 1963 में खेतों मे अपनी भूमि जोतते समय भूमि की सीमा के रूप में लगाए गए पत्थर को नज़रअंदाज करके बुड्डा का खेत जोत लिया। जब बुड्डा इस बात को केंथा से पूछने गया तो केथा ने उसे गाली दी और उसके साथ गलत ढंग से पेश आया। ग्रामसभा ने इस विवाद को सुलझाने का कोई प्रयास

नहीं किया। केंथा सोचता था कि ग्रामसभा का रवैया बुड्डा के प्रति पक्षपातपूर्ण है क्योंकि वह गाँव एक प्रभावशाली व्यक्ति का था।

तीसरा विवादः सुकपुरा में एक कच्ची सड़क थी, जो पड़ोस के एक गाँव के दस लोगों के खेतों से होकर जाती थी। इस सड़क से इस गाँव के लोग बैलगाड़ी से अपने खेतों में खाद ले जाते थे और लोग अपने मवेशियों को चराने के लिए भी ले जाते थे। 1960 में चार व्यक्तियों ने सुकपुरा के लोगों को ऐसा करने से रोका और इस कारण कई विवाद पैदा हुए। (यह उदाहरण यह स्पष्ट करता है कि लोगों में भूमि के व्यक्तिगत स्वामित्व की भावना व्याप्त थी)

चौथा विवादः तीन राजपूत भाईयों ग्याद सिंह, किशन सिंह और अतुल सिंह के पास 189 एकड़ का एक सम्मिलित भूखंड था। इस भूमि के 50 प्रतिशत भाग पर किशन सिंह का स्वामित्व था और शेष 50 प्रतिशत भाग पर गयाद सिंह और अनूप सिंह का सम्मिलित रूप से था परंतु किशन सिंह 94.5 एकड़ की बजाय सिर्फ 62.5 एकड़ ही भूमि जोतता था जबकि शेष भूमि को उसके दो चचेरे भाई बराबर–बराबर जोतते थे। 1960 में यह बात पता चली कि ग्याद सिंह ने इस पूरी भूमि (189 एकड़) को राजस्वः अधिकारियों के समक्ष हस्तांतरित कर दिया। यह बात उस समय प्रकाश में आयीं, जब ग्याद सिंह को खेती से प्राप्त आय पर आयकर देने को कहा गया। इस कारण इन चचेरे भाईयों में कई झगड़े हुए और अंततः 1962 में जाकर यह मामला सलटाया गया। (यह विवाद यह दर्शाता है कि ग्रामदान अपनाने के बाद भी भूमि पर व्यक्तिगत स्वामित्व व्याप्त और महत्वपूर्ण था)

रघुपुरा में दो भूमि विवाद हुए पहला विवादः मांजी, गहना, खेमजी और वाला–ये हरका के चार पुत्र थे। मांजी को एक बेटा घन्ना था जिसके कोई भी वारिस नहीं था। धन्ना की एक मात्र पुत्री का विवाह 6 मील दूर स्थित पास के एक गाँव में हुआ था। धन्ना की जमीन को गहना के पुत्र कोदरा, खेमजी के पुत्र हलिया और वाला के पुत्र जगजी ने आपस में बराबर–बराबर बाँट लिया था। धन्ना की पुत्री अपने पिता

की भूमि पाना चाहती थी। परंतु जो लोग इस भूमि को अभी जोत रहे थे, वे उसके आग्रह को नहीं मानना चाहते थे।

दूसरा विवादः कोदरा जो कि रघुपुरा के एक प्रमुख समुदाय कोटेदिया का मुखिया था, ने एक अल्पसंख्य समुदाय परगीस की 0.25 एकड़ भूमि जबरदस्ती जोत ली। परगीसों दो कारणों से अपनी भूमि वापस नही ली सकीः (1) कोदरा झगड़ालू प्रवृत्ति का व्यक्ति था, इसलिए परगीस यह चाहते थे कि उससे झगड़ा नहीं किया जाय। (2) चूंकि कोदरा कोटेदिया समुदाय का था, अतः परगीस उसके साथ खुलकर नहीं उलझ सकते थे। ऐसी स्थिति में परगीसों ने सोचा, ''हमारी संख्या इतनी नहीं कि हम कोटदियों से झगड़ा कर सकें, अतः हमें उनसे समझौता कर लेना चाहिए'' यहाँ यह उल्लेखनीय है कि यह विवाद ग्रामदान के तीन वर्ष बाद तक चलता रहा यहाँ तक की ग्राम पंचायत ने भी यह जानते हुए भी कि कोटेदिया रघुपुरा का एक सशक्त समुदाय है और कोदरा उसका नेता है, कुछ कड़ा रूख अपनाते हुए इस विवाद को सुलझाने का प्रयास किया।

इंद्रपुरा, सुकपुरा और रघुपुरा, इन तीन ग्रामदान गाँवों में हुए इन भूमि विवादों का उल्लेख इसलिए नहीं किया गया है कि ऐसी घटनाएँ भारतीय गाँवों में असामान्य है, बल्कि इसलिए कि ये घटनाएँ उन गाँवों में घटित हुई जहाँ भूमि के सामूहिक स्वामित्व की बात की जाती है। हमारे साक्ष्य यह सिद्ध करते है कि भूमि का निजी स्वामित्व काफी और भूमि की भूख ग्रामदान गाँवों में भी व्याप्त थी।

भूमि नियमन (Operation) के लिए सुधार

अब तक हम लोग ग्रामदान गाँवों में होनेवाले कृषि व्यवस्था संबंधी सुधारों के सिर्फ एक पक्ष अर्थात भूमि सुधारों की चर्चा करते आये हैं। ग्रामदान गाँवों में या तो गाँव की पूरी जमीन पर सामूहिक रूप से खेती करने का या सामूहिक खेती के साथ–साथ परिवारों द्वारा व्यक्तिगत खेती का या फिर सामूहिक खेती के साथ सामुदायिक खेती

का विचार रखा गया था। जब पूरी भूमि पर सामूहिक रूप से खेती की जाती है तो गाँव के सभी संसाधनों और भूमि पर सामूहिक स्वामित्व होता है। और उत्पादन को सभी परिवारों के बीच उनके श्रमदान के आधार पर वितरित किया जाता है। यदि सामूहिक खेती के साथ परिवारिक खेती की जाय तो इस व्यवस्था में यह आवश्यक होता है कि प्रत्येक परिवार कम से कम भूमि का एक निश्चित परिमाण सार्वजनिक भूमि के रूप में दान करे और सभी लोग एक साथ मिलकर तथा सार्वजनिक संसाधनों का उपयोग कर खेती करें तथा इसके साथ ही इस व्यवस्था में परिवारों को अपनी निजी खेती करने की भी छूट होती है। जब सामूहिक खेती के साथ सामुदायिक खेती होती है तो इस व्यवस्था में भूमि के एक भाग पर सामूहिक रूप से गाँव के सभी लोग मिलकर खेती करते हैं जबकि शेष भूमि परिवार विशेष के बदले समुदाय विशेष के द्वारा खेती की जाती है।

इन चार ग्रामदान गाँवों में से किसी में भी ग्रामदान के पूर्व जो व्यक्तिगत कृषि की व्यवस्था प्रचलित थी, में परिवर्तन लाने का प्रयास नहीं किया गया। फिर भी सुकपुरा और भूदानपुरा में एक सार्वजनिक भूखंड पर सामूहिक खेती करने का प्रयास किया गया। इस मामले से जुड़े तथ्यों का वर्णन नीचे किया गया है।

सुकपुरा में किसानों ने 40 एकड़ के एक भूखंड पर सामूहिक रूप से खेती करने का फैसला किया। (सुकपुरा में 1924 में भूमि पर खेती की जाती थी)। तीन परिवारों ने पाँच–पाँच एकड़ भूमि दी जबकि शेष 25 एकड़ भूमि गाँव की गैर कृषि योग्य सार्वजनिक भूमि से ली गई। जिन लोगों ने व्यक्तिगत भूमि देने का वायदा किया था उनमें से किसी ने भी भूमिदान नही की। 1961 में इस 25 एकड़ सार्वजनिक भूमि में से 16 एकड़ को सामूहिक खेती के लिए चुना गया। इसकी शुरूआत जिला प्रशासन और सर्वोदय अधिकारियों की उपस्थिति में की गई। इस 16 एकड़ भूमि पर गाँव के सभी लोगों ने मिलकर खेती की और इसका निरीक्षण ग्रामसेवक ने किया। इस भूमि पर उगाई गई पहली

फसल दाल थी। यह फैसला ले लिया गया था कि फसल कटाई के बाद इसकी नीलामी की जाएगी। ग्रामीणों की एक बैठक में उत्पादित दाल की कीमत 320 रूपये आँकी गई। इस उपज में गाँव का एक तत्कालीन पटेल, जो कि ग्राम सभा की व्यवस्थापिका समिति का भी सदस्य था, सबसे बड़ा हिस्सेदार था।

जब ग्रामसेवक ने उससे कहा कि वह इस पूरी दाल को अपने पास रख ले, तो उसने ऐसा करने से मना कर दिया। बाद में ग्रामसेवक ने इसे गाँव के एक दूसरे आदमी के हाथों 260 रूपये में बेच दिया। ग्राम सभा की कई बैठकों और कई आग्रहों के बावजूद ग्रामसेवक ने एक भी रूपया नही जमा कराया और हमेशा यही कहता रहा कि अभी पूरा पैसा नही मिला है। इसके बाद सामूहिक खेती का कोई भी प्रयास नही किया गया। सुकपुरा में सामूहिक खेती का यह उदाहरण ग्रामीणों के इसे एकीकृत प्रयत्न और ग्रामसेवक की अक्षमता को प्रमाणित करती है।

भूदानपुरा में सामूहिक खेती के लिए 30 एकड़ भूमि का चयन किया गया और शेष भूमि पर परिवारों को व्यक्तिगत रूप से खेती करने के लिए छोड़ दिया गया। इस भूमि पर सार्वजनिक संसाधनों का उपयोग करके खेती की गई और उत्पादन को सभी परिवारों के बीच उनके द्वारा किए गए श्रमदान और कृषि कार्य में उनके द्वारा दिए गए बैलों की संख्या के आधार पर बाँटा गया। इस छोटे से भूखंड, जो कि गाँव की पूरी कृषि योग भूमि (299 एकड़) का दस प्रतिशत थी, पर सामूहिक खेती होते रहने के बाद भी यह उल्लेखनीय है कि गाँव की पूरी भूमि पर सामूहिक कृषि का प्रयास नहीं किया गया।

अब हम अपने साक्ष्यों के आधार पर यह कह सकते हैं कि ग्रामदान गाँवों में खेती की पद्धति में कोई भी खास परिवर्तन नहीं आया। इसके कारणों की समीक्षा करना रोचक होगा। ग्रामीणों ने सोचा कि प्रचलित व्यवस्था में ही उनके बीच सौहार्द और परस्पर सहयोग व्याप्त है, अतः सामूहिक खेती पर जोर देना बेकार है। उन्होंने

परस्पर सहयोग को अपने नैतिक मूल्य के रूप में ग्रहण किया और इसका प्रयोग उन्होंने खेती में भी किया। फिर भी ग्रामदान आंदोलन परस्पर सहयोग के मूल्य को कृषि कार्य में काफी दृढ़ता से स्वीकार करने पर जोर देता है। ग्रामीणों ने कृषि कार्य में परस्पर सहयोग के एक दूसरे विकल्प को अपनाया और यह महसूस किया कि कृषि कार्य में परस्पर सहयोग के इस मूल्य को अपनाया जाय। यहाँ इन गाँवों में व्याप्त परस्पर सहयोग की प्रकृति और प्रकार को समझना ज्यादा लाभप्रद है।

परस्पर सहयोग के संदर्भ में बहुत से तथ्य महत्वपूर्ण हैं। जैसे–भौगोलिक पर्यावरण, तकनीकी स्तर, सामाजिक सरंचना की प्रकृति आदि।[12] जिन तीन भौगोलिक क्षेत्रों में हमने अपने अध्ययन के लिए गाँवों को चुना है, उनमें से सिर्फ शुष्क (सूखे) क्षेत्र में ही वास्तविक रूप से कृषि कार्य में परस्पर सहयोग होता है। यहाँ वर्ष में एक ही फसल उगाई जाती है और सिंचाई के भी कोई साधन नहीं हैं। इस क्षेत्र में बहुत कम अवसरों पर ही परस्पर सहयोग का आहवान किया गया। दूसरी ओर कृषि कार्य के लिए सस्ते मजदूरों की उपलब्धता के कारण परस्पर सहयोगी समूहों का गठन आवश्यक हो गया इसके विपरीत जनजातीय गाँवों में परस्पर सहयोग की भावना जीवन के सभी क्षेत्रों में सामान्य और सर्वव्याप्त होती है। परस्पर सहयोग की एक सुदृढ़ परंपरा का निर्वाह ये जनजातियाँ कातर हैं और इनके समाज में खेती या दूसरे कार्य के लिए दैनिक मजदूरी देने की परंपरा अज्ञात होती है।

तकनीकों की उपलब्धता भी परस्पर सहयोग की उपयोगिता को कम कर देती है। उदाहरण के तौर पर चरास नामक एक स्वदेशी और परंपरागत कूप सिंचाई यंत्र को चलाने के लिए चार आदमियों और दो जोड़े बैलों की आवश्यकता होती है। एक सामान्य किसान चार बैलों का खर्च नहीं सहन कर सकता, वहीं एक छोटे परिवार के पास इतनी मानवीय शक्ति नहीं हो सकती। इन परिस्थितियों में वे बैलों और

मानवीय श्रम को दूसरे परिवारों (नातेदारी, पड़ोसी, दोस्तों आदि) से यह आश्वासन देकर उधार लेते हैं कि उनके ज़रूरत पड़ने पर उनका यह उधार चुका दिया जायेगा। परंतु यदि चरास के बदले सिंचाई कार्य के लिए रहट का उपयोग किया जाए, जोकि काफी खर्चीला होता है, तो इसे चलाने के लिए सिर्फ एक आदमी और दो बैलों की आवश्यकता होती है। सिंचाई के संदर्भ में अधिक पूँजी के निवेश के फलस्वरूप और उन्नत तकनीक के कारण परस्पर सहयोग की उपयोगिता कम हो जाती है। अतः किसी समाज में प्रयुक्त तकनीक का स्तर उसके लोगों के बीच परस्पर सहयोग को प्रभावित कर सकता है।

इन बिंदुओं को ध्यान में रखकर हम इन गाँवों में कृषि कार्य में परस्पर सहयोग की पद्धति का विश्लेषण करने का प्रयास करेंगे। इस संदर्भ में प्रायोगिक और नियंत्रित गाँवों में कोई अंतर परिलक्षित नहीं होता है।

प्रत्येक परिवार मुख्यतः उपभोग की एक इकाई होता है। नातेदारी, स्थानीय बंधुता या आर्थिक तथ्यों पर आधारित परस्पर सहयोग के द्वारा बहुत से परिवारों द्वारा उत्पादन किया जाता है। उत्पादन में होने वाला परस्पर सहयोग सामान्यतः मानवीय श्रम शक्ति का होता है, परंतु कभी–कभी इसमें बैलों का उधार लेना और यंत्रों को खरीदने में साझा निवेश भी सम्मिलित होता है। परस्पर सहयोग की पद्धति का वर्णन करने के लिए श्रम के विभिन्न प्रकारों को समझना उपयोगी होगा। हम मुख्य रूप से इंद्रपुरा (हिंदुजातीय) और रघुपुरा (जनजातीय) की परिस्थितियों की चर्चा करेंगे।

परिवार द्वारा खेतों में मजदूरी, नकद या वस्तुपरक उपहारों पर दैनिक मजदूरी, अनुबंधात्मक या मौसमी मजदूरी, पुश्तैनी बंधुआ मजदूरी, परस्पर सहयोग पर आधृत मजदूरी और सामुदायिक मजदूरी कुछ ऐसी पद्धतियाँ हैं जो सामान्यतः उपलब्ध हैं और प्रयोग में लायी जाती हैं।[13] पहले दो प्रकारों में किसी प्रकार का शोषण नहीं होता है। वार्षिक

या मौसमी मजदूर किसानों से एक अनुबंध करते है जिसके तहत उन्हें एक निर्धारित अवधि तक मजदूरी करनी पड़ती है। राजस्थान के विभिन्न क्षेत्रों में मजदूरी की दरें अलग–अलग हैं। इंद्रपुरा में एक मजदूर की सामान्यतः मासिक मजदूरी 3 मन ज्वार थी। इसके साथ–साथ प्रत्येक मौसम में एक जोड़ी कपड़ा और पीने के लिए तम्बाकू दिया जाता था। इस प्रकार के श्रमिकों को स्थानीय भाषा में हाली कहा जाता है। ऐसे संभ्रांत परिवार जिनके पास खेती करने के लिए कम जमीन होती है या ऊँची जाति के वे लोग जो खेतों में जाना पसंद नही करते हैं, एक हाली रखते है। हमारे अन्वेषण के समय इंद्रपुरा में ब्राह्मण और एक धनी अहीर परिवारों ने हाली रखा हुआ था। रघुपुरा में हाली के द्वारा खेती कराने का केवल एक ही उदाहरण प्राप्त हुआ। दो कारणों से हाली की समाज में बहुत कम प्रतिष्ठा थी पहला तो यह केवल वे ही लोग हाली का काम करते हैं जो भूमिहीन हैं और दूसरा यह कि उन्हें कर्ज़दार–मजदूर बना दिया जाता है। जब एक गरीब किसान किसी धनी व्यक्ति से ऋण लेने के बाद उसे नहीं चुका पाता है, तो वह उसका बंधुआ मजदूर बन जाता है। ग्रामदान गाँव में इस प्रकार की मजदूरी के कई मामले उपलब्ध हैं जोकि मौलिक रूप से दूसरे गाँवों से भिन्न नहीं हैं और गरीबों का शोषण और सामंती तत्वों का अस्तित्व भी व्याप्त है।

पुश्तैनी मजदूर

पुश्तैनी मजदूरी कई प्रकार की होती है। जजमानी प्रथा के प्रकार में उत्तरोत्तर कमी होने के कारण पैत्रिक रूप से अनुबंधित मजदूरी भी कम होने लगी। इसके बावजूद आज भी बंधुआ मजदूरी की दो परंपरागत प्रथाएं विद्यमान हैं। इनके नाम कामेन और बेगारी हैं। बढ़ई, नाई, कुम्हार आदि जैसे व्यवसायिक लोग कामेन होते हैं। जैसे ये लोग अपने संरक्षक (जजमान) आर्थिक क्षमता और अपेक्षित सेवाओं के अनुसार उनसे एक मौखिक अनुबंध के तहत एक निश्चित अवधि में एक निश्चित मेहनताना पाते हैं। जजमानों द्वारा अछूतों से जबरन सेवा

लेने को बेगारी कहते हैं। जूते बनाने वाले तथा मरम्मत करने वाले, चमड़ा कमाने वाले और इसी प्रकार के दूसरे कामों को करने वाले लोग इस श्रेणी में आते हैं। बेगारी और कामेन दोनों प्रथाओं के सिद्धांत और मेहनताना देने की विधि एक जैसी ही है। दोनों ही मामलों में मजदूर अपने संरक्षक को सेवा प्रदान करते हैं, चाहे इसकी ज़रूरत उन्हें खुद ही क्यों न हो ?

श्रम विनिमय

उपरोक्त वर्णित सभी प्रथाओं ऊँच–नीच का संबंध परिलक्षित होता है। इसके विपरीत श्रम विनिमय समानता उन्मुखी होता है और सामान्यतः श्रम का विनिमय परिवारों या समूहों के मध्य होता है। जब सिंचाई और कृषि कार्य के लिए शारीरिक श्रम और बैलों के लेन–देन हेतु दो या अधिक परिवार अनौपचारिक समझौता करते हैं। तो इस इंद्रपुरा में बड़ाची और रघुपुरा में हुडेल कहते हैं। बड़ाची समझौता सामान्यतः कुँओं से सिंचाई के विषय तक ही सीमित रहता है। किसी विशेष कुँआ पर एक या अधिक बड़ाची समूहों का अधिकार हो सकता है। इस प्रथा के अंतर्गत इदानपुरा में 19 बड़ाची समूह 14 कुँओं में कार्यरत थे। सामान्यतः कुँओं पर स्वामित्व के लिए बने इन बड़ाची समूहों में निकट संबंधी शामिल थे। जब श्रम विनिमय का विस्तार मानवीय श्रम शक्ति से अन्य संसाधनों तक पहुँच जाता है तो इदानपुरा में इसे शाजा और रघुपुरा में इसे सिरकाथी या हियारी कहते हैं। शाजा समझौते कई प्रकार के होते हैं। सिंचित भूमि पर उत्पादित वस्तु का बँटवारा इस प्रकार होता है–50 प्रतिशत भाग भूमि और सिंचाई (कुँआ) के लिए और 50 प्रतिशत भाग बैलों, श्रम एवं खाद के लिए। असिंचित भूमि के मामले में एक तिहाई भूस्वामी को और शेष दो–तिहाई बैलों, श्रम और खाद के लिए होता है। भूस्वामियों और खेती करने वाले लोगों के परस्पर सहयोग के कई तरीके होते हैं परंतु सामान्यतः सभी परिस्थितियों में मौलिक सिद्धांत इसी प्रकार के होते हैं।

सामूहिक श्रम

ऐसे कार्य (जैसे–जंगल से लकड़ी लाना, घर की छत बनाना, कुँओं का निर्माण आदि) जो छोटे समूहों द्वारा नहीं किए जा सकते हैं, को करने के बड़े सहकारी समूहों का गठन किया जाता है। इन समूहों को रघुपुरा में हांडा और इदानपुरा में लहाश कहा जाता है। लहाश समूह मेहनताना के तौर पर न तो नकद और ना ही कोई वस्तु लेते हैं। यह समूह सिर्फ श्रम विनिमय पर आधृत होता है।

यह कहा जा सकता है कि ग्रामदान गाँवों में उपरोक्त वर्णित श्रम की विभिन्न प्रथाओं में से हाली, बेगारी और साझा को उच्च जाति या वर्ग के लोग अपनाने के लिए मजबूर थे। दूसरी ओर परस्पर सहयोग की कुछ दूसरी प्रथाओं (बड़ाची, हांडा और लहाश) को प्रोत्साहन देना चाहिए। ऐसा कोई साक्ष्य नहीं, जो यह प्रमाणित कर सके कि ग्रामदान कार्यकर्ताओं ने समाज में प्रचलित परस्पर सहयोग की इन प्रथाओं को आत्मसात करने और व्यवस्थित ढंग से इन्हें प्रयोग में लाने का प्रयास किया हो। यद्यपि इनमें से कुछ प्रथाओं को समाप्त करना आवश्यक था, तथापि बड़ाची और हांडा जैसी प्रथाओं को प्रश्रय दिया जाना चाहिए। परस्पर सहयोग की इन प्रथाओं को व्यवस्थित और योजनाबद्ध तरीके से सुदृढ़ करने से ग्रामीण समुदाय में परस्पर सहयोग को एक नैतिक मूल्य के रूप में स्थापित किया जा सकता है। सामूहिक कृषि जैसी परस्पर सहयोग की नई प्रथाओं को अपनाने का सुझाव प्रस्तुत करने से ग्रामीण लोग यह सोचते हैं कि उनके समाज में पहले से उन प्रचलित प्रथाओं को जो पर्याप्त तार्किक और अपेक्षित हैं, को नजरअंदाज किया जा रहा है।

संगठनात्मक सुधार

भूमि के पट्टे की अवधि और नियमन संबंधी अनुशंसित परिवर्तनों को वास्तविक धरातल पर लाने के लिए संगठनात्मक सुधारों को भी दृष्टिगत करना होगा। आर्थिक गतिविधियों से मध्यस्थों को अलग

करने का कार्य ग्रामदान आंदोलन से मध्यस्थों को अलग करने का कार्य ग्रामदान आंदोलन का एक महत्वपूर्ण उद्देश्य था। सूदखोरों जैसे स्थानीय ऋणदाताओं की जगह ग्रामीण सहकारी समितियों द्वारा यह कार्य कराये जाने की अपेक्षा की गई। यह निर्णय लिया गया कि ग्रामदान गाँव के प्रत्येक परिवार को सहकारी समिति की सदस्यता ग्रहण करनी होगी। अब हम कृषि व्यवस्था में परिवर्तन लाने के लिए इस संगठनात्मक सुधार के लक्ष्य प्राप्ति में सफलता की समीक्षा करेंगे।

भारत में सामुदायिक विकास कार्यक्रम की शुरूआत के साथ ही ग्रामीण क्षेत्रों में सहकारी संस्थाओं का महत्व काफी बढ़ गया और सभी गाँवों में ग्राम सहकारी समिति की स्थापना के लिए एक व्यवस्थित प्रयास किया गया। यहाँ हम ग्रामदान गाँवों में इस संगठन के केंद्र बिंदु और विकास का मूल्याकंन करेंगे।

1961 में इदानपुरा में एक पृथक सहकारी समिति का गठन किया गया''[14] 30 परिवारों के 34 व्यक्तियों ने इस समिति की सदस्यता ग्रहण की और 1963 में 750 रूपये का कोष बनाया गया (75 व्यक्तियों में प्रत्येक की 100 रूपये की हिस्सेदारी से)। एक मैट्रिक पास ब्राह्मण को 20 रूपये के मासिक वेतन पर इसका प्रबंधक बनाया गया। प्रबंधक को यह वेतन पंचायत समिति से मिलने वाले अनुदान से दिया जाता था। 1963 में पंचायत समिति से 6000 रूपये के ऋण प्राप्त किए गए।

सहकारी समिति के सदस्यों का जातिगत आधार पर अध्ययन करने पर हम पाते हैं कि नीची जाति के लोगों को कम लाभ हुआ (सारणी संख्या–13 देखें)। गाँव में 12 प्रतिशत जनसंख्या होने के बावजूद उनकी सदस्यता 8 प्रतिशत और सहकारी समिति में उनकी हिस्सेदारी महज 5 प्रतिशत है। मध्यम जाति के लोगों का भी प्रतिनिधित्व उनकी जनसंख्या के अनुपात से थोड़ा कम ही है। जहाँ ऊँची जाति के लोगों की सदस्या और हिस्सेदारी उनकी जनसंख्या के अनुपात में है वहीं उच्चतर मध्यम जातियों को अधिक लाभ मिला है।

TABLE 13

Caste-wise Distribution of Memberships and Shares in Idanpura Co-operative Society

Caste[15]	*Membership in Co-op.*	*Shares in Co-op.*	*Population*
	(Figures in percentages)		
Upper caste	12	14	14
Middle caste	68	71	60
Intermediate caste	12	10	14
Lower caste	8	5	12
	100	100	100

उच्चतर मध्यम जातियों की 60 प्रतिशत जनसंख्या के मुकाबले इनकी हिस्सेदारी 71 प्रतिशत है। इसके साथ ही सहकारी संख्या की कार्यकारिणी समिति के 7 सदस्यों में से 5 उच्चतर मध्यम जाति और दो उच्च जाति के थे। यद्यपि नवंबर, 1963 से सितंबर 1964 के बीच कार्यकारिणी समिति की 13 बैठकें बुलाई गई परंतु इस बीच आम सदस्यों की दो ही बैठकें हुई। नीति निर्धारण से संबंधित लगभग सभी निर्णय कार्यकारिणी समिति द्वारा ही लिए गए। वित्तीय मामलों से संबंधित ज्यादातर शक्तियाँ ब्राह्मण सचिव (ग्रामसेवक) को प्राप्त थी और सहकारी संस्था के मामलों में इसका काफी प्रभाव था। अतः सहकारी समिति में निर्णय लेने की शक्ति सिर्फ उच्च और उच्चतर मध्यम जातियों को ही प्राप्त थी और संस्था से होने वाले लाभों में लगभग उन्हें एकाधिकार प्राप्त था। सुकपुरा गाँव में कार्य करने के लिए 1959 में एक सहकारी संस्था का गठन किया गया इसके 72 सदस्यों (62 परिवारों में 52 का प्रतिनिधित्व करने वाले) में प्रत्येक के 10 रूपये के शेयर थे। इस संस्था की कार्यकारिणी समिति के 8 सदस्यों में से 7 उच्चतर मध्यम जाति के और एक उच्च जाति से थे। सारणी संख्या 14 में यह स्पष्ट होता है कि निम्न जातियों का प्रतिनिधित्व बहुत कम है जबकि उच्च और उच्चतर मध्यम जातियों को काफी फायदा हुआ है।

1960 में रघुपुरा सहकारी समाज की स्थापना हुई 1963 में इसके सदस्यों की संख्या 30 थी जो कि 28 परिवारों (लगभग 50 प्रतिशत) से थे। इस संस्था के शेयरों की संख्या सिर्फ 38 थी। ज्यादातर सदस्य और शेयर धारक गाँव के प्रमुख कबीले कोटे दिया से थे।

भूदानपुरा में 1955 में स्वयं ग्रामीणों के द्वारा ही सहकारी समिति की शुरूआत हुई। 1963 में इसके 34 सदस्य थे और इसके शेयरों की संख्या 64 थी। गाँव के सभी परिवार शेयर धारक थे। अतः यह एक अखिल ग्रामीण संस्था हो चुकी थी।

ग्रामदान गाँवों में कार्यरत सहकारी संस्थाओं (भूदानपुरा को छोड़कर) का विश्लेषण करने से यह स्पष्ट है कि इस संदर्भ में विकास बहुत कम

TABLE 14

Caste-wise Distribution of Memberships and Shares in the Co-operative Society of Sukpura

Caste	*Membership in Co-op.*	*Shares in Co-op.*	*Population*
	(Figures in percentages)		
Upper caste	18	23	15
Middle caste	78	75	68
Intermediate caste	3	1	2
Lower caste	1	1	15
	100	100	100

हुआ और इन सहकारी संस्थाओं का लाभ ज्यादातर उन्हीं जातियों या कबीलों को मिला जिनकी जनसंख्या अधिक थी और जो आर्थिक रूप से अधिक सक्षम थी।

गैर–कृषि क्षेत्रों में परिवर्तन

अब तक हमने कृषि व्यवस्था को केंद्र बिंदु मानकर परिवर्तनों की समीक्षा की। अब अर्थव्यवस्था के गैर–कृषि क्षेत्रों में होने वाले परिवर्तनों की चर्चा करेंगे। यहाँ भी ग्रामवार अध्ययन करेंगे। इस संदर्भ में सुकपुरा में किसी भी प्रकार के परिवर्तन का प्रयास नही किया गया। अतः हमारे विश्लेषण में यह गाँव शामिल नहीं है।

इदानपुरा ग्रामोद्योग बिक्री भंडार

ग्रामदान एक सहकारी अर्थव्यवस्था का पक्षधर है। ऐसा माना जाता है एक आर्थिक संस्था को सेवा–उन्मुखी होना चाहिए अतः उपहार के रूप में लाभ देने की प्रथा को प्रश्रय नही दिया जाए। इसी उद्देश्य से फरवरी 1962 में 3000 रूपये, जिनमें 1700 अनुदान से और 1300 रूपये खादी और ग्रामीण उद्योग बोर्ड (गाँवों में लघु उद्योगों के द्वारा आर्थिक विकास को गति प्रदान करने के लिए गठित संस्था), राजस्थान द्वारा ऋण के रूप में प्राप्त हुए थे, इदानपुर में ग्रामीण बिक्री केंद्र की शुरूआत की गई। इस बिक्री भंडार की देखरेख के लिए एक प्रबंधक की नियुक्ति की गई, जिसने 3 महीनों के बाद इस्तीफा दे दिया, क्योंकि उसे किसी दूसरी जगह प्रशिक्षण के लिए जाना था। इसके बाद ग्रामसभा के प्रमुख को भंडार का प्रबंधक बनाया गया परंतु 3 महीनों के बाद (26 जुलाई, 1962) को उसे भंडार के कोष का दुरूपयोग करने के कारण हटा दिया गया। तब तक मैट्रिक पास युवक को इसका प्रबंधक बनाया गया, जो भंडार के बंद होने के समय मार्च 1963 तक इस पद पर बना रहा।

3000 रूपये की पूँजी के साथ शुरू किया गया यह भंडार 14 महीनों तक चला। इस बीच ना तो ऋण चुकाया गया और ना ही अनुदान का समुचित उपयोग हो सका। बंद होने के वक्त दुकान की पूँजी मात्र 692 रूपये थी। इन 14 महीनों में दुकान के प्रबंधन का खर्च 1748 रूपये और ग्राहकों के यहाँ बकाया राशि 1109 रूपये थी। गाँव के लोग स्पष्ट रूप से यह शिकायत करते हैं कि प्रबंधकों की गैर–जिम्मेदाराना कार्यों के परिणामस्वरूप इस भंडार को बंद करना पड़ा। यद्यपि पहले छह महीनों की अवधि में पहले प्रबंधक के अचानक चले जाने के बाद जब दूसरे प्रबंधक ने भंडार के कोष का दुरूपयोग किया, तो इस अवधि में यह शिकायत तर्कसंगत है परंतु इसके बाद के समय में इस तरह की शिकायतें महत्वहीन हैं। वस्तुतः ग्राहकों द्वारा बकाया राशि नहीं चुकाये जाने के कारण दुकान को बंद करना पड़ा।

ग्रामीण जनता को गाँव के व्यापारियों और साहूकारों के शोषण से बचाने के लिए इस सार्वजनिक भंडार की स्थापना हुई थी परंतु समुचित प्रबंधन और ग्रामीणों में आत्मानुशासन के अभाव के कारण इसे बंद करना पड़ा।

रघुपुरा वस्त्र उत्पादक सहकारी समिति

1958 में रघुपुरा में एक सहकारी वस्त्र उत्पादक संस्था की स्थापना हुई। इस सहकारी समिति के 18 सदस्यों में से 13 वस्त्र उत्पादन में प्रशिक्षित थे जबकि 5 अप्रशिक्षित थे। 13 सदस्यों के प्रशिक्षण पर पंचायत समिति ने 2310 रूपये खर्च किए थे। इन 18 सदस्यों के प्रशिक्षण पर पंचायत समिति ने 2310 रूपये खर्च किए थे। इन 18 सदस्यों में से 16 कोटेदिया के (रघुपुरा का प्रमुख कबीला) थे जबकि दो सदस्य बतात (कोटेदिया से मधुर संबंध रखनेवाला कबीला) के थे। 16 कोटेदिया सदस्यों में से 11 एक ही वंश के थे। प्रत्येक प्रशिक्षित सदस्य ने 11 रूपये और प्रत्येक अप्रशिक्षित सदस्य ने 3,50 रूपये अंशदान देकर 160,50 रूपये का एक कोष बनाया। पंचायत

समिति के मशीनों पर आने वाली 600 रूपये की लागत वहन की। 2000 रूपये की लागत से एक भवन बनाया गया जिसका 50 प्रतिशत ग्रामीणों ने श्रमदान के रूप में वहन किया। अतः इस संस्था की कुल लागत 6090,50 रूपये आई जिसमें से 4830 रूपये सरकार और स्वयंसेवी संगठनों ने अनुदान दिया।

यद्यपि संस्था 1958 में ही पंजीकृत हो गयी थी, परंतु मशीनों की उपलब्धता में विलंब होने के कारण इसका क्रियान्वन 1960 में शुरू हुआ 1961 में यह सहकारी संस्था निम्नांकित कारणों से बंद कर दी गई–

(1) संस्था के सचिव और उपाध्यक्ष रघुपुरा छोड़कर चले गए।

(2) अध्यक्ष क्षय रोग (टी. बी.) से पीड़ित हो गया।

(3) समुचित बाजारू सुविधाओं के अभाव और उत्पादों की कीमत तुरंत नहीं प्राप्त होने के कारण।

(4) इस सार्वजनिक संस्था में अधिसंख्य ग्रामीणों की सहभागिता नहीं होने और गाँव के एक दबंग समुदाय कोटे दिया द्वारा व्यवहारिक रूप से लाभ उठाने के कारण जनसामान्य ने इसका विरोध किया।

आम्बेर परिश्रमालय (चरखा प्रशिक्षण केंद्र)

1957 में रघुपुरा में दो निरीक्षकों और 10 चरखों के साथ आम्बेर परिश्रमालय की शुरूआत हुई। 32 व्यक्तियों (24 पुरूषों और दो महिलाओं) को दो समूहों में प्रशिक्षित किया गया। प्रशिक्षित व्यक्तियों को तीन महीनों तक 20 रूपये मासिक प्रोत्साहन भत्ता दिया गया।

1958 में 20 चरखे आवंटित किए गए जबकि प्रशिक्षितों की संख्या 32 थी। इन 20 चरखों में 4 चरखे प्रशिक्षितों द्वारा प्रशिक्षण केंद्र को लौटा दिये गए। 6 चरखों का प्रयोग नहीं होने या समुचित प्रयोग नहीं होने के कारण प्रशिक्षण केंद्र द्वारा वापस मंगा लिए गए। बाकी के 10 चरखों में से 6 ही विभिन्न परिवारों द्वारा नियमित रूप से उपयोग में लाए जाते थे। अर्थात 32 प्रशिक्षित व्यक्तियों में से सिर्फ 6 ही चरखे

का उपयोग कर रहे थे। चरखों की दयनीय स्थिति, अपर्याप्त देखरेख और बहुत कम मेहनताना मिलने के कारण आम्बेर चरखा प्रशिक्षण केंद्र असफल रहा। जहाँ चरखा चलाकर एक व्यक्ति प्रतिदिन 50 पैसे कमाता था, वहीं एक महिला मजदूर 1,50 रूपये और पुरूष मजदूर 2 रूपये प्रतिदिन कमाता था। गाँव में काम नहीं मिलने पर ये मजदूर अलग जाकर भी काम करते थे। जो लोग चरखा चलाते थे वे या तो वृद्ध महिलाएं थीं या युवा लड़के थे। इसके बावजूद आम्बेर परिश्रमालय के संगठन इन समूहों के भी सभी लोगों को इससे जोड़ने में असफल रहा।

ग्राम इकाई यूनिट (ग्राम योजना इकाई)

लघु और कुटीर उद्योगों को प्रोत्साहन देने वाली संस्थाओं में खादी और ग्रामोद्योग आयोग प्रमुख हैं। सर्वोदय की विचारधारा पर आधारित एक कृषि–औद्योगिक समुदाय की स्थापना का प्रयास करना इस संस्था का निर्धारित उद्देश्य था। यद्यपि सैद्धांतिक रूप से यह संस्था संगठनात्मक है परंतु व्यवहारिक रूप से यह स्वतंत्र रहकर कार्य करती है। सामान्यतः ग्राम इकाई यूनिट कई गाँवों के समूह के लिए स्थापित की जाती है जिसका उद्देश्य इन गाँवों में लघु और कुटीर उद्योगों का विकास करना होता है।

1961 में पाँच गाँवों के लिए एक ग्राम इकाई गठित की गई जिसका मुख्यालय रघुपुरा में था। खादी आयोग ने एक ग्रामसेवक नियुक्त किया। उसे वेतन और कार्यालय के किराये तथा रख–रखाव आदि के खर्च के लिए 1800 रूपये वार्षिक दिया जाता था। जून 1963 तक रघुपुरावासियों को भूमि संरक्षण, बैलों, सिंचाई यंत्रों आदि के लिए 2600 रूपये मुहैया कराया गया। इस योजना के अंतर्गत आबंटित राशि का 92 प्रतिशत अर्थात् 2400 रूपये कोटेदिया समुदाय के लोगों को दिया गया जिन सात लोगों ने इसका लाभ उठाया उनमें से 6 कोटे दिया के थे। अतः यहाँ भी गाँव के प्रभावशाली समूह को ही

अधिकांश लाभ मिला जिससे अल्पसंख्यक समुदाय के लोग काफी हतोत्साहित हुए।

कुटीर उद्योगों का प्रशिक्षण

रघुपुरा में कुछ विशेष कुटीर उद्योगों और शिल्प उद्योगों में लोगों को प्रशिक्षित करने के लिए प्रयास किए गए। प्रशिक्षण का काम राजस्थान सेवा संघ (इस क्षेत्र में जनजातियों के उत्थान के लिए स्थापित एक स्वयं सेवी संगठन), राजस्थान सरकार के समाज कल्याण विभाग एंव डुंगरपुर पंचायत समिति (सामुदायिक विकास इकाई) के द्वारा किया गया।

पाँच व्यक्तियों को बढ़ईगीरी का प्रशिक्षण दिया गया और वे खेती के साथ–साथ गाँव में बढ़ई का काम करने लगे। दो व्यक्तियों को लुहारगीरी का प्रशिक्षण दिया गया किंतु किसी ने भी इस व्यवसाय को नहीं अपनाया इसमें से एक शिक्षक बन गया और दूसरा ग्रामसेवक। एक व्यक्ति को तेल निकालने का प्रशिक्षण दिया गया परंतु वह कहीं और काम करने लगा और उसने भी गाँव में काम नही किया। करघा उद्योग का प्रशिक्षण पाने वाले 13 लोगों में से (करघा से संबंधित सहकारी संस्था), किसी ने यह व्यवसाय नहीं अपनाया क्योंकि सहकारी संस्था ही बंद हो गई। कुछ लोगों को मिट्टी के बर्तन बनाने का प्रशिक्षण मिला किंतु किसी ने बर्तन बनाना नहीं शुरू किया। अपवाद स्वरूप कुछ लोगों ने खपड़ा बनाने का काम अपनाया।

भूदानपुरा ग्राम विक्रय भंडार

1958 में प्रत्येक परिवार की 10 रूपए की अनिवार्य अंशदान राशि से शुरू किए भंडार की पूँजी 1963 में 3250 रूपये हो गई। खाद्यान की कमी वाले दिनों मे जरूरतमंद लोगों को खाद्यान मुहैया कराकर पुनः ब्याज के साथ फसल कटाई के समय इसे वापस ले लेना इस भंडार का मुख्य कार्य था। इसके साथ–साथ भंडार में उचित मूल्य पर लेखन और भोजन सामग्री भी बेची जाता था।

आम्बेर परिश्रमालय (करघा प्रशिक्षण केंद्र)

1960 में ग्रामीणों को 6 महीनों तक करधे का प्रशिक्षण देने के लिए एक केंद्र खोला गया। 6 सभी परिवारों को चरखा आबंटित किया गया किंतु किसी ने भी इसका समुचित उपयोग नहीं किया। यहाँ भी इस योजना के असफल होने के वही कारण थे जो रघुपुरा में थे।

कुटीर उद्योंगों में प्रशिक्षण

कुछ विशेष प्रकार के कुटीर उद्योगों का प्रशिक्षण देने के लिए यह एक व्यवस्थित प्रयास था। प्रशिक्षण कार्य जिला सर्वोदय मंडल के संरक्षण में किया गया। 1963 में 11 व्यक्तियों को टोकरी बनाने, 5 को भवन निर्माण और 7 को बढ़ईगीरी का प्रशिक्षण दिया गया। इन सबों ने इन व्यवसायों को गाँव में शुरू किया।

तेल घानी (तेल उद्योग)

1957 में भूदानपुरा में तेलघानी की शुरूआत की गई। पंचायत समिति द्वारा मशीन मुहैया करायी गई और जिला सर्वोदय समिति की ग्रामोद्योग समिति के द्वारा दो लोगों को इसका प्रशिक्षण दिया गया। 1962 में तेलघानी को उत्पादित तेल की बिक्री में आनेवाली समस्याओं के कारण बंद कर दिया गया।

यद्यपि उपरोक्त वर्णित संगठनों का घोषित लक्ष्य आर्थिक विकास था, फिर भी इनमें से कुछ संगठनों की उनकी विचारधारा के प्रति काफी दृढ़ झुकाव था जो, इनकी असफलता का कारण बना। जैसा कि हम उल्लेख कर चुके हैं कि रघुपुरा और भूदानपुरा दोनों में चरखा के प्रयोग को संस्थागत करने का प्रयास असफल रहा। क्योंकि रोजगार के अन्य उपलब्ध विकल्पों के मुकाबले यह आर्थिक रूप से कम आकर्षक था यह बात यह प्रमाणित करती है कि इस विचारधारा पर प्रबल जोर देने के बाद भी इसके परिणाम इसे अव्यवहारिक बताते हैं। (गाँधीजी ने इस बात पर जोर दिया था कि प्रत्येक व्यक्ति को

अपने उपयोग के लिए आवश्यक सूत खुद बनाना चाहिए)। यह भी वर्णित किया जा चुका है कि चरखे का प्रयोग केवल वृद्ध महिलाएँ और 15 वर्ष से कम आयु के लड़के–लड़कियाँ करते थे। मज़दूरों के समूह में इन दो वर्गों को आसानी से नहीं रखा जा सकता और यदि कार्यक्रम में उन पर भी ध्यान केंद्रित किया गया होता तो इसकी सफलता की संभावना अधिक होती परंतु यह भी नहीं किया गया।

यहाँ यह भी उल्लेखनीय है कि हिंदूजातीय गाँवों में किसी भी व्यक्ति को शिल्पकारी का प्रशिक्षण देने का प्रयास नही किया गया। गैर व्यवसायिक जातियों ने इस तरह के प्रशिक्षण लेने से इंकार किया होगा और व्यवसायिक जातियों की इसमे पर्याप्त रूचि नही रही हो अतः जाति और व्यवसाय का समन्वय यथावत रहा। रघुपुरा और भूदानपुरा (जनजातीय गाँवों) में भी प्रशिक्षण कार्यक्रमों के द्वारा लोगों को जो प्रशिक्षण दिया गया, वह या तो अप्रयुक्त (लुहारगीरी और वस्त्र उद्योग) रहा या उसका समुचित प्रयोग (बर्तन बनाना) नहीं किया गया। व्यवसायिक प्रशिक्षण कार्यक्रम पर दृष्टिपात करने पर यह बात स्पष्ट होती है कि यह परंपरागत मान्यताओं की शुद्धता और अशुद्धता तथा जातिगत स्थिति के विचार से ज्यादा प्रभावित था।

जनजातीय समाज में बढ़ईगीरी को एक शास्त्रीय रूप से स्वच्छ व्यवसाय माना जाता था। बढ़ईयों ने इस ब्राह्मणों की तरह जीवन शैली को अपनाकर इस तथ्य को भुनाया और वे अपने को जंगीद ब्राह्मण कहने लगे। वे शाकाहारी भोजन करने लगे, ब्राह्मणों को छोड़कर दूसरी शुद्ध जातियों से कच्चा भोजन नही लेते थे, जनेऊ (पवित्र धागा) पहनने लगे आदि। निष्कर्षतः बढ़ईगीरी जनजातियों की सामाजिक स्थिति ऊपर उठाने के लिए बढ़ईगीरी का व्यवसाय एक साधन बन गया। दूसरी ओर, जिन लोगों को मिट्टी के बर्तन बनाने का प्रशिक्षण दिया गया वे खपड़ा बनाने लगे। उन्होंने बर्तन बनाने के काम को कुम्हार का व्यवसाय कहकर इसे छोड़ दिया। यद्यपि बर्तन बनाने का काम परंपरागत रूप से अशुद्ध नही माना जाता फिर भी यह

परंपरागत रूप से एक पिछड़ी जाति का व्यवसाय माना जाता था। लुहारगीरी का प्रशिक्षण पानेवाले लोगों ने दो कारणों से इस व्यवसाय को नहीं अपनाया। 1. स्थानीय जातिगत वरीयता क्रम में लुहार का स्थान नीचे था, और 2. इस व्यवसाय का प्रशिक्षण लेनेवाले लोग शिक्षित थे और इस कारण उनके पास दूसरे क्षेत्रों में रोजगार के विकल्प उपलब्ध थे। यह बात महत्वपूर्ण है कि ना तो रघुपुरा में और ना ही भूदानपुरा में किसी भी व्यक्ति ने चमड़े का काम करने या इसी प्रकार किसी दूसरे ऐसे काम का जो परपरागत रूप से अशुद्ध माना जाता है, का प्रशिक्षण नहीं प्राप्त किया। इस प्रकार यह बात सिद्ध होती है कि सर्वोदय के प्रयास में व्यवसायिक आधार पर वर्ण व्यवस्था को बनाए रखना चाहिए था। सर्वोदय कार्यकर्ता यह समझने में असफल रहे कि सामाजिक व्यवस्था में समाज में व्यवसायिक प्रतिष्ठा महत्वपूर्ण है और यह व्यवसाय विशेष में प्राप्त होने वाले मेहनताना से बहुत प्रगाढ़ ढंग से जुड़ी हुई है।[17]

गाँव से नेतृत्वकर्ताओं के पलायन (रघुपुरा करघा समिति), अव्यवहारिक कार्यों पर विचारधारात्मक रूप से जोर देना (भूदानपुरा और रघुपुरा में चरखे का प्रशिक्षण) लचर प्रबंधन और जनता के गैर जिम्मेदाराना कार्य (जैसे–इदानपुरा में ग्राम बिक्री केंद्र), राजनीति से जुड़े लोगों की सक्रियता (जैसे–रघुपुरा करघा समिति के 5 अप्रशिक्षित सदस्य) सहकारी संगठनों की बाजारू समस्यांए (जैसे–रघुपुरा में कोटे दिया) द्वारा अधिकाधिक लाभ प्राप्त करने की प्रवृत्ति ने कुटीर और ग्रामीण उद्योगों के द्वारा आर्थिक परविर्तन लाने के प्रयास के विरूद्ध निर्णायक शक्ति की तरह कार्य किया।

निष्कर्ष

इस अध्याय में प्रस्तुत आँकड़ों के विश्लेषण से निम्नलिखित निष्कर्ष निकाले जा सकते हैं:

1. प्रायोगिक (ग्रामदान और नियंत्रित गाँवों में भू–स्वामित्व की व्यवस्था में कोई खास अंतर नहीं है।

2. हिंदूजातीय ग्रामदान गाँवों में भूमि का एक बड़ा भाग उच्च वर्ग के लोगों के पास में है जो सामान्यतः उच्च जाति के हैं।
3. ज्यादातर ग्रामदान गाँवों भूमिहीनों को भूमि देने का कोई भी व्यवस्थित प्रयास नहीं किया गया और भू–हस्तांतरण के ज्यादातर मामले "खोखले" थे।
4. भूमि दान के मामले वस्तुपरक और व्यक्तिगत लाभों से प्रेरित है और दान की गई भूमि या तो बेकार है या विवादास्पद।
5. जहाँ भी भूमि का पुनर्वितरण हुआ निम्न जातियों और भूमिहीनों के मुकाबले उच्च जातियों और भूमिहीनों को समान फायदा मिला। अर्थात् भूमि वितरण में भूमिहीनता को मापदंड नहीं बनाया गया। जब भी किसी ग्रामदान गाँव को किसी पड़ोसी गाँव से भूमि प्राप्त हुई, इसका फायदा गाँव के दबंग समूहों ने उठाया।
6. भूमिहीनता को नजरंदाज करके किया गया अविवेकापूर्ण भूमि वितरण 'जोतनेवाले की भूमि' के सिद्धांत का खंडन करती है और ग्रामीण अर्थव्यवस्था की समस्याओं के समाधान तथा स्वावलंबित ग्राम के विचार को चुनौती देती है, जो कि ग्रामदान के विचारों के विपरीत है।
7. ग्रामदान गाँवों में होने वाले अनेक भूमि विवाद यह प्रमाणित करते हैं कि भूमि के सामूहिक स्वामित्व की अवधारणा का विकास नहीं हो पाया और व्यक्तिगत भू.स्वामित्व की लालसा, भूमि की भूख काफी सुदृढ़ हैं।
8. सर्वोदय कार्यकर्ताओं के दबाव में आकर राजस्व अधिकारियों द्वारा ग्रामदान गाँवों को पड़ोसी गाँवों की भूमि आबंटित करने के कारण इन गाँवों के बीच कई भूमि विवाद हुए।
9. सैद्धान्तिक रूप से भूमि पर सामूहिक स्वामित्व होने के बाद भी वास्तविक रूप से भूमि पर नियंत्रण कुछ ही लोगों का है।

इस प्रकार यह कहा जा सकता है कि जिन निहित स्वार्थी शक्तियों के विरूद्ध ग्रामदान आंदोलन शुरू हुआ था, वे ही शक्तियाँ इस भूमि अधिग्रहण एक्ट और भूमि कर के वैधानिक नियमों का उल्लंघन कर इस आंदोलन को अपने हितों के रक्षार्थ उपयोग करने लगे।

10. भूमि पर सामूहिक स्वामित्व होने के कारण भूमि की खरीद–बिक्री नहीं हो पाती है जिससे एक ग्रामदान गाँव बाहरी परिवेश से संपर्क नहीं रह जाता और इस स्थिति में व्यवहारिक रूप से ना तो बाहर कोई व्यक्ति ग्रामदान गाँव में आकर बस सकता है और ना ही कोई गाँव छोड़कर बाहर जा सकता है। दूसरी ओर यह देश में भावी औद्योगिकरण के भी प्रतिकूल है।
11. ग्रामदान गाँवों में कृषि व्यवस्था संबंधी कोई भी उल्लेखानीय परिवर्तन नही हुए। जमींदारी प्रथा परोक्ष रूप से इन गाँवों में विद्यमान ही रही।
12. अध्ययन के लिए हमारे द्वारा चुने गए गाँवों परस्पर सहयोग की कुछ प्रथाएं पहले से ही प्रचलित थीं जिन्हें प्रोत्साहित करके समाज को सहकारी बनाया जा सकता था। सर्वोदय कार्यकर्ताओं को या तो इन प्रथाओं की जानकारी नही मिल पायी या फिर उन्होंने इनका व्यवस्थित ढंग से उपयोग नहीं किया।
13. ग्रामीण सहकारी समितियाँ अखिल ग्रामीण संस्थाएं नही बन सकीं। इन संस्थाओं से गाँव के सभी लोग नहीं जुड़े और इनका लाभ विशेषकर उन्हीं जातियों या कबीलों को मिला जिनकी जनसंख्या अधिक थी और आर्थिक रूप से संपन्न थे।
14. ग्रामीण उद्योगों के विकास के द्वारा आर्थिक परिवर्तनों को लाने के प्रयास कई कारणों से असफल रहे जैसे–इन कार्यक्रमों के सीमित कार्य क्षेत्र, अकुशल प्रबंधन और नतृत्व, अपर्याप्त बाजारू संगठन, राजनीतिक तत्वों की सक्रियता, प्रभावशाली

समूहों द्वारा इन कार्यक्रमों से होने वाले लाभ को प्राप्त करने और समाज में अपर्याप्त संगठन का अभाव आदि।

उपरोक्त लिखित निष्कर्ष यह स्पष्ट रूप से दर्शाते है कि ग्रामदान गाँवों में आर्थिक क्षेत्र में परिवर्तन के विभिन्न प्रयास निष्फल रहे।

प्रथम अध्याय में हम यह दर्शा चुके हैं कि एक प्रतिभाशाली आंदोलन में सुधारवादी कार्यक्रमों को प्रमुखता मिल सकती है परंतु ऐसा भी हो सकता है कि आंदोलन से जुड़ने के लिए लोगों को प्रेरित करने में आंदोलन की विचारधारा प्रमुख रूप से उत्तरदायी नहीं हो। हमारे साक्ष्य यह प्रमाणित करते हैं कि ग्रामदान गाँव इस आंदोलन से प्राप्त होने वाले लाभों को ग्रहण करने के लिए कई ग्रामीण समूहों के बीच परस्पर प्रतिद्वंद्विता चलती रही। यह परिस्थिति सरकार द्वारा ग्रामदान गाँवों को दिए जाने वाले विशेष लाभों के कारण उत्पन्न हुई। इसके परिणामस्वरूप निहित स्वार्थी तत्वों को संरक्षण प्राप्त हुआ। आंदोलन का प्रतिभाशाली स्वरूप इसके सामाजिक–आर्थिक विकास कार्यक्रमों में परिलक्षित होने की बजाय एक जवाब देही बन गई।

नोट

1. यहाँ वैचारिक स्पष्टीकरण का जो प्रयास किया गया है वह इलियास एच. टूमा की ''द एग्रेरियन बेस्ड डेवलपमेंट पॉलिसी इन लैंड रिफॉर्म–लैंड इकोनामिक्स वॉल्यूम 39 3 अगस्त 1963, पेज 265–73. पर आधृत है।
2. इबीड (Ibid) पेज 266
3. 'अर्द्ध सामंती' शब्द को सुझाव के तौर पर प्रयोग किया गया है। हम भारत में प्रचलित व्यवस्था और फ्यूडल (सामंतवाद) के अंतर से परिचित है। देखें, डेनियल थोरनर, ''फ्यूडलिज्म इन इंडिया'' इन रोस्टॉन क्लबार्न, फ्यूडलिज्म इन हिस्ट्री, प्रिंसेस्टन, प्रिंसेस्टन यूनिवर्सिटदी प्रेस, 1956, पेज 133.150.
4. जैसा कि हम तृतीय अध्याय में उल्लेख कर चुके हैं कि हमने दक्षिणी पर्वतीय क्षेत्र से दो गाँवों को चुना है। परंतु इनमें से एक गाँव भूदानपुरा नया बसाया गया था और यहाँ बसाये गये लोगों में भूमि का पुनर्वितरण लगभग एकसमान ही हुआ था। अतः हमने इस तुलनात्मक विश्लेषण में इसे शामिल नहीं किया है।

5. यहाँ ग्रामदान में हुए भूमि सुधार को केंद्रिय तथ्य माना गया है। इस विश्लेषण में ग्रामीणों की वैसी भूमि जो उनके अपने गाँव से बाहर थी को शामिल नहीं किया गया है।

6. हम पहले ही उल्लेख कर चुके हैं कि सामान्यतः ग्रामदान गाँवों का क्षेत्रफल और इनकी जनसंख्या अपेक्षाकृत कम है। प्रति परिवार भूमि की उपलब्धता भी इन गाँवों में कम है (अध्याय–III देखें)

7. इस समय की परिस्थिति इस संदर्भ में अलग थी कि ग्रामदान गाँवों में कोई व्यक्ति अपनी जमीन किसी दूसरे व्यक्ति के हाथों बेच सके।

8. सुकपुरा राजस्थान के मरूस्थलीय भाग में अवस्थित है। यहाँ भूमि सस्ती और प्रचुर मात्रा में उपलब्ध है। सारणी संख्या–8 से यह स्पष्ट है कि इस क्षेत्र में राजस्थान के अन्य दो क्षेत्रों की तुलना में जोतों का आकार बड़ा है।

9. एक कृषक समाज का स्थायित्व आंशिक रूप से वहां भूमि के निरंतर हस्तांतरण नहीं होने पर निर्भर करता है। यद्यपि भारतीय गाँवों में भूमि पर स्वामित्व निजी होता है तथा खेती भी भूस्वामी के द्वारा ही की जाती है, फिर भी भूमि का हस्तांतरण बहुत कम होता है। इसके दो कारण थे– 1. यह प्रमुख हिस्सेदार का अधिकार होता है कि वह अन्य हिस्सेदारों के सौजन्य से सरकार को भुगतान करे। 2. छोटे जोतको और भूस्वामियों के पास अपनी भूमि का पृथक अभिलेख नहीं होता है। देखें – बी. बी. मिश्रा, इंडियन मिड्ल क्लासेस, लंदन, ऑक्सफोर्ड युनिवर्सिटी प्रेस, 1961, पेज–311, फलतः बड़े ही असामान्य ढंग से भूमि की खरीद बिक्री होने लगी और व्यवहारिक रूप से भूमि का हंस्तांतरण एक अंतर ग्रामीण प्रक्रिया बन गई इसका मुख्य कारण ग्राम प्रमुख भूमि हस्तांतरण के मामलों में प्राप्त अधिकार थे। दूसरी ओर बेनेट यह स्पष्ट करते हैं कि अमेरिका के दक्षिणी भाग में भूमि की खरीद बिक्री संभव होने कारण वहाँ ग्रामीए संस्कृति का विकास नही हो पाया। देखें, फ्रांसिस्को बेनेट, ''सोशयोलॉजी अनसर्टेन : द आइड्योलॉजी ऑफ रूरल–अरबन' कन्टिन्यूअम'' कॉम्परेटिव स्टडीज इन सोसायटी एंड हिस्ट्री वॉल्यूम VI (1) 1963, पेज–31,

10. दूसरे क्षेत्रों में भी उपलब्ध वस्तुपरक लाभों को मनमाने ढंग से प्राप्त करने की प्रवृत्ति थी। हम लोग यहाँ सिर्फ विकासात्मक कार्यक्रमों में मनमाने ढंग से लाभ प्राप्त करने की प्रवृत्ति का एक उदाहरण प्रस्तुत करेंगे। राजस्थान सहकारी विभाग ने ग्रामदान गाँवों के लिए विशेष अनुदान की व्यवस्था की थी जिसके तहत रघुपुरा को 2600 रूपये प्राप्त हुए। इसमें से 1400 रूपये सिंचाई के लिए 1000 रूपये भूमि सरंक्षण के लिए और 200 रूपये बैलों के लिए थे। इस योजना का लाभ लेने वाले 7 व्यक्तियों में से 6 व्यक्ति रघुपुरा के दबंग कबीले कोटे दिया के थे। गाँव के सरपंच और एक मुखिया, दोनों

में प्रत्येक को सिंचाई उपकरण खरीदने के लिए 700–700 रूपये दिए गए। एक दूसरे मुखिया और सरपंच के चचेरे भाई दोनों में प्रत्येक को 250 रूपये भूमि सरंक्षण के लिए दिए गए एक पंचायत सदस्य को बैल खरीदने के लिए 200 रूपये मिले। यहाँ हम लोग यह बात प्रकाशित करना चाहते हैं कि ग्रामदान गाँवों में वस्तुपरक लाभों को ग्रहण करने के लिए सामूहिक प्रतिस्पर्द्धा व्याप्त थी और सामान्यतः ये लाभ ऐसे दबंग समूहों या व्यक्तियों द्वारा जो गाँव की शक्ति व्यवस्था मे सशक्त थे, मनमाने ढंग से प्राप्त किया गया।

11. हाली के विस्तृत विश्लेषण के लिए देखें, वृजराज चौहान ''ए स्टडी ऑफ सोशल इन्सटीयूशन इन इंडियन विलेजेज'' रूरल सोशयोलॉजी वॉल्यूम 26 (2) 1961, पेज 191–97.

12. इस बिंदु पर एक रोचक विश्लेषण के लिए देखें, मारग्रेट मीड (ed) को ऑपरेशन एंड कॉम्पटीश्यान एमंग प्रिमिटिव पिपल्स, न्यूयार्क और लंदन, मैक–ग्रा हील बुक कंपनी, Inc. 1937, विशेषकर पेज 5–6 और 9–10.

13. मैसूर के गाँवों में सहकारी समूहों के कार्यों के तुलनात्मक अध्ययन के लिए देखें, अी. एस. इप्सटाइन, इकोनॉमिक डिवलपमेंट एंड सोशल चेंज इन साउथ इंडिया। बाम्बे, आक्सफोर्ड यूनिवर्सिटी प्रेस, 1962, पेज 72–77.

14. 1961 से पहले इदानपुरा एक ऐसी सहकारी संस्था से संबंधित था जो बगल के कई गाँवों में भी कार्यरत थी और इसका मुख्यालय बगल के एक गाँव में था। रामदेव जो कि इदानपुरा का एक शिक्षित नाई था, और इदानपुरा के तत्कालीन जागीरदार का बड़ा बेटा रामनारायण क्रमशः इसके सचिव और खजांची थे। ये दोनों व्यक्ति संस्था के धन का दुरूपयोग करने के कारण इसकी गतिविधियों से अलग रहे।

15. कर्मकांडिय और पौराणिक स्थिति के आधार पर हिंदू–जातियों को चार भागों में बाँटा जाता है। ब्राह्मण, क्षत्रिय और वैश्य ऊँची जातियों की श्रेणी में थे। ब्राह्मण वर्णाक्रम में सबसे ऊपर थे। क्षत्रियों के राजनीतिक महत्व और आर्थिक शक्ति के कारण इसका समाज में विशेष प्रभाव था। वैश्य समाज की धनी जाति होती थी और आर्थिक नियमों के निर्धारण में इनकी अहम भूमिका होती थी। उच्चतर मध्यम जातियाँ शूद्र थीं। तत्कालीन भारतीय ग्रामीण समाज में इनका स्थान काफी महत्वपूर्ण था क्योंकि इनकी संख्या अधिक होने के कारण ये राजनीतिक रूप से सशक्त थीं ज्यादातर भूमि इन्ही जातियों के पास थी और ये अपनी भूमि पर खुद खेती करती थीं। ग्रामीण सामाजिक व्यवस्था में इनका निर्णायक प्रभाव था। ये जातियाँ जाट, अहीर, गुर्जर, मीना आदि है। मध्यम जातियाँ भी शूद्र थीं। परंतु इनकी संख्या कम थी और ये आर्थिक रूप से उच्चतर मध्यम जातियों पर निर्भर रहती थीं। इनमें पेशेवर जातियाँ जैसे खाटी (बढ़ई), कुम्हार, नाई, लुहार आदि थीं। वे

लोग अछूत कहलाते थे जिन्हें अन्य सभी जातियों द्वारा स्पर्श और साथ भोजन करने पर प्रतिबंध लगा दिया गया था।

16. इस समस्या के विस्तृत वर्णन के लिए देखें वाई. बी. दामले, सोशल डिफरेंशियेशन एंड डिफरेंशियेशन इन ए मोल्युमेट्स, पूना, डेकन कॉलेज मोनोग्राम सिरीज, 1955।

अध्याय–6

ग्रामदानः गाँवों में राजनीति और सरकार

पिछले अध्याय में हम यह दर्शा चुके हैं कि ग्रामदान, गाँवों में आर्थिक क्षेत्र में परिवर्तन लाने के विभिन्न प्रयास विफल रहे। इस अध्याय में हम इन गाँवों की राजनीति और इनके प्रति सरकार के रवैये की चर्चा करेंगे। इसके लिए ज्ञात हो जिसमें राजनीतिक खेल खेला जाता है।

अध्याय 1 में हम पहले ही स्पष्ट कर चुके हैं कि एक आदर्श–प्रारूपिक प्रतिभाशाली आंदोलन में पदानुषंग या कोई भी संगठनात्मक ढ़ांचा नहीं होता। फिर भी, एक प्रतिभाशाली आंदोलन की निरंतरता को बनाये रखने और इसके द्वारा परिवर्तन लाने के संगठनात्मक ढ़ांचे के विकास की आवश्यकता की चर्चा के क्रम में हम यह बता चुके हैं कि इसमें अखिल भारतीय–स्तर सहित राज्य और जिला–स्तर पर सक्रिय संगठनात्मक ढ़ांचे का विकास हो चुका था। सर्वोदय द्वारा प्रस्तावित शक्ति के विकेंद्रीयकरण के सिद्धांत को दृष्टिगत रखते हुए ग्रामीण स्तर के संगठनों को छोड़कर सभी संगठन संयोजक का काम करते थे। फिर भी इन संगठनों की कार्य–पद्धति को क्षणिक मानना चाहिए, क्योंकि परम लक्ष्य की प्राप्ति के लिए व्यक्तियों और समूहों को संगठन से स्वतंत्र रखना पड़ता है। इसके बावजूद मौलिक–स्तर पर परिवर्तन लाने के लिए गाँवों को लक्ष्य बनाया गया। इसी कारण हमने

अपने अध्ययन के क्षेत्र को ग्राम–स्तर के संगठनों तक ही सीमित रखा है। प्रतिभाशाली–आंदोलन में संगठनात्मक आधार के विकास का विस्तार और शक्ति का कुछ विशेष लोगों के हाथों में केंद्रित होना, हमारे लिए विचारणीय है। इस अध्याय में हम शक्ति के केंद्रीकरण और विकेंद्रीयकरण की समस्या पर विचार करेंगे। अगर स्वार्थी तत्वों को संगठन में पद दिया जाये, तो यह परिवर्तन की प्रक्रिया के लिये घातक होगा।

ग्रामदान–गाँवों में दो प्रकार के राजनीतिक संगठन कार्यरत थे। ग्राम सभा और सर्वोदय मंडल। हम इन दोनों का अलग–अलग विश्लेषण करेंगे।

सर्वोदय मंडल

सर्वोदय की विचारधारा को ग्रामदान गाँवों के आसपास प्रसारित करना; सर्वोदय मंडल का सर्वप्रमुख उद्देश्य था। इस कार्य में संप्रेषण का मुख्य माध्यम पदयात्रा था, परंतु कुछ मामलों में पत्र–पत्रिकाओं का भी प्रयोग किया गया। उदाहरण के लिए सुकपुरा मंडल के पास एक पुस्तकालय था। ये अलग बात है कि इसका नियमित पाठक कोई नहीं था। गाँवों में गठित सर्वोदय मंडलों का यह दायित्व था कि वे सर्वोदय पात्र को संस्थागत करें। लोक सेबक और शांति सैनिक, मंडल के सदस्य होते थे।

सर्वोदय को अपनाने वाले लोगों के लिए यह आवश्यक होता था कि वे अपने घर में एक सर्वोदय पात्र रखें और सर्वोदय कार्यकर्ताओं के जीवन–यापन के लिए उसमें नकद या कोई दान स्वरूप इकट्ठा करें। ग्रामदान गाँव के लिए सभी परिवारों के लिए इसे रखना अनिवार्य था। 1960 में रघुपुरा और इदानपुरा के सभी परिवारों में सर्वोदय पात्र वितरित किए गए परंतु न तो किसी ने प्रस्तावित नियमों

के अनुसार इसमें एक मुट्ठी अन्न डाले और ना ही ये पात्र पुनः कभी वापस लिए गए। 1963 में सुकपुरा के 64 परिवारों में से 16 को सर्वोदय पात्र दिये गये परंतु बाद में उसे वापस नहीं लिया गया। 1960 से भूदानपुरा के परिवार ने सर्वोदय पात्र रखना शुरू कर दिया। प्रत्येक परिवार इसमें प्रतिदिन एक नया पैसा या अनाज इसमें जमा करता था। यद्यपि यह अंशदान बहुत ही मामूली था, परंतु इस सिद्धांत को अपनाकर इसका अनुपालन किया गया। सर्वोदय पात्र से एकत्रित अंशदान को जिला सर्वोदय मंडल को नियमित रूप से सौंप दिया जाता था। यह उल्लेखनीय है कि भूदानपुरा को छोड़कर किसी भी गाँव में सर्वोदय पात्र संस्थागत नहीं हो सका और यहाँ भी संस्कारिक सहयोग के सिद्धांत से प्रभावित होकर लोगों ने मामूली अंशदान दिया।

लोकसेवकों और शांति सैनिकों के द्वारा शांति सेवा का गठन होता था। ये लोग लोकसेवा के लिए अपना जीवन दान करने की शपथ लेते थे। लोकसेवकों को जहाँ स्थानीय स्तर पर ही कार्य करना पड़ता था, वहीं शांति सैनिकों को जरूरत पड़ने पर कहीं दूसरी जगह भी बुलाया जा सकता था।

स्वयंसेवकों के कल्याणकारी कार्यों द्वारा जनशक्ति को सामाजिक परिवर्तन के लिए प्रेरित किया जाता था। इन स्वयंसेवकों का जीवन–यापन सर्वोदय पात्र से प्राप्त अंशदान से होता था। सर्वोदय मंडल का प्रमुख उद्देश्य सर्वोदय के आदर्शों को प्रचारित करना था। लोकसेवकों और शांति सैनिकों को अपने–अपने जिलों में नियमित पदयात्रा के द्वारा संप्रेषण के ऐजेंट का काम करना पड़ता था। हमारे द्वारा चुने गये गाँवों में से किसी में भी यह कार्य नियमित रूप से नहीं होता था। वस्तुतः पदयात्रा एक वार्षिक संस्कार बन चुकी थी।

इदानपुरा में तीन ही शांति सैनिक थे। इसमें से एक ब्राह्मण ग्रामसेवक था जो एक पड़ोसी गाँव का निवासी था। शेष दो में एक

गाँव का नाई था और दूसरा एक अहीर था जो कि पड़ोस के एक गाँव में शिक्षक था। इदानपुरा में एक भी लोकसेवक नहीं था।

सुकपुरा में 13 लोकसेवक और 6 शांति सैनिक थे। इनमें से कोई भी निम्न जाति का नहीं था। 14 जाट और शेष राजपूत थे। इस प्रकार सुकपुरा के सर्वोदय मंडल पूर्णरूपेण दो में महत्त्वपूर्ण जातियों का प्रतिनिधित्व था। भूदानपुरा 9 लोकसेवक थे जबकि यहाँ एक भी शांति सैनिक नहीं था। ये शांति सैनिक दबंग कोटेदिया कबीले के थे।

इनमें से किसी भी गाँव में लोकसेवकों और शांति सैनिकों ने किसी विशिष्ट गतिविधि का संचालन नहीं किया। सिर्फ उन्होंने शांति सेना में अपना नाम दर्ज कराकर अखिल भारतीय स्तर पर समाजसेवकों की संख्या में इजाफा किया। यह कहना पूर्णतः उचित होगा कि शांति सैनिकों और लोकसेवकों की तुलना एक राजनीतिक दल के इन सामान्य सदस्यों से की जा सकती है जो अपने दल की विचारधारा और गतिविधियों के प्रति निष्क्रिय होते हैं।

ग्राम सभा

सर्वोदय मंडल का जो विवरण हमने प्रस्तुत किया, उससे यह स्पष्ट होता है कि इस संगठन द्वारा इन चारों गाँवों में से किसी में भी विकास का कार्य संपादित नहीं किया गया। अब हम ग्राम सभी का अध्ययन करेंगे। ग्रामसभा एक राजनीतिक संस्था थी जिसके गठन का सर्वप्रमुख उद्देश्य ग्राम स्तर पर निर्णय लेने की प्रक्रिया का विकेंद्रीयकरण था। गाँव के सभी वयस्क ग्रामसभा के सदस्य होते थे। इसका पहला काम एक अध्यक्ष और कम से कम पाँच सदस्यों की एक कार्यकारिणी समिति का चुनाव करना होता है। तहसीलदार की देखरेख में यह चुनाव होता है। ग्रामसभा अपने कार्यों को सुचारू ढ़ंग से संचालित

करने हेतु एक सचिव और अन्य अधिकारियों और कार्यकर्ताओं का चयन कर सकती है। ग्रामसभा के द्वारा अध्यक्ष, सचिव और कार्यकारिणी समिति के सदस्य अपने पद से हटाये जा सकते है। हमारे द्वारा चुने गए चार गाँवों में से एक गाँव (रघुपुरा) में ग्रामसभा गठित नहीं हुई थी। अतः यहाँ हम इस विवरण में इसकी चर्चा नहीं करेंगे।

आंदोलन में एक ऐसे समाज की परिकल्पना की गई थी जो डंडा (राजनीतिक शक्ति) और तंत्र (औपचारिक संगठनात्मक व्यवस्था) से मुक्त हो। अंत्योदय (सबसे कमजोर लोगों का उत्थान) और स्वतंत्र तथा स्वछंद व्यक्तियों से निर्मित समाज आंदोलन का आदर्श वाक्य था। इस पृष्ठभूमि के विपरीत इस बात की समीक्षा करना काफी रोचक होगा कि ग्रामदान गाँवों में लोकनीति ने राजनीति को किस हद तक प्रतिस्थापित किया। अपने विवरण को सुग्राह्य बनाने के लिए यह आवश्यक है कि हम यह जान लें कि सर्वोदय की राजव्यवस्था तीन महत्त्वपूर्ण अवधारणाओं पर आधृत है।

1. व्यक्तिगत और सामूहिक हित एक ही है।
2. एक ऐसे समाज की स्थापना संभव है जिसमें शक्ति किसी एक जगह पर ही केंद्रित न हो।
3. समुदाय का छोटा आकार निर्णय लेने की प्रक्रिया में सभी सदस्यों की भागीदारी का अवसर उपलब्ध कराता है।

ये विचार एक दूसरे से परस्पर संबंधित हैं। जैसे ही व्यक्तिगत और सामूहिक हित एक समान हो जाते हैं, शक्ति का केंद्रीयकरण अर्थहीन हो जाता है और शक्ति का प्रसार संभव हो जाता है। शक्ति के विकेंद्रीयकरण का आधार निर्णय लेने की प्रक्रिया में समाज के सभी सदस्यों की समान भागीदारी है। सभी सदस्यों की समान भागीदारी तभी हो सकती है जब समूह इतना छोटा हो कि सभी लोग एक–दूसरे से आमने–सामने बात करें। लोगों के बीच अनौपचारिक

संबंध बने रहें, लोगों की अंतिम भागीदारी बनी रहे आदि। विशिष्ट सार्वभौमिक समाज के निर्णय के लिए यह आवश्यक है कि सभी लोग संगठन से सक्रिय रूप से जुड़े रहें।

अब हम उपरोक्त उल्लेखित उन अवधारणाओं की वैधता की समीक्षा करेंगे। जिन पर सर्वोदय की राजव्यवस्था आधृत है। अध्ययन की पूर्वापेक्षा के तौर पर यह आवश्यक है कि पहले हम सर्वोदय के राजनीतिक दर्शन को जान लें।

हम यह पहले ही उल्लेख कर चुके हैं कि हमारे अनुसंधान के समय इदानपुरा, सुकपुरा और भूदानपुरा में ही ग्राम सभा गठित हो सकी थी। इदानपुरा में ग्रामसभा का गठन 1961 में हुआ। सुकपुरा में 1960 में और भूदानपुरा में 1958 से ग्रामसभा ने कार्य करना शुरू किया। इन तीन ग्रामसभाओं की कार्यविधि का विश्लेषण इस निश्चित रूप से इस तथ्य के साथ शुरू किया जाना चाहिए कि हमारे अनुसंधान के समय ये ग्रामसभाएं अलग–अलग समयावधि से कार्यरत थीं: इदानपुरा में 24 महीनों से, सुकपुरा में 35 महीनों से और भूदानपुरा में 52 महीनों से। ये अंतर इनकी शुरूआत की भिन्न–भिन्न तारीखों को ही नहीं बल्कि और कई तथ्यों को भी दर्शाते हैं। सुकपुरा और भूदानपुरा में जहाँ ग्रामसभाओं ने अपना निर्धारित कार्यकाल पूरा किया वहीं इदानपुरा ग्रामसभा को निलंबित करना पड़ा।

ग्रामसभा का गठन "उन सभी वयस्कों के द्वारा होता है जो या तो उस गाँव के निवासी हों या उस गाँव में उनकी भूमि हो।"[2] ग्रामदान गाँवों में किसी विषय पर निर्णय लेने का अधिकार ग्रामसभा को होता है। प्रत्येक ग्रामसभा एक पृथक राजनीतिक संगठन न्यायिक शक्तियाँ होती हैं। इसकी बैठक महीनें में कम से कम एक बार जरूर होनी चाहिए। राजस्थान ग्रामदान एक्ट, 1960 के तहत ग्रामसभा को निम्नलिखित शक्तियाँ दी गई हैं:

1. वैधानिक रूप से एक बार जब भूमि दान कर दी जाये, तो सार्वजनिक भूमि के साथ–साथ इस पर ग्रामसभा का स्वामित्व हो जाता है।
2. गाँव की पूरी भूमि का भू–राजस्व और इससे संबंधित अन्य करों की अदायगी का दायित्व ग्रामदान का होगा। जिन लोगों ने भूमि दान नहीं किया हो, उनके भी भूमि से संबंधित करों का भुगतान ग्रामसभा ही करेगी। इसके बदले ग्रामसभा इन व्यक्तियों से कर प्राप्त करेगी।
3. ग्रामसभा कभी समाप्त नहीं होने वाली एक ऐसी सामूहिक संस्था है जिसे सामान्यतः संविदाओं में भागीदारी लेने और उपार्जन करने का अधिकार है। इसे चल और अचल संपत्ति रखने के साथ–साथ प्रशासन और नियंत्रण के अधिकार भी प्राप्त हैं।
4. ग्रामसभा को यह अधिकार है कि वह ग्राम निधि (अनुदानों, उपहारों, स्वेच्छा से दान की गई, वसीयत, किसी व्यक्ति या संस्था या राज्य सरकार या केंद्र सरकार से प्राप्त ऋण प्राप्त कर सकती है।
5. ग्रामसभा, अध्यक्ष और कार्यकारिणी समिति को पद्च्युत कर सकती है।
6. ग्रामसभा को आपराधिक और नागरिक संबंधी झगड़ों को सुलझाने और अपने द्वारा वितरित की गई भूमि से किसी को बेदखल करने का अधिकार है।

इस प्रकार ग्राम सभा न्यायिक और प्रशासनिक अधिकारों से युक्त एक काफी शक्तिशाली संस्था है। नियंत्रित गाँवों में इस तरह की कोई भी संस्था कार्यरत नहीं होती है। अतः स्थानीय शासन और राजनीति के आधार पर इन गाँवों की तुलना ग्रामदान गाँवों से करना किसी प्रकार भी अर्थपूर्ण नहीं होगा।[3]

सर्वोदय का राजनैतिक दर्शन

गाँधी जी ने अधिकाधिक व्यक्तिगत स्वतंत्रता को महत्त्व दिया। उन्होंने लिखा है, "व्यक्तिगत स्वतंत्रता से मुँह मोड़ कर किसी भी समाज का निर्माण संभव नहीं है, यह मानव मौलिक स्वभाव के विपरीत है।"[4] वे पूछते हैं, "समाज क्या बच जायेगा?"[5] परंतु व्यक्तिगत स्वतंत्रता का यह अर्थ नहीं। व्यक्ति को अपने व्यक्तिगत उद्देश्यों की पूर्ति हेतु कार्य करना चाहिये। इसके विपरीत व्यक्तिगत स्वतंत्रता किसी व्यक्ति को स्वेच्छा से और पूर्णरूपेण समाज की सेवा के लिए तैयार कर सकती है और "...................... अप्रतिबंधित व्यक्तिवाद जंगल का पाश्विक कानून होता है।"[6] स्वार्थरहित सेवा सर्वोदय का सार है।

व्यक्तिगत हितों को सामूहिक हितों के साथ दृष्टिगत करना सर्वोदय की मौलिक अवधारणा है। व्यक्तिगत और सामूहिक प्रतिस्पर्द्धा को समाप्त कर देना चाहिये। लोगों की जीवनशैली सौहार्दपूर्ण और परस्पर सहयोग पर आधृत होनी चाहिये, न कि प्रतियोगितापूर्ण और कलहपूर्ण। सभी लोग पूरे समूह के हितों की बात सोचें। वस्तुतः जे0पी0 नारायण इसे, "सार्वभौमिक समाज" कहते हैं, क्योंकि इसमें समूह को व्यक्ति के सापेक्ष प्राथमिकता दी जाती है। यद्यपि इस समाज में विवाद उत्पन्न होते हैं, परंतु वे किसी भी प्रकार से असंतोषजनक नहीं होते और चूंकि सब कुछ सामूहिक हितों को ध्यान में रखकर किया जाता है, अतः लोगों में एक समझौतापूर्ण दृष्टिकोण व्याप्त रहता है। इसमें कोई व्यक्ति समाज के प्रति अपने दायित्वों का निर्वाह तभी कर सकता है जब वह अपने–अपने अधिकारों के प्रति जागरूक हो और निर्णय लेने की प्रक्रिया में भाग लेकर व्यवहारिक रूप से इसका प्रयोग करे। अतः इस प्रकार का समाज पूर्णतः एकीकृत समाज होता है।

इस सौहार्दपूर्ण जीवनशैली को व्यवहार में अपनाने के क्रम में राज्य सहित सभी निषेधात्मक तत्त्वों को समाप्त कर देना चाहिये या इनकी सक्रियता को न्यूनता देनी चाहिये। "मैं (गाँधीजी) हूँ, क्योंकि...... यह उस व्यक्तिवाद को काफी क्षति पहुँचाता है जो विकास का आधार होता है।"[7] राज्य एक सांद्रित और संगठित रूप में हिंसा का प्रतिनिधित्व करता है। विनोबा भावे भी इसी प्रकार का विचार व्यक्त करते हैं: "हम में एक ऐसे राज्य की स्थापना का प्रयत्न करना चाहिए जिसे प्रतिबंधात्मक प्रशासन चलाने की कोई जरूरत महसूस नहीं हो।"[8]

यदि समाज में राज्य निषेधात्मक प्रशासन नहीं करेगा तो फिर इस कार्य को कौन करेगा? समाज में शक्ति किसके पास होगी। गाँधीजी के आदर्श राज्य में यह कल्पना की गई कि इसमें व्यक्ति अपने दूसरे के लिए परेशानी का कारण नहीं बनेगा। "आदर्श राज्य में कोई भी राजनैतिक शक्ति नहीं होगी क्योंकि कोई भी प्रशासन नहीं होगा।"[9] विनोबा इस कल्पना को स्वतंत्र जन शक्ति[10] के रूप में देखते हैं। यह जनशक्ति हिंसा की शक्ति के विपरीत होती है और व्यवहारिक रूप से राज्य की शक्ति से भिन्न होती है।

जनशक्ति का व्यवहारिक धरातल पर प्रयोग आत्मानुशासन के द्वारा किया जा सकता है। इसके द्वारा शासक और शासित के बीच का अंतर समाप्त हो जायेगा। इस स्थिति में दोनों के लिए आत्मानुशासन की पर्याप्त आवश्यकता के कारण, " .... समाज का प्रत्येक व्यक्ति अपने सहकर्मियों के साथ आत्मानुशासन अपनाकर समाजवाद और परस्पर सहयोग के मूल्यों को व्यवहारिक जीवन में प्रयोग में लाता है।"[11] "यह हमें सर्वोदय की केंद्रीय समस्या तक ले जाता है.. . दलरहित और शक्तिरहित राजनीति अर्थात् लोकनीति जो कि राजनीति से भिन्न है।"[12]

जनशक्ति का निर्माण कैसे होगा और लोकनीति कैसे स्थापित होगी? "सरकार की शक्ति का विकेंद्रीयकरण करके इसे गाँवों में वितरित कर दिया जायेगा। प्रत्येक गाँव अपने आप में एक राज्य हो जायेगा।"[13] इस प्रकार सर्वोदय की योजना में आर्थिक और सामाजिक शक्ति का एक बड़ा हिस्सा गाँवों में रहेगा और समाज में कोई भी शक्ति निर्णायक भूमिका नहीं निभायेगी। इस प्रकार के समाज में अल्वसंख्यकों या बहुसंख्यकों के हित महत्त्वपूर्ण नहीं होंगे, सरकार का गठन सामूहिक स्वीकृति के द्वारा होगा, न कि मोल–तोल और जोर–जबरदस्ती द्वारा।

यहाँ यह आवश्यक है कि हम एक बार फिर सर्वोदय की राजव्यवस्था में लोगों की सहभागिता का अर्थ समझ लें। विनोबा शक्ति के केंद्रीयकरण को रोकने के लिए बिना किसी प्रशासनिक व्यक्ति के मध्य श्रम विभाजन की बात करते हैं।[14] नारायण शक्ति के महत्त्व को खारिज करते हुए लिखते हैं, "अल्पसंख्यकों या बहुसंख्यकों का इस प्रकार के समाज (ग्रामदान) में कोई विशेष महत्त्व नहीं होगा। इस परिवर्तित गाँव में प्रत्येक व्यक्ति स्वयं के बारे में न सोचकर पूरे समुदाय के बारे में सोचेगा।"[15] व्यक्ति विशेष द्वारा सामुदायिक कार्यों में अपनी सहभागिता इस समूहोन्मुखता के लिए महत्त्वपूर्ण है। सर्वोदय की राजनीति शक्ति प्रधान न होकर सेवा प्रधान है। इसमें वैकल्पिक व्यक्तिवाद का प्रसार होता है।

व्यक्ति में समुदाय के लिए कार्य करने की इच्छा जागृत होने से वह अनिवार्य रूप से सामुदायिक मामलों में भाग लेने के लिए तथा सर्वोदय के एक महत्वपूर्ण मानदंड "प्रत्येक व्यक्ति के अंदर इस भावना का विकास कि वह अपने समुदाय का सेवक है और समुदाय की यथासंभव सेवा करना उसका कर्त्तव्य है।[16] के लिए प्रेरित होता है। व्यक्तियों द्वारा यथासंभव कार्य करने से समुदाय द्वारा निर्णय लेने

की प्रक्रिया सभी की सहभागिती होती है और इससे सभी की भागीदारी भी सुनिश्चित होती है। इस प्रकार सर्वोदय की राजव्यवस्था की निर्णय लेने की प्रक्रिया का अर्थ शक्ति से है। परंतु सर्वोदय की राज व्यवस्था में शक्ति का कोई महत्त्व नहीं है। किसी व्यक्ति सेवा के द्वारा ही समुदाय में अपनी भागीदारी निर्णय लेने की प्रक्रिया में व्यक्तिगत भागीदारी स्पष्ट होती है।

सर्वोदय में इस प्रकार के वैकल्पिक व्यक्ति के निर्माण की आशा की जाती है और इसके लिए एक छोटे गाँव को एक फैक्ट्री के रूप में रूप में कहते हैं: "यदि जनता की सर्वाधिक भागीदारी से बनी सरकार के क्रियान्वयन का कोई स्तर है, तो यहाँ प्रत्यक्ष लोकतंत्र का क्रियान्वयन हो सकता है।"[17] मानव प्रकृति और संस्कृति का उत्पाद होता है और इन दोनों में परिवर्तन सिर्फ अपेक्षाकृत छोटे समुदाय में ही संभव है। नारायण इसे बड़े स्पष्ट ढ़ंग से कहते हैं, "स्वशासन, स्वप्रबंधन, परस्पर सहयोग और सहभागिता, समानता, स्वतंत्रता, भाईचारा– इन सब का व्यवहारिक रूप में प्रयोग और विकास तभी हो सकता है जब आदमी एक छोटे समुदाय में रहता हो। .... इसमें कोई शक नहीं कि छोटें समुदायों में रहने वाले लोगों में व्यक्तिगत संबंधों का ज्यादा विकास होता है और यह सर्वोदय के विचारों की अनुभूति के लिए अधिक लाभप्रद होगा।"[18] एक ऐसे सार्वभौमिक समाज की स्थापना, जिसमें व्यक्ति स्वेच्छा से समुदाय की सेवा के लिए, स्वयं को अर्पित कर दे, सर्वोदय का आदर्श है। व्यक्ति, सामुदायिक मामलों में आदर्शों को अपनाता है। इस प्रक्रिया के द्वारा यह आशा की जाती है कि लोकतंत्र में व्यक्ति की सक्रिय सहभागिता शुरू होगी। समूह के सभी सदस्यों की भागीदारी समुदाय के न्यून आकार के कारण आसान हो जाती है। ये अवधारणायें सर्वोदय के सिद्धांतों के लिए विशिष्ट नहीं हैं। बहुत से लेखकों ने इस विचार पर जोर दिया

है कि समाज का छोटा आकार और समाज में समरसता प्रभावी ढ़ंग से भागीदारी को सुनिश्चित करती है।[19] पहले भी यह तर्क प्रस्तुत किया जा चुका है कि एकीकृत और संयुक्त विश्वासों को धारण करने वाले समुदाय के पतन से विद्वेष विरोध और असंतोष उत्पन्न होता है जो लोकतंत्र के क्रियान्वयन के लिए चुनौती के समान होते हैं।[20] इस तर्क के अंतर्गत यह अवधारणा है कि छोटे समुदायों में सामाजिक मूल्य ज्यादा सुदृढ़ होते हैं और ये राजनीति में जनता की सहभागिता के लिए उत्तरदायी होते हैं तथा लोकतंत्र इन एकीकृत समाजों में ज्यादा आसानी से क्रियाशील रह सकता है। विपरीत हमारे साक्ष्य यह बताते हैं कि पंथनिरपेक्ष राजनीतिक प्रक्रियाओं में व्यक्ति विशेष की भागीदारी सामाजिक मूल्यों पर निर्भर नहीं करती है।[21] इसके लिए उत्तरदायी कारक को जानने के लिए प्रकृति की समीक्षा करनी होगी।

राजनीतिक गतिविधियाँ, दूसरी सामाजिक गतिविधियों से स्वतंत्र नहीं होतीं। भारत जैसे गैर–पश्चिमी समाजों में सहभागिता–संबंध का प्रसार बहुत अधिक होने के कारण राजनैतिक सहभागिता बहुत अधिक है।[22] इस कारण सहभागिता की एक गतिविधि में परिवर्तन आने से दूसरी गतिविधियों में भी इसके सापेक्ष परिवर्तन होता है। इसमें व्यक्ति पूर्णतः समर्पित होता है और समूह के कल्याण की बात सोचता है। इन समाजों की राजनैतिक गतिविधियों को समझने के लिए व्यक्ति की समूह के प्रति वफादारी, गठबंधन और संबंधों का काफी महत्त्व होता है। इसके बावजूद यह इस बात पर निर्भर करती है कि वह किस हद तक समूह से जुड़ता है और छोटे समुदायों में इस जुड़ाव की अधिक संभावना होती है। इस तथ्य को ध्यान में रखकर यह हम यह अवधारणा प्रस्तुत करते हैं कि स्वशासी समुदायों (विशेषकर उनमें जहाँ व्यक्ति का समुदाय से जुड़ाव प्रारंभिक हो), में निष्पक्ष राजनैतिक गतिविधियों का संचालन व्यक्ति की उसके समुदाय

के साथ सक्रिय जुड़ाव पर निर्भर नहीं करता है।[23] यह अवधारणा गैर–राजनैतिक जीवन में स्थायी रूप से सौहार्द बनाये रखने में सामाजिक मूल्यों के महत्त्व को भी नज़रअंदाज़ नहीं करती है। फिर भी इसके अनुसार जहाँ सामुदायिक जीवन के कुछ निश्चित पक्ष (अनिवार्यतः राजनैतिक ही नहीं) सहकारी कार्यों के लिए उत्तरदायी होते हैं, वहीं इन पक्षों की अतिव्यकता दूसरे संदर्भों (विशेषकर राजनैतिक) में इससे स्वतंत्र होती है। ग्रामीण भारत का सामाजिक ढ़ांचा संयुक्त परिवार नातेदारी, उप–जाति, जनजातीय समूहों और अन्य समूहों पर आधारित है और "किसी व्यक्ति विशेष को स्वतंत्र हमेशा उसके समूह से होती है।[24] अतः यह समीक्षा करना काफी रोचक हो सकता है कि भारत कोई, व्यक्ति पंथरहित लोकतांत्रिक राजनैतिक संस्थाओं में व्यक्तिगत आधार पर किस हद तक अपनी भागीदारी प्राप्त कर सकता है।

यहाँ यह बताना अत्यावश्यक है कि सिर्फ ऐसे व्यक्तिवादी समूह, जिनमें किसी व्यक्ति विशेष के विचारों का निर्णायक प्रभाव होता है, में ये असंबद्ध प्रभाव प्रभावी होते हैं, क्योंकि इन समूहों की पहचान का माध्यम मुख्यतः ये व्यक्ति विशेष ही होते हैं। इन समूहों में तार्किकता की संभावना बहुत कम होती है और इनके व्यक्तिप्रधान होने की संभावना अधिक होती है। एक ऐसे समूह में जहाँ तार्किकता हो, तथा किसी व्यक्ति विशेष का प्रभाव भी निर्धायक हो, सदस्यों की सक्रिय भागीदारी पंथनिरपेक्ष राजनैतिक गतिविधियों के संचालन की सुविधा प्रदान करती हैं। फिर भी यह जान लेना रोचक होगा कि एक ऐसे समूह में जो व्यक्ति प्रधान हो और जिसमें तार्किकता सर्वप्रमुख मूल्य हो, मतैक्य की संभावना काफी कम होती है। इसका कारण यह है कि इन समूहों में कुछ लोग ऐसे सुझाव या मांग प्रस्तुत करते हैं जो पूरे समूह के हितों के अनुकूल न होकर, कुछ ही सदस्यों के हितों के

अनुकूल होते हैं या फिर प्रत्यक्ष रूप सर्वकल्याणकारी होते हैं परंतु परोक्ष रूप से पूर्वाग्रहपूर्ण होते हैं। इसके विपरीत एक व्यक्ति प्रधान समाज में भी व्यक्ति अपने समूह के साथ जुड़कर समूह के प्रति पूर्णतः समर्पित होता है। यह हमारी उपरोक्त अवधारणा में प्रस्तावित 'व्यक्ति की समूह के प्रति मूलोन्मुखता' के विपरीत है। राजनैतिक गतिविधियों में व्यक्ति की राजनैतिक समूहों में आंशिक भागीदारी ही अपेक्षित होती है। परंतु यदि सामाजिक व्यवस्था की प्रकृति इस ढ़ंग की हो कि समूह में व्यक्ति की समग्र मूलोन्मुखता और पूर्ण समर्पण आवश्यक हो तो इससे व्यक्ति की स्वतंत्र रूप से सोचने की क्षमता और तार्किकता संकुचित और सीमित हो जाती है।

कानूनों की भूमिका

जब लक्ष्य निर्धारित कर लिये जाते हैं, तो इनकी प्राप्ति के लिए माध्यम का चयन आवश्यक होता है। यद्यपि सर्वोदय गाँधी की कल्पना पर आधारित है, फिर भी इसके लक्ष्यों को प्राप्त करने के लिए गाँधी जी कानून को नज़रअंदाज़ नहीं करते। वे कहते हैं, "जनता द्वारा स्वयं पर आरोपित कानून अहिंसा है ..... "[25] विनोबा भी विचार शासन के द्वारा इस विचार को प्रस्तुत करते हैं। विचार शासन में जनता की स्वेच्छा से वैचारिक परिवर्तन की जाती है।[26] इसके बाद भी परिवर्तन लाने के लिये कानून की भूमिका को स्वीकार करते हैं। "जब प्रत्येक के हृदय में यह भाव उत्पन्न हो कि वर्तमान व्यवस्था अन्यायपूर्ण है और उनके मन में करूणा की भावना उत्पन्न हो तथा उन्हें परिस्थितियों की समझ हो जाये, जब कानून अपने वास्तविक रूप में क्रियान्वित होता है।"[27] अतः तब सर्वोदय नेतृत्व ने जब परिवर्तन के संभावी शस्त्र के रूप में कानूनी यंत्र को मान्यता दी, तो कानूनों के प्रभावी होने से पहले उन्होंने जनता और समाज को इसके लिए तैयार करने पर जोर दिया। ग्रामदान और भूदान के अंतर्गत दान

के रूप में प्राप्त भूमि को वैधानिक बनाने के लिए भारत के विभिन्न राज्यों में बहुत से कानून बनाये गये, परंतु साक्ष्य यह बताते हैं कि ये कानून कहीं भी पर्याप्त नहीं थे। फिर भी, इससे यह स्पष्ट होता है कि सरकार आंदोलन के हितों के रक्षार्थ क्रियाशील थी।

भूदान–ग्रामदान आंदोलन के नेतागण विधि–निर्माता नहीं थे। दूसरी ओर ऐसा भी नहीं माना जा सकता है कि विधि निर्माता सर्वोदय दर्शन से प्रभावित और इसके अनुयायी थे। बहुत से कानून राजनैतिक परिस्थितियों को ध्यान में रखकर बनाये गये थे। विधि–निर्माताओं के लिए यह आवश्यक नहीं कि वे अनिवार्य रूप से विचारधारा को समझें परंतु यह आवश्यक है कि वे मौखिक रूप से इसके प्रति अपनी कृतज्ञता प्रकट करें। सत्ताधारी दल द्वारा बनाये गये ग्रामदान कानून काफी महत्त्वपूर्ण है। इसमें गाँधी के विचारों के प्रति मौन सहानुभूति प्रदर्शित होती है। इसके बावजूद ग्रामदान के द्वारा जिस समस्या (हम पहले ही यह उल्लेख कर चुके हैं कि आंदोलन की शुरूआत भारतीय कृषि व्यवस्था के दोषों के निराकरण के लिए किस प्रकार हुई। सरकार के द्वारा बहुत से भूमि–सुधार कानून लाये गये थे। अतः ऐसे किसी भी प्रयास या आंदोलन को, जो कृषि व्यवस्था में सुधार से संबद्ध हो, पर्याप्त जन सहानुभूति मिलती और सरकार भी इसे नज़रअंदाज़ नहीं कर सकती थी। फलतः ग्रामदान कानूनों को राजनैतिक मजबूरी समझा जाना चाहिये, न कि निर्माताओं, विधि–निर्माताओं का सर्वोदय दर्शन में विश्वास का परिणाम। वर्तमान संदर्भ में कानून–निर्माताओं का सर्वोदय से प्रेरित होना महत्त्वपूर्ण नहीं बल्कि यहाँ आंदोलन में सर्वोदय के विचारों के क्रियान्वयन के लिए सरकार की रूचि और भागीदारी महत्त्वपूर्ण है।

सर्वोदय के राजनैतिक दर्शन की प्रमुख अवधारणाओं और सर्वोदय योजना में परिवर्तन के लिए कानून का एक यंत्र के रूप में प्रयोग की

चर्चा करने के बाद अब हम इन गाँवों की शासन व्यवस्था का विश्लेषण करेंगे।

शासन व्यवस्था

ग्रामसभा की कार्य पद्धति का वर्णन करने से पहले यह आवश्यक है कि हम इन गाँवों की शासन–व्यवस्था को जान लें। इसके दो कारण हैं: (1) औपचारिक रूप में शासन करने वाली संस्थाओं को छोड़कर शक्ति का केंद्र कहीं और भी हो सकता है। (2) वास्तविक रूप से शक्ति जिनके हाथों में होती है वे औपचारिक रूप से शासन करने वाली संस्थाओं से संबद्ध नहीं हो सकते। शक्ति का संचयन उन लोगों के हाथाों में होता है जो निर्णय लेने की प्रक्रिया में अपना प्रभाव दिखा सकते हैं। शक्ति का केंद्र या तो नियत हो सकता है या फिर वंशानुगत हो सकता है या फिर निर्वाचित (जैसे– सरपंच) हो सकता है। वे या तो तकनीकी (जैसे: ग्रामसेवक और ग्राम विकास (शांति सैनिक) है। इन पदों पर कार्यरत लोग समुदाय को प्रभावित करते हैं। इनमें से किसी एक कार्य करने के साथ–साथ कोई व्यक्ति दूसरा पद भी धारण कर सकता है। (जैसे: किसी वंश का प्रमुख सरपंच भी बन सकता है।) औपचारिक और वास्तविक शक्ति धारण करने वाले लोगों के समूह को शासक समझा जाता है क्योंकि समुदाय में कभी भी लोगों को प्रभावित करने का कार्य इसी समूह के सदस्य करते हैं। कालांतर में इस समूह में नये लोग जुड़ सकते हैं और पुराने सेवा निवृत हो सकते हैं।

राजस्थान में जमींदारी प्रथा पूरी तरह विकसित हो चुकी थी और जागीरदारी तथा उनकी जाति का समाज में प्रत्यक्ष रूप से काफी प्रभाव था। जागीरदारी के समाप्त होने के बाद आज भी वे काफी प्रभावी हैं गाँवों में एक दूसरा वर्ग उन अधिकारियों का था जो राजा या सरकार द्वारा कर संग्रहण के लिए नियुक्त किए जाते थे और इस

कारण उन्हें भी समाज में अच्छी खासी प्रतिष्ठा प्राप्त थी। इनकी इस स्थिति के कारण इन्हें न्यायिक अधिकारी और झगड़ों के सुलहकर्ता के रूप में देखा जाता था। इदानपुरा में इन्हें पटेल, सुकपुरा में मुखिया और भूदानपुरा में गामती कहा जाता है। चूंकि ये लोग समाज में महत्त्वपूर्ण और प्रभावशाली थे, अतः उनके ये नाम सामाजिक प्रतिष्ठा का पर्याप्त बन चुके थे। यद्यपि किसी प्रमुख व्यक्ति को भी इन उपाधियों द्वारा संबोधित किया जा सकता है, परंतु फिर भी सामान्य पटेलों और राजस्व पटेलों में विभेद होता है। किसी गाँव में पटेलों की संख्या गाँव के आकार, जाति, समूहों की कार्य पद्धति और संरचना, वंशों का कबीलों की संख्या पर निर्भर करता है।

वंश प्रमुख और जाति प्रमुख अन्य प्रतिष्ठित पद हैं। अगर किसी जाति की जनसंख्या कम हो या वह जाति वर्णक्रम में निम्न हो, तो ग्रामीण मामलों में उस जाति का प्रतिनिधित्व सामान्यतः एक ही व्यक्ति करता है और उस व्यक्ति को उसके समूह का प्रवक्ता समझा जाता है। ऐसा भी हो सकता है कि इस तरह की जाति को प्रभावी अधिकार और शक्ति नहीं मिले और यह जाति समाज में अकेली पड़ने लगे। जब कोई जाति संख्या या आर्थिक रूप से प्रभावशाली हो, सामान्यतः ऐसा नहीं कि पूरी जाति को बारी–बारी से प्रतिनिधित्व मिले या उस जाति के दो प्रतिनिधि हों। सामान्यतः प्रत्येक गोत्र या वंश का एक पृथक नेता होता है और प्रत्येक का अपना प्रतिनिधि होता है।

पंचायती राज, सहकारी आंदोलन और सामुदायिक विकास कार्यक्रम की शुरूआत के बाद ग्रामीण भारत में प्रतिष्ठित पदों का सृजन हुआ। ग्रामदान गाँवों में भी ग्राम सभा, कार्यकारिणी समितियाँ, सहकारी समितियाँ और ग्रामोदय बिक्री भंडार जैसी आर्थिक संस्थायें, शांति सेवा और ग्राम सर्वोदय मंडल जैसी समाजसेवी और प्रचारक संस्थाओं

का गठन हुआ। इन नई वैधानिक संस्थाओं में कई नये शक्ति संवर्द्धक पद बनाये गये। अब हमें अनिवार्यतः पारंपरिक और नवीन प्रभावशाली पदों की समीक्षा करनी चाहिये।

शक्तिशाली व्यक्ति और समूह

इदानपुरा में 51 परिवार हैं जो निम्न जातियों से हैं। 24 अहीर (खेतिहर), 9 राजपूत, 6 खाटी (बढ़ई), 6 भलाई (पहले चमड़े का काम करते थे अब रस्सी बनाते हैं), 2 ब्राह्मण, जाट (खेतिहर), 1 नाई और 1 कुम्हार परिवार है। (सारणी सं0 15 देखें) राजपूत अपने को एक ही उपजाति मानते थे परंतु वे दो वंशों के खाटी और भलाईयों में दो वंश हैं। इदानपुरा के अहीर नंदवंशी उपजाति के हैं, जो कि एक समूह है। ये उपजाति कई गोत्रों में विभाजित है और प्रत्येक गोत्र कई वंशों में। गोगाड़ गोत्र के दो परिवार हैं जो एक ही वंश के है। संख्यात्मक रूप महत्त्वपूर्ण नहीं होने के बावजूद भी इसे प्रमुखता प्राप्त है और गाँव का गैर–राजस्व पटेल जो यदा–कदा राजस्व पटेल को चुनौती देता है, इसी गोत्र का है। इस गोत्र के दोनों वंशों को प्रमुखता प्राप्त है। 4 परिवारों वाला टोटूवाल गोत्र अपेक्षाकृत कम महत्त्वपूर्ण है। गानेवाल गोत्र में एक ही परिवार है परंतु समूह का तटस्थ नेता इसी समूह का है। इसके अलावा एक–एक परिवार वाले दो गोत्र और हैं। इस प्रकार अहीरों के परिवार की संख्या 24 है। गोत्र के आधार पर यह विभाजन ज्यादा उचित मालूम पड़ता है। सामान्यतः अहीरों की विशिष्ट पहचान के लिये उनका गोत्र भी प्रयुक्त होता है। जैसेः– नाथू, गोगाड़।

इदानपुरा के 165 वयस्कों में 22 व्यक्ति हमारे अध्ययन के समय पावर पुल में थे। (पावरपुल के सदस्यों की सूची परिशिष्ट में देखें।) सारणी संख्या 15 में ग्राम सभा की कार्यकारिणी समिति में जातिगत आधार पर विभिन्न जातियों का प्रतिनिधित्व उपलब्ध है। पावर पुल में कार्यकारिणी समिति के सदस्य होते हैं। कार्यकारिणी समिति में

जातिगत आधार पर प्रतिनिधित्व इसलिये दर्शाया गया है कि यह सर्वाधिक औपचारिक और शक्तिशाली ग्रामीण संस्था है। ब्राह्मणों को अधिक प्रतिनिधित्व मिला है और अहीरों को थोड़ा सा कम प्रतिनिधित्व मिला जबकि भलाई (निम्न जाति) को बहुत कम प्रतिनिधित्व मिला। परंतु वास्तव में ये पद प्रशासन और महत्त्व की दृष्टि से अलग थे। सामान्यतः पावर पुल में अहीरों और राजपूतों की मनमानी चलती थी और दूसरे प्रतिनिधि इनके साथ गठबंधन करने को बाध्य थे। संख्या में अधिक होने और आर्थिक रूप से प्रभावशाली होने के कारण अहीर दबंग थे जबकि भूस्वामित्व और आर्थिक क्षेत्र में प्रभावशाली होने तथा शासन व्यवस्था में अपने प्रभाव के कारण राजपूत सशक्त थे जिसमें एक और प्रमुख व्यक्ति रामदेव, एक शिक्षित नाई था। दूसरे गुट का नेतृत्व शुजा करता था जिसे गणपत का समर्थन प्राप्त था। तीसरे समूह का नेतृत्व भूवाना करता था जो कि अपने गोत्र में अकेला था और यह समूह तटस्थ रहता था।

1961 की शुरूआत में शुजा बोबास पंचायत के वार्ड सदस्य के लिए निर्विरोध चुना गया। इदानपुरा भी इसी पंचायत में था। इस सफलता से वह अपने समूह पर अपना प्रभाव और अधिक बना सका। यह शुजा को राम नारायण के सापेक्ष अपनी प्रतिष्ठा बनाये रखने के लिए भी आवश्यक था, क्योंकि राम नारायण सरपंच के पद का उम्मीदवार था। दूसरे गाँवों के लोगों द्वारा विरोध करने के कारण राम नारायण असफल रहा। परंतु जब जुलाई 1961 में ग्रामसभा गठित हो गई, तब रामनारायण प्रेसीडेंसी चुनाव में प्रबल दावेदार था। इसके शुजा गुट ने कुढावत गोत्र के एक 20 वर्षीय मैट्रिक पास युवक को उसके विरोध में खड़ा किया। (रामनारायण 39 वर्ष का था और सिर्फ कक्षा सात तक ही पढ़ा था।) इस प्रकार अपने गाँव में कभी भी पूर्ण सहयोग नहीं प्राप्त होने के कारण रामनारायण की व्यक्तिगत प्रतिष्ठा

कम हो गई। ऐसा माना गया कि उसने ग्रामीण सहकारी समिति के कोष का दुरूपयोग किया है और संबद्ध प्रखंड विकास पदाधिकारी (बी0डी0ओ0) ने उसके खिलाफ 3,040 रूपये और 98 मन गेहूँ के घोटाले का मामला दर्ज कराया। इन परिस्थितियों में उसके सहयोगियों को भी यह विश्वास नहीं हो पा रहा था कि वह इस केस को जीत सकेगा। इस स्थिति में सर्वसम्मति के सिद्धांत को अपनाते हुए भूतपूर्व जागीरदार के तीसरे पुत्र रघुनाथदान (और राम नारायण के भाई) को एक समझौते के तहत सर्वसमिति से अध्यक्ष चुना गया। गाँव का एक शिक्षित नाई रामदेव जो कि रामनारायण नाथू गुट में ही था, उपाध्यक्ष चुना गया। कार्यकारिणी समिति के शेष 8 सदस्यों में से एक निम्न जाति का और दो (एक अहीर और एक बढ़ई) तटस्थ समूह के थे। बाकी के 5 सदस्यों में से तीन रामनारायण गुट के और दो शुजा गुट के थे। फलतः ग्राम सभा की कार्यकारिणी समिति में पाँच रामनारायण के गुट के दो शुजा गुट के और तीन तटस्थ सदस्य थे। (इसके अलावा ग्राम सेवक भी समिति का सदस्य था जो दूसरे गाँव का था और वेतनभोगी था।)

यहाँ यह बात महत्त्वपूर्ण है कि ना तो कोई पटेल (नाथू और शुजा), ना तो भूतपूर्व जागीरदार का करीबी और ना ही राजपूतों के दूसरे गुट (रामनारायण और गणपत), कोई भी गाँव के गुटों का नेतृत्व करने के बाद भी कार्यकारिणी समिति का सदस्य नहीं बना। ऐसे थे जो अपने वंशों के प्रमुख थे। इनमें से एक अछूत था और दूसरा बढ़ई। इन दोनों को इनकी जातियों को खुश रखने और मुँह बंद रखने के लिये प्रतिनिधित्व दिया गया था। वैसे भी गाँव में निर्णय लेने की प्रक्रिया में इनका कोई महत्त्वपूर्ण योगदान नहीं होता था। अहीरों के समुदाय से एक मात्र वंश प्रमुख माधव था। इस प्रकार पारंपरिक रूप शक्तिशाली लोग औपचारिक रूप से राजनैतिक प्रतिनिधित्व नहीं

कर रहे थे। इसका अर्थ यह नहीं हुआ कि गाँव में उनकी शक्ति कम या अप्रभावी हो गई। वे अभी शक्ति का केंद्र बने रहें।

'शक्ति का केंद्र' पार रिजरव्वायर का प्रयोग हमने उन व्यक्तियों या समूहों के लिए किया है, जो समुदाय में वास्तविक रूप से शक्तिशाली थे। हो सकता है जैसे कि वर्तमान संदर्भ में ग्राम सभा की कार्यकारिणी समिति और ऐसा भी हो सकता है कि वे सामुदायिक मामलों में अपनी भूमिका किसी दूसरे व्यक्ति या समूह द्वारा निर्देशित होकर निभायें। इसके साथ–साथ यहाँ 'पावर एक्सरसाइज़र' की अवधारणा, उन लोगों को इंगित करने के लिए आवश्यक हो गई है, जो वास्तव में शक्तिशाली नहीं हैं और सत्ता में होने के कारण वे सिर्फ शासन चलाते हैं। किसी समुदाय में पावर रिजरव्यायर और पावर एक्सरसाइज़र दोनों मिलकर पावर पुल का निर्माण करते हैं। ऐसा नहीं है कि पावर एक्सरसाइज़र और पावर रिज़रव्वायर एक–दूसरे से विलग हैं; पावर एक्सरसाइज़र भी पावर रिज़रव्वायर हो सकता है। एक पावर एक्सरसाइज़र अपने पद का उपयोग कर पावर रिज़रव्वायर बन सकता है। इसी प्रकार बिना पावर एक्सरसाइज़र नहीं हो या पावर एक्साइज़रों का पावर रिजरव्वायरों के साथ सामन्जस्य नहीं हो तो इसके परिणामस्वरूप राजनैतिक अस्थिरता उत्पन्न होती है। इसके विपरीत राजनैतिक स्थिरता के लिये यह आवश्यक है कि पावर रिज़रव्वायर ही पावर एक्सरसाइज़र हो या पावर एक्साइज़र पावर रिजरव्वायरों के इशारों पर काम करें।

यह पहले ही उल्लेख किया जा चुका है कि इदानपुरा के पावर रिज़रव्वायर ग्रामसभा की कार्यकारिणी समिति के सदस्य नहीं थे। यह इदानपुरा में राजनैतिक अस्थिरता के लिए पर्याप्त (आवश्यक नहीं) था। इसकी परिणति जुलाई 1962 में देखने में आई जब ग्रामसभा के प्रधान रघुनाथदान को अविश्वास प्रस्ताव लाकर हटाया गया। इस

कार्रवाई के लिए कारण बताया गया कि उसने गाँव के चारागाह की कुछ भूमि को अपने चचेरे भाई के नाम अवैधानिक ढ़ंग से करा दिया था और उसने ग्राम बिक्री भंडार के पैसों का अनुचित उपयोग किया था।

सुकपुरा में 64 परिवार थे, जो निम्नांकित जातियों के थे। 39 जाट, 12 नाईक (अछूत), 9 राजपूत, 1 ब्राह्मण, 1 कायस्थ, 1 नाई और एक चमार परिवार थे। (सारणी 16 देखें)। सुकपुरा के नाईक दो वंशों के थे परंतु ग्रामीण राजनीति में औपचारिक रूप से एक ही समूह के रूप में उनका प्रतिनिधित्व था। सुकपुरा के सभी राजपूत एक ही वंश के थे। यहाँ के जाट कई गोत्रों में विभाजित थे। भाम्बू गोत्र के पाँच परिवार थे जो एक ही वंश के थे। यह एक महत्त्वपूर्ण वंश था और गाँव का एक राजस्व पटेल इसी वंश का था। शिवार गोत्र के दो परिवार थे जिनके भाम्बू गोत्र के साथ अच्छे संबंध थे। खिलेरी गोत्र के 27 परिवार थे जो पाँच विभिन्न वंशों के थे। गाँव के 3 राजस्व पटेल इसी समूह के थे और गाँव में यह एक महत्वपूर्ण वंश माना जाता था। शेष दो वंशों में से एक में सिर्फ एक परिवार और दूसरे में 7 परिवार थे। संख्या में अधिक होने के बावजूद भी इनमें से दूसरा वंश गाँव में ज्यादा शक्तिशाली नहीं था। बाकी के जाट परिवार विभिन्न गोत्रों के थे और उनके खिलेरी गोत्र के साथ अच्छे संबंध थे।

सुकपुरा के पावर पुल में 21 व्यक्ति थे। (परिशिष्ट में विस्तृत विवरण देखें)। सुकपुरा के पावर पुल विभिन्न जातियों का प्रतिनिधित्व सारणी संख्या–16 में दिखाया गया है। पावर पुल में जाटों का वर्चस्व ही मालूम पड़ता है। जाटों को कुल 17 स्थान प्राप्त थे जिसमें से 11 खिलेरी जाट थे। इदानपुरा की तरह यहाँ भी राजपूतों को अपेक्षित प्रतिनिधित्व प्राप्त था। निम्न जातियों को नाममात्र का प्रतिनिधित्व प्राप्त हुआ। यहाँ भी एक भी महिला को पावर

पोजीशन प्राप्त नहीं थी। फिर भी यह महत्त्वपूर्ण है कि सुकपुरा ग्रामदान के कार्यकारिणी के सदस्य गाँव के पटेल थे। यद्यपि ग्राम प्रधान खिलेरी जाट था, फिर भी वह पावर रिज़रव्वायर नहीं था। उसका परिवार उसके वंश में अकेला था और उसे परम्परागत संदर्भ में भी कोई पावर पोजीशन प्राप्त नहीं थी। (जैसा कि राजस्व पटेलों को प्राप्त था)। वस्तुतः उसकी उम्मीदवारी एक समझौते के तहत हुई थी। जहाँ पावर पुल में जाटों की संख्या उनके वर्चस्व को प्रदर्शित करती है, वहीं राजपूतों के आर्थिक वर्चस्व के कारण उन्हें इसमें अपेक्षित स्थान मिला। (गाँव भूमि की प्रति परिवार औसत उपलब्धता 30.5 एकड़ थी जबकि राजपूतों में यह 50 एकड़ थी) सुकपुरा के 6 पटेलों में से 4 जाट (सभी राजस्व पटेल), एक राजपूत और एक नाईक (दोनों गैर राजस्व पटेल) थे। गाँव में गठबंधन इस प्रकार था कि इन पटेलों में से कोई एक पूरे गाँव का प्रतिनिधित्व नहीं कर सकता था। ग्रामदान अपनाने के पहले जब यह गाँव सिंघाड़ पंचायत का वार्ड था तो एक समझौते के तहत हरिदास सर्वसम्मति से वार्ड का सदस्य चुना गया था। परंतु ग्रामदान स्वीकार करने के बाद कार्यकारिणी समिति सहित ग्रामसभा का गठन आवश्यक हो गया। इससे पटेलों को औपचारिक रूप से शासन में आने का अवसर प्राप्त हुआ। गाँव के सभी 6 पटेल कार्यकारिणी समिति के सदस्य बनाये गये और हरिदास इसका प्रधान बना।

राम सुका जाटों के एक समूह का नेता था। उसके समूह में 13 परिवार थे जिसमें एक गाँव का नाई परिवार था। शेष 12 परिवार जाटों के दो विभिन्न वंश के थे। मुकुंद जाटों के एक–दूसरे समूह का नेता था जिसे 8 परिवारों का सहयोग प्राप्त था और इसमें 6 एक ही वंश के थे। 12 परिवारों के एक अन्य महत्त्वपूर्ण गुट का नेतृत्व नारायण कर रहा था जिसमें 9 परिवार एक वंश के थे। चतुरा के गुट

में 8 परिवार थे जिसमें 5 परिवार एक वंशीय और एक चमार परिवार था। नाहर सिंह गाँव के राजपूतों का प्रवक्ता था। राजपूतों के सभी 9 परिवार रक्त संबंधी थे। नाईकों में क्रमशः 7 और 5 परिवारों के दो गुट थे। यद्यपि जीता ने नेतृत्व को कभी–कभार चुनौती मिलती रही, परंतु ग्राम सभा कार्यकारिणी में नीची जातियों का प्रतिनिधित्व उसके पास था।

इदानपुरा की तरह सुकपुरा में भी विभिनन गुटों की स्थिति कुछ इस प्रकार थी कि कोई भी नेतृत्व सिर्फ अपने गुट में ही मान्य था। परिणामतः गाँव का कोई सर्वमान्य नेता समझौते के द्वारा ही चुना जाता। इस पूरे गाँव का प्रतिनिधित्व करने के लिए चुना जाने वाला प्रतिनिधि बड़ी मुश्किल से हुआ।

यह पहले ही बताया जा चुका है कि भूदानपुरा भूमिहीन जनजातियों को भूमि देकर बसाया गया था। यहाँ 36 परिवारों को भूमि दी गई जिसमें से 30 परिवार यहाँ बसे। ये 30 परिवार 8 कबीलों में बँटे थे। यहाँ ग्राम सभा की कार्यकारिणी के सदस्य, ग्राम सुधार समिति और सहकरी भंडार विभिनन पावर पोजीशन थे। भूदानपुरा में 9 लोकसेवक थे। पटेल नवनिर्वाचित था और इसका पद वंशानुगत नहीं था। चूंकि बसाये गये परिवार बाहर से आये थे, अतः रिश्ते–नाते पर आधारित गुट तथा वंश प्रमुखों का पावर पोजीशन अप्रभावी था। इस कारण भुदानपुरा में वंश प्रमुख और पटेल जैसे दो वंशानुगत पदों का निर्णायक प्रभाव नहीं था। दूसरी ओर गाँव में लगभग आर्थिक समानता स्थापित थी क्योंकि यहाँ न्यूनतम भूस्वामित्व 7 एकड़ था जबकि महत्तम भू स्वामित्व 9 एकड़ था।

भूदानपुरा के पावरपुल में 12 व्यक्ति थे। सारणी सं0 17 में कबीलों के मध्य शक्ति विभाजन को दर्शाया गया है।

पावर पुल के 12 सदस्यों में से दस कार्यकारिणी समिति के सदस्य थे।

यहाँ पावर एक्सरसाइज़र ही पावर रिज़रव्वायर थे। इस कारण यहाँ भी राजनैतिक स्थिरता बनी रही और ग्रामसभा पहले ही 52 सप्ताह से कार्यरत थी। यहाँ नीनामा कबीले को अनुपातिक रूप से अधिक प्रतिनिधित्व प्राप्त हुआ जबकि लेम्बरवार, ढेन्ढोर और खराड़ कबीलों को कम। फिर राजनैतिक असंतोष जैसी कोई चीज़ नहीं दिखी। ऐसा इसलिए भी हो सकता है क्योंकि सभी कबीले गाँव के सापेक्ष बहुत छोटे थे। कुछ विवादों को छोड़कर विभिन्न समूहों के बीच यहाँ संबंध काफी मधुर थे। पावर रिज़रव्वायर और पावर एक्सरसाज़र का एक होना और कबीलों के छोटे आकार एक हद तक इसके लिए उत्तरदायी हो सकते हैं परंतु पावर पोजीशन का वंशानुगत नहीं होना। गाँव वासिंदों का दूसरे गाँवों से आकर बसने के कारण ज्यादा पुरानी दोस्ती या दुश्मनी का अभाव, और गुटबंदी का अभाव आदि। दूसरी यहाँ यह भी उल्लेखनीय है कि यहाँ के पावर पुल का आकार काफी छोटा था।

इन तीन गाँवों की शक्ति व्यवस्था के विश्लेषण से हमें निम्नांकित निष्कर्ष प्राप्त होते हैं:

(1) पावर पुल में बहुत कम लोग हैं और पावर पोजीशन कुछ लोगों के हाथों में ही है।

(2) संख्यात्मक रूप से बहुसंख्यक जातियों (अहीरों और जाट) तथा आर्थिक या राजनैतिक रूप से प्रभावशाली जाति (राजपूत) की पावरपुल में प्रधानता है। (यहाँ सिर्फ प्रतिनिधियों की संख्या को ही दृष्टिगत नहीं किया गया है, बल्कि उनकी शक्ति को सम्मिलित किया गया है।

(3) यदि पावर एक्सरसाइज़र और पावर रिज़रव्वायर एक ही लोग ना हो तो इससे राजनैतिक अस्थिरता उत्पन्न हो सकती है। इसके विपरीत यदि दोनों एक ही हो तो राजनीतिक स्थिरता की काफी संभावना रहती है।

(4) यदि गाँव के विभिन्न गुटों के नेतृत्वकर्ता अपने गुटों के प्रति बहुत अधिक आकर्षित हों और अपनी पहचान के प्रति बहुत अधिक आकर्षित हो और अपनी पहचान अपने गुट के नेता के रूप में बनाते हो, तो गाँव द्वारा वे अस्वीकार दिए जाते हैं। इस कारण अखिल ग्रामीण नेता का चुनाव समझौते के द्वारा करना पड़ता है और ये नेता बहुत हद तक प्रभावशाली नहीं होते।

(5) एक ओर जहाँ वंशानुगत पावर पोजीशन, दीर्घकालीन दुश्मनी, आर्थिक असमानता, संख्यात्मक रूप से बहुसंख्य समुदाय की मनमानी आदि को समाप्त करना चाहिए तथा वहीं दूसरी ओर विभिन्न गुटों के मध्य सौहार्दपूर्ण वातावरण बनाया जाना चाहिए।

निर्णय लेने वाले लोग

गाँव के सभी वयस्क सदस्यों से गठित ग्रामसभा के गठन के पीछे यह उद्देश्य था कि यह ग्रामीण मामलों से संबंधित निर्णय लेगी और इसे विधायिका, न्यायपालिका और कार्यपालिका की शक्तियाँ भी प्रदान की गईं। ग्रामसभा की सक्रियता का मूल्यांकन करने के लिए हमें इसकी बैठकों की संख्या और निर्णय लेने की प्रक्रिया में शामिल व्यक्तियों की संख्या की जानकारी आवश्यक है।

सैद्धांतिक रूप से कार्यकारिणी समिति का कार्य ग्राम सभा द्वारा लिये गये निर्णयों का क्रियान्वयन है। परंतु व्यवहारिक रूप से कार्यकारिणी समिति ने कई नीतिगत मामलों में निर्णय लिये।

सारणी संख्या 18 दर्शाती है कि ग्राम सभा की बैठकें, कार्यकारिणी समिति की बैठकों के मुकाबले बहुत कम हुईं। ज्यादातर निर्णय समिति के द्वारा ही लिए गए और गाँव में समिति के सदस्य ही प्रभावशाली बने रहे। दूसरी ओर भूदानपुरा में ग्राम सभा की बैठकें ज्यादा महत्त्वपूर्ण थीं। फिर भी यह कहना पूर्णतः उचित नहीं होगा कि सभी निर्णय सर्वसम्मति से लिए गए। यद्यपि कार्यकारिणी समिति की बैठक में लिए गए निर्णयों की अनुशंसा बैठक में उपस्थित सभी सदस्यों के हस्ताक्षर (या अँगूठे के निशान) द्वारा किए जाते थे परंतु ग्राम सभा की बैठकों में ऐसा कुछ नहीं होता था। इन बैठकों में लिए गए निर्णयों पर सामान्यतः गाँव के खास आदमी ही हस्ताक्षर करते थे। खास आदमियों के इस समूह को प्रभावशाली सदस्यों का समूह माना जा सकता है। इस समूह के प्रभाव की वैधता को मान्यता गाँव के लोगों के विचारों और अन्य तथ्यों के आधार पर दिया गया है।

इस संदर्भ में गाँव का छोटा आकार गाँव में आर्थिक समरूपता, विभिन्न समूहों में सौहार्दपूर्ण वातावरण से शक्ति के लिए पृथक मतों के अभाव के कारण भूदानपुरा को ये सभी लाभ मिले।

यह स्पष्ट है कि ग्रामसभा की बैठकों में जो लोग हस्ताक्षर करते थे, उनकी संख्या कार्यकारिणी समिति के सदस्यों से अधिक है परंतु यहाँ यह उचित होगा कि इनकी तुलना पावर पुल के सदस्यों से की जाए।

सुकपुरा और भूदानपुरा में पावरपुल का आकार बड़ा है जबकि इदानपुरा में यह छोटा है। इस अंतर के दो कारण हैं। सुकपुरा और भूदानपुरा में औपचारिक और वास्तविक दोनों शक्तियाँ लोगों के एक ही समूह के पास थीं। दूसरी ओर इदानपुरा में औपचारिक पदों को धारण करने वाले कुछ लोगों के हस्ताक्षर सैद्धांतिक नियमों के कारण लिए जाते थे, परंतु एक दूसरा समूह भी था जिसका हस्ताक्षर

अनिवार्य और व्यवहारिक रूप से लिया जाता था। दूसरा कारण यह था कि इदानपुरा में गुटों की सक्रियता अपने चरम थी जिससे हमेशा तनाव और विवाद का माहौल बना रहता था।

विभिन्न गुटों के मध्य अंतरसंबंध

हमारे द्वारा अब किए गए विश्लेषण से छोटे समुदायों में भी शक्ति के सफलतापूर्वक विकेंद्रीयकरण पर प्रश्न चिन्ह दीख पड़ता है। इस तथ्य की अभी भी समीक्षा करनी बाकी है कि ग्रामदान दर्शन की एक दूसरी अवधारणा हितों को सार्वजनिक बनाती है और यह अवधारणा कि व्यक्ति की समूह में अति–सक्रियता पंथ–निरपेक्ष राजनीतिक के प्रतिकूल होती, के लिए साक्ष्य प्रस्तुत करना है। इदानपुरा और सुकपुरा दोनों में ज्वलंत मुद्दे उपलब्ध हैं और इनकी समीक्षा करना तथ्यबोधक होगा।

हम पहले ही इदानपुरा में चारागाह भूमि की समस्या का वर्णन कर चुके हैं। (अध्याय–V देखें) ग्राम सभा के समक्ष यह एक चुनौतीपूर्ण समस्या प्रस्तुत करती थी। इस कारण गाँव में गुटबंदी हुई। यद्यपि गणपत और राम नारायण एक ही गोत्र के थे स्वयं भी अपने को एक ही वंश के मानते थे, फिर भी वे अलग–अलग गुटों में थे। गाँव में रामनारायण को हमेशा एक नेता के रूप में देखा जाता था। दूसरी ओर गणपत को ग्रामीण राजनीति में यह प्रतिष्ठा नहीं प्राप्त हो सकी क्योंकि वह सरकारी सेवा में कार्यरत होने के कारण प्रायः गाँव से बाहर रहता था।

जब चारागाह रूप में औपचारिक रूप से प्रयुक्त भूमि खेती करना शुरू कर दिया गया तो गाँव वालों को उनके मवेशियों को चराने के लिए काफी समस्या होने लगी। परिणामतः इस समस्या पर ग्राम सभा में चर्चा हुई। शुजा द्वारा अपने गुट के 7 प्रमुख सदस्यों को 31.5 एकड़

भूमि खेती करने के लिए देने पर गणपत ने अपने गुट के लोगों को भी इसमें हिस्सा दिलाना चाहा। इसके बाद चारागाह भूमि की समस्या को लेकर गणपत के साथ पूरा गाँव शुजा के विरोध में चला गया। रामनारायण को भी इसी कदम को उठाना था। इस प्रकार पूरा गाँव दो गुटों में बंट गया। यद्यपि यह समस्या सभी ग्रामीणों को समान रूप से प्रभावित करती थी, फिर भी प्रबल गुटबंदी के कारण किसी सर्वमान्य समझौते की संभावना समाप्त हो गई। दोनों समूह अपने–अपने विपक्षी सदस्यों द्वारा प्राप्त की गई भूमि को छोड़ने की मांग करने लगे। ग्राम सभा में विचार–विमर्श के योग्य यह सर्वाधिक ज्वलंत मुद्दा था। फिर भी इसके दो साल के कार्यकाल में इसका समाधान नहीं ढूंढ़ा जा सका।

इस मामले से यह स्पष्ट होता है कि ग्रामीण राजनीति व्यक्ति स्वार्थों से प्रभावित थी। गणपत को अपना स्वार्थ 31 एकड़ भूमि देने के बदले सिर्फ 15 एकड़ भूमि प्राप्त करने में दिखा। रामनारायण इस गतिविधि में भाग लेने का अवसर नहीं छोड़ने का सोचा होगा। ग्रामीणों ने अपने को इन गुटों में शामिल कर रखा था, ने भी ऐसा करने में अपना स्वार्थ देखा। चारागाह भूमि सभी के लिए समान रूप से महत्त्वपूर्ण थी। फिर भी व्यक्तियों या समूहों के साथ और ग्रामीणों की यह गतिविधि यह दर्शाती है कि उन्होंने सार्वजनिक हितों को नज़रअंदाज़ किया। प्रथमतः यह समस्या दो व्यक्तियों के बीच उत्पन्न हुई परंतु दूसरी ओर शेष ग्रामीण, गणपत और रामनारायण से उनकी भूमि छोड़ने के लिए तैयार करने के लिये प्रयासरत थे। सभी ग्रामीणों के हितों के बदले कुछ लोग तत्काल व्यक्तिगत स्वार्थों के लिए और कुछ लोग दूसरे प्रकार के दबाव में आकर इन गुटों में शामिल हो गए और इस प्रकार सार्वजनिक हितों को दरकिनार कर किसी समझौते की संभावना को समाप्त कर दिया।

सुकपुरा राजस्थान के शुष्क क्षेत्र में अवस्थित है। यहाँ के ग्रामीणों की मौलिक समस्या जलाभाव से उत्पन्न समस्या है। यहाँ पेयजल के दो प्रमुख स्रोत हैं: कुएँ और तालाब जिनमें मानसून के समय वर्षा का जल संचित रहता है। गाँव के समृशाली परिवारों के पास अपना जल–संचयक होता है। सामान्यतः जब गाँव के सार्वजनिक तालाब में पानी उपलब्ध रहता है तो सभी लोग इसी के जल का उपयोग करते हैं। इसके साथ ही जिन लोगों के पास जल संचयन के लिए अपना टैंक है वे सार्वजनिक तालाब से बैलों द्वारा बड़े–बड़े बर्तनों में पानी लाकर अपने टैंक में संचित कर लेते हैं। जब गाँव का तालाब सूख जाता है तो ये लोग अपने टैंक से पानी निकालकर उपयोग करते हैं; जबकि गाँव के दूसरे लोगों को गाँव से चार–पाँच मील की दूरी से पानी लाना पड़ता है। इस परेशानी को दूर करने के लिए 31 जनवरी, 1963 में एक राजपूत पटेल, जो कि ग्राम सभा की कार्यकारिणी समिति का सदस्य है, ने यह प्रस्ताव रखा कि जिन लोगों के पास अपना टैंक है, उन्हें सिर्फ अपने उपयोग के लिए ही सार्वजनिक तालाब से पानी लेना चाहिये, न कि अपने टैंक में पानी जमा करने के लिए। यह विषय इसके बाद की बैठकों में भी रखा गया। परंतु इस पर कोई भी निर्णय नहीं लिया गया और हर बार इसे टाला जाता रहा।

यह महत्त्वपूर्ण है कि सुकपुरा के 19 व्यक्तिगत टैंकों में से 18 जाटों के पास हैं और कार्यकारिणी समिति के 8 सदस्यों में से 5 जाट हैं। सार्वजनिक तालाब से पानी लेकर व्यक्तिगत टैंकों में पानी नहीं जमा करने का प्रस्ताव उनके हितों के प्रतिकूल होता। इसके साथ ही इस प्रकार के निर्णय लेने से समिति के जाट सदस्य की अपने सहयोगियों के बीच प्रतिष्ठा कम हो जाती। गाँव के बाकी लोग जाटों से जुड़े अपने व्यक्तिगत हितों को देखते हुए इस टाल–मटोल को स्वीकार कर लेते हैं। जाटों का यह दृष्टिकोण अपने हितों के रक्षार्थ

स्वाभाविक था। उनका ऐसा विश्वास था कि इस प्रस्ताव से सिर्फ उन्हें ही असुविधा होगी। यह उदाहरण यह दर्शाता है कि समुदाय में किस प्रकार व्यक्तिगत हितों के लिए सामुदायिक हितों को त्याग दिया गया। मामले से यह भी स्पष्ट होता है कि ग्रामीण गुटों में शामिल लोग अपने इन परंपरागत समूहों से स्वतंत्र रखकर निर्णय लेने की प्रक्रिया में भाग नहीं ले सके।

ये दोनों मामले व्यक्तिगत स्वार्थों के दुष्प्रभावों और व्यक्ति की समूह में अति सक्रियता को प्रदर्शित करते हैं। भूदानपुरा में हमें ऐसा कोई उदाहरण नहीं मिलता। इस तथ्य का विश्लेषण इस प्रकार किया जा सकता है। हमारे अध्ययन के समय से 8 वर्ष पूर्व भूदानपुरा बसाया गया था। गाँव का क्षेत्रीय विस्तार जो कि भौगोलिक स्थिति के सापेक्ष अनिवार्य है, ग्रामीणों के विभिन्न समूह यहाँ कबीले हो जाते हैं। परंतु भूदानपुरा में 8 गाँवों से लोग आकर बसे थे जो यहाँ से चार से बारह मील की दूरी पर स्थित हैं। इन गाँवों में से पाँच गाँवों से एक–एक परिवार आये थे जबकि शेष 3 गाँवों से क्रमशः 10, 8 एवं 7 परिवार अर्थात् कुल मिलाकर 25 परिवार आये थे। भूदानपुरा में चार मोहल्ले हैं। इन मोहल्लों प्रवासियों को बसाने के समय उनके पैत्रिक गाँव को ध्यान में नहीं रखा गया था। इससे पुराने पड़ोसियों के साथ लोग गुट नहीं बना सके। साथ ही यहाँ वंशानुगत दोस्ती या दुश्मनी सक्रिय नहीं हो सकी। यहाँ के 30 परिवार 8 विभिन्न कबीलों से हैं।

ये तथ्य भूदानपुरा में व्यक्ति और समूह के बीच के संबंध को प्रकाशित करते हैं। भूदानपुरा में व्यक्ति निश्चित रूप से अपने पैतृक गाँव के वंश और कबीलों से संबंधित है। परंतु उनकी नातेदारी और पुरानी दोस्ती या दुश्मनी राजनीतिक संदर्भ में बहुत अधिक महत्त्वपूर्ण नहीं है क्योंकि गाँव का कोई भी वंश या कबीला हमेशा एक साथ नहीं रहता है। विशेष रूप से हम लोग इस बिंदु पर जोर देते हैं क्योंकि

इस संदर्भ में हमारा अवलोकन सामान्य तर्कों के विपरीत हैं।[28] यह पहले ही उल्लेख किया जा चुका है (देखें नोट 20)। सामान्यतः यह तर्क दिया जाता है कि सामुदायिक भावनाओं पर आघात होने से अव्यवस्था असमाजिकता और गुटबंदी होती है जिससे आधारहीन जनमत तैयार होता है और इसका फायदा बाह्य सूत्र और नेतागण उठाते हैं। यह क्रियान्वित लोकतंत्र के लिए एक स्थायी चुनौती प्रस्तुत करता है परंतु हमारे साक्ष्य यह प्रमाणित करते हैं कि कुछ निश्चित सामुदायिक मूल एक हद तक लोकतांत्रिक पद्धति के क्रियान्वयन में सहायक होते हैं। यह सही है कि समुदाय की सेवा के लिए पूर्ण समर्पण की भावना से उलझन पैदा होती है और इसके परिणामस्वरूप व्यक्ति में आधारहीन समूहों से जुड़ने की भावना आती है। इसके साथ यह भी सही है कि व्यक्ति की समूह में अति–सक्रियता के कारण तार्किक और स्वतंत्र निर्णय लेने में समस्या उत्पन्न होती है, जो कि समान रूप से लोकतंत्र के अनुकूल हो, यह एक बहुत ही कठिन कार्य है।

भूदानपुरा में 52 महीनों से लगातार बिना किसी बाधा के ग्राम सभा का कार्यरत रहना यह सिद्ध करता है कि वहाँ की परिस्थितियाँ इसके अनुकूल हैं। यद्यपि यहाँ बसाये गये लोग विभिन्न गाँवों से आकर यहाँ बसे हैं और वे विभिन्न कबीलों से है, फिर भी वे आधारहीन नहीं है। ऐसा नहीं माना जा सकता कि ये लोग वंचित हैं क्योंकि इनकी जनसंख्या इतनी कम है और इनमें इतनी समरूपता है कि ये आमने–सामने होकर वैचारिक आदान–प्रदान कर सकें। यहाँ पर सामाजिक प्रतिष्ठा के कारण उनके बीच वैचारिक आदान–प्रदान आसानी से होता है। दूसरी ओर ऐसा नहीं लगता कि सामुदायिक वफादारी और मूल्यों द्वारा व्यक्ति के स्वतंत्र आचरण पर प्रतिबंध लगाया जाता है। ऐसा लगता है कि ये लोग समुदाय से बड़े सक्रिय

ढ़ंग से जुड़े हुए हैं परंतु दूसरी ओर ये समूह से स्वतंत्र आचरण के लिए भी स्वतंत्र हैं। यह परिस्थिति राजनीतिक गतिविधियों में लोगों की सक्रिय भागीदारी और एक सार्वजनिक उद्देश्य की प्राप्ति के लिए कार्यरत रहने के लिए अनुकूल होती है। दूसरे शब्दों में यह कहा जा सकता है कि भूदानपुरा में व्यक्ति–समुदाय की प्रकृति ने राजनैतिक संदर्भ में प्रभावी स्वाभाविक संबंधों और विशेष ढ़ंग क्रियान्वयन में सहायता प्रदान करती है।

ग्रामसभा की कार्य पद्धति पर सामुदायिक दृष्टिकोण

हम यह पहले ही वर्णन कर चुके हैं कि इदानपुरा में राजनैतिक अस्थिरता का कारण पावर एक्साइज़र और पावर रिज़रव्वायर के बीच का अंतर था, सुकपुरा में पुराने पावर एक्सरसाइज़र ही पुनः औपचारिक रूप से विभिन्न पदों के लिए चुने गए और भूदानपुरा में व्यक्ति–समुदाय के अनुकूल संबंधों के कारण राजनैतिक स्थिरता बनी रही। अब हम उन निष्कर्षों को देखेंगे, जो ग्रामसभा की कार्य पद्धति पर सामुदायिक दृष्टिकोण को स्पष्ट करते हैं।

इदानपुरा में राजनैतिक अस्थिरता के संदर्भ में वहाँ के 70.5% परिवार प्रमुखों ने ग्रामसभा के विपक्ष में (अप्रभावी या पक्षपातपूर्ण) में अपना मत दिया। सिर्फ 15.6 लोगों ने ग्राम सभा की कार्य पद्धति को सही माना। सुकपुरा में 14% परिवार प्रमुख ग्रामसभा की कार्य पद्धति के विपक्ष में थे। 39% लोगों के मतानुसार यह कामचलाऊ थीं जिससे यह पता चलता है कि उन्होंने तत्कालीन शक्ति व्यवस्था को स्वीकार किया। भूदानपुरा में एक स्पष्ट अंतर दिखता है। यहाँ बहुसंख्य परिवार प्रमुखों अर्थात् 77% ने ग्राम सभा की कार्यपद्धति को अन्य शाब्दिक विकल्पों की उपलब्धता के बावजूद निष्पक्ष माना। छोटे समुदायों में व्यक्ति की उपसमूहों के साथ व्यक्ति के अति सक्रिय

जुड़ाव के कारण निर्णय लेने वाली संस्था द्वारा निष्पक्षता की आम राय प्राप्त करना आसान नहीं होता। यह पहले ही बताया जा चुका है कि किन कारणों से भूदानपुरा एक साफ–सुथरा शासन प्रणाली को विकसित करने में सक्षम था। अतः ग्राम सभा की कार्य प्रणाली के संबंध में परिवार प्रमुखों के मत बहुत हद तक इन गाँवों की राजनीतिक स्थिति का विश्लेषण करते है।

इस अध्याय में हमने जो साक्ष्य प्रस्तुत किये हैं, उनसे यह स्पष्ट होता है कि ग्रामदान गाँवों में प्रत्यक्ष लोकतंत्र की स्थापना काफी मुश्किल कार्य था। जहाँ सुकपुरा और इदानपुरा बहुजातीय गाँव है, वहीं भूदानपुरा एक छोटा सा गाँव है, जहाँ के लोग एक ही जनजाति के हैं और इस छोटे गाँव में निर्णय लेने की प्रक्रिया में भाग लेने वाले लोगों की संख्या भी बहुत कम है।

सुकपुरा में निर्णय लेने की प्रक्रिया में भाग लेने वाले लोगों का अनुपात न्यूनतम है। जैसा कि पहले ही वर्णन किया जा चुका है कि इसका कारण यहाँ के पावर एक्सरसाइज़र का पावर रिज़रव्वायर होना है। परंतु इदानपुरा में परंपरागत रूप से शक्तिशाली व्यक्तियों में कुछ औपचारिक शासन तंत्र (कार्यकारिणी समिति) के सदस्य नहीं थे, फिर वे उनका राजनैतिक प्रभाव बना हुआ था। इदानपुरा में वयस्कों की संख्या भूदानपुरा में ढ़ाई गुनी है, फिर भी निर्णय लेने की प्रक्रिया में भाग लेने वाले लोगों का प्रतिशत इदानपुरा में काफी अधिक है। हम यह उल्लेख कर चुके हैं कि इदानपुरा में ग्राम सभा के गठन के बाद से ही राजनैतिक अस्थिरता बनी रही और परस्पर विरोधी गुट अपने लोगों की अधिकतम भागीदारी के लिए प्रयास करते रहे। इस कारण ज्यादा से ज्यादा लोगों को राजनैतिक रूप से जागरूक होना पड़ा। इस प्रमाण के आधार पर हम यह तर्क प्रस्तुत करते हैं कि यहाँ निर्णय लेने की प्रक्रिया में जनता के एक बड़े समूह की भागीदारी समुदाय के

छोटे आकार और सामाजिक समरूपता द्वारा सुनिश्चित नहीं होती बल्कि इसका कारण समाज में व्याप्त स्थानीय राजनीति है।

यहाँ यह उल्लेखनीय है कि ग्रामीण जनता का एक बड़ा भाग जो विधायी कार्यों में भाग नहीं लेता है, अपने राजनैतिक अधिकारों से अपरिचित रहता है। ये लोग इन गतिविधियों में यह सोचकर भाग नहीं लेते कि इनमें भाग लेने का काम कुछ ऐसे विशेष लोगों का है जिनके पास पद और प्रतिष्ठा है। (जागीरदार, पटेल, वंश प्रमुख आदि)। उदाहरण के लिए निम्न जाति के लोगों को नाममात्र का प्रतिनिधित्व दिये जाने पर भी ये इसे बड़ा वरदान समझकर अपना आभार प्रकट करते थे। अतः विद्यार्थी प्रक्रिया में सभी लोगों की भागीदारी की संभावना तब तक बहुत कम रहती है, जब कि इसमें भाग नहीं लेने वाले लोगों को यह पता नहीं चल जाये कि निर्णय लेने में उनकी भागीदारी उतनी ही महत्त्वपूर्ण जितनी दूसरों की। जनसाधारण की भागीदारी राजनैतिक जागरूकता लाकर कराई जा सकती है, परंतु इस जागरूकता के प्रसार में सामाजिक संरचना की अहम भूमिका होती है।

भारतीय समाज जाति, उम्र, लिंग आदि जैसे ठोस मानदंडों के आधार पर वर्गीकृत होता है और इसमें व्यक्ति को स्वतंत्र गतिविधियों को संचालित करने की काफी सीमित स्वतंत्रता होती है। इसका कारण महिलाओं पर पुरूषों का वर्चस्व, युवाओं पर बूढ़ों का वर्चस्व और उच्च जातियों का निम्न जातियों पर वर्चस्व है। कार्सटैर्स (carstairs)[29] हिंदुओं में निम्न समुदाय द्वारा उच्च समुदाय की स्वेच्छा से सेवा करने की भावना और इसके बदले निम्न समुदाय द्वारा श्रेष्ठ समुदाय से बिना किसी शर्त के इसी प्रकार की अपेक्षा की बात कही है। रॉस (Rass) का ऐसा मानना है कि हिंदु महिलायें 'बच्चे की माँ' के रूप में उस पर शासन करती हैं जिससे हिंदु पुरूषों में नेतृत्व

क्षमता का विकास अवरूद्ध हो जाता है और वह अपनी माँ पर आश्रित होने लगता है। उनकी इस निर्भरता के परिणामस्वरूप वे दूसरे क्षेत्रों में भी अपने अधिकारों में दूसरों की निर्भरता ढूढ़ते हैं। प्रायः लोग ऐसा कहते पाये जाते हैंः "यह जागीरदार/पटेल का काम है," "मैं इस विषय पर निर्णय नहीं ले सकता, यह मेरे पिता/पति का काम है" आदि। व्यक्ति को इस प्रकार के विनम्र विचारों से मुक्त रखने के लिए यह आवश्यक है कि उसे समानता, मातृत्व, स्वतंत्रता आदि जैसे मूल्यों से अवगत कराया जाए।[31] जाति, संयुक्त आदि जैसे अधिकारवादी ढ़ांचे व्यक्ति की स्वायत्तता और स्वतंत्रता के विकास में बाधक होते हैं।

शील्स[32] का कहना है कि परिवार के बड़े आकार के कारण व्यक्ति का समुचित विकास बाधित होता है। परंतु बड़े परिवारों में नियंत्रण और व्यापकता के अभाव में व्यक्ति सामाजिक मूल्यों से विमुख होने लगता है। इस मानसिकता के विकास को रोकने के लिए यह आवश्यक है कि नातेदारी पर आधारित व्यवस्था को समाप्त कर छोटे परिवारों की स्थापना को प्रश्रय दिया जाये। शील्स[33] बुद्धिमता और भावनाओं के विकास के लिए शिक्षा को एक पूर्वापेक्षित शर्त मानते है। व्यक्ति को इस प्रकार प्रेरित करने से उसमें गाँव और नातेदारी की प्रमुखता पर आधारित जीवन के दोषों का अनुभव होता है और वह और व्यापक और खुशहाल जीवनशैली के प्रति उत्सुक होता है। यद्यपि हमारे पास इस तर्क के पक्ष में कोई प्रमाण नहीं है, फिर इस संदर्भ में हमारे आँकड़ों का अध्ययन काफी रोचक होगा।

इदानपुरा में सिर्फ 10% साक्षर हैं और सिर्फ 43% परिवार व्यक्तिगत हैं। सुकपुरा में 12% वयस्क साक्षर हैं, जबकि यहाँ 42% परिवार व्यक्तिगत हैं। ये दोनों गाँव हिंदुजातीय हैं। इसके बावजूद परिवार का छोटा आकार ज्यादा महत्वपूर्ण नहीं है क्योंकि गाँव में नातेदारी के बुजुर्ग भी रहते हैं। यद्यपि ये पृथक आवासीय इकाईयाँ

विद्यमान हैं, तथापि ये कुछ हद तक अपने बंधु–बांधवों पर निर्भर हैं और ग्रामीण भागों में पिता या बड़े भाई का प्रभाव सर्वाधिक है। इसके विपरीत भूदानपुरा में 66% वयस्क साक्षर हैं और सभी परिवार व्यक्तिगत हैं। दूसरे गाँव से यहाँ आकर बसने के कारण बुजुर्गों का अधिकारवाद अनुपस्थित है। जनजातीय गाँव होने के कारण सुदृढ़ जाति व्यवस्था अनुपस्थित है। जहाँ भूदानपुरा में अन्य गाँवों की तुलना में ग्रामसभा का क्रियान्वयन काफी सफलतापूर्वक हुआ, वहीं दूसरी ओर यहाँ शक्ति का विकेंद्रीयकरण न्यून है और निर्णय लेने की प्रक्रिया में भाग लेने वाले लोगों की संख्या भी कर चुके हैं कि इदानपुरा में प्रचंड गुटबंदी के कारण राजनीतिक गतिविधियों में अधिक लोगों की भागीदारी एक मजबूती के समान थी। इस आधार पर हम यह तर्क प्रस्तुत करते हैं कि समाज में परंपरागत मूल्यों के प्राबल्य की न्यूनता और आधुनिकता का प्रभाव अधिक होने के बाद भी ऐसा हो सकता है कि वहाँ पर्याप्त राजनैतिक जागरूकता और जनसामान्य की राजनीतिक गतिविधायों में सक्रिय भागीदारी नहीं हो।

वस्तुतः निर्णय लेने की प्रक्रिया में भाग लेने वाले लोगों या पावर पुल के सदस्यों की संख्या पूरी जनसंख्या के सापेक्ष बहुत कम होना यह सिद्ध करता है कि शक्ति का केंद्रीयकरण बहुत अधिक है शक्ति के विकेंद्रीयकरण का लक्ष्य हासिल नहीं किया जा सका। इन गाँवों की यह परिस्थिति सर्वोदय के आदर्शों से काफी दूर है। यहाँ जनशक्ति की स्थापना उस हद तक नहीं हो सकी जितनी कि अपेक्षा की गई थी और राजनीति पहले की तरह व्याप्त रही। यह कहा जा सकता है कि छोटे समुदायों में गैर परंपरागत और तात्क्षणिक रूप से प्रभावशाली संप्रेषण के माध्यमों के बाद भी निर्णय लेने की प्रक्रिया में प्रत्येक की भागीदारी अनिवार्य रूप से सुनिश्चित नहीं हो सकती। ऐसा भी हो सकता है कि व्यक्ति को स्वतंत्र इकाई न मानकर समूह का एक

सदस्य मात्र माने जाने के कारण निर्णय लेने की प्रक्रिया में उसके माना जाता हो। इसका मतलब यह हुआ कि समूह के प्रतिनिधित्वकर्ता के प्रति व्यक्ति का समर्पण होना चाहिए और व्यक्तिगत विचारों को ग्रहण करना बहुत महत्त्वपूर्ण नहीं होता। इस प्रकार निर्णय लेने वाले लोग अपने व्यक्तिगत हितों को पूरा कर सकते हैं और यह साम्यवादी समाज की अवधारणा के समरूप हैं।

परंतु इसी आदर्श साम्यवादी समाज में व्यक्ति से यह वैकल्पिक अपेक्षा की जाती है कि वह सामुदायिक लाभ के लिए अपनी स्वतंत्रता को भी बलिदान कर दे। लेकिन हमारे साक्ष्य प्रमाणित करते हैं कि व्यक्ति हमेशा सामुदायिक हितों के प्रति उदासीन होता है। साम्यवादी समाज में इस बात पर जोर दिया जाता हैं कि व्यक्ति को अपने में आधारभूत सामुदायिक मूल्यों का विकास करना चाहिए जिससे वह समूह से पृथक और एकात्मक न हो जाये। परंतु यदि व्यक्ति को जिम्मेदारीपूर्वक कार्य करना हो, तो यह आवश्यक है कि वह अपने हितों को नज़रअंदाज़ करके चिंतन करे और इसके लिए उसे सामुदायिक बंधनों से मुक्त होना चाहिये। दूसरी ओर समाज के साम्यवादी चरित्र को बनाये रखने के लिए कुछ प्राथमिक समूहों (जैसेः परिवार, नातेदारी, जाति क्षेत्रीय, भाषाई आदि) का अस्तित्व अनिवार्यतः संरक्षित रखना होगा। सर्वोदयवादियों के लिए मौलिक दुविधा यही थी क्योंकि वे एक साम्यवादी समाज में लोकतांत्रिक पद्धति के क्रियान्वयन के लिए प्रयासरत थे। इस दुविधा को मान्यता देने से हमारे लिए यह आवश्यक हो जाता है कि हम आर0ई0 लॉने (Lane)[34] के इस विचार पर दृष्टिपात करें कि सामुदायिक मूल्यों की अत्यधिक सक्रियता लोकतांत्रिक राजनैतिक व्यवस्था के विरूद्ध होती है। सामुदायिक भावनायें जनता और स्थानीय लोगों की वफादारी से अभिन्न रूप से जुड़ी होती हैं परंतु इस वफादारी पर आधारित लोकतंत्र में स्थायीत्व नहीं होता है।

समुदाय के व्यक्ति को अपनी मेघा के अनुसार पद (वर्तमान संदर्भ में राजनीतिक सत्ता) नहीं मिल पाता है और यह लोकतांत्रिक पद्धति के दर्शन के लगभग प्रतिकूल होता है। गतिहीनता और मौनधारण आलोचनात्मक पक्ष होते और समुदाय का परंपरागत गतिविधियों से गहरा संबंध होता है परंतु नये विचारों के प्रवर्तन, गतिशीलता, प्रश्नोंत्तर और आलोचना के बिना लोकतंत्र व्यक्तियों को अपेक्षाकृत अधिक स्वतंत्रता प्रदान करता है जिससे वे स्वेच्छा से किसी समूह से जुड़ सकें या अलग हो सकें और इस प्रकार इस व्यवस्था में व्यक्ति स्वतंत्र इकाई की तरह होता है।

परंतु लाने का तर्क सिर्फ राष्ट्रीय स्तर की राजनीति के संबंध में व्यवहारिक है जबकि हमारे आँकड़े छोटे समुदायों से संबंधित हैं। इसके बाद भी लॉने (Lane) उन लेखकों, जिन्होंने सामुदायिक मूल्यों के अवमूल्यन को लोकतंत्र की भावी चुनौती माना है, के तर्कों का सबसे बड़े दोष यह माना है कि उन्होंने राष्ट्रीय और स्थानीय राजनीति को एक ही संदर्भ में दृष्टिगत किया है। लॉने का विश्वास है कि 'एक ग्रामीण समाज, नगर राज्य में इन विशेषताओं को टाउन मिटिंग या इस तरह के वृहत बैठकों के द्वारा लोकतंत्र की मुख्य धारा से जोड़ा है तो उसे निश्चित रूप से 'सामुदायिक व्यक्ति विशेषताओं को छुपाकर पृथक और स्वतंत्र व्यक्ति के समान आचरण करना पड़ता है।'35 दूसरी ओर हमारे साक्ष्य यह तर्क प्रस्तुत करते हैं कि छोटे समुदायों में भी प्रबल सामुदायिक भावनाओं को निष्पक्ष राजनीति में समाहित करना असंभव है। हम यह तर्क नहीं देते कि चरम व्यक्तिवाद और क्रियान्वयन का व्यष्टिकरण समुदाय में निष्पक्ष राजनीति के क्रियान्वयन के पूर्वापेक्षित शर्त है, हम सिर्फ कहना चाहते हैं कि व्यक्ति को सामुदायिक हितों में उसकी अनिवार्य और एकात्मक भागीदारी से मुक्त रखना चाहिये। साम्यवादी समाज की अवधारणा में आधारभूत

सामूहिक भागीदारी से जोड़ा जाता है। यह दुविधा हमें सर्वोदयवादियों की राजनीति में दिखी।

हमारे विवाद का विषय यह है कि इस अध्याय में किए गए विश्लेषण से यह स्पष्ट होता है एक प्रतिभाशाली आंदोलन में कालांतर में संगठनात्मक आधार का विकास होता है। ग्रामदान, भूदान आंदोलन का सबसे महत्त्वपूर्ण संगठनात्मक तंत्र, ग्रामदान गाँवों में पाये जाते हैं। हमने पाया कि ग्रामदान गाँवों में ग्राम सभाओं के गठन के फलस्वरूप ना तो शक्ति का विकेंद्रीयकरण हुआ और ना ही सर्वसामान्य की स्वशासन में भागीदारी सुनिश्चित हुई तथा इन गाँवों में राजनीति यथावत बनी रही। इसका कारण या तो प्रतिभाशाली आंदोलन की वे अंतमूर्त सीमायें हो सकती हैं, जो परिवर्तन लाने के लिए निर्धारित की जाती हैं या फिर ऐसे स्थानीय नेताओं की कमी हो सकती है, जिनमें प्रतिभाशाली अपील हो। इस समस्या का समाधान ढूंढ़ने के लिए हम स्थानीय नेतृत्व की प्रकृति का अध्ययन करेंगे।

नोट्स

1. यह मेरे पेपर "मिथ एंउ रियलिटी इन इंडियाज कम्यूनिटेरियन विलेजेज," जरनल ऑफ कॉमनवेल्थ पॉलिटिकल स्टडिज वॉल्यूम IV (2), जुलाई 1966, पेज 94–116 का विस्तृत कथन है।
2. राजस्थान सरकार के राजस्थान ग्रामदान एक्ट 1960, जयपुर 1961, पेज–6।
3. पंचायती राज व्यवस्था के अंतर्गत (कम से कम राजस्थान में) बहुत से नियंत्रित गाँवों में विकास का कार्य करने के लिए विकास पंचायत का गठन किया गया। इसके पंचों का चुनाव विभिन्न क्षेत्रों से होता है और सरपंच जिसे पूरा गाँव मिलकर चुनता है। सभा पंचों और सरपंच के द्वारा पंचायत की कार्यकारिणी समिति का गठन होता है। बहुत से विकास पंचायतों को मिलाकर एक न्याय पंचायत बनाया जाता है जो एक बड़े क्षेत्र में न्यायिक प्रशासन का कार्य करता है। प्रत्येक विकास पंचायत से न्याय पंचायत राज व्यवस्था के अंतर्गत चयनित सदस्य सभी मतदाताओं के लिए नीति निर्धारक होते हैं और विकास तथा न्याय पंचायतों के बीच शक्ति का विभाजन होता है।

4. लुइस फिशर ने हवाला दिया है, द लाइफ ऑफ महात्मा गाँधी, न्यूयॉर्क हार्पर एंड ब्रोस 1960, पेज 329।
5. जगप्रवेश चंद्र (ई0डी0) द्वारा वर्णित, टीचिंग्स बाई महात्मा गाँधी, लाहौर, द इंडियन प्रिंटिंग वर्क्स, 1945, पेज–34।
6. लुईस फिशर द्वारा लिखित ओ0पी0 सीआईटी0 पेज – 329।
7. डी0जी0 तेदुलकर, द महात्मा, वॉल्यूम IV, (लेखक द्वारा प्रकाशित) 1952, पेज–15।
8. सुरेश रामभाई द्वारा लिखित, प्रोगरेस ऑफ ए पिलग्रीमे, वर्द्धा, अखिल भारतीय सर्व सेवा संघ, 1966, पेज–7।
9. प्यारेलाल नाया की, टूवार्डस न्यू होराइजन्स, अहमदाबाद, नवजीवन, 1969, पेज–131।
10. देखें सुरेश रामभाई, ओ0पी0 सीआईटी0 1965, पेज–5।
11. जयप्रकाश नारायण, टुवार्डस ए न्यू सोसायटी, नई दिल्ली, काँग्रेस फॉर कल्चरल फ्रीडम, 1958, पेज–2627।
12. इबीड0 (Ibid), पेज–27।
13. सुरेश रामभाई की विनोबा एंड हिज मिशन, अखिल भारतीय सर्व सेवा संघ, वर्द्धा, 1954, पेज–209।
14. देखें सुरेश रामभाई, ओपी0 सीआईटी0, 1956, पेज–7।
15. जयप्रकाश नारायण, ओपी0 सीआईटी0, 1958, पेज–151।
16. आईबीड0 (Ibid)] पेज–164।
17. जयप्रकाश नारायण, सोश्यलिज्म, डेमोक्रेसी एंड सर्वोदय, बिमला प्रसाद (इडी0), एशिया पब्लिशिंग हाउस, बंबई, 1964, पेज–250।
18. जयप्रकाश नारायण, ओ0पी0 सीआईटी0 1958, पेज–38।
19. उदाहरण के लिये जार्ज सीमेल (Semmel) मानते हैं, "समाजवादी या आंशिक समाजवादी समाज की स्थापना छोटे समूहों में ही हुई है, बड़े समुदायों में ये हमेशा असफल रहे हैं।" द सोसायटी और जार्ज सीमेल, इलीनॉस (Illinoes), द फ्री प्रेस ऑफ क्लेकों (Clencoe), पेज 87–88। सीमेल की समाजवादी समाज की अवधारणा सर्वोदय की लोकतांत्रिक पद्धति की अवधारणा बहुत मिलती–जुलती है। परंतु जोसेफ ए0 शुम्पीटर (Schumpeter) 'जनता' के शासन के संबंध में नाकारात्मक विचार प्रस्तुत करते हैं– "साधारण सामाजिक व्यवस्था वाले छोटे और पुरातन समाजों में जहाँ बहुत ज्यादा असहमति नहीं हो यह माना जा सकता है कि संवैधानिक रूप से पारिभाषित सभी व्यक्ति वैधानिक कार्यों और प्रशासन में भाग लेते

हैं।" कैपिटलिज़्म, सोश्योलिज़्म एंड डेमोक्रेसी, लंदन, जार्ज एलेन एंड अनविन एलटीडी0, 1943, पेज–245–46। जनता की भावनाओं को जानने के लिए एरोश फ्रोम एक जोरदार तर्क देते हैं, "पुरानी टाउन मिटिंग की तुलना में अपेक्षाकृत छोटे, समूहों जिनमें 500 (माना जा सकता है) से अधिक सदस्य नहीं हों, में विभिन्न मुद्दों पर आसानी से लगातार विचार किया जा सकता है। इन छोटे समूहों में प्रत्येक सदस्य अपना विचार रख सकता है। इन छोटे समूहों में प्रत्येक सदस्य गंभीरता से सुन सकता है।" द सेन सोसायटी, लंदन रूटलेट एंड केगान पॉल एलटीडी, (Routledge and Kegan Paul, Ltd.,) 1956 , पेज–341

20. एरीश फ्रोम कहते हैं कि गैर रचनात्मक कार्यों से व्यक्ति के असंबद्ध होने के कारण वह समाज से भी अलग–अलग पड़ जाता है और यह लोकतंत्र के लिए खतरनाक होता है। देखें एरीश, फ्रोम़, ओपी0 सीआईटी विलियम कॉर्नहाउज़र सामुदायिक मूल्यों के ह्रास के परिणामस्वरूप समाज में व्यष्टिवादी संबंधों की प्रधानता बढ़ जाती है और इससे व्यक्ति की मनमानी को भी बढ़ावा मिलता है जिससे लोकतंत्र का भविष्य अंधकारमय हो जाता है। .... द पॉलिटिक्स ऑफ मास सोसायटी, न्यूयार्क, द फ्री प्रेस ऑफ ग्लेंको, 1959/सेबैस्चन डी ग्राजीया (Sebastian De Grazia) मानते हैं शासकों और उनके व्यवहारों के प्रति असंतोष के परिणामस्वरूप राजनैतिक मानकशून्यता व्याप्त होती है। अतः जब जनता और प्रशासन व्यवस्था और प्रशासन के समक्ष चुनौती प्रस्तुत करती है और शासक जनता के बीच अपनी पहचान खो देते हैं, असुरक्षा और अव्यवस्था आ जाती है, जिससे कृत्रिम विचारधाराओं और मिथ्या राजनैतिक प्रवाचकों को सहयोग मिलता है। द पॉलिटिकल कम्यूनिटी, शिकागो, यूनिवर्सिटी ऑफ शिकागो प्रेस, 1948।

21. दूसरे दृष्टिकोण से देखने पर भी समुदाय का छोटा आकार व्यक्ति की भागीदारी में समस्या का कारण होता है। जैसी कि वर्बा (verba) ने निर्णय लेने की प्रक्रिया की पारदर्शिता की चर्चा की है कि निर्णय लेने की प्रक्रिया में एक औपचारिक तंत्र की उपस्थिति के अभाव और काल्पनिक वैचारिक साम्य के कारण व्यवस्था पतनोत्मुख होती है और कमजोर वर्गों के हितों की अनदेखी की जाती है। देखें सिडनी वर्बा, स्मॉल ग्रुप एंड पॉलिटिक्ल बिहेवियर प्रिंसेस्टन यूनिवर्सिटी प्रेस, 1961।

22. गैर पश्चिमी राजनैतिक प्रक्रियाओं के विस्तृत विवरण हेतु देखें न्यूसियन डब्लू0 पे "द नॉन वेस्टर्न पॉलिटिक्ल प्रोसेसेज"। हैरी एक्स्टाइन (Eckstein) और डेविड ई0 एप्टर, कॉम्परेटिव पॉलिटिक्सः ए रीडर, लंदन, द फ्री प्रेस ऑफ ग्लेंको, 1963, पेज–657–665।

23. अवधारणा की लेखक द्वारा विस्तृत समीक्षा भारतीय समाज तत्कालीन अस्तव्यस्तता के संदर्भ में की गई है। देखें टी0के0 ओमेन "द ओवर इंटिग्रेटेड सोसायटी" क्वेस्ट संख्या 42, इंडियन कमेटी फॉर कल्चरल फ्रीडम, कोलकाता, 1964 (जुलाई–सितंबर), पेज–55–61।
24. मॉरिस जोंस, "इंडियाज पॉलिटिक्ल आईडॉम्स", इन पॉलिटिक्ल एंड सोसाइटी इन इंडिया (ई0डी0) सी0 एच0 फिलिप, लंदन, जार्ज एलेन एंड यूविन एलटीडी0, 1963, पेज–44।
25. नायर ओ0पी0 सीआईटी0 1959, पेज–132।
26. देखें सुरेश रामभाई ओ0पी0 सीआईटी0, 1956, पेज–7।
27. हॉलाम (Hallam) टेनीसन, सेंट ऑन मार्च, लंदन विक्टर गोलांक्ज, 1955, पेज–81।
28. क्लैरेंस किंग विशुद्ध ग्रामीण समुदाय के महत्त्व पर जोर देते हैं और ये दिखाने का प्रयत्न करते हैं कि थाइलैंड में बांग–पाकोंज नामक एक नए बसाए गए गाँव में किस प्रकार बड़ी मुश्किल से मतैक्य और सार्वजनिक हितों के प्रति चिंतन के विकास का लक्ष्य प्राप्त किया गया। देखें– क्लैरेंस किंग, वर्किंग विद पिपुल इन स्मॉल कम्यूनिटिज़, न्यूयॉर्क, हार्पर एंड ब्रोस, 1959, पेज–111–112। यह स्वीकार करना होगा कि नई बस्तियों में इस प्रकार की सोच विकसित होने में समय एक महत्त्वपूर्ण मानदंड होता है। परंतु हम किंग के इस र्मि को मान्यता नहीं दे सकते कि एक नए गाँव में सार्वजनिक हितों को विकसित करना काफी कठिन कार्य है। वस्तुतः परंपरागत या पुराने गाँवों में बहुत से ऐसे बंधन या गठजोड़ होते हैं जो सार्वजनिक हितों के प्रतिकूल होते हैं जब हम पूरे गाँव को एक निर्णायक ढ़ांचे के रूप में मानते हैं।
29. सी0मैरिस कार्सटर्स (carstairs), द ट्वाइस बॉर्न, लंदन, द होगर्थ प्रेस 1957, पेज–160।
30. आइलेन (Aileen) डी0 रॉस, द हिंदु फेमली इन इट्स अरबन सेटिंग, बंबई, ऑक्सफोर्ड यूनिवर्सिटी प्रेस 1961, पेज–102–3।
31. ल्युसियन डब्लू पे, पॉलिटिक्स पर्सनालिटी एंड नेशन बिल्डिंग; बर्माज सर्च फॉर आइडेंटीटी, न्यू हावान एंड लंदन, याले यूनिवर्सिटी प्रेस, 1962, पेज–52।
32. एडवर्ड शील्स, "वर्ल्ड पॉलिटिक्स, वॉल्यूम–XI नं0–1, 1958, नेज–15–17।
33. आइबीड (Ibid), पेज–18।
34. राबर्ट ई0 लॉने, पॉलिटिक्ल आइड्योजॉजी, न्यूयार्क द फ्री प्रेस ऑफ ग्लेंको, 1962।
35. आइबीड0 (Ibid), पेज–227।

परिशिष्ट–अ
इदानपुरा में पावर पुल

1. इदानपुरा में पावर पुल, राम नारायण, राजपूत, तत्कालीन जागीरदार का सबसे बड़ा पुत्र, वंश प्रमुख, सहकारी समिति का भूतपूर्व कोषाध्यक्ष, इदानपुरा का भूतपूर्व वार्ड सदस्य।
2. रघुनाथनंदन, राजपूत, तत्कालीन जागीरदार का तीसरा पुत्र, (रामनारायण का भाई), ग्राम सभा का प्रधान, कुछ समय के लिए ग्रामोद्योग बिक्री भंडार का प्रबंधक।
3. गणपत, राजपूत, वंश प्रमुख (राजपूतों का दूसरा वंश), पुलिस कांस्टेबल।
4. बदरी प्रसाद, ब्राह्मण गाँव के पुजारी का भाई, कुछ दिनों के लिए सहकारी समिति का कोषाध्यक्ष।
5. ब्रह्मानंद, ब्राह्मण, पुजारी का भाई, कुछ दिनों के लिए ग्रामोद्योग बिक्री भंडार का प्रबंधक।
6. नाथु, गोडाड अहिर, वंश प्रमुख, राजस्व पटेल, सहकारी समिति का अध्यक्ष।
7. रामचंद्र, गोडाड अहीर, ग्राम सभा की कार्यकारिणी समिति का सदस्य।
8. भोगा, गोडाड अहीर, ग्रामोद्योग बिक्री भंडार समिति का अध्यक्ष।
9. शुजा, कुदावत अहीर, वंश प्रमुख, गैर–राजस्व पटेल, इदानपुरा का भूतपूर्व पंच प्रतिनिधि।
10. महादेव, कुदावत अहीर, वंश प्रमुख, ग्राम सभा की कार्यकारिणी समिति का सदस्य, ग्रामोद्योग बिक्री भंडार की कार्यकारिणी समिति का सदस्य।
11. घिसा राम, कुदावत अहीर, ग्रामसभा की कार्यकारिणी समिति का सदस्य।
12. रघुनाथ, कुदावत अहीर, ग्राम सभा की कार्यकारिणी समिति का सदस्य।
13. गिरधारी, कुदावत अहीर, सहकारी समिति की कार्यकारिणी समिति का सदस्य।
14. काना, कुदावत अहीर, सहकारी समिति की कार्यकारिणी समिति का सदस्य।
15. भूवाना, गनवाल अहीर, ग्रामसभा की कार्यकारिणी समिति का सदस्य, सहकारी समिति की कार्यकारिणी समिति का सदस्य। ग्रामोद्योग बिक्री भंडार की कार्यकारिणी समिति का सदस्य।
16. लालू, जाट ग्रामसभा की कार्यकारिणी समिति का सदस्य।
17. रामनाम, जाट सहकारी समिति की कार्यकारिणी समिति का सदस्य।

18. रामदेव नाई, ग्रामसभा का उप–प्रधान तत्कालीन सहकारी समिति का सचिव, ग्रामोद्योग बिक्री भंडार समिति का उपाध्यक्ष, ग्राम सेवा मंडल की कार्यकारिणी का सदस्य शांति सैनिक।
19. छोट्टू खाटी, वंश प्रमुख, ग्रामसभा की कार्यकारिणी समिति का सदस्य।
20. गोबिंद, खाटी, वंश प्रमुख।
21. बोदू, भलाई, अपनी जाति का प्रमुख, ग्रामसभा की कार्यकारिणी में निम्न जाति का सदस्य।
22. हार शाही, ब्राह्मण, ग्राम सेवक (दूसरे गाँव का निवासी) ग्रामसभा की कार्यकारिणी समिति का सचिव, सहकारी समिति का सदस्य, ग्रामोद्योग बिक्री भंडार का लेखाकार, ग्रामसेवा मंडल की कार्यकारिणी समिति का सदस्य, शांति सैनिक।

परिशिष्ट–ब
सुकपुरा में पावरपुल

1. हरिदास, खिलेरी जाट, तत्कालीन वार्ड पंच ग्रामसभा का प्रधान (उल्लेखनीय है कि हरिदास का परिवार अपने वंश में अकेला परिवार था।
2. मुकुंद, खिलेरी जाट, वंश प्रमुख, राजस्व पटेल, ग्रामसभा की कार्यकारिणी समिति का सदस्य।
3. राम सुक, खिलेरी जाट, वंश प्रमुख। राजस्व पटेल, ग्रामसभा की कार्यकारिणी समिति का सदस्य।
4. नारायण, खिलेरी जाट, राजस्व पटेल, ग्रामसभा पटेल, ग्रामसभा का सदस्य, सहकारी समिति की कार्यकारिणी का सदस्य।
5. अर्जुन, खिलेरी जाट, सहकारी समिति का सचिव, सर्वोदय मंडल कार्यकारिणी समिति का सचिव।
6. बूड्डा, खिलेरी जाट, वंश प्रमुख, सहकारी समिति की कार्यकारिणी का सदस्य।
7. जीस्सा, खिलेरी जाट, सहकारी समिति की कार्यकारिणी का सदस्य, सर्वोदय मंडल कार्यकारिणी का संयुक्त सचिव।
8. बिया, खिलेरी जाट, सहकारी समिति की कार्यकारिणी का सदस्य।
9. पुशा, खिलेरी जाट, सहकारी समिति की कार्यकारिणी का सदस्य, शांति सैनिक।
10. तुलजा, खिलेरी जाट, शांति सैनिक।

11. गणेश, खिलेरी जाट, शांति सैनिक।
12. चतुरा, भांबू जाट, राजस्व पटेल, ग्रामसभा की कार्यकारिणी समिति का सदस्य।
13. बोगा, भांबू जाट, सहकारी समिति का अध्यक्ष, सर्वोदय मंडल कार्यकारिणी समिति का खजांची।
14. सरदारा, भांबू जाट, वंश प्रमुख।
15. माना, लोल जाट, सर्वोदय मंडल कार्यकारिणी समिति का उपाध्यक्ष।
16. बालू, सियाक जाट, सर्वोदय मंडल कार्यकारिणी समिति का कनिष्ठ सचिव।
17. गंगा, शिवेर जाट, शांति सैनिक।
18, नाहर सिंह, राजपूत, वंश प्रमुख पटेल (गैर–राजस्व), ग्राम सभा की कार्यकारिणी समिति का सदस्य, सर्वोदय मंडल कार्यकारिणी समिति का निषेध सचिव।
19. किशन सिंह, राजपूत, सहकारी समिति का खजांची, सर्वोदय मंडल का अध्यक्ष।
20. जीत्ता, नाइक, नाइकों का पटेल (गैर–राजस्व) ग्रामसभा की कार्यकारिणी समिति का सदस्य।
21. ग्रामसेवक, कायस्थ, ग्रामसभा का सचिव, सहकारी समिति का प्रबंधक, सर्वोदय मंडल का सलाहकार, शांति सैनिक।

परिशिष्ट–स
भूदानपुरा में पावर पुल

1. वेस्या, दामोर, ग्रामसभा का प्रधान, ग्राम सुधार समिति में आने वाले आगंतुकों के लिए जवाबदेह, सहकारी भंडार की कार्यकारिणी समिति का सदस्य, लोक सेवक।
2. अमरा, ढामोर, ग्राम सुधार समिति के प्रार्थना समिति का प्रमुख सदस्य, सहकारी भंडार की कार्यकारिणी समिति का सदस्य, लोक सेवक।
3. चमन, नीनामा, ग्रामसभा का सचिव, ग्राम सुधार समिति की शिक्षा के लिए उत्तरदायी सदस्य, लोक सेवक।
4. झोरीया, नीनामा, ग्राम सभा की कार्यकारिणी का सदस्य, सहकारी भंडार की कार्यकारिणी का सदस्य, लोक सेवक।
5. मांडू, नीनामा, ग्रामसभा का सचिव, ग्राम सुधार समिति की शिक्षा के लिए उत्तरदायी सदस्य, लोक सेवक।

6. वेलिया, नीनामा, ग्रामसभा की कार्यकारिणी समिति का सदस्य, सहकारी भंडार की कार्यकारिणी का सदस्य, लोकसेवक।
7. नाथी, नीनामा, ग्रामसभा की कार्यकारिणी की महिला सदस्य, ग्राम सुधार समिति के परिवारों की पोषाहार के लिये उत्तरदायी सदस्य।
8. देवा, बाड़, पटेल, ग्राम सुधार समिति के स्वास्थ्य के लिए उत्तरदायी सदस्य।
9. देवा, बाड़, पटेल, ग्राम सुधार समिति के स्वास्थ्य के लिए उत्तरदायी सदस्य, सहकारी भंडार का अध्यक्ष।
10. हारली, बमानिया, ग्राम सुधार समिति की बैठकों का प्रभारी, लोक सेवक।
11. हेमा, राटोर, ग्रामसभा की कार्यकारिणी समिति का सदस्य, ग्रामसभा की कार्यकारिणी समिति का सदस्य, सहकारी भंडार की कार्यकारिणी का सदस्य लोकसेवक।
12. आत्मा, रोटोर, ग्राम सेवक (दूसरे गाँव का निवासी), ग्राम सभा और ग्राम सुधार समिति का संयोजक सहकारी भंडार का प्रबंधक, लोक सेवक।

अध्याय–7

स्थानीय नेतृत्व की प्रकृति

भूदान–ग्रामदान आंदोलन के प्रवर्तक, विनोबा प्रतिभाशाली हैं। फिर भी आंदोलन में प्रयुक्त प्रचार, संप्रेषण तंत्र और देश की विशालता के कारण इस तंत्र द्वारा जनता तक पहुँचने में आने वाली समस्याओं की व्यापकता देखते हुए यह कल्पना से परे है कि एक अकेले व्यक्ति द्वारा जनसामान्य से सफलतापूर्वक संपर्क स्थापित किया जा सकता है। अतः यह आवश्यक हो जाता है कि निम्न स्तरों जैसे– राज्य, जिला, ग्राम आदि पर भी नेताओं से भी इसी प्रकार के गुण विद्यमान हों। इस स्थिति में स्थानीय नेताओं के लिए यह अनिवार्य हो जाता है कि वे इस कार्य को एक मिशन के रूप में स्वीकार करें। जहाँ तक स्थानीय नेताओं को राष्ट्रीय प्रतिभाशाली नेता के प्रतिनिधि और उसके विचारों के संवाहक के रूप में दृष्टिगत करने की बात है, तो यहाँ यह संभावना बनती है, ये लोग प्रतिभा के बाह्य आवरण के रूप में स्वीकार किए जाएं। यह भी संभव है कि यदि ये स्थानीय नेता अपने राष्ट्रीय की जीवनशैली का अनुकरण करें, तो जनता उन्हें प्रतिभाशाली मान लें। स्थानीय नेताओं का प्रभाव बहुत हद तक उनके द्वारा जनता के समक्ष प्रस्तुत प्रतिभाशाली अपील पर निर्भर करता है। इस अध्याय में हम स्थानीय स्तर पर सर्वोदय नेतृत्व और इसके द्वारा परिवर्तन लाने की प्रक्रिया में किए गए योगदान की समीक्षा करेंगे।

यह बात ध्यान देने योग्य है कि सिर्फ प्रवर्तन की प्रक्रिया में विशुद्ध प्रतिभाशाली गुण उपस्थित होते हैं। एक बार जब रोजमर्रा की साधारण समस्याओं के निराकरण हेतु इसकी शुरूआत हो जाती है, तो यह सशक्त रूप से या तो नौकरशाही में या परंपरागत दिशा में विद्यमान रहता है। सर्वोदय नेतृत्व में इन सब का मिश्रण देखने को मिलता है। फिर यह भी सत्य है कि ना तो गाँधी और ना ही विनोबा ने कोई भी संगठनात्मक पद धारण किया। जैसा कि हम दूसरे अध्याय में उल्लेख कर चुके हैं कि आज़ादी के बाद गाँधी अँग्रेज़ों से संघर्ष करने वाली राजनैतिक संख्या, काँग्रेस को भंग (समाप्त) कर यह चाहते थे कि काँग्रेसियों को स्वयंसेवकों (लोकसेवक) का संगठन बनाना चाहिये। विनोबा नौकरशाही से घृणा करते हैं और निरंतर बिना किसी प्रशासन नौकरशाही की स्थापना के व्यक्तियों के मध्य श्रम विभाजन की बात करते हैं। इसके बावजूद भूदान–ग्रामदान आंदोलन में विभिन्न स्तरों पर संगठनात्मक ढ़ांचा मौजूद है और इन विभिन्न संगठनात्मक पदों पर सर्वोदय कार्यकर्ता पदासीन हैं। इस प्रकार यह स्पष्ट होता है कि प्रतिभा का नियमन नौकरशाही की दिशा में हो रहा है।

बहुत से ऐसे भी प्रमाण हैं जो यह साबित करते हैं कि प्रतिभा का नियमन सुदृढ़ रूप से परंपरागत दिशा में भी हो रहा है। गाँधी जी ने हमेशा परंपरागत संस्थाओं में अपना विश्वास व्यक्त करते हुए उनका व्यवस्थित ढ़ंग से इस्तेमाल किया था। गाँधी के अनुसार वस्तुतः समकालीन हिंदु समाज के कुछ बुरे लोगों के कारण हिंदू धर्म और परंपरा पथभ्रष्ट हुई। उदाहरण के लिए उन्होंने बड़े जोरदार ढ़ंग से हिंदु समाज में वर्ण व्यवस्था पर आधारित पुर्निर्माण वर्ग बात कही थी परंतु साथ उन्होंने अष्पृश्यता (छुआछूत) को हिंदुत्व का सबसे बड़ा कलंक बताते हुए कहा था कि ऐसा कोई प्रमाण नहीं जिससे यह पता

चलता हो कि हिंदू धर्मग्रंथों में इसे उचित माना गया हो। उन्होंने पाया कि हिंदु धर्मग्रंथों में ट्रस्टशिप की नीति को वैद्य माना गया है और उनका विश्वास था कि भारतीयों को अपने पूर्वजों से वास्तविक समाजवाद विरासत में प्राप्त हुआ था।

विनोबा भी गाँधी के विचारों को पूर्ण मौलिकता के साथ प्रस्तुत करते हैं और जनता से कहते हैं कि उन्हें सिर्फ अपने गुरु की अनुपस्थिति में लोगों के सामने आना पड़ा। ग्रामदान के द्वारा विनोबा गाँधी द्वारा परिकल्पित ग्राम राज के उद्देश्य को प्राप्त करना चाहते है। गाँधी की तरह वे भी अपने विचारों का मूल बिंदु पारंपरिक हिंदु स्रोतों को मानते हैं और कहते हैं कि वे किसी मानव निर्मित आडंबर के पारंपरिक व्यवस्था की पुर्नस्थापना चाहते हैं। वे अपने आंदोलन का सूत्र परंपरागत भारतीय यजना से जोड़ते हैं। वे लिखते हैं, "पुराने दिनों जब राष्ट्र में विषम परिस्थितियाँ उत्पन्न होती थी, तो हमारे पूर्वज यजना किया करते थे। मैं भी यजना शुरू करना चाहता था। इसलिए मैंने भूदान शुरू किया है।..... हमें यजना में दान द्वारा अपनी भागीदारी सुनिश्चित करने की तरह ही यहाँ गरीब भूमिहीनों में अपनी भूमि दान कर देनी चाहिए।

यहाँ हम यह तर्क प्रस्तुत करना चाहते हैं कि भूदान–ग्रामदान आंदोलन के नेतृत्व में प्रतिभा का विशुद्ध स्वरूप मौजूद नहीं था। यद्यपि इसमें प्रतिभा की प्रमुखता थी, फिर भी इसकी मूलोन्मुखता में नेतृत्वशैली के सभी तत्व उपस्थित मिश्रित रूप में मौजूद है। शीर्ष नेतृत्व की प्रकृति को समझने के बाद अब स्थानीय नेतृत्व की प्रकृति की समीक्षा करेंगे।

सर्वोदय का स्थानीय नेतृत्व

हमारे द्वारा अध्ययन के लिये चयनित चार गाँव जयपुर, नागौर, डुंगरपुर और बाँसवाड़ा जिलों से है। यहाँ हमने अपने विश्लेषण को

जिला स्तर तक ही सीमित रखा है क्योंकि इस संदर्भ में निर्विवाद रूप से अखिल राजस्थान नेतृत्व को नामित कर पाना काफी मुश्किल था। जिला स्तर के नेतृत्व के अध्ययन को हमने उन प्रमुख व्यक्तियों तक सीमित रखा है, जिन्होंने अध्ययन के चुने गये गाँवों को ग्रामदान की परिधि में लाने के लिए अहम भूमिका निभाई। इन व्यक्तियों की पहचान साक्षात्कार देने वाले सभी परिवार प्रमुखों से यह पूछने के बाद की गई कि उनके गाँव को ग्रामदान बनाने का श्रेय किन लोगों को है। एक बार जब कोई गाँव ग्रामदान घोषित हो जाता है तो यहाँ एक ग्रामसेवक की नियुक्ति होती है, जो गाँव में ही रहता है। ग्रामसेवक का कार्य आंदोलन के कार्यक्रमों का गाँव में संचालन और परिवर्तन की प्रक्रिया को अंजाम देना होता है। इस प्रकार यह स्पष्ट है कि आंदोलन की सफलता में ग्रामसेवक की भूमिका निर्णायक होती है।

इदानपुरा को ग्रामदान घोषित कराने में राम शाही की भूमिका निर्णायक थी। उनका जनम 1934 में इदानपुरा से लगभग 20 मील की दूरी पर स्थित डूडू में एक ब्राह्मण परिवार में हुआ था। एक गरीब परिवार होने के कारण उन्होंने बड़ी मुश्किल से शिक्षा प्राप्त की। उन्होंने 1953 में स्नातक के समकक्ष हिंदी की परीक्षा पास की। रोजगार की तलाश में वे कुटीर उद्योग का प्रशिक्षण प्राप्त करने के लिए दक्षिण भारत गए। राम शाही गाँधी के विचारों के प्रति आकर्षित थे। उनकी यह बात उनकी वेश–भूषा में भी झलकती थी। गाँधी के स्वदेशी आंदोलन से प्रभावित होकर वे खादी पहनते थे। विनोबा द्वारा ग्रामदान की घोषणा से प्रभावित होकर 1953 में वे अपना प्रशिक्षण छोड़कर चले गये। राजनीति से उनका कोई संबंध नहीं था। यहाँ तक कि वे किसी राजनैतिक दल के सामान्य सदस्य भी नहीं थे।

पिछले बारह सालों में उन्होंने राजस्थान और इसके बाहर दान स्वरूप भूमि प्राप्त कर उसे पुनर्वितरित करने के लिए कई पदयात्राओं

में भाग लिया। बाद में उन्हें जयपुर जिले में ग्रामदान का संगठनात्मक कार्य सौंपा गया। 1960 में वे पाँच महीनों के लिए इजराइल गए। यहाँ जाने का उनका उद्देश्य किबूज़्स में सामूहिक जीवनशैली का अध्ययन करना था।

राम शाही का मुख्यालय, इदानपुरा से लगभग 22 मील की दूरी पर जयपुर में है। वे इस गाँव के प्रत्येक पखवाड़े में कम से कम एक बार तो आते ही थे और विशेष परिस्थितियों में वे प्रायः यहाँ आते रहते थे। इदानपुरा में किसी ने भी रामशाही के बारे में यह नहीं कहा कि उनकी कुछ परोक्ष मंशायें हैं।

सुकपुरा में ग्रामदान को स्वीकार कराने में बद्री प्रसाद की निर्णायक भूमिका रही। वे राजस्थान के नागौर जिले के मकराना नामक कस्बे के एक ब्राह्मण थे। 47 वर्ष की आयु वाले बद्री कला और विधि दोनों निकायों में स्नातक (B.A. LLB) हैं। बद्री प्रसाद ने 7 वर्षों तक शिक्षण कार्य किया और इसके बाद उन्होंने 6 वर्षों तक वकालत की। आपराधिक और किसानों की राजस्व संबंधी मुकदमों में उनकी विशेष रूचि थी।

1945 से काँग्रेस के लिये काम करने वाले बद्री प्रसाद ने प्रथम आम चुनाव में पार्टी के टिकट के लिये आवेदन किया। परन्तु वे चुनाव नहीं लड़ सके। उन्होंने अपनी दावेदारी खारिज होने को निराधार बताया। भूदान–ग्रामदान, आंदोलन की विचारधारा से प्रभावित होकर 1954 में उन्होंने वकालत और पार्टी की सदस्यता त्याग दी और सर्वोदय समाज के पूर्णकालिक सदस्य बन गये। उन्होंने पदयात्राओं में (विशेषकर नागौर जिले में) भाग लिया। इस क्रम में लगभग बीस हजार एकड़ दानस्वरूप प्राप्त हुई जिसे पुनर्वितरित किया गया। 1960 में पहले वे राजस्थान समग्र सेवा संघ (राजस्थान में सर्वोदय की गतिविधियों के संचालन हेतु गठित संगठन) के सचिव बने और फिर

इसके अध्यक्ष भी, राजस्थान स्वराज विद्यालय के प्रधानाचार्य और राजस्थान शांति सेना के संगठनकर्ता रहे। वे नागौर जिला ग्रामीण औद्योगिकरण के कई पदों पर कार्यरत रहने के जिला नागौर से ही जुड़े रहे। ऐसा माना जा सकता है कि राजनीति में असफल होने के कारण बद्री प्रसाद का रचनात्मक कार्यों में पदार्पण हुआ।

"बागड़ गाँधी" के नाम से जाने जाने वाले भोगीलाल पांडेय रघुपुरा को ग्रामदान की परिधि में लाने के लिए प्रेरणास्रोत रहे। पांडेय का जन्म 1904 में डुंगरपुर जिले में एक गरीब ब्राह्मण परिवार में हुआ था। प्राथमिक शिक्षा प्राप्त करने के बाद वे जिला मुख्यालय अर्थात् डुंगरपुर आ गए और यहाँ उन्होंने खुद नौकरी करके अपनी शिक्षा प्राप्त की। 1923 में वे माध्यमिक स्तर की शिक्षा प्राप्त करने के लिए अजमेर गए। 1925 में वे एक स्कूल शिक्षक बने।

अपने शुरूआती वर्षों में पांडेय की रूचि रचनात्मक कार्यों में थी। 1952 में उन्होंने डुंगरपुर में गरीब छात्रों के लिए एक छात्रावास खोला। 1933 में उन्होंने हरिजन सेवक समिति (अछूतों के उद्धार के लिए एक संगठन) की स्थापना की और इसके संस्थापक सचिव बने। 1935 में उन्होंने आदिवासियों के कल्याण के लिए काम करना शुरू किया। 1937 में वे राजस्थान सर्व सेवा संघ (डूंगरपुर और बाँसवाड़ा जिलों में जनजातियों के कल्याण के लिए स्थापित संगठन) के संस्थापक अध्यक्ष बने। पांडेय द्वारा अछूतों और जनजातियों के कल्याण के लिए किए गए प्रयासों में उन्हें ब्रिटिश सरकार द्वारा कई समस्यायें उत्पन्न की गईं।

पांडेय स्वतंत्रता आंदोलन में भी काफी सक्रिय थे। जब 1948 में विभिन्न क्षेत्रों के लिए पृथक मंत्रालय बनाये गये, तो उन्हें उदयपुर मंत्रालय का मंत्री बनाया गया। 1952 में वे काँग्रेस के उम्मीदवार के रुप में चुनाव लड़े और डुंगरपुर के महाराजा को हराकर पहले

राजस्थान मंत्रीमंडल में मंत्री बने। 1957 में वे दूसरी बारी राज्य विधान सभा के सदस्य चुने गये। 1962 में वे डुंगरपुर के महाराजा से चुनाव हार गए।

पांडेय राजस्थान सेवा संघ की स्थापना के समय से ही इसके अध्यक्ष बने रहे और इस संघ द्वारा सर्वोदय की गतिविधियां संचालित होती रही। वे अखिल भारतीय आदिम जाति संघ, खादी ग्रामोद्योग बोर्ड, गाँधी निधि, आदि जैसे कई अखिल भारतीय संगठनों के सदस्य रहे। वे राजस्थान के जनजातीय गाँवों में खादी और ग्रामोद्योग आयोग के ग्राम इकाई कार्यक्रम के भी प्रमुख थे। पांडेय यह मानते थे कि अनेक जिले में रचनात्मक कार्यों की गतिशीलता अच्छी नहीं थी परंतु उनके अनुसार, "यह समस्या सिर्फ पांडेय की नहीं बल्कि निचले स्तर के कार्यकर्ताओं की भी है।" पांडेय से संबंधित महत्त्वपूर्ण विवरण यह बताते हैं कि वे एक राजनीतिज्ञ और रचनात्मक कार्यकर्ता दोनों थे।

जगन्नाथ का जन्म रतलाम (मध्यप्रदेश) में हुआ था और इसके बाद वे बाँसबाड़ा के पार्थपुर चले आये। भूदानपुरा का स्थापना का श्रेय उन्हीं को जाता है। ताम्रकार जाति से होने के कारण उन्होंने अपने जीवन–यापन के लिए अपने जातिगत व्यवसाय को जारी रखा और इसके साथ–साथ वे रचनात्मक कार्यों में भी सक्रिय रहे। 1931 में उन्होंने पार्थपुर में एक सार्वजनिक पुस्तकालय की स्थापना की। 1933 में पार्थपुर में स्थापित हरिजन सेवक समिति के संस्थापक सचिव बने। 1946 में जगन्नाथ ने जनजातियों के उत्थान के लिए बाँसवाड़ा जिला सेवा संघ की स्थापना की ओर 1961 तक इसके अध्यक्ष बने रहे।

व्यक्तिगत रूप से जगन्नाथ काफी अनुशासित जीवन व्यतीत करते थे। 1940 में इंदौर के एक वृद्धाश्रम में उन्होंने एक अछूत विधवा से विवाह किया। वे प्रतिदिन प्रातः 4 बजे उठ जाते थे और एक घंटा

प्रार्थना करते थे। वे दिन में एक बार ही खाना खाते थे और प्रतिदिन लगभग 3 घंटे तक सूत की एक निश्चित मात्रा कातते थे। वे खादी की बुनाई के अभ्यस्त थे और बहुत ही सामान्य जीवन व्यतीत करते थे। इसके बावजूद स्थानीय राजनितिज्ञों द्वारा उन्हें अप्रभावी और निष्क्रिय बताया जाता था।

ग्राम सहायक

28 वर्षीय हार शाही जयपुर जिले के एक ब्राह्मण थे। मैट्रिक स्तर तक शिक्षा प्राप्त शाही अपने गाँव के पंचायत सचिव के रूप में कार्यरत थे। इसके बाद उनकी नियुक्ति रेलवे में लाइन फिटर के तौर पर हुई। 1956 में जयपुर के निकट के एक प्रशिक्षण शिविर के प्राचार्य, जो के एक प्रभावशाली गाँधीवादी कार्यकर्ता थे, से प्रभावित होकर राजस्थान खादी संघ के लिए काम करना शुरू किया। 2 वर्ष तक वहाँ कार्य करने के बाद शाही को ग्रामसेवक का प्रशिक्षण प्राप्त करने के लिए 1958 में बंबई भेज दिया गया। 1959 में उन्हें इदानपुरा का ग्राम सेवक नियुक्त किया गया।

हार शाही इदानपुरा के सभी विकास और रचनात्मक कार्यक्रमों से जुड़े रहे। वे शांति सैनिक भी थे। वे खादी पहनते थे और प्रतिदिन कम से कम एक घंटा चरखा चलाते थे। शाही मानते थे कि ग्रामदान कार्यक्रमों के सफलतापूर्वक क्रियान्वयन के लिए सामान्य आर्थिक विकास और जाति प्रथा की समाप्ति अत्यावश्यक है। इसके बावजूद इदानपुरा में शाही के उद्देश्यों से ऐसा लगता है कि रोजगार की तलाश में वे ग्रामसेवक बने।

30 वषीय विरेन्द्र प्रसाद जो उत्तरप्रदेश के मैनपुरी जिले के थे, को सुकपुरा का ग्रामसेवक नियुक्त किया गया था। कायस्थ जाति के विरेन्द्र प्रसाद ने उच्चत्तर माध्यमिक स्तर की शिक्षा प्राप्त की थी और

फिर उन्होंने शिक्षण कार्य का प्रशिक्षण प्राप्त किया। 1953 में उन्होंने अपना व्यवसायिक जीवन एक शिक्षक के रूप में शुरू किया और 1959 तक वे इस व्यवसाय में कार्यरत रहे। प्रसाद ने जब विनोबा का विचार पढ़ा तो वे इससे काफी प्रभावित हुए। प्रसाद एक असामान्य युवक थे। वे चाहते थे, "व्यक्ति को भगवान के पास रहकर अध्यात्मवाद के आर्शीवादों को प्राप्त करना चाहिए परंतु इसके लिए भूख और तृष्णा बड़ी बाधायें होती हैं।"1954 में कई धार्मिक व्यक्तियों की सलाह पर उन्होंने विवाह किया।

1956 में प्रसाद अपने जिले के गाँधी आश्रम के प्रबंधक से मिले और तदुपरांत वे आश्रम से जुड़े गये। कुछ ही समय बाद उन्हें खादी और ग्रामीण प्रशिक्षण केंद्र का प्रभारी बनाया गया। इसी बीच वे अखंड भूदान पदयात्रा से आकर्षित हुए और इससे जुड़ गये। 4 महीनों तक वे एक पदयात्री के तौर पर इससे जुड़ै रहे। 1958–59 में उन्होंने मैनपुरी जिले में बिना किसी नियमित वेतन के एक सर्वोदय कार्यकर्ता के तौर पर कार्य किया। 1959–60 में उत्तरप्रदेश के सहारनपुर जिले में उन्होंने सर्वोदय पत्र वितरण कार्यक्रम का निर्देशन किया। 1960 में प्रसाद एक शांति सैनिक बने उन्हें चंबल घाटी में बुलाया गया, जहाँ विनोबा ने अहिंसक ढ़ंग से डकैतों का ह्रदय परिवर्तन का कार्यक्रम चला रखा था। 1961 में राजस्थान लौटकर उन्होंने नई तालीम विद्यालय (बुनियादी विद्यालय) के लिए 8 महीनों तक काम किया। अपने वरिष्ठ सहकर्मियों से वैचारिक मतभेद होने के कारण उन्होंने विद्यालय छोड़कर ग्रामसेवक की नौकरी शुरू कर दी।

फरवरी, 1962 में सुकपुरा के पुननिर्माण के लिए दृढ़ प्रतिज्ञ होकर उन्होंने यहाँ के ग्रामसेवक का कार्यभार संभाला। परंतु कुछ समय बाद ही यहाँ उन्हें निराशा हाथ लगी। सुकपुरा की तत्कालीन परिस्थितियों से असंतुष्ट होकर उन्होंने यह स्वीकार किया कि वे गाँव

के लिये बहुत कुछ नहीं कर सके और गाँव को छोड़ने की इच्छा जाहिर की।

प्रसाद एक मध्यम वर्गीय परिवार से थे और उनके माता–पिता यह चाहते थे कि वे वकील बनें। इस बात को लेकर उनके संबंधों में तनाव हो चुका था। जहाँ एक ओर प्रसाद ने 'कुटुंब धर्म' का निर्वाह किया वहीं लोक सेवा को भी उन्होंने अपनाया। व्यक्तिगत रूप से प्रसाद का जीवन बहुत ही अनुशासित था। वे प्रतिदिन 5 बजे सुबह उठकर कुछ समय तक योग और ध्यान करते थे। वे नियमित रूप से खादी के कपड़े बनाया करते थे। वे प्रतिदिन श्रमदान भी करते थे। उन्होंने जाति प्रथा का भी घोर विरोध किया और वे अछूतों के साथ भोजन तक ग्रहण करते थे। इस कारण सुकपुरा के ऊँची जाति के लोगों के लिए वे अस्वीकार्य थे। वैचारिक रूप उत्साही और समाज सुधारक होने के बावजूद प्रसाद सुकपुरा के निहित स्वार्थी तत्त्वों के लिए अस्वीकार्य थे।

मानिकलाल ने 12 वर्षों तक रघुपुरा के ग्राम सेवक का कार्य किया। बाँसवाड़ा जिले के एक ब्राह्मण परिवार में जन्मे मानिकलाल मध्य विद्यालय स्तर (मिडल स्कूल) तक पढ़े थे। गाँधीवाद में उनका अटूट विश्वास था और उन्होंने बीस वर्ष की आयु पूरी करने से पहले ही छूआदूत के विरूद्ध आवाज उठाई। अछूतों से बातचीत करने और उनसे आत्मीय संबंध होने के कारण उन्हें अपने परिवार, जाति और गाँव से बहिष्कृत कर दिया गया। अतः 1933 में 20 वर्ष की आयु में मालिकलाल ने अपना गाँव छोड़ दिया।

1933 से वे भोगीलाल पांडेय द्वारा स्थापित हरिजन सेवक समिति से प्रगाढ़ रूप से जुड़ गये। 1938 में उन्होंने राजस्थान सेवा संघ, डुंगरपुर के तत्वावधान में जनजातियों के लिए काम करना शुरू किया। 1945 में डुंगरपुर राज्य के अधिकारियों द्वारा आदिवासी

विरोधी नीतियों के कारण उन्हें डुंगरपुर छोड़ना पड़ा। 1945 से 1950 तक वे वनवासी सेवा संघ, उदयपुर का काम करते रहे। 1951 में एक सर्वोदय कार्यकर्ता बन गये।

मानिकलाल डुंगरपुर जिले में ग्रामदान आंदोलन के प्रमुख व्यक्तियों में से एक थे और उनके प्रयासों की बदौलत 1953 तक 10 गाँवों में ग्रामदान को अपनाया गया। रघुपुरा में वे 25 वर्षों तक रहे। शुरू में वहाँ वे एक शिक्षक के रूप में कार्यरत रहे और बाद में वहाँ के ग्रामसेवक बने।

वर्तमान में मानिकलाल राजस्थान सेवा संघ द्वारा डुंगरपुर में संचालित एक विद्यालय में 60 रूपये मासिक वेतन पर पढ़ाते हैं। वे डुंगरपुर छोड़कर किसी गाँव में जाकर रचनात्मक कार्य करना चाहते थे परंतु "व्यक्तिगत कारणों" से उन्होंने ऐसा किया। उन्होंने कहा, "60 रूपये देकर मुझे जेल में डाल दिया गया है। मैं चाहता था कि ग्रामसेवक का काम करूँ परंतु मेरी इच्छानुसार पांडेय नहीं चल सकते थे और उन्होंने इस पद पर मेरी नियुक्ति नहीं की।"

राजस्थान सेवा संघ के अधिकारियों के व्यवहार से मानिकलाल बहुत ही निराश थे। चूँकि संघ की गतिविधियाँ राजनीति से प्रेरित थीं, अतः यहाँ निष्पक्ष होकर कार्य करना मुश्किल था। उन्हें लगा कि उन्हें लोगों को राजनीति और लोकसेवा के बीच विभेद समझाया जाए। मानिकलाल के मामले से सर्वोदय की विचारधारा के प्रति समर्पित लोगों और सर्वोदय को अपने व्यक्तिगत सिद्धि का साधन समझने वाले लोगों के बीच विरोधाभास का पता चलता है।

अंबा राम नामक एक शिक्षित भील (जनजाति) 1945 में पार्थपुर हरिजन सेवक समिति से शिक्षक और एक आदिवासी छात्रावास के वार्डन के रूप में जुड़े। इससे पहले वे लगभग 4 वर्षों तक सरकारी

सेवा में कार्यरत थे। 1948 में वे बाँसवाड़ा जिला सेवक संघ के अवर सचिव बने। 1954 में बाँसवाड़ा में राजस्थान समग्र सेवा संघ द्वारा कृषि विकास कार्यक्रम की देखरेख करने के लिए उनकी नियुक्ति की गई। 1955 में जब भूदानपुरा ग्राम निर्माण केंद्र के सचिव बने।

अंबा राम एक साथ कई पदों पर कार्यरत रहे। 1962 से वे बाँसवाड़ा जिले में आंदोलन के संगठनकर्ता रहे। 1955 में राजस्थान समग्र सेवा संघ के ग्राम निर्माण समिति के सदस्य बनाये गये। वे बाँसवाड़ा जिला सर्वोदय मंडल के भी सचिव थे। 1941 से 1952 तक अंबाराम काँग्रेस पार्टी के सदस्य रहे और पार्टी के विभिन्न कार्यक्रमों से जुड़े रहे।

जगन्नाथ और अंबा राम दोनों (जिला और ग्रामीण नेता) का झुकाव मिश्रित रूप से राजनीति और रचनात्मक कार्यों के प्रति थी। 1962 में हरिदेव नामक एक ब्राह्मण को रचनात्मक कार्यों के लिए समर्पित संगठन बाँसवाड़ा जिला सेवा संघ का अध्यक्ष बनाया गया। इस वक्त हरिदेव राजस्थान प्रदेश काँग्रेस कमेटी के अध्यक्ष थे। इसी प्रकार प्रभा शंकर (ब्राह्मण) को जिला सेवा संघ का सचिव बनाया गया। प्रभा शंकर रचनात्मक कार्यों से कभी भी नहीं जुड़े हुए थे। वे भारतीय जीवन बीमा निगम में फील्ड ऑफिसर के तौर पर कार्यरत थे और कांग्रेस में जिला स्तार के एक प्रभावशाली कार्यकर्ता के साथ–साथ पंचायत समिति के प्रधान थे। ना तो हरिदेव और ना ही प्रभा शंकर का इससे पहले सेवा संघ से कोई संबंध था। उन्हें पद उनके प्रभाव और पहुँच के कारण प्राप्त हुए। उन्होंने विभिन्न सुविधाओं और आर्थिक लाभों को परिस्थितियों में रचनात्मक कार्यकर्ताओं और स्थानीय नेताओं के बीच खुले तौर पर मतभेद दिखने लगे।

जिला और ग्राम स्तर के सर्वोदय अधिकारियों से संपर्क करने से कई तथ्य सामने आते हैं। बाँसवाड़ा जिले सभी उच्च जाति (ब्राह्मण)

के थे। जहाँ कुछ स्थानीय सर्वोदय नेता आंदोलन और इसकी विचारधारा से प्रभावित थे, वहीं दूसरे लोग निराश राजनेता थे या फिर रोजगार की तलाश में आंदोलन से जुड़े। राज शाही, मानिकलाल, जगन्नाथ, विरेंद्र प्रसाद विचारधारा से प्रभावित थे। बद्री प्रसाद और अंबा राम, राजनीति छोड़कर रचनात्मक कार्यों से जुड़े जबकि भोगीलाल पांडेय जैसे लोग राजनीति में रहकर ही रचनात्मक कार्यों से जुड़े रहे। हार शाही जैसे लोग रोजगार प्राप्त करने के लिये आंदोलन से जुड़े। इन सभी ने संगठनात्मक पदों को धारण किया। विचारधारा के प्रति समर्पित कार्यकर्ताओं और पद की इच्छा रखने वाले कार्यकर्ताओं के बीच स्पष्ट मतभेद (जैसेः– डुंगरपुर जिले में), राजनीतिज्ञों द्वारा रचनात्मक कार्यकर्ताओं को निष्कासित किए जाने (जैसेः– बाँसवाड़ा जिले में), सदाचारी कार्यकर्ताओं की निराशा (मानिकलाल और विरेंद्र प्रसाद), विचारधारा से अप्रभावित और वस्तुपरक या भौतिक लाभों (जैसेः– हार शाही)– इन सभी के कारण आंदोलन में आंतरिक समस्याएं उत्पन्न हुईं जो इसके सतत् और त्वरित विकास के लिए अवरोध के समान थे। आंदोलन के संगठन के पास अपने वित्तीय स्रोत नहीं होने के कारण वे लोग काफी महत्त्वपूर्ण हो गये जो सरकार या अन्य स्रोतों से अनुदान या वित्तीय सहयोग दिला सकते थे। इस प्रकार विचारधारा के प्रति समर्पित कार्यकर्ताओं के सापेक्ष वे लोग ज्यादा महत्त्वपूर्ण हो गए जो सरकारी तंत्र में प्रभावशाली थे और रचनात्मक कार्यों से महज जुड़े हुए थे। इसके परिणामस्वरूप आंदोलन में आंतरिक गुटबंदी और व्यक्तिगत हितों का खुला संघर्ष शुरू हो गया। आंदोलन के नेतृत्व के लिए कोई अनिवार्य योग्यता या अहर्ता के अभाव में बहुत से 'निराशा' और 'असंतुष्ट' लोग आंदोलन को निर्देशित करने के लिए आगे आए। स्थानीय नेताओं का आंदोलन की विचारधारा के प्रति अपर्याप्त समर्पण अभाव के कारण निहित स्वार्थी तत्त्व आंदोलन में अपनी पैठ बनाने में सफल रहे और वे आंदोलन को व्यवस्था पोषक यंत्र की तरह प्रयोग करने लगे। बड़ी संख्या में ऐसे स्वतंत्रता सेनानी जिन्हें तत्कालीन समाज में सामाजिक और आदर्श

प्रतिष्ठा प्राप्त थी परंतु बाद में उनकी प्रतिष्ठा में ह्रास हुआ, ने अपनी खोई हुई प्रतिष्ठा को प्राप्त करने के लिए आंदोलन का उपयोग किया। इन सब कारकों ने आंदोलन की व्यवस्था परिवर्तक क्षमता को कम किया।[2]

इन सब के बावजूद यह उल्लेखनीय है कि जिला और ग्राम दोनों स्तर के नेताओं शीर्ष नेतृत्व द्वारा निर्देशित जीवनशैली को अपनाया। सभी स्थानीय नेता खादी पहनते थे, मद्यत्यागी थे, शाकाहारी थे, प्रतिदिन चरखा चलाते थे, छुआछुत की खुलेआम निंदा करते थे, पदयात्राओं में भाग लेते थे। इन नेताओं ने ऐसी जीवनशैली अपनाई जिससे स्थानीय लोग इन्हें छोटा गाँधी या विनोबा की प्रतिमूर्ति कह सकें। उदाहरण के लिए भोगीलाल पांडेय बागड़ गाँधी के नाम से जाने जाते थे।[3] डुंगरपुर और बाँसवाड़ा जिलों के अभयनिष्ट क्षेत्र का स्थानीय नाम है। स्थानीय नेताओं की इस प्रकार की जीवनशैली और कार्यपद्धति के कारण उनमें कुछ प्रतिभाशाली गुण आये जिसके लाभ उनके द्वारा जनता से की गई अपीलों में मिला। जब जनता ने इन नेताओं से बातचीत के क्रम में इनके असामान्य जीवनशैली और चिंतन को देखा तो इनके द्वारा की गई अपीलों को गंभीरता से लिया। अतः यह सब इस तर्क के साक्ष्य के लिये पर्याप्त होगा कि शीर्ष नेतृत्व से प्रतिभा का स्थानांतरण निचले स्तरों की ओर हुआ। इसके बावजूद जनता ने इन स्थानीय प्रतिभाशाली नेताओं में से उन लोगों को अधिक सम्मान दिया जो जनता को भौतिक या वस्तुपरक लाभ प्राप्त कराने में सफल रहे। वस्तुतः स्थानीय नेताओं द्वारा आंदोलन की प्रस्तावित गतिविधियों से अलग हटकर कार्य करने के बाद भी उनकी प्रतिभाशाली अपील ने उनके संगठनात्मक पदों को बनाये रखने में मदद की।

स्थानीय नेतृत्व की प्रकृति की समीक्षा करने के बाद अब इस बात की समीक्षा करेंगे कि क्या प्रतिभा के निम्नवत (नीचे की ओर) प्रसार ने ग्रामदान गाँवों के नेतृत्व को प्रभावित किया।

ग्रामदान गाँवों में नेतृत्व की प्रकृति

वेबर ने स्पष्ट रूप से वर्णित किया है कि जनता की 'आज्ञाकारिता की प्रवृत्ति' पावर एक्सरसाइज़रों की प्रतिष्ठा पर निर्भर करती है। अतः सत्ता के स्रोत को जानने के लिये यह प्रश्न काफी महत्त्वपूर्ण हो जाता है: जनता को नेताओं के प्रभावशाली लोगों का अनुसरण करने के लिए कौन सी शक्ति प्रेरित करती है? जहाँ तक जनता में "आज्ञाकारिता की प्रवृत्ति के महत्त्व का प्रश्न है, तो इसके लिए उस आदर्श नेतृत्व की जनता के बीच छवि को समझना आवश्यक है, जिसके अनुसरण की इच्छा जनता में होती है। यह भी संभव है कि किसी विशेष समय में किसी समुदाय में नेतृत्व की प्रकृति ऐसी नहीं हो, जैसी जनता चाहती हो। कुछ उदाहरणों में ऐसा भी हो सकता है कि जनता को नेता से कम जनता तब भी नेता को चुनौती नहीं दे सके जबकि उस पर कोई प्रत्यक्ष प्रतिबंध नहीं हो। दूसरे शब्दों में यह कहा जा सकता है कि इस बात की संभावना बनी रहती है कि आदर्श नेतृत्व का समुदाय में जो चरित्र विद्यमान हो, वह नेतृत्व के वास्तविक और व्यवहारिक चरित्र से भिन्न हो।

सभी समाजों में हमेशा ही लोगों का आदर्श चरित्र उनके व्यवहार से भिन्न होता है। यह कल्पना से परे है कि आदर्श और व्यवहार में बिल्कुल ही समरूपता हो और यही कहा जा सकता है कि समुदाय को भी यह बात पता होती है। इस तथ्य को लेवी (Levy) ने बड़े ही जोरदार ढ़ंग से प्रस्तुत किया है।" कहीं भी, कभी और किसी भी समाज के विश्लेषण के लिये आदर्श और व्यवहारिक व्यवस्थाओं के बीच का अंतर एक महत्त्वपूर्ण और लाभदायक मानदंड होता है। एक या एकाधिक रूपों में समाज के लोग यह जानते हैं कि समाज के अस्तित्व में आने के समय से ही यह स्थिति बनी हुई है। फिर भी इस महत्त्वपूर्ण अंतर को ज़्यादातर समाजशास्त्री या तो नज़रअंदाज़ कर देते हैं या फिर छोड़कर आगे बढ़ जाते हैं।"[4] समुदाय के लोग जिसे अच्छा, मौलिक, स्वीकार्य आदि मानते हैं, उसे आदर्श कहा जा सकता

है और जनता द्वारा किए गए वास्तविक व्यवहार को व्यवहारिक व्यवस्था कहा जाता है।

आदर्श और व्यवहारिक स्थितियों के बीच का अंतर किसी समाज में तनाव पैदा कर सकता है और इसके फलस्वरूप वहाँ परिवर्तन आ सकता है। फिर भी आदर्श और व्यवहार के मध्य समरूपता के अभाव की मामूली जानकारी और इससे उत्पन्न असंतोष से अपने आप परिवर्तन नहीं हो जाता। परिवर्तन लाने के लिए सिर्फ यही आवश्यक नहीं कि इस मौलिक विभेद के कारण समुदाय में असंतोष व्याप्त हो, बल्कि इस खाई को पाटने के लिए एक संगठित और व्यवस्थित प्रयास होना चाहिए। दूसरी ओर आदर्श और व्यवहार के बीच के अंतर से समाज में एकता की संभावना बनती है क्योंकि इस अंतर के कारण व्यवस्था में समंजन की प्रक्रिया शुरू होने की संभावना बनती है। अंततः यह कहा जा सकता है कि आदर्श और व्यवहार के मध्य यह भिन्नता किसी समाज में समाप्त नहीं हो सकती। ये तथ्य समुदाय में आदर्श और व्यवहारिक नेतृत्व के चरित्र को समझने की आवश्यकता को प्रकाशित करते हैं।

प्रायोगिक और नियंत्रित गाँवों के नेतृत्व के मध्य भिन्नता का पता लगाने के लिए साक्षात्कार देने वाले लोगों से दो प्रश्न पूछे गयेः 1. आपके मतानुसार आपके गाँव के नेता में कौन से गुण होने चाहिए? और आपके गाँव के नेताओं में कौन से गुण मौजूद हैं? इन प्रश्नों के जो उत्तर प्राप्त हुए उनसे नेतृत्व में जनता द्वारा अपेक्षित गुणों और और नेतृत्व में विद्यमान वास्तविक गुणों के बीच का अंतर ज्ञात होता है।

साक्षात्कार देने वाले लोगों से तीन गुणों को वरियता क्रम में बताने को कहा गया। नेतृत्व में अपेक्षित प्रत्येक गुणों के मूल्यांकन के लिए एक संख्यात्मक पद्धति अपनायी गई। पहली, दूसरी और तीसरी वरियता को क्रमशः 3, 2 और 1 अंक दिए गए। अतः साक्षात्कार देने

वाले प्रत्येक व्यक्ति के पास 6 अंक थे। कुल अंकों की गणना उत्तर देने वाले लोगों की संख्या को 6 से गुणा करने पर प्राप्त होती है।

इन लोगों द्वारा बताये गये गुणों से यह स्पष्ट होता है कि इन गुणों को तीन प्रमुख वर्गों में बांटा जा सकता है। ये वर्ग प्रजातिक (Ethical) उपलब्धियाँ (Achievement) और उत्पत्ति संबंधी (ascriptive) हैं। प्रजातिक वर्ग में सत्य बोलना, दूसरों की मदद करने के लिए तत्पर रहना निष्पक्षता है। उत्पत्ति संबंधी गुणों के वर्ग में संख्यात्मक, आर्थिक, अध्यात्मिक रूप से श्रेष्ठ जातियों से संबंधित होना, अमीर परिवारों या प्रमुख वंशों से संबंधित होना, भूमि या अन्य संपत्तियों का स्वामित्व, परंपरागत पावर पोजीशन में स्थान आदि हैं। उपलब्धि संबंधी गुणों में शैक्षाणिक योग्यता, विवादों को सुलझाने की क्षमता, लोगों में मतैक्य स्थापित करने की क्षमता, समाज सेवा, सरकारी तंत्र और राजनीति में प्रभाव, गाँव को विभिन्न लाभ प्राप्त कराने की क्षमता, आदि को रखा गया है।

यह स्पष्ट है कि इन गाँवों के लोगों के बीच नेता के नैतिक गुण उसकी छवि को निर्धारित करते हैं। इसका अर्थ यह हुआ कि भारत में किसी राजनेता को प्रभावशाली होने के लिये या कम से कम एक सामान्य भारतीय नेता की छवि प्राप्त करने के लिये यह आवश्यक है कि उसमें प्रभावशाली प्रजातिक गुण हों। यहाँ गाँधी, विनोबा या जयप्रकाश नारायण का उदाहरण दिया जा सकता है, जिन्हें जनता द्वारा अपार सम्मान प्राप्त हुआ। इन नेताओं का प्रभाव और उनकी शक्ति इनके नैतिक गुणों में निहित थी। वस्तुतः 'महात्मक राजनीति' (Saintly Politics) को भारतीय राजनीति का एक महत्त्वपूर्ण मानदंड माना जाना चाहिए।[5]

भारतीय परंपरा के अनुसार एक राजनेता की एक व्यक्ति के रूप में छवि, उसके नैतिक गुणों पर निर्भर करती है। प्राचीन भारतीय

शासकों का यह परम कर्तव्य होता था कि वे वर्णाश्रम धर्म को संरक्षण दें। एक आदर्श राजा अपने दरबार में पंडितों द्वारा दिये गये निर्देशों को धर्म समझकर कठोरतापूर्वक और निष्पक्षता से पालन कराता था। बाशम[6] के अनुसार, "भारतीय राजनैतिक चिंतन के अनुसार राजा और प्रजा दोनों के लिये नैतिक वचनबद्धता आवश्यक है और दोनों अपने नैतिक अधिकारों के सापेक्ष कार्य करते हैं। अतः यह निश्चित रूप से कहा जा सकता है कि दोनों स्थितियां सिर्फ नैतिक हैं।" यद्यपि इन नैतिक अपेक्षाओं को पूरा कराने के लिए कोई भी संवैधानिक तंत्र नहीं था, फिर भी इनका प्रभाव राजा और उसके मंत्रियों की विवेकशीलता पर निर्भर करता था। यहाँ यह उल्लेखनीय है कि राजनेताओं से नैतिक वचनबद्धता की अपेक्षा जनता में उनकी व्यक्तिगत छवि को निर्धारित करती है। अतः यह कहना उचित होगा कि राजनेताओं से नैतिक वचनबद्धता एक समकालीन घटना नहीं है बल्कि यह भारतीय परंपरा का एक अभिन्न अंग है।

यह समझने के बाद कि अध्ययन के लिए चुने गए गाँवों में राजनैतिक नेतृत्व की छवि मुख्य रूप से प्रजातिक गुणों पर निर्भर करती है, यह भी महत्त्वपूर्ण है कि जनता द्वारा तार्किक या उपलब्धि संबंधी गुणों को दी गई प्राथमिकता को समझा जाए। परंपरागत व्यवस्थ में भी व्यक्तिगत उपलब्धियों या क्षमताओं को हमेशा ही महत्त्व दिया जाता था। इस तर्क के पक्ष में उदाहरणों की कमी नहीं है। वैधानिक रूप से गाँवों के पदानुषंग (Office) का प्रमुख (पटेल मुखिया या चौधरी) होने के बावजूद यदि कोई व्यक्ति अयोग्य हो, तो भी उसे अस्वीकार कर दिया जाता है। इस स्थिति में उस व्यक्ति के छोटे, भाई या किसी नातेदार को तरजीह दी जाती है। परंपरागत संदर्भ में भी विवादों को सुलझाने की क्षमता, लोगों में मतैक्य स्थापित करने की योग्यता और अधिकारियों को प्रभावित करने की क्षमता जैसे

व्यक्तिगत गुणों को नेतृत्व प्राप्त करने के लिए आवश्यक उपलब्धियों के रूप में माना जाता है। शैक्षणिक योग्यता, गाँव के लिए अतिरिक्त लाभों को सुनिश्चित कराने की क्षमता (सामुदायिक विकास कार्यक्रम के संदर्भ में, प्रवर्तक आदि ही सिर्फ कुछ ऐसे गुण जो आधुनिक हैं।)

प्रायोगिक और नियंत्रित दोनों प्रकार के गाँवों में एक आदर्श नेता की छवि निर्धारित करने वाले गुणों में समरूपता के बावजूद यह उल्लेखनीय है कि ग्रामदान गाँवों में प्रजातिक गुणों को लगभग 10% अधिक अंक प्राप्त हुए। दूसरी ओर नियंत्रित गाँवों में उत्पत्ति संबंधी गुणों को ग्रामदान गाँवों की तुलना में बहुत कम अंक प्राप्त हुए। इसके विपरीत नियंत्रित गाँवों में उपलब्धि संबंधी गुणों को ग्रामदान गाँवों की अपेक्षा लगभग 15% अधिक अंक प्राप्त हुये। इसका अर्थ यह हुआ कि ग्रामदान गाँवों में परंपरागत और प्रजातिक गुण ज़्यादा महत्त्वपूर्ण हैं। गुणों में प्रजातिक गुणों में सर्वाधिकता प्राथमिक प्राप्त होना कोई बड़ी आश्चर्यजनक बात नहीं है क्योंकि हम पहले ही यह उल्लेख कर चुके हैं कि ग्रामदान–भूदान आंदोलन का शीर्ष नेतृत्व मुख्यतः प्रतिभाशाली (जिसमें नेतृत्व के लिए प्रजातिक गुण अपेक्षित होते हैं) और शीर्ष नेतृत्व की यह छवि निचले स्तरों तक विस्थापित होती है। जिसका ग्रामीण नेताओं की छवि पर परिलक्षित होती है। परंतु उत्पत्ति संबंधी गुणों को भी अधिक प्राथमिकता मिलना यह प्रदर्शित करता है कि सर्वोदय की विचारधारा, दृढ़ रूप से स्थापित परंपरागत गुणों की अपेक्षा को समाप्त करने में अक्षम रही। दूसरी ओर ग्रामदान गाँवों में उपलब्धि संबंधी गुणों को कम अंक मिलने से इस तर्क को और मजबूती मिलती है।

समाज में नेताओं की छवि का विश्लेषण करने के बाद अब हम देखेंगे कि साक्षात्कार देने वाले लोग अपने गाँव के नेताओं में कौन–से गुण पाते हैं। प्रायोगिक और नियंत्रित दोनों प्रकार के गाँवों में

प्रजातिक और उत्पत्ति संबंधी गुणों को प्राप्त अंकों की लगभग परस्पर अदला–बदली हो गई है। जहाँ ग्रामदान गाँवों में प्रजातिक गुणों को 14% अंग प्राप्त हुए, वहीं नियंत्रित गाँवों में इसे बहुत ही कम अंक प्राप्त हुए। नियंत्रित गाँवों में नेताओं समुदाय में स्थिति को निर्धारित करने में उपलब्धि संबंधी गुणों को भी अधिक अंक प्राप्त हुए। प्रायोगिक और नियंत्रित दोनों प्रकार के गाँवों में उत्पत्ति संबंधी गुण सर्वाधिक महत्त्वपूर्ण हैं, फिर भी नियंत्रित गाँवों में ये अपेक्षाकृत अधिक महत्त्वपूर्ण हैं। नेताओं के गुणों के मूल्यांकन में अपनाई गई इस अंक प्रणाली से ग्रामीण भारत के नेताओं में उत्पत्ति संबंधी गुणों की व्यापकता से इसके आधिक्य का पता चलता है। अतः जहाँ एक आदर्श नेता में प्रजातिक गुण होने चाहिये, वहीं व्यवहारिक रूप से नेताओं में परंपरागत गुणों की प्रमुखता है।

नेतृत्व की छवि और वास्तविकता में अंतर

उपरोक्त विश्लेषण प्रायोगिक (ग्रामदान) और नियंत्रित गाँवों में नेतृत्व की छवि और वास्तविकता के मध्य एक बड़ी खाई को दर्शाता हैं अब यहाँ इन मामलों में इस अंतर के व्यापकता की समीक्षा उपयोगी मालूम पड़ती है।

ग्रामदान गाँवों में नेताओं में पाए जाने वाले प्रजातिक गुण आदर्श स्थिति से लगभग 59 प्रतिशत अधिक है और उपलब्धि संबंधी गुण भी व्यवहारिक रूप में जनता की अपेक्षा से लगभग 5 प्रतिशत अधिक हैं।

नियंत्रित गाँवों में नेताओं की छवि और वास्तविकता में बहुत बड़ा अंतर है। प्रजातिक गुणों के मामले में 64 प्रतिशत की कमी और उपलब्धि संबंधी गुणों में लगभग 6 प्रतिशत की कमी पाई गई (सारणी –23)। इसके विपरीत उत्पत्ति संबंधी गुण जनता की अपेक्षा से 70 प्रतिशत अधिक पाये गए। यह उल्लेखनीय है नियंत्रित गाँवों में

नेताओं में पाए जाने वाले प्रजातिक और उपलब्धि संबंधी गुणों का योग 30 प्रतिशत से कुछ कम है जबकि ग्रामदान गाँवों में यह आँकड़ा 40 प्रतिशत से भी अधिक है। यह इस बात को स्पष्ट करता है कि ग्रामदान गाँवों में, नियंत्रित गाँवों की अपेक्षा ज़्यादा विश्वस्त है।

हम यह वर्णन कर चुके हैं कि ग्रामदान गाँवों में नेतृत्व के प्रजातिक और उपलब्धि संबंधी गुणों को सम्मिलित रूप से नियंत्रित गाँवों की अपेक्षा अधिक अंक प्राप्त हुए। इस अंतर के तीन कारण हो सकते हैं। 1. ग्रामदान गाँवों के नेताओं का पावर पुल में कुछ समय पहले ही प्रवेश हुआ है और उन्हें यह स्थान उनके प्रजातिक गुणों के आधार पर प्राप्त हुआ है। 2. नई परिस्थितियों में विभिन्न समस्याओं को समाप्त करने के लिए परंपरागत मूल्यों से संबंधित नेताओं के आधार में कालांतर में परिवर्तन होने के कारण (जैसे– निर्णयों में वास्तविकता और निष्पक्षता लाने के लिए एक अशिक्षित नेता को वयस्क शिक्षा अभियान के तहत शिक्षा दी जाती है। 3. सर्वोदय के राष्ट्रीय नेतृत्व का ग्राम स्तर पर प्रभाव।

जैसा कि पिछले अध्याय में हम यह उल्लेख कर चुके हैं कि ग्रामीण भारत में जागीरदार पटेल, वंश प्रमुख ग्राम पंचायत के सदस्य आदि परंपरागत पावर पोजीशन थे। सामुदायिक विकास कार्यक्रम के शुरूआत के साथ सहकारी समितियाँ और पंचायती राज की विभिन्न संस्थायें नये पावर पोजीशन बन गये। ग्रामदान गाँवों में सर्वोदय की विचारधारा को संस्थागत बनाने के लिए बहुत–सी नई संगठनात्मक व्यवस्था का सृजन हुआ जिसके कारण नये नेतृत्व के नये पदों को अस्तित्व प्राप्त हुआ। पुरानी व्यवस्था में नेतृत्व के बहुत से ऐसे पद थे जो या तो वंशानुगत थे या फिर उन्हें धारण करने के लिए किसी प्रकार की तकनीकी योग्यता या विचारधारात्मक झुकाव की जरूरत नहीं होती थी। इस कारण पावर पोजीशन के लिए कुछ तकनीकी

दक्षता या विचारधारा के प्रति समर्पण आवश्यक हो गया। उदाहरण के लिए– ग्रामीण सहकारी समिति के सचिव के लिये कम से कम यह आवश्यक था कि वह लेखन और लेखांकन आदि का काम जानता हो। इसी प्रकार कुछ गिने–चुने लोगों को ही शांति सैनिक या लोक सेवक या सर्वोदय विचारधारा के प्रसार से संबंधित संगठनों के पद प्राप्त हो सकते हैं। इस कारण ग्रामदान गाँवों में पावर पुल का सिर्फ विस्तार ही नहीं होता बल्कि निर्णय लेने की प्रक्रिया में भाग लेने वाले सदस्यों के पदस्थापन या स्थानांतरण की भी संभावना बनती है। नई सामाजिक व्यवस्था में परंपरागत व्यवस्था के पावर पोजीशन से विलग कुछ ऐसे लोगों की आवश्यकता पड़ी जिनके व्यक्तित्व में कुछ विशेष गुण हैं। इस कारण समाज के कुछ लोगों को अपने में उपलब्धि संबंधी गुणों और कुछ अन्य स्वाभाविक व्यक्तिगत गुणों (प्रजातिक गुण) को विकसित करना पड़ा। इसी के परिणामस्वरूप ग्रामदान गाँवों में प्रजातिक गुणों को नियंत्रित गाँवों की अपेक्षा अधिक अंक प्राप्त हुए।

उपरोक्त विवरण से इस रोचक अवधारणा का सृजन होता है– समुदाय में उत्पन्न सामाजिक परिस्थितियाँ अगर नेताओं में कुछ विशिष्ट गुणों की अपेक्षा रखती हों और परंपरागत नेताओं में अपेक्षित तकनीकी दक्षता और व्यक्तिगत विशेषताओं का अभाव हो, तो भी परंपरागत नेताओं के गहरे प्रभाव के बावजूद और समुदाय की इच्छा के विपरीत नये नेताओं का उदय होता है। अतः यदि यथोचित विचारधारात्मक समर्पण से युक्त नये नेताओं के पदार्पण की गुंजाइश हो, तो नेतृत्व का मानदंड महत्त्वपूर्ण हो जाता है। फिर भी हम यह कह रहे हैं कि ग्रामदान गाँवों में पावर पुल के सदस्यों के लिए विचारधारा के प्रति वचनबद्धता अपेक्षित होती है परंतु कुछ नये नेताओं के उदय के लिए कुछ हद तक अन्य गुणों की अनिवार्यता अपेक्षाकृत

अधिक होती है। चूँकि सर्वोदय की विचारधारा में नेताओं में नैतिक गुणों की अपेक्षा की जाती है, अतः इसमें बहुत अधिक आश्चर्य की बात नहीं कि ग्रामदान गाँवों में प्रजातिक गुण ज्यादा महत्त्वपूर्ण हैं और व्यवहारिक रूप में ग्रामदान गाँवों के नेताओं में ये गुण पाये भी गये जबकि नियंत्रित गाँवों में ये गुण लगभग अनुपस्थित ही रहे।

यहाँ यह उपयोगी होगा कि भारतीय राजनेताओं में गाँधी द्वारा बताये गये अपेक्षिण गुणों की चर्चा की जाए। गाँधी के अनुसार भारतीय नेता में साहस, धैर्य भयहीनता और सबसे बढ़कर आत्मोत्सर्ग की भावना होनी चाहिये। वे जानते थे, "गलत, स्वार्थ से प्रेरित या जल्दबाजी में किए गए किसी कार्य के बुरे और गंभीर परिणाम होते हैं।"[7] गाँधी के अनुसार नेतृत्व की क्षमता सिर्फ सेवा के द्वारा विकसित होती है और वे इसे नेता का सर्वप्रमुख गुण मानते हैं। भारत शासकों या राजनेताओं में गाँधी इन गुणों को अपेक्षित मानते हैं: 1. नेता को शराब नहीं पीना चाहिये और उसे इसी प्रकार के लोगों के साथ रहना चाहिए। 2. उसे प्रतिदिन चरखा चलाना चाहिये और अहिंसा का पालन करना चाहिए। 3. उसे ऐसे घर में रहना चाहिए जो सभी लोगों के लिए प्राप्य हो। 4. उसे, छूआछूत में विश्वास नहीं रखना चाहिए, और उसे जाति, रंग और नकल के आधार पर भेदभाव नहीं करना चाहिए।

यह स्पष्ट है कि गाँधी ऐसे व्यक्ति को नेता के रूप में देखना चाहते थे, जो सादा जीवन जीने के साथ–साथ उच्च नैतिक और प्रजातिक गुणों को धारण करता हो। इसके साथ ही जनता की नजरों में वह स्वार्थरहित होना चाहिए। सर्वोदय के राष्ट्रीय नेतृत्व में सभी विशेषतायें मौजूद हैं और ग्रामदान गाँवों में भी इसकी अनुगूँज सुनाई पड़ती है।

पहले अध्याय में हम यह उल्लेख कर चुके हैं कि प्रतिभा संदर्भित होता है और यह नेतृत्व के लिए हमेशा आवश्यक नहीं होता है। वेबर के अनुसार ग्रामीणों द्वारा उस व्यक्ति को प्रतिभाशाली माना जाता है जिसमें प्रजातिक गुण होते हैं और जिसका व्यवहार अनुकरणीय होता है। भारतीय ग्रामीणों द्वारा प्रजातिक गुणों को अत्यधिक महत्व देने का प्रमुख कारण यह है कि समकालीन भारतीय राजनीति में काफी भ्रष्टाचार व्याप्त था और सत्तासीन सदस्य परंपरागत बाध्यताओं और व्यक्तिगत वफादारी को पूरा करने के लिए अपने पदों का उपयोग करने के लिए इच्छुक थे। अंततः भ्रष्टाचार से उत्पन्न संकट की स्थिति में किसी व्यक्ति के प्रजातिक गुण उसे एक सम्मानित नेता के रूप में मान्यता दिलाने में आधार स्तंभ का कार्य करते हैं। ऐसा इसलिए है, "राजनैतिक रूप से शक्तिशाली सभी व्यक्ति अपने अवैधानिक उद्देश्यों की पूर्ति के लिए अपने पदों का दुरूपयोग करते हैं............ सामुदायिक जीवन में ऐसा कोई भी व्यक्ति नहीं है जिसमें 'लोक भावना' हो और ऐसा कोई भी राजनेता नहीं है जिसके उद्देश्य निष्पक्ष हों और जिसका कोई भी व्यक्तिगत स्वार्थ नहीं हो।"[9] भ्रष्टाचार से उत्पन्न संकटकालीन परिस्थिति नैतिक गुणों को धारण करनेवाले व्यक्तियों को प्रतिभाशाली व्यक्ति के रूप में मान्यता दिलाती है।

उपरोक्त विश्लेषण की पूर्ण स्पष्टता के लिए यह आवश्यक है कि इस बात को जान लिया जाए कि प्रजातिक और नैतिक गुण प्रतिभा का पर्याप्य नहीं है। ड्रेकमायर प्रतिभा को इस रूप में देखते हैं, "नेतृत्व के कुछ अति विशिष्ट गुण, आकर्षण, साहस आदि जो उनके अनुयायियों को प्रभावित करते हैं, प्रतिभा कहलाते हैं। प्रतिभा आधार अति विशिष्ट होता है और यह संस्थागत नियमों और कार्यक्रमों से पृथक होता है।[10] यह भी आवश्यक नहीं कि ये सभी गुण युगपद हों।"

यहाँ हमारा निष्कर्ष यह है कि ग्रामदान गाँवों में प्रजातिक गुणों को आदर्श और वास्तविक दोनों दशाओं में नियंत्रित गाँवों की अपेक्षा अधिक महत्त्व दिया गया। इसे प्रतिभा के चरणशः प्रसार के रूप में दृष्टिगत किया जा सकता है। आधारभूत स्तर पर किसी प्रतिभाशाली आंदोलन के क्रियान्वयन के लिए यह आवश्यक शर्त मालूम पड़ती है कि प्रतिभा का शीर्ष स्तरों से निचले स्तरों तक चरणशः विस्थापन हो।

समग्र मूल्यांकन

हमने ग्रामदान–भूदान आंदोलन के नेतृत्व का विश्लेषण इस तर्क के साथ शुरू किया था कि सिर्फ संगठनात्मक विस्तार में ही विशुद्ध प्रतिभाशाली शक्ति का अस्तित्व होता है और जब एक बार इसे स्थायित्व प्राप्त हो जाता है, तो या तो यह पारंपरिक हो जाती है या फिर तार्किक या इसमें दोनों का मिश्रित स्वरूप आ जाता है। आंदोलन का राष्ट्रीय नेतृत्व मुख्यतः प्रतिभाशाली था और ना तो इसे कोई तार्किक–वैधानिक सत्ता प्राप्त थी और ना ही इसके पास कोई पारंपरिक शक्ति थी। फिर भी आंदोलन का संगठनात्मक ढ़ांचा और कई मायनों में इसमें अपनाई गई परंपरा, प्रतिभा के नियमन को दर्शाता है। चूंकि आंदोलन का क्रियान्वयन ग्राम स्तर पर हुआ, अतः स्थानीय नेतृत्व की प्रकृति ज्यादा महत्त्वपूर्ण है। हमने यह उल्लेख किया है कि आंदोलन में शीर्ष नेतृत्व से निचले स्तरों और ग्रामदान गाँवों के नेतृत्व की ओर प्रतिभा का कुछ हद तक चरणशः विस्थापन हुआ है। फिर यह तर्क पूर्णतः स्वीकार्य नहीं है। आंदोलन के स्थानीय नेतागण ने मूल उद्देश्य से दिग्गभ्रमित कर दिया। स्पष्टतः उन्होंने आंदोलन का उपयोग कुछ विशेष हितों के लिए किया और इससे आंदोलन की लक्ष्य पूर्ति में बाधा उत्पन्न हुई। इसी प्रकार जहाँ नियंत्रित गाँवों की तुलना में ग्रामदान गाँवों में प्रजातिक गुणों की अधिकता पाई गई, वहीं ये मुख्यतः परंपरागत थे। वस्तुतः अध्याय–VI

में हम यह उल्लेख कर चुके हैं कि ग्रामदान गाँवों में संगठनात्मक पदों पर निहित स्वार्थी तत्त्वों का बहुत बड़ा प्रभाव था। जहाँ इन नेताओं ने अपने प्रभाव को स्थापित करने के लिए 'लघु प्रतिभाशाली होने का अभिनय करने का प्रयास किया, वहीं व्यवहारिक रूप में ये परिवर्तनरोधक का कार्य करते थे और यथापूर्व व्यवस्था को बनाये रखने के लिए प्रयासरत थे। अतः प्रतिभाशाली गुणों के बावजूद ऐसा लगता है कि ये नेतागण परिवर्तन के एजेंट न होकर व्यवस्था संरक्षक हैं। निष्कर्षतः, प्रतिभा न सिर्फ सामाजिक ढ़ांचे में परिवर्तन लाता है, बल्कि यह इसके संरक्षण के लिए भी क्रियाशील होता है और प्रतिभाशाली प्रव्ति को व्यवस्था और स्थायित्व से अंतरसंबंधित माना जाना चाहिए।[11]

नोट्स

1. सुरेश राम, विनोबा एंड हिज मिशन, काशी, अखिल भारतीय सर्व सेवा संघ, 1954, पेज–40।
2. सर्वोदय नेतृत्व की प्रकृति और प्रकार के विश्लेषण के लिए देखे ज्योफ्री ओस्टरगार्ड (Geoffery Osterguard) एंड मेलविले क्यूरेल (Melville Curoell), द जेंटल एनार्किज, लंदन, ऑक्सफोर्ड यूनिवरसिटी प्रेस, 1971।
3. मैक्स, वेबर, द थ्योरी ऑफ इकोनामिक एंड सोशल ऑर्गनाइजेशन, लंदन विलियम होज (Hodge) एंड कंपनी, 1947, पेज–360।
4. मैरीओर जे0 लेवी जूनियर, मॉडर्नाइजेशन एंड स्ट्रक्चर ऑफ सोसाइटीज़, प्रिंसेस्टन, प्रिंसेस्टन यूनिवर्सिटी प्रेस, वॉल्यूम-I, पेज–26।
5. देखें डब्ल्यु0 एच0 फिलिप्स (ई0डी0), पॉलिटिक्स एंड सोसाईटी इन इंडिया, जार्ज एलेन एंड अनविन 1965, पेज–151।
6. ए0एल0 बाशम, "सम फंडामेंटल पॉलिटिकल आइडियाज ऑफ एंसियेंट इंडिया", सी0एच0 फिलिप (ई0डी0) की ओपी0 सी आई टी0, पेज–20।
7. जोआन (Joan) वी0 बोडूरांट, क्लेक्वेस्ट ऑफ व्यालेंस; द गाँधीयन फिलास्फी प्रेस, 1958, पेज–171।
8. डी0जी0 तेंदुलकर, महात्मा, बंबई, बिट्ठलभाई के0 झावेरी एंड डी0जी0 तेंदुलकर, 1954, वॉल्यूम-VIII, पेज–99–100।
9. डब्लू0एच0 मौरिस–जोंस, ओपी0 सी0आईटी0 पेज–151।

10. चार्ल्स ड्रेकमायर, किनशिप एंड कम्यूनिटी, इन अर्ली इंडिया, बंबई आक्सफोर्ड यूनिवर्सिटी प्रेस, 1962, पेज–295।

11. एडवर्ड शील्स, "करिश्मा, आर्डर एंड स्टेटस", अमेरीकन सोश्योलाजीकल रीवियू, वॉल्यूम–30 (2) 1965, पेज–200 और 203।

अध्याय–8

मूल्योन्मुखता (Value Orientation): एक अहिंसक सामाजिक ढ़ांचे की संभावनायें

पिछले अध्याय में हमने यह दिखाया कि प्रतिभा का कुछ हद तक निचले स्तरों की ओर चरणशः प्रसार हुआ। इसके साथ ही हमने यह भी दिखाया कि प्रतिभा के इस प्रसार से व्यवस्था परिवर्तन के मुकाबले व्यवस्था संरक्षण की संभावनायें अधिक होती हैं। ऐसा इसलिए है क्योंकि परिवर्तन लाने के लिए आंदोलन में कुछ दूसरे स्रोत होने चाहिये। ग्रामदान गाँवों की जनता द्वारा सर्वोदय की विचारधारा (मूल्यों) की स्वीकृति परिवर्तन के प्रवर्तन के लिए एक संभावित स्रोत है। इस अध्याय में हम इसकी समीक्षा करेंगे कि ग्रामदान गाँवों की जनता ने किस हद तक आंदोलन की विचारधारा को धारण किया। हम पहले ही यह तर्क प्रस्तुत कर चुके हैं कि किसी सामाजिक आंदोलन की सफलता की आशा तभी की जा सकती है जब समुदाय की आंदोलन की विचारधारा के प्रति सक्रिय वचनवद्धता हो। यहाँ यह तर्क हमारे लिए विशेष रूप से महत्त्वपूर्ण है।

मूल्योन्मुखता में परिवर्तन को समझने के लिए यहाँ दो प्रश्न आवश्यक हैं: 1. ग्रामदान गाँवों के मूल्यों में यदि कोई परिवर्तन हुआ तो वे कौन–से परिवर्तन थे? 2. क्या गैर–ग्रामदान गाँवों की तुलना में

ग्रामदान गाँवों में सर्वोदय की विचारधारा ज्यादा गंभीरतापूर्वक स्वीकार की गई? इन प्रश्नों का उत्तर ढूंढ़ने के लिए हम प्रायोगिक और नियंत्रित दोनों प्रकार के गाँवों के मूल्यों की स्वीकृति या अस्वीकृति का सापेक्षिक विश्लेषण करेंगे। पहले हम यह अध्ययन करेंगे कि प्रचलित मूल्यों में परिवर्तन लाने में सर्वोदयवासियों को किस हद तक सफलता मिली और इसके बाद हम यह समीक्षा करेंगे कि नये मूल्यों को किस हद तक अपनाया गया? इस संदर्भ में हमारा विश्लेषण कुछ केंद्रीय मूल्यों तक सीमित है।

किसी भी सामाजिक व्यवस्था में सामाजिक स्तरण (Stratification) की संस्था का सर्वाधिक महत्त्व होता है। पारसन्स[1] (Parsons) सामाजिक स्तरण की संस्था को अपने संबंधों पर आधारित उस संस्था के वर्ग में रखते हैं जिसका निर्माण सामाजिक व्यवस्थाओं के केंद्रीय ढ़ांचे से हुआ है और जिसका संबंध बहुत–सी संस्थाओं से होता है। जाति व्यवस्था भारतीय जनता के स्तरीकरण की एक प्रमुख संस्थाओं में से एक है।

सामाजिक–आर्थिक अध्यात्मिक आधार

परंपरागत हिंदु समाज को चार प्रमुख स्तरों में विभक्त किया गया था जिन्हें वर्ण कहा जाता है। ब्राह्मणों को समाज में सर्वोच्च स्थान प्राप्त था और समाज के लोगों की अध्यात्मिक जरूरतों को पूरा करना उनका कार्य था। क्षत्रियों का कार्य समाज की बाह्य आक्रमणों और आंतरिक समस्याओं से सुरक्षा करना था। वैश्यों का सामाजिक कार्य उत्पादन करना और धन का वितरण था। भाूद्रों का काम पहले तीनों वर्णों की सेवा करना था। इसके अलावा समाज में अछूतों का एक पाँचवा वर्ग भी था जिसे वर्ण व्यवस्था में शामिल नहीं किया गया था और इन्हें पंचम कहा जाता था। उन्हें हीन जाति भी कहा जाता था।

गाँधी[2] उन समाज सुधारकों में एक थे जिन्होंने बड़े जोरदार ढ़ंग से छूआछूत का विरोध किया। उन्होंने अनुभव किया:

"हम लोग भी मर्मस्वर्शी चिंतन को अनुभव कर सकते हैं कि छूआछूत का कीड़ा अपनी प्रस्तावित सीमा को लांघकर काफी दूरी तय कर चुका है और अब यह पूरे राष्ट्र की सामाजिक व्यवस्था में अपना घर बना चुका है। 'मुझे मत छूओ' की भावना सर्वव्याप्त हो गई है।" "...... छूआछूत हिंदुत्व के माथे पर लगा सबसे बड़ा धब्बा है।" उन्होंने घोषणा की, "छूआछत से मेरा संबंध इस हद तक है कि, यह हिंदुत्व के जीवन या मरण दोनों में किसी एक के समान है।..... यदि छूआछूत का अस्तित्व बना रहता है तो हिंदुत्व का नाश हो जायेगा परंतु अगर हिंदुत्व के हृदय और शाखाओं से छूआछूत का उन्मूलन हो जाता है तो हिंदुत्व पूरे विश्व को एक बड़ा संदेश दे सकेगा।"

छूआछूत के इस घोर विरोध के बावजूद गाँधी भारतीय सामाजिक ढ़ांचे में वर्ण व्यवस्था को मान्यता दिलाना चाहते थे।[3] एक ओर छूआछूत की समाप्ति पर जोर देना और दूसरी ओर वर्ण–व्यवस्था को समर्थन देना, परस्पर विरोधाभासी है। इस बिंदु पर पहले ही बहुत से समाजशास्त्रियों[4] ने चर्चा कर रखी है और इसीलिए हम इसे रेखांकिन नहीं करेंगे। गाँधी का अनुसरण करते हुए सर्वोदय आंदोलन में पूर्ण स्पर्श भावना की बात की जाती है। अब हम यह देखेंगे कि ग्रामदान गाँवों में किस हद तक स्पर्श भावना को अपनाया गया और यदि कहीं छूआछूत का प्रचलन रहा तो इसके क्या कारण है?

यह उल्लेखनीय है कि भारत में छूआछूत के विरोध का प्रारंभ 1865 में शुरू हुआ।[5] स्वतंत्रता प्राप्ति के बाद छूआछूत का अंत करके एक बहुत बड़ा मानवतावादी प्रयास किया गया और छूआछूत करने वालों को दंड देने के लिए वैधानिक कदम उठाये गये।[6]

भारतीय संविधान देश के सभी नागरिकों को जाति, धर्म या लिंग के आधार पर बिना किसी भेदभाव के अवसर की समानता की घोषणा करता है। अछूतों के सामाजिक, आर्थिक और अध्यात्मिक पिछड़ेपन को समाप्त कर उनके उत्थान के लिए उन्हें विशेष रियायतें दी गई हैं जिससे कि वे समाज के दूसरे वर्ग के लोगों से विभिन्न क्षेत्रों में प्रतियोगिता करने में सक्षम हों। छूआछूत की समस्या पर शिक्षाविदों में भी मतांतर नहीं है।[7] यहाँ हम इस को बताना चाहते हैं कि छूआछूत इस समस्या की व्यापकता को गंभीरता से लेते हुए इसके समाधान हेतु कई कदम उठाये गये। फिर, चूंकि प्रायोगिक और नियंत्रित दोनों ही प्रकार के गाँव की इस दिशा में क्रियाशील शक्तियाँ एकसमान हैं, अतः प्रायोगिक गाँवों में किसी भी अतिरिक्त परिवर्तन सर्वोदय की विचारधारा के प्रभाव को जाता है।

हमारा प्रयास यह समीक्षा करना है कि ग्रामदान और गैर ग्रामदान गाँवों में छूआछूत के प्रचलन और इन गाँवों ने इसकी स्वीकृति या अस्वीकृति स्तर के संबंध में वहाँ के लोगों द्वारा दिए गए उत्तरों में कोई अंतर है या नहीं। छूआछूत के विरोध का स्तर जानने के लिए लोगों से छः प्रश्न पूछे गए।

परिवर्तन को प्रभावित करने वाले किसी विशेष कदम के प्रभाव बहुत हद उन लोगों के चिंतन को जानकर समझा जा सकता है जो परिवर्तन की प्रक्रिया से नाकारात्मक रूप से प्रभावित होते हैं। अतः इस संबंध में हमने सिर्फ विशुद्ध हिंदुओं और जनजातियों का मत प्राप्त किया है।

अध्ययन के लिए चुने गए गाँवों में किसी भी जनजाति गाँव में अछूत नहीं रहते हैं और उनके बीच कोई बिना किसी भेदभाव के बातचीत और कुछ हिंदु जातियों से इनके संबंध (दैनिक जीवन में) हैं। इनके विवाह और अन्य मांगलिक कार्यों का निष्पादन ब्राह्मणों द्वारा

किया जाता है। फिर भी, कोई भी शुद्ध हिंदु जाति जनजातियों के साथ भोजन नहीं करती है। दूसरी ओर अछूत जातियाँ जनजातियों से भोजन और पानी ग्रहण करती हैं परंतु जनजातियाँ अछूतों से भोजन नहीं ग्रहण करती। इन तथ्यों को दृष्टिगत करते हुए हमने शुद्ध जातियों और अछूतों के बीच के 'सेतु समूह' की तरह जनजातियों का प्रयोग किया है और इस कारण परिवर्तन के संबंध में उनके उत्तरों को भी शामिल किया गया है। सभी हिंदुजातीय गाँवों में अछूत जातियाँ रहती हैं और आर्थिक तथा अध्यात्मिक गतिविधियों में वे शुद्ध जातियों से संबंधित होती हैं।[8]

साक्षात्कार देने वाले लोगों से पूछे गए प्रश्नों की प्रतिक्रियाएं एक पैमाने पर चार भागों में बाँटकर अंक दिए गए। जैसेः समर्थन, विरोध सहने योग्य, तटस्थ। सूची में सूचिबद्ध किए गए सभी विकल्पों के प्रतिरोध के प्राबल्य की गणना करने के लिए आँकड़ों का एक जटिल विश्लेषण किया गया है। इस पद्धति में विभिन्न विकल्पों को इस सहने योग्य = + 0.5. तटस्थ = 0। इसका अर्थ यह हुआ कि + 100 पूर्ण परिवर्तन को और – 100 परिवर्तन के पूर्ण विरोध को दर्शाता है।

प्रतिरोध के मूल्यांकन के लिए अपनाई गई इस पद्धति की यह कहते हुए आलोचना की जा सकती है कि हम अवलोकित कदमों के प्रतिरोध का अर्थात् वास्तविक प्रतिरोध का मूल्यांकन नहीं कर रहे हैं जबकि हम चिंतन संबंधी प्रतिरोध अर्थात् काल्पनिक प्रतिरोध का मूल्यांकन कर रहे हैं। वस्तुतः प्रतिरोध का मतलब उस व्यवहार से है जिसमें कोई व्यक्ति या समूह अपने को वास्तविक या काल्पनिक परिवर्तनों से सुरक्षित रखने का प्रयास करता है। "यह प्रतिक्रिया या तो वास्तविक हो सकती है या फिर काल्पनिक क्योंकि प्रतिरोधकर्ता उन चीजों का भी विरोध कर सकता है जो वास्तविक रूप में

परिवर्तित नहीं हो रही हैं परंतु वह भय या किसी अन्य कारण यह सोचता हो कि वस्तुतः ऐसा ही हो रहा है। यदि कोई व्यक्ति ऐसा मानता है कि परिवर्तन हुआ है या संभावित परिवर्तन से भयभीत हो तो इससे व्यवहारिक रूप में कोई फर्क नहीं पड़ता, चाहे यह सही हो या गलत। वह इस प्रकार ही कार्य करेगा, जैसे परिवर्तन हुआ हो।"[9]

साक्षात्कार देने वाले लगभग सभी लोगों ने अछूतों के साथ अंर्तजातीय विवाह का विरोध किया। जहाँ नियंत्रित गाँवों में शत–प्रतिशत लोगों ने इसका विरोध किया वहीं प्रायोगिक में इस संबंध में कुछ लोगों के साकारात्मक विचार थे। फिर भी सिर्फ एक व्यक्ति ने इसका समर्थन किया जबकि दूसरों ने इसे सहन करने लायक (नज़रअंदाज़ करने) बताया यह बात ध्यान देने योग्य है कि अध्ययन के लिए चुने गए गाँवों में अंर्तजातीय विवाह के एक भी उदाहरण प्राप्त नहीं हुए। यहाँ तक कि छूत–अछूत विवाह के बारे में लोग बात तक नहीं करते।

मंदिरों में अछूतों के प्रवेश का शुद्ध जातियों द्वारा विरोध का प्राबल्य अंर्तजातीय विवाह के विरोध के प्राबल्य से कुछ कम है। ग्रामदान गाँवों में इस विरोध का परिणाम कम है। इसके साथ ही सभी हिंदुजातीय गाँवों में शुद्ध जातियों के मंदिरों की गतिविधियों में अछूतों को भाग लेना प्रतिबंधित है और अछूतों के लिए अलग मंदिर और पुजारी हैं। जहाँ तक कि जनजातीय गाँवों में भी अछूतों को पवित्र स्थानों में प्रवेश का अधिकार नहीं है।

शुद्ध जातियों और जनजातियों द्वारा उपयोग किए जाने वाले कुँओं से अछूतों को पानी निकालने की बात का भी इन प्रश्नों की अपेक्षा कम है। यहाँ पुनः ग्रामदान गाँवों में विरोध का परिणाम 8.74 प्रतिशत कम है। सात अन्वेषित गाँवों में से छः (तीन ग्रामदान और 3 गैर–ग्रामदान) गाँवों में अछूतों को पानी खींचना प्रतिबंधित है, जबकि एक ग्रामदान (जनजातीय) गाँव[10] में अछूत सार्वजनिक कूपों से पानी

खींच सकते हैं। यह गाँव के लोगों के चिंतन को गंभीरता से प्रभावित करता है। वस्तुतः उत्तर देने वाले इस गाँव के सभी लोगों ने इस कदम को साकरात्मक माना। अतः लोगों की प्रवृति पर कोई व्यवहारिक कार्य ज्यादा प्रभाव छोड़ता है। इस मुद्दे पर सकारात्मक रूझान के बावजूद, लोगों का उन सभी मुद्दों पर नकारात्मक मत था जिसे सांस्कारिक रूप से प्रदूषक माना जाता है।

किसी अछूत के ग्राम प्रमुख होने के प्रश्न पर लोगों का मत अपेक्षाकृत अधिक सकारात्मक रहा परतु यह सर्वसम्मति से स्वीकार्य नहीं था। ग्रामदान गाँवों में इस संबंध में 25 प्रतिशत अधिक सकारात्मक उत्तर मिले। परंतु किसी भी ग्रामदान गाँव में किसी भी अछूत को कोई पन (ग्राम सभा की प्रबंधन समिति का अध्यक्ष या सचिव) प्राप्त हुआ (जैसा कि अध्याय-VI में वर्णित है)। ग्राम सभा बहुसंख्य प्रतिनिधियों में से कम से कम एक अछूत का औपचारिक रूप से सहयोग लेना उचित समझा गया। यहाँ इस बात का यह मतलब नहीं कि इस प्रकार के पदों को धारण करने से उस व्यक्ति या उसके समूह की महत्ता बढ़ जाती। फिर भी प्रारंभिक स्वीकृति और गाँव के मामलों में निर्णय लेने के लिए बने समूह में औपचारिक चयन अपने आप में एक दूरदर्शी कदम है। नियंत्रित गाँवों में क्रियान्वित पंचायती राज व्यवस्था के अंतर्गत किसी गाँव विशेष के मामलों में निर्णय लेने के लिए बनाए जन प्रतिनिधियों के समूह में किसी अछूत का निगमन बिना किसी वैधानिक उपबंध के काफी मुश्किल प्रतीत होता है। इन दो प्रकार के गाँवों में औपचारिक शक्ति व्यवस्था में अछूतों के प्रतिनिधित्व में अंतर से उपरोक्त वर्णित विकल्पों के प्रति यहाँ लोगों के मतों में भिन्नता का पता चलता है।

अछूतों के उत्थान के लिए उठाये बहुत से वैधानिक कदमों में विकास कार्यक्रम और उन्हें दी गई आर्थिक रियायतें महत्त्वपूर्ण है।

स्पष्टतः इन कदमों का परोक्ष और अंतिम उद्देश्य अछूतों का उत्थान और उन्हें चैतन्य बनाना था। इन सभी के बावजूद इन सुधारों को अछूतों के उद्धार के लिए अनपेक्षित मानना है। यह बड़े आश्चर्य की बात है कि ग्रामदान गाँवों में इस कदम के विरोध का परिणाम 10 प्रतिशत अधिक है। ग्रामदान गाँवों में नियंत्रित गाँवों की अपेक्षा अधिक संख्या में आर्थिक विकास कार्यक्रम चलाये गये। इससे ग्रामदान गाँवों के लोग विकास के प्रति ज्यादा चैतन्य हो गए। जैसा कि अध्याय-VI में हम वर्णित कर चुके हैं कि ग्रामदान गाँवों में चलाये जा रहे विकास कार्यक्रमों के तहत अधिकाधिक लाभ प्राप्त करने की तीव्र प्रतियोगिता शुरू हो चुकी थी। विकास के प्रति उत्पन्न इस चेतना के कारण शुद्ध हिंदू जातियाँ और जनजातियां ये सोचने लगीं कि सरकार अछूतों का अधिक लाभ दिलाकर उनके प्रति भेदभाव बरत रही हैं। फिर भी उच्च और मध्यम जातियों में यह भेदभावपूर्ण भावना काफी तीव्र है जबकि मध्यम–निम्न और निम्न जातियाँ जो पिछड़े वर्ग में आती हैं तथा जनजातियाँ दोनों में इस भावना की तीव्रता अपेक्षाकृत कम है परंतु इन्हें भी सरकार से उसी प्रकार के लाभ प्राप्त होते हैं। अंततः यहाँ हमारे लिए एक बार फिर यह याद दिलाना महत्त्वपूर्ण है कि ग्रामदान गाँवों में सम विभाग इच्छाओं का स्वेच्छा से नियंत्रित, सामुदयिक मूलोन्मुखता आदि जैसे सर्वोदय के सिद्धांत अपने आधार से काफी दूर हैं।

ग्रामदान और गैर–ग्रामदान दोनों ही गाँवों में अछूतों को शिक्षा देने का विकल्प सर्वाधिक स्वीकार्य है। ग्रामदान गाँवों में इसकी स्वीकृति का परिमाण गैर–ग्रामदान गाँवों की तुलना में 17 प्रतिशत अधिक है। फिर भी इसका पर्याय यह नहीं कि ग्रामदान गाँवों में अछूतों के बच्चे शिक्षा प्राप्त करते हैं।[11] इस संदर्भ में नगण्य लाभ प्राप्त होने के बावजूद लोगों के रूझान से उनमें छूआछूत को समाप्त करने की प्रवृति की काफी संभावनायें दिखती हैं।

उपरोक्त विवरण से निम्नांकित निष्कर्ष प्राप्त होते हैं।

1. विभिन्न कार्य नमूनों के प्रतिरोध के स्तर में व्यापक अंतर है और इन सभी को छूआछूत के प्रचलन के पक्ष में रखा जा सकता है।
2. कुछ सुधारवादी कार्यों के प्रति सकारात्मक मत प्राप्त हुए जबकि कुछ के प्रति नकारात्मक।
3. प्रायोगिक और नियंत्रित गाँवों के मामलों में भी व्यापक अंतर है। उत्तरवर्ती तीन प्रश्नों के संदर्भ में इनके बीच यह अंतर और भी ज्यादा है।

अब हमारा कार्य यह है कि ये अंतर क्यों है?

इस संदर्भ उन प्रश्नों की विषयवस्तु का हम अध्ययन करेंगे जिनके सकारात्मक और नकरात्मक उत्तरों के मध्य काफी अंतर है। नकारात्मक उत्तरों को 'सांस्कारिक प्रदूषक' और सकारात्मक उत्तरों को 'पंथनिरपेक्ष–व्यवस्था स्थापक' का नाम दिया जा सकता है। इससे यह माना जा सकता है कि पंथनिरपेक्ष–व्यवस्था–स्थापक व्यवहार को सांस्कारिक प्रदूषक व्यवहार की अपेक्षा अधिक उपयुक्त है।

सांस्कारिक प्रदूषक व्यवहार की स्वीकृति ग्रामदान गाँवों में जहाँ 5 प्रतिशत अधिक है, वहीं पंथनिरपेक्ष व्यवस्था स्थापक के संबंध में ग्रामदान गाँवों में सकारात्मक मतों का परिमाण 10 प्रतिशत अधिक है।

इस अवसर पर हिंदुजातिय समाज के स्तरीय व्यवस्था के द्विआयामी (द्विवीमिय) प्रकृति को ध्यान में रखना आवश्यक है।[12] जाति व्यवस्था में शुद्धता और अशुद्धता सर्वाधिक महत्त्वपूर्ण है। सभी समाजों में अस्थायी अशुद्धता (जीवन, मृत्यु, रजोधर्म आदि के द्वारा) पाई जाती है, तथापि हिंदुओं में स्थायी अशुद्धता अस्वीकार्य है। यह सही है कि उच्च

जाति के लोग भी अशुद्धता के एजेंट (अभिकर्ता) हो सकते हैं परंतु उनकी अशुद्धता केवल अस्थायी होती है और कुछ निश्चित संस्कारों और अनुष्ठानों के द्वारा उनकी शुद्धि हो सकती है। इसके विपरीत निम्न जातियाँ जिन्हें पंचम कहा जाता है, का जन्म और मृत्यु दोनों ही प्रदूषित वातावरण में होता है। अतः अछूतों से किसी प्रकार के स्थायी या अस्थायी संपर्क से व्यक्ति अनिवार्यतः अशुद्ध हो जाता है। अतः, इस मनोदशा को दृष्टिगत करते हुए हम हिंदू जाति व्यवस्था में सांस्कारिक स्तरों के महत्त्व को स्वीकार कर सकते हैं।

जहाँ किसी भी जाति व्यवस्था में सांस्कारिक स्तर सर्वाधिक महत्त्वपूर्ण होता है वहीं पंथनिरपेक्ष स्तर से हमेशा इसकी सामांतर प्रतियोगिता बनी रहती है। वस्तुतः राजनैतिक शक्ति और आर्थिक प्रभाव कई बार सांस्कारिक स्तर के महत्त्व को कम कर देते हैं। यह बात काफी रोचक है कि क्षत्रिय वर्ग की सभी जातियाँ मांसाहारी और मद्यसेवी होती हैं जो कि निम्न जातियों का एक अभिलाक्षणिक गुण है। परंतु इसके बावजूद उन्हें समाज में श्रेष्ठ स्थान प्राप्त था। यह तथ्य समाज में पंथनिरपेक्ष स्तर के महत्त्व को रेखांकित करता है। जाति व्यवस्था में सांस्कारिक अशुद्धता से मुक्ति कभी प्रगतिशीलता का परोक्ष स्रोत नहीं होती और पंथनिरपेक्ष व्यवस्था का वरण सांस्कारिक अशुद्धता से मुक्ति और प्रगतिशीलता का स्रोत होता है।[13] अतः इन दो कार्य नमूनों अर्थात सांस्कारिक प्रदूषक और पंथनिरपेक्ष–व्यवस्था–स्थापक व्यवहारों के प्रति दिये गये मतों पर विचार करना महत्त्वपूर्ण है।

परिवर्तन के लिए प्रयासरत तत्त्वों द्वारा नए रीति–रिवाजों के निर्माण और समाज में उनकी स्वीकृति के समय में काफी फर्क होता है। जैसा कि हम पहले भी दिखा चुके हैं, छूआछूत एक निराकार परिघटना और इसके प्रचलन में परिवर्तन के विरोध का प्राबल्य विभिन्न सदंर्भों में अलग–अलग है। अतः परिवर्तनोन्मुखी दिशा में

परिवर्तन लाने के लिए दीर्घकालिक प्रयास के रूप में देखा जाना चाहिए।

यहाँ जो सैद्धांतिक धारणा है, वो यह है कि इस स्तर पर व्यवस्था के विश्लेषण से संबंधी कुछ आवश्यक तथ्यों को समाहित किया जाए। व्यवस्था के विभिन्न प्रारूप यह सिद्ध करते हैं कि परिवर्तन सिर्फ अचानक और शक्तिशाली प्रयास द्वारा नहीं होता बल्कि अचानक और परोक्ष और दीर्घकालिक कदमों को सावधानीपूर्वक उठाना पड़ता है।[14] ऐसा इसलिये होता है कि सामाजिक व्यवस्था के विभिन्न अवयव एक दूसरे से परस्पर संबंधित होते हैं। फिर भी इसका अर्थ यह नहीं कि किसी व्यवस्थाओं में रणनीतिक रूप से महत्वपूर्ण तत्व एकसमान हों। अतः यहाँ हमारे लिए यह महत्वपूर्ण है कि रणनीतिक रूप से महत्वपूर्ण तत्त्वों को चिन्हित किया जाय। यद्यपि व्यवस्था का प्रारूप व्यवस्था के विभिन्न तत्त्वों के अंतरसंबंध को प्रकाशित करता है, परंतु यह व्यवस्था में अपेक्षित और महत्वपूर्ण तत्त्वों की पहचान के लिए कोई तंत्र या सूत्र प्रदान नहीं करता। परिवर्तन के लिए उपलब्ध संसाधनों (धन, समय, व्यक्ति) की कमी के कारण व्यवस्था में परिवर्तनोन्मुखी क्षेत्रों का चयन करना आवश्यक हो जाता है। छूआछूत जैसी प्रथा से संबद्ध परिवर्तनोन्मुखी क्षेत्रों के चयन में असफलता के कारण इस समय तक इस दिशा में उठाये गये सभी कदमों को अप्रभावी बना देते है।

उपरोक्त विश्लेषण से यह स्पष्ट है कि परिवर्तन के लिए बनाई गई रूपरेखा के प्रभावी होने के लिए यह उपयोगी होगा कि इस संबंध में किए गए प्रयास की शुरूआत परिवर्तनोन्मुखी क्षेत्रों से की जाए। व्यवस्था के विभिन्न क्षेत्रों से की जाए। व्यवस्था के विभिन्न क्षेत्रों में परिवर्तन के विरोध का परिमाण भिन्न–भिन्न होता है। इसलिए यह आवश्यक है कि इन क्षेत्रों में प्रतिरोध के परिमाण के अंतर की समीक्षा की जाये।

सामान्यतः ऐसा कहा जाता है कि लोगों द्वारा पंथनिरपेक्ष व्यवस्था के विरोध के मुकाबले इसकी स्वीकृति का परिमाण अधिक है। अतः यह बेहतर होगा कि परिवर्तन की प्रक्रिया से संबंधित उन क्षेत्रों जिनका संबंध सांस्कारिक अशुद्धता से है, के बदले परिवर्तन को इसी क्षेत्र से प्रारंभ किया जाये।

अछूतों की शिक्षा सूचीबद्ध की गई गतिविधियों में सर्वाधिक परिवर्तनोन्मुखी है।[15] अतः लोकतांत्रिक विधि से परिवर्तन की शुरूआत करने के लिए यह सबसे सुगम क्षेत्र मालूम पड़ता है। यदि अछूतों को शिक्षित कर दिया जाता है, तो वे समाज में अपने महत्त्व को समझकर शुद्ध जतियों से प्रतियोगिता करेंगे और समाज पंथनिरपेक्ष व्यवस्था की स्थापना की ओर अग्रसर होगा। अछूतों को दी जाने वाली रियायतों और उनके राजनैतिक प्रतिनिधित्व को शुद्ध जातियाँ सांस्कारिक अशुद्धता संबंधी व्यवहार के मुकाबले आसानी से स्वीकार करती हैं। अतः जब अछूतों का राजनैतिक और आर्थिक स्तर सुधर जाये तो उनकी सांस्कृतिक अशुद्धता अपेक्षाकृत तीव्र गति से समाप्त होगी। इस बात को ध्यान में रखते हुए सरकार द्वारा शुद्ध जातियों और अछूतों के लिए अलग–अलग कुँओं का निर्माण (यद्यपि यह सरकार के सिद्धांतों के विपरीत था) योजनाबद्ध परिवर्तन की दृष्टि से बुरा नहीं था। दूसरी ओर अछूतों द्वारा मंदिरों में प्रवेश पर जोर देना ज्यादा अर्थपूर्ण नहीं था क्योंकि सामाजिक परिस्थितियाँ इसके अनुकूल नहीं थीं। एक बार जब पंथनिरपेक्ष स्तर की स्थापना हो जाती है, तो सांस्कारिक स्तर का महत्त्व खुद कम हो जाता है।

अतः, सांस्कारिक मानदंडों पर एकाएक जोरदार ढ़ंग से प्रहार करने के बदले एक परोक्ष और दीर्घकालिक योजना के तहत पंथनिरपेक्ष मूल्यों की स्थापना का प्रयास रणनैतिक रूप से ज्यादा महत्त्वपूर्ण प्रतीत होता है। यह कदम माइड्रल के कम्यूलेटिव कौजेशन सिद्धांत के

अनुसार भी होता।[16] फिर भी (कम्यूलेटिव कैजेशन के सिद्धांत से अलग), हम इस बात पर जोर देते हैं कि परिवर्तन की प्रक्रिया तभी कम्यूलेटिव होगी, जब इसकी शुरूआत रणनैतिक रूप से महत्त्वपूर्ण क्षेत्र से हो। किसी विशेष का रणनैतिक बनाने में उसमें परिवर्तन की सहजता[17] और पूरी व्यवस्था पर इस परिवर्तन के प्रभाव, महत्त्वपूर्ण होते हैं। यहाँ यह उल्लेख करना आवश्यक है कि विभिन्न संदर्भों में रणनैतिक मापदंड अलग–अलग होते हैं और हम किसी विशेष तथ्य की पृथक स्वतंत्रता को नहीं जोड़ सकते।[18]

उपरोक्त विश्लेषण का उद्देश्य भारतीय सामाजिक व्यवस्था के संवेदनशील क्षेत्रों में परिवर्तन लाने में उत्पन्न समस्याओं की जटिलता को प्रदर्शित करना था। सर्वोदयवादियों ने पूर्ण स्पर्श भावना की पूकार लगाई परंतु ऐसा कोई उदाहरण प्राप्त नहीं होता, जिससे यह पता चलता हो कि परिवर्तन के इन एजेंटों ने इस समस्या की प्रकृति और इसकी जटिलता को गंभीरता से लिया हो। परिणामतः उनके प्रयास अनियमित और खोखले रहे तथा वे कोई भी व्यापक परिवर्तन नहीं ला सके। इसके बावजूद ग्रामदान गाँवों में सांस्कारिक अशुद्धता संबंधी व्यवहार परिमाण कम पंथनिरपेक्ष व्यवस्था की स्वीकृति का परिमाण अधिक है। ग्रामदान और गैर ग्रामदान गाँवों के लोगों के चिंतन में इस अंतर का श्रेय सर्वोदय कार्यकर्ताओं को दिया जा सकता है। अतः यह कहा जा सकता है कि सर्वोदय की विचारधारा ने लोगों के चिंतन और मूल्यों को भले ही व्यवहारिक रूप से बहुत अधिक प्रभावित नहीं किया परंतु सैद्धांतिक ....

ग्रामदान और गैर–ग्रामदान गाँवों में छूआछूत के प्रति लोगों के चिंतन को समझने के बाद हम यह देखेंगे कि क्या जाति व्यवस्था के प्रति मूल्योन्मुखता को समझने के लिए तीन कथन तैयार किए गए और इन कथनों के प्रति सहमति या असहमति को एक पैमाने पर पाँच

विकल्पों में बाँटा गया। इसमें प्रत्येक विकल्प के सापेक्ष अंक निर्धारित किए गएः जोरदार सहमति = + 1, सहमति = –1। इसका अर्थ यह हुआ कि + 100 पूर्ण सहमति को निरूपित करता है जबकि – 100 पूर्ण असहमति को। प्रकार प्राप्त अंकों द्वारा सहमति या असहमति के स्तर को जाना जा सकता है। (इस अध्याय में आगे किये गये सभी विश्लेषणों में यही पैमाना और यही अंक पद्धति अपनाई गई है)।

मूल्याश्रित कथनों की पूर्ण स्वीकृति से लेकर पूर्ण अस्वीकृति तक एक निरंतरता बरकरार रहती है। हमारे द्वारा तैयार किए गए मूल्याश्रित कथन इस प्रकार हैंः

1. वर्तमान स्वरूप में जाति व्यवस्था बनी रहनी चाहिये।
2. जाति व्यवस्था मौलिक वर्णों पर आधारित होनी चाहिए।
3. जाति व्यवस्था पूर्णतः समाप्त हो जानी चाहिए।

अस्वीकृति के लिए एक ही नियत सीमा है। यहाँ वर्तमान जाति व्यवस्था की निरंतरता के पक्ष में जहाँ जोरदार समर्थन दिखता है, वहीं लगभग इसी प्राबल्य के साथ जाति व्यवस्था की समाप्ति का विरोध किया गया। वर्णाश्रम के आधार पर

वर्तमान जाति व्यवस्था के पुनर्गठन के प्रति आंशिक रूप से या लगभग तटस्थ मत प्राप्त हुए जो यह साबित करते हैं कि व्यवस्था के प्रारूपिक नमूने के संबंध में लोगों की चिंतन शैली सर्वोदयवादियों से काफी मिलती–जुलती है।

ग्रामदान और नियंत्रित गाँवों में इन समानताओं के बावजूद, यह उल्लेखनीय है कि जाति व्यवस्था की निरंतरता के संबंध में ग्रामदान गाँवों को 25 प्रतिशत कम अंक मिले जबकि जाति व्यवस्था के उन्मूलन के पक्ष में 26 प्रतिशत अधिक अंक मिले। यह ग्रामदान गाँवों

में जाति व्यवस्था के प्रति अस्वीकृति (लगभग 25 प्रतिशत) का प्राबल्य अधिक है। यह निष्कर्ष हमारे द्वारा पहले स्पष्ट किए गए इस तर्क के समरूप है कि ग्रामदान गाँवों में छूआछूत के उन्मूलन के विरूद्ध कम मत प्राप्त हुए, परंतु हमने ग्रामदान गाँवों के लोगों के व्यवहारिक जीवन में इस प्रकार के परिवर्तनों का गंभीरता से अवलोकन नहीं किया है।

यद्यपि ग्रामदान गाँवों में जाति व्यवस्था के प्रचलन के संबंध में नकारात्मक मत प्राप्त हुए, फिर भी इससे सर्वोदय के मूल्यों को प्रभावशाली नहीं बनाया जा सका। (सारणी–26)। जैसा कि पहले भी उल्लेख किया जा चुका है कि गाँधी[19] ने वर्णाश्रम पर आधारित एक आदर्श सामाजिक ढ़ांचे की कल्पना की थी। वे ऐसा मानते थे कि इस सामाजिक व्यवस्था में अलाभकारी प्रतियोगिता नहीं होगी और प्रत्येक व्यक्ति को उसकी मेहनत का फल मिलेगा। परंतु हमारे आँकड़ों से यह स्पष्ट है कि सामान्य जनता (ग्रामदान और गैर–ग्रामदान दोनों) का इस संदर्भ में एक तटस्थ मत है। इस प्रकार की व्यवस्था के क्रियान्वयन की सीमित संभावनाओं और इसके परिणामों के साथ–साथ इसके क्रियान्वयन में उत्पन्न विरोधाभासों और किंकर्तव्यमूढ़ता को महसूस किया जा सकता है। अतः व्यवहारिक रूप से सर्वोदय के मूल्यों की अस्वीकृति का अंदाजा भी लगाया जा सकता है। वस्तुतः, ऐसा लगता है कि ग्रामदान गाँवों में लोगों की मूल्योन्मुखता में कुछ परिवर्तन हुए हैं। परंतु ये परिवर्तन सर्वोदय के मूल्यों के सापेक्ष नहीं हुए।

यह जानने के बाद सर्वोदयवादियों द्वारा प्रस्तावित सामाजिक ढ़ांचे को जनता ने अस्वीकृत कर दिया, इस संदर्भ में लोगों की मूल्योन्मुखता की जाँच काफी रोचक होगी।

गैर–ग्रामदान दोनों ही गाँवों में इन कथनों के सापेक्ष दिए गए मतों में अंतर लगभग नगण्य है। इसके बावजूद दोनों प्रकार के गाँवों में जन्मजात स्थिति के मामले में नकारात्मक मत मिले और उपलब्धि संबंधी स्थिति के संबंध में सकारत्मक मत मिले जबकि जन्मजात–उपलब्धि संबंधी स्थिति के प्रति लगभग तटस्थ मत मिले। जन्मजात स्थिति की अस्वीकृति परंपरागत व्यक्तिवादी मूल्यों के प्रति वफादारी और उपलब्धि संबंधी स्थिति की आंशिक स्वीकृति आधुनिक मूल्यों के प्रभाव को प्रदर्शित करती है। दूसरे विकल्प के प्रति स्वीकृति समकालीन भारत की परंपरागत परिस्थितियों से उत्पन्न तनावों के प्रति तटस्थ दृष्टिकोण को दर्शाती है। फिर भी ग्रामदान और गैर–ग्रामदान गाँवों में उपलब्धि संबंधी के लिए धनात्मक अंक प्राप्त हुए जबकि जन्मजात स्थिति को ऋणात्मक अंक प्राप्त हुए। यह व्यक्तिवादी दृष्टिकोण से समूहवादी दृष्टिकोण की ओर परिवर्तन को रेखांकित करता है।

समाज द्वारा अपने सदस्यों को किसी विशेष कार्य को करने के लिए प्रेरित करने के लिए उन्हें अपेक्षित उपहार दिए जाते हैं। सर्वोदय की सामाजिक व्यवस्था में एकसमान पारिश्रमिक देने की कल्पना की गई थी। गाँधीजी मानते थे कि सभी व्यक्तियों को उनके काम की प्रकृति या प्रकार बिना दृष्टिगत किए हुए एकसमान मेहनताना दिया जाना चाहिए।[20] विनोबा के अनुसार सभी कार्यों का आर्थिक, सामाजिक और अध्यात्मिक दृष्टि से एक ही मूल्य होता है और इसलिए वे परिश्रमिक में समानता को साम्य योग की स्थापना के द्वारा संस्थागत बनाने की अपेक्षा करते हैं।[21] यहाँ यह समझना आवश्यक है कि जनता ने इस सिद्धांत को किस हद तक स्वीकार किया।

ग्रामदान और गैर–ग्रामदान दोनों ही गाँवों में 'एकसमान मेहनताना' के विकल्प को ऋणात्मक मत मिले जबकि 'अवसर की समानता' को

सर्वाधिक धनात्मक मत प्राप्त हुए। यहाँ नियंत्रित गाँवों में एकसमान मेहनताना के विकल्प को बड़ी तीव्रता के साथ अस्वीकार कर दिया गया जबकि लगभग इसी तीव्रता के साथ अवसर की समानता को स्वीकार किया गया। यह उल्लेखनीय है कि लोगों के मत सर्वोदय के बदले समाजवादी समाज के सिद्धांतों से ज्यादा प्रभावित हैं।

यहाँ अतीत में असमानता को समाप्त करने के प्रयासों का उल्लेख किया जाना चाहिये। यह पहले ही स्पष्ट किया जा चुका है कि स्तरीकरण एक क्रियात्मक आवश्यकता है।[22] और समाज द्वारा इसके सदस्यों को आकर्षक पदों को धारण करने के लिए प्रेरणा भी आवश्यक है। स्तरीकरण में परिवर्तन को संस्थागत बनाने के लिए इसकी निरंतरता जरूरी है। छोटे समुदायों में भी बिना किसी स्तर के सामाजिक परिवर्तन के प्रयास व्यवहारिक रूप से यूरोपियन (काल्पनिक) ही होते हैं।[23] इस तथ्य को दृष्टिगत करने पर हमें ज्ञात होता है कि सर्वोदय द्वारा एक ऐसे समाज की स्थापना का प्रयास, जिसमें सभी कार्यों के लिए एकसमान पारिश्रमिक हो, एक भूत शिकार के जैसा मालूम पड़ता है। जब तक किसी दक्ष व्यक्ति को उसकी दक्षता की प्राप्ति और उसके उपयोग के लिए यथोचित उपहार नहीं दिया जा सकता, तब तक किसी भी समाज में उस व्यक्ति को उसके कार्यों को सावधानीपूर्वक और पूरी जिम्मेदारी के साथ करने के लिए प्रेरित नहीं किया जा सकता। इस सिद्धांत के अपर्याप्त क्रियान्वयन या इसकी अनदेखी करना, सर्वोदय योजना के चिंतन का गंभीर दोष है।

गाँधी जी अपनी अवधारणा के अनुसार निर्मित समाज का आधार अपरिग्रह को मानते थे।[24] वे चाहते थे कि भूमि और दूसरी संपत्तियों पर उसी का अधिकार हो इस पर काम करता हो और जीवन के लिए सभी आवश्यक संसाधन हवा और पानी की तरह सबके लिए उपलब्ध होने चाहिये।[25] विनोबा संपत्ति के व्यक्तिगत स्वामित्व के

बदले सामूहिक स्वामित्व चाहते थे क्योंकि संपत्ति के व्यक्तिगत स्वामित्व के कारण व्यक्तिगत स्वार्थों का संघर्ष शुरू हो जाता है। व्यक्तिगत संपत्ति में वे एक वैकल्पिक मूलोन्मुखता चाहते हैं।[26] नारायण मुख्य रूप से संपत्ति का सामुदायिकरण इसलिये चाहते हैं कि यह समाज में विवादों की जड़ है।[27] हमारे विवरण का वर्तमान उद्देश्य सिर्फ इस तथ्य को प्रकाशित करना है कि सर्वोदयवादियों ने एक ऐसे समाज की स्थापना का प्रयास किया जिसमें भूमि और संपत्ति का सामुदायिकरण सर्वप्रमुख था। इसके पीछे यह अवधारणा थी कि संपत्ति का स्वामित्व एक संस्कृति और समाज में प्रचलित रिवाजों द्वारा नियंत्रित होता है और इसलिए अपेक्षित मूल्यों और संस्थागत ढ़ांचे की स्थापना के द्वारा संपत्ति के सामूदायिकरण के प्रति मूल्योन्मुखता को विकसित किया जा सकता है।[28] यहाँ यह जानना आवश्यक है कि जनता इस अवधारणा को स्वीकार करती है या नहीं।

संपत्ति के स्वामित्व के संबंध में लोगों की अवधारणा को समझाने के लिए हमने चार वैकल्पिक कथनों को तैयार किया, जो इस प्रकार हैः

1. धर्नार्जन की इच्छा मानव में स्वाभाविक होती है और यह परिवर्तित नहीं हो सकती है।
2. धनार्जन की इच्छा मनुष्य में आंशिक रूप से स्वाभाविक और आंशिक रूप से संस्कृति द्वारा होती है।
3. धनार्जन की इच्छा पूर्णतः संस्कृति द्वारा निर्देशित होती है।
4. समूची भूमि का उपयोग हवा और पानी के समान होना चाहिये। पहले तीन कथन व्यक्तिगत–सामुदायिक संदर्भ में, संपत्ति के संबंध में व्यक्ति के चिंतन को दर्शाते हैं। अंतिम कथन में भूमि को एक विशेष प्रकार की संपत्ति मानते हुए इसके सामूदायिकरण के प्रति व्यक्ति के विचारों को जानने की इच्छा झलकती है।

इस प्रकार के चिंतन से संपत्ति के सामूहिक स्वामित्व की संभावना काफी सीमित हो जाती है क्योंकि लोगों के अनुसार धनार्जन की इच्छा स्वाभाविक है और यह बड़ी मुश्किल से ही बदल सकती है। सर्वोदय द्वारा कल्पित संपत्ति के सामूहिक स्वामित्व की बात तभी चरितार्थ होगी, जब लोगों को यह विश्वास हो जाए कि संपत्ति संचय की भावना वर्तमान में प्रचलित मूल्यों और सिद्धांतों द्वारा निर्देशित होती है।

ग्रामदान गाँवों में भूमि पर सामूहिक स्वामित्व की स्थापना के प्रारंभिक चरण में लोगों की प्रवृत्ति नकारात्मक ही रही। फिर भी ग्रामदान गाँवों में लोगों का इस विषय पर मत थोड़ा अधिक साकारात्मक है इस मुद्दे पर दोनों प्रकार के गाँवों के बीच अंतर लगभग नगण्य है। इसके बावजूद अध्याय में प्रस्तुत साक्ष्यों से स्पष्ट होता है कि ग्रामदान गाँवों में भूमि पर वास्तविक रूप से सामूहिक स्वामित्व न होकर व्यक्तिगत स्वामित्व था। फिर भी इस संदर्भ में परिवर्तन के प्रति लोगों का झुकाव बढ़ा और अंततः यह ग्रामदान गाँवों के लोगों के व्यवहार में देखने को मिला।

अस्तेय पर आधारित अर्थव्यवस्था की स्थापना सिर्फ स्वदेशी वस्तुओं के उपभोग, इच्छाओं पर स्वैच्छिक नियंत्रण, गाँवों की आत्मनिर्भरता, अनिवार्य ब्रेंड, लेवर आदि के द्वारा ही संभव है। अब हम देखेंगे कि इन मूल्यों को जनता द्वारा किस हद तक स्वीकृति मिली।

विभिन्न सिद्धांतों में इच्छाओं का स्वैच्छिक नियंत्रण आधारभूत सिद्धांत है। सर्वोदय की अर्थव्यवस्था चुनिंदा और सीमित औद्योगिकरण के द्वारा लघु स्तर पर उत्पादन को बढ़ावा देती है। इस व्यवस्था में उत्पादन काफी सीमित होगा और इसलिए जब तक जनता की अपेक्षाओं को एक निश्चित स्तर तक नियंत्रित नहीं किया जायेगा, इससे घोर असंतोष पैदा होगा। गाँधी के अनुसार भौतिक सुविधायें

किसी प्रकार भी नैतिक विकास में सहायक नहीं होती और भौतिक विकास के द्वारा मानव को खुश नहीं रखा जा सकता।[29] नारायण एक निर्दिष्ट सीमा तक भौतिक इच्छाओं की पूर्ति की आवश्यकता को स्वीकार करते हैं, परंतु फिर वे कहते हैं कि इससे मानसिक शांति की आकांक्षा निरंतर बनी रहती है जिससे व्यक्ति और समूह इसकी पूर्ति हेतु हमेशा प्रयत्नशील रहते हैं।[30] निष्कर्षतः सर्वोदयवादियों द्वारा इच्छाओं के स्वैच्छिक नियंत्रण पर जोर देने के बावजूद ग्रामदान गाँवों में गैर–ग्रामदान गाँवों की तुलना में इस मूल्य की स्वीकृति का प्राबल्य 20 प्रतिशत कम रहा।

हम पहले ही यह दिखा चुके हैं कि ग्रामदान गाँवों में चलाये जा रहे विकास कार्यक्रमों के तहत अधिकाधिक लाभ प्राप्त करने के लिए घोर प्रतियोगिता शुरू हो चुकी थी। (अध्याय-IV)। नियंत्रित गाँवों की अपेक्षा ग्रामदान गाँवों में काफी अधिक विकास कार्यक्रम चलाये गये। इसके बावजूद विकास संबंधी इन योजनाओं से वास्तविक रूप में बहुत कम विकास हो सका और यहाँ के लोगों ने विकास के लिए कई दूसरी योजनाओं का प्रस्ताव रखा। इससे यह पता चलता है कि इनकी अपेक्षाओं का स्तर बढ़ गया। परिणामतः इच्छाओं के स्वेच्छिक नियंत्रण का सिद्धांत उनके लिए ज्यादा प्रभावशाली नहीं रह गया। दूसरी इससे यह बात भी स्पष्ट होती है कि यदि लोगों को एक बार लाभ प्राप्त करने का अवसर दिया जाए तो वे और अधिक लाभ या सुविधा की अपेक्षा करने लगते हैं, चाहे यह आंदोलन की विचारधारा के विपरीत ही क्यों न हो। इस प्रकार हम कह सकते हैं कि सर्वोदय विचारधारा ने मानवीय जीवन के कुछ पहलूओं को एक सीमित स्तर तक ही प्रभावित किया।

सर्वोदय की अर्थव्यवस्था गाँवों पर आधारित है। गाँधी द्वारा कल्पित राम राज्य में शांति, खुशहाली, आत्मनिर्भरता ग्रामीण समुदाय,

अपनी आवश्यकता के अनुरूप उत्पादन और बाह्य समाज की प्रगति को सिर्फ द्वितीयक आवश्यकताओं की आपूर्ति के लिए दृष्टिगत करने की कल्पना की गई है।[31] विनोबा इससे और आगे बढ़कर यह कहते हैं कि गाँवों को अन्य क्षेत्रों के साथ–साथ आत्मरक्षा के लिए भी आत्मनिर्भर होना चाहिए।[32] सारणी–30 के अनुसार ग्रामीणों ने सामान्यतः ग्रामीण आत्मनिर्भरता के मूल्य को स्वीकार किया। यह उल्लेखनीय है कि ग्रामदान गाँवों में गैर–ग्रामदान की अपेक्षा ग्रामीण आत्मनिर्भरता के मूल्य की स्वीकृति का प्राबल्य अत्यधिक है (32 प्रतिशत अधिक)। यद्यपि भारतीय कभी भी आत्मनिर्भर नहीं रहे। तथापि ग्रामीणों ने इस मूल्य को स्वाभिमान के साथ स्वीकार किया कि उनका गाँव कई क्षेत्रों में आत्मनिर्भर होगा। इस लय की स्वीकृति के कारण सर्वोदयवादियों को ग्रामदान गाँवों के विकास में काफी सहायता मिली। (फिर भी ग्रामीण आत्मनिर्भरता के मूल्य को स्वीकार करने के बावजूद लोगों को विदेशों के अच्छे उत्पाद लेने में भी कोई संकोच नहीं है। हमारे शोध के दौरान लोगों ने हमें यह बात बतायी)।

गाँधी[33] द्वारा प्रस्तावित एक अन्य सुझाव यह था कि अनिवार्य ब्रेंड लेबर को अपनाकर साधनसंपन्न लोगों के द्वारा साधनहीन लोगों के शोषण को रोका जा सकता है। वे यह नहीं चाहते थे कि प्रत्येक व्यक्ति मनमाने ढ़ंग से धनार्जन करें, परंतु उन्होंने इस बात पर जोर दिया कि सभी को कुछ न कुछ शारीरिक श्रम करना चाहिए। उन्होंने ब्रेड लेबर को नागरिकता प्राप्त करने की योग्यता का सुझाव दिया। गाँधी द्वारा प्रस्तावित अनिवार्य ब्रेड लेबर के उद्देश्यों में जाति व्यवस्था जैसी बुराई को भी समाप्त करना था। इस संबंध में वे यहाँ तक कह देते हैं कि ब्रेड लेबर के नियम के अनुपालन से सामाजिक ढ़ांचे में एक मौन क्रांति आयेगी।[34]

अब यह स्पष्ट है कि यदि एक प्रचलित मूल्य को नए रूप प्रस्तुत में किया जाए तो समाज में इसे आसानी से स्वीकार कर लिया जाता है अतः यह कहा जा सकता है कि समाज में किसी मूल्य को दो ढ़ंग से पेश किया जा सकता हैः पहला यह कि नए मूल्यों को परंपरागत ढ़ंग से पेश किया जाए और दूसरा यह कि पुराने मूल्यों को नए सिद्धांतों में समाहित करके प्रस्तुत किया जाए। फिर कुछ मामलों में ये दोनों विधियाँ अप्रभावी होती हैं।

सर्वोदय की अर्थव्यवस्था गाँवों पर आधृत है और यह लघु उद्योगों को बढ़ावा देती है जबकि यह बड़े पैमाने पर औद्योगिकरण के खिलाफ है। एक ओर गाँधी ने जहाँ मशीनों के प्रयोग का विरोध नहीं किया, और उन्होंने जोर देकर कहा कि इसका उपयोग शोषण के लिए नहीं होना चाहिए। उनके अनुसार अहिंसा औद्योगिकरण परस्पर विरोधी है और फिर वे कहते हैं कि बड़े पैमाने पर उत्पादन से श्रमिकों का शोषण होता है जबकि गाँव के लघु उद्योगों में शोषण होता है जबकि गाँव के लघु उद्योगों में शोषण की बहुत ही कम संभावना होती है।[35] दूसरी ओर उन्होंने यह कहा, "मेरे मतानुसार औद्योगिकरण में बुरे लोगों के किसी स्तर की स्थापना द्वारा उनका खात्मा नहीं हो सकता।"[36] और वे आगे उल्लेख करते हैं, "....... यह या तो मुट्ठी भर लोगों को थोड़ी सी पूँजी निवेश करने के बदले भारी मुनाफा दिलाती है या फिर अनेकों मजदूरों की मेहनत को अकारण ही कहीं और प्रतिस्थापित कर देती है।"[37] इस अस्पष्टता के कारण सर्वोदय की अर्थव्यवस्था में मशीनों के प्रयोग के स्तर और इसके योगदान की कोई निर्दिष्ट सीमा तय पाना मुश्किल हो जाता है। सर्वोदयवादियों ने घोर औद्योगिकरण का विरोध किया परंतु जब उन्हें यह महसूस हुआ कुछ ऐसे आवश्यक उत्पाद भी हैं जिनका उत्पादन लघु उद्योगों में नहीं किया जा सकता, तो वे किंकर्तव्यविमूढ़ हो गए। इसी प्रकार भारी उद्योगों को पारिभाषित

करना और भारी उद्योगों तथा लघु उद्योगों के मध्य एक सीमारेखा खींचना काफी मुश्किल काम है। अतः इस स्थिति में सर्वोदयवादियों को लगा कि सीमित और चुनिंदा उद्योगों के विकल्प को स्वीकार किया जाए।

औद्योगिकरण के संबंध में दिए गए मतों में ग्रामदान और गैर–ग्रामदान दोनों प्रकार के गाँवों में काफी समानता है। (देखें–सारणी – 31) मशीनों प्रयोग और मशीनों के अप्रयोग के संबंध में लोगों की मूल्योनमुखता को जानने के लिए तीन वैकल्पिक कथन तैयार किए गए। ये कथन हैं:

1. तीव्र और घोर औद्योगिकरण देश के विकास के लिए अपरिहार्य है।
2. मशीन आवश्यक है परंतु इसका प्रयोग चुनिंदा क्षेत्रों में होना चाहिए तथा हथकरघा उद्योग को भी संरक्षण दिया जाना चाहिए।
3. मशीन मानव को महत्त्वहीन बना देती है और यह शोषण का यंत्र है तथा यह अनपेक्षित है।

इन कथनों में से तीसरे को अस्वीकृत कर दिया गया और भारी औद्योगिकरण के पक्ष में साकारात्मक दृष्टिकोण देखने को मिले। फिर भी सीमित औद्योगिकरण को सर्वाधिक इच्छित विकल्प माना गया जो भारत सरकार द्वारा अपनाई गई नीतियों के पक्ष में है। यद्यपि कुछ संदर्भों में जनमत सर्वोदय के विचारों के अनुरूप है तो लघु उद्योगों[38] पर जोर देने के अनुवर्ती विकल्प पर लोगों के मत सकारात्मक की बजाय नकारात्मक है।

सर्वोदय में अहिंसक ढ़ंग से एक अहिंसक सामाजिक व्यवस्था की स्थापना की बात की जाती है। गाँधीजी ने भारत की स्वतंत्रता के लिए

संघर्ष करते समय भी माध्यम की विशुद्धता और भारतीय समाज के पुनर्निर्माण पर बल दिया था। गाँधी द्वारा प्रस्तावित ट्रस्टशिप की नीति अहिंसक माध्यमों के जोरदार समर्थन का ही पर्याय है।

इस संदर्भ में चार मूल्याश्रित कथनों पर लोगों के विचार दर्ज किए गए। इनमें दो सिद्धांत के रूप में हैं और शेष दो परिस्थिति विशेष में विकल्प उपलब्ध कराते हैं।

ये कथन हैः

1. लक्ष्य और माध्यम एक समान रूप से अच्छे होने चाहिए।
2. भूख से तड़पकर मरते रहने पर भी किसी व्यक्ति को चोरी नहीं करनी चाहिए।
3. भूख से मरते हुए व्यक्ति के लिए चोरी क्षम्य है यदि उसके पास इसके अलावा कोई उपाय नहीं हो। सारणी–32 के आँकड़ों के अनुसार 'लक्ष्य माध्यम को निर्देशित करते हैं, कथन को सर्वाधिक नकारात्मक और क्षय तथा माध्यम पर समान बल देने के सिद्धांत को सर्वाधिक सकारात्मक मत मिले।

इस संदर्भ में इन सभी समानताओं के बाद भी ग्रामदान और गैर–ग्रामदान गाँवों के बीच कुछ महत्त्वपूर्ण अंतर भी है। ग्रामदान गाँवों में लक्ष्य और माध्यम की विशुद्धता के विकल्प को 40 प्रतिशत अधिक अंक प्राप्त हुए जबकि 'माध्यम लक्ष्य द्वारा निर्देशित होता है' सिद्धांत को 3.5 प्रतिशत कम अंक मिले। परंतु इसका कोई प्रमाण नहीं कि वैचारिक स्तर पर परिलक्षित होने वाले इस सकारात्मक मत के द्वारा व्यवहारिक धरातल पर भी इसके सापेक्ष परिवर्तन हुए। मूल्योन्मुखता के स्तर (वैचारिक स्तर) पर भी मत नकारात्मक दिखे, जब हमने कुछ सिद्धांतों जैसे ट्रस्टशिप के सिद्धांत के स्वीकृति की जाँच की।

गाँधी के ट्रस्टशिप के विचार के दो आधार हैं: राज्य के प्रति विश्वास। राज्य के पास शक्ति के केंद्रीय से गाँधी भयभीत थे और उनका मानना था। ''...... निजी स्वामित्व की अस्वीकृति राज्य के स्वामित्व की अस्वीकृति से कम घातक है।''[40] यद्यपि निजी स्वामित्व भी अहिंसा के सिद्धांत के प्रतिकूल है परंतु इसे मानवीय कमजोरी माना जा सकता है और मनमाने स्वामित्व की समाप्ति के लिए ट्रस्टशिप का सिद्धांत प्रस्तावित किया गया जिसमें ट्रस्टी से विश्वास के साथ अपेक्षा की जाती है कि वे सामुदायिक कल्याण के लिए कार्य करेंगे।[41] इस प्रकार सर्वोदय के सामाजिक ढ़ांचे की स्थापना के लिए ट्रस्टशिप की नीति एक पूर्वाकांक्षित शर्त है।

ट्रस्टशिप के सिद्धांत की जनता द्वारा स्वीकृति या अस्वीकृति को जानने के लिए निम्नांकित मूल्योन्मुख कथन तैयार किए गए।

1. मानव को अपनी संपत्ति का उपयोग कर सिर्फ एक मानक जीवन जीने का हक है। चाहे यह संपत्ति उसने खुद अर्जित की हो या फिर यह उसकी पुश्तैनी हो परंतु आवश्यकता से अधिक संपत्ति पर समाज का अधिकार होता है और निश्चितरूपेण इसका उपयोग समाज के कल्याण के लिए होना चाहिए।
2. मानव अपनी संपत्ति का वास्तविक मालिक नहीं होता हैं इस पर समाज के ट्रस्टी का अधिकार होता है। सारणी : 32 में इन कथनों के प्रति दिए गए मतों को प्रस्तुत किया गया है। ग्रामदान और गैर–ग्रामदान दोनों ही गाँवों में ट्रस्टशिप के सिद्धांत को अस्वीकृत कर दिया गया और ग्रामदान गाँवों में इसकी अस्वीकृति का परिणाम 14 प्रतिशत से कम है। फिर भी इससे पहले वर्णित 'माध्यम की शुद्धता' के सिद्धांत की जोरदार स्वीकृति के बावजूद इस मूल्य को वैचारिक स्तर पर

भी अस्वीकृत कर दिया गया जबकि यह कथन उसी सिद्धांत का एक अनुप्रयोग है। अतः इसे सर्वोदय के मूल्यों की स्वीकृति की सीमित संभावनाओं के संकेतक के रूप में देखा जा सकता है।

मानवीय स्वभाव की प्रकृति मानवीय समाज के पुनर्निर्माण में एक मौलिक समस्या होती है और समाज में होने वाले सभी ढ़ांचागत परिवर्तन मानवीय स्वभाव के पुनर्गठन के कारण या मानवीय स्वभाव की एक ठोस अवधारणा सर्वोदय योजना में सन्निहित है जो सामाजिक पुनर्निर्माण से संबंधित है।

उदाहरण के लिए ट्रस्टशिप की नीति इस अवधारणा पर आधारित है कि मानवीय स्वभाव निश्चितरूपेण ही अच्छा होता है। गाँधी मानवीय स्वभाव के अनिवार्य मतैक्य में विश्वास रखते हुए यह मानते हैं कि मानवीय विनम्रता और प्रेम की उत्पत्ति के लिए यह जिम्मेवार है।[42] विनोबा यह मानते हैं कि मानवीय संपूर्णता की अनंत संभावनायें होती हैं क्योंकि मानव में वे सभी दैविक गुण मौजूद होते हैं जो बुराई पर अच्छाई के विजय में सहायक होते हैं।[43] नारायण भी लिखते हैं, ''................ मनुष्य अनिवार्य रूप से अच्छा होता है, बुरा नहीं।''[44]

लोगों द्वारा इस अवधारणा की स्वीकृति के स्तर को जानने के लिए तीन वैकल्पिक कथन प्रस्तुत किए गए। ये कथन इस प्रकार हैं:

1. मानव स्वभाव से ही असभ्य और क्रूर होता है।
2. अच्छे आदमी में भगवान सक्रिय होता है और बुरे आदमी में यह निष्क्रिय होता है। भगवान सभी व्यक्तियों में निवास करता है और इस प्रकार मानव भगवान होता है।
3. मानव पवित्र और असभ्य दोनों होता है। वह अच्छा और बुरा दोनों होता है। सारणी–33 से यह स्पष्ट होता है कि ग्रामदान और गैर–ग्रामदान गाँवों में मानव के स्वभाव संबंधी अवधारणा

तर्क कि मानव स्थायी रूप से बुरा होता है, को अस्वीकृत कर दिया गया जबकि सर्वोदय के इस विचार कि मानव का स्वभाव अनिवार्यतः अच्छा होता है, को मामूली स्वीकृति मिली। लोगों इस विचार को प्रमुखता से स्वीकार किया कि मानव अच्छा और बुरा दोनों होता है। इसका अर्थ यह हुआ कि मानव का स्वभाव परिवर्तनशील होता है और यह सामाजिक परिस्थितियों द्वारा निर्देशित होता है। यह तथ्य इस समाज शास्त्रीय अवधारणा को संपुष्ट करता है जिसके तहत मानवीय स्वभाव में निर्दिष्ट परिवर्तन की अपार संभावनायें होती हैं।

समग्र मूल्यांकन (निष्कर्ष)

हमारे द्वारा किए गए मूल्योन्मुखी परीक्षण में स्पष्ट होता है कि ग्रामदान और गैर–ग्रामदान गाँवों में व्याप्त परिस्थितियाँ बहुत हद तक समरूप हैं। फिर भी ग्रामदान गाँवों की मूल्योन्मुखता में कुछ अंतर है। परंतु यह अंतर सर्वोदयवासियों द्वारा इच्छित और अपेक्षित परिमाण में नहीं है। यह सर्वोदय के प्रति लोगों की सैद्धांतिक अनिच्छा को प्रकट करती है। यह काफी संभाव्य है कि यदि किसी निर्दिष्ट दिशा में परिवर्तन का प्रयास किया जाए तो व्यवस्था में परिवर्तन किसी दूसरी दिशा में भी हो सकता है। चूँकि ये परिवर्तन इच्छित दिशा में नहीं हुए, अतः हम इन्हें परोक्ष परिवर्तन (Latent functional change) का नाम देते हैं।[45] सर्वोदय आंदोलन समाज में उत्पत्ति या गुण संबंधी परिवर्तनों (वर्ण व्यवस्था) को चाहता है परंतु ग्रामदान गाँवों में परिवर्तन उपलब्धि संबंधी मानदंडों में हुए। इसी प्रकार जहाँ सर्वोदय की विचारधारा एक ऐसी मितव्ययी अर्थव्यवस्था के निर्माण के लिए मूल्योन्मुख है जिसमें लोगों की अपेक्षाएँ सीमित हों, परंतु ग्रामदान गाँवों में इसकी स्वीकृति के कोई संकेत नहीं मिलते। समग्र रूप ऐसा प्रतीत होता है कि

सर्वोदय समाज के मूल्यों की अपेक्षा लोकतांत्रिक–समाजवादी समाज के मूल्य ज्यादा स्वीकार्य हैं। समाज में होने वाले परोक्ष परिवर्तन सर्वोदय की दृष्टि से प्रत्यक्ष हैं क्योंकि सर्वोदय द्वारा कल्पित परिवर्तनों को भारतीय समाज में आज भी देखा जा सकता है।

नोट्स

1. तालकॉट, द सोशल सिस्टम, इलिनॉस, द फ्री प्रेस ऑफ ग्लेंको, 1951, पेज 51–52।
2. छूआछूत पर गाँधी के दृष्टिकोण को जानने के लिए देखें, डी.जी. तेंदुलकर, महात्मा–लाइफ ऑफ मोहनदास कर्मचंद गाँधी, बंबई, 1952, विशेष वॉल्यूम-III, पेज– 222–240, 363–364 और वॉल्यूम-IV पेज–121–122।
3. गाँधी वर्ण–व्यवस्था के जोरदार पक्षधर थे। उन्होंने लिखा था, "यह (वर्णाश्रम) एक सनातन नियम है। श्रेष्ठता या नीचता से इसका कोई लेना–देना नहीं है। .... मेरा मन मुझे वैसे किसी व्यक्ति के साथ भोजन करने की अनुमति देता है। जो मुझे स्वच्छ भोजन देता है, चाहे वह हिंदु, मुस्लिम, इसाई, पारसी या कोई और हो। वर्णाश्रम में मैं किसी पराई लड़की को अपनी बेटी की तरह आश्रय देता हूँ। अपने वर्णाश्रम में मैं पंचमों के उन परिवारों के साथ रहता हूँ, जिनके साथ मैं अपूर्व आनंद के साथ भोजन करता हूँ। जी.डी. तेंदुलकर, ओ.पी. सी.आई.टी. वॉल्यूम-II, 1951, पेज– 374–75।
4. उदाहरण के लिए देखें, टी.के.एन. यूनिथान, गाँधी एंड फ्री इंडिया, बंबई, वोरा एंड कंपनी 1956, पेज– 235–39।
5. देखें जी.एस.घूरे, कास्ट, क्लास एंड अक्यूपेशन बंबई, पोपुलर बुक डिपो, 1961, पेज–231।
6. भारतीय संविधान के अनुच्छेद 15 के अनुसार, "राज्य सिर्फ धर्म, नस्ल, जाति, लिंग, जन्मस्थान या इनमें से किसी के भी आधार पर किसी नागरिक के साथ भेदभाव नहीं बरतेगा। इसके साथ ही इन सभी में से किसी भी आधार पर किसी व्यक्ति को दुकानों में प्रवेश, सार्वजनिक रेस्तरांओं में प्रवेश करने या कुँओं, तालाबों, स्नान घाटों, सड़कों और उन सभी सार्वजनिक जगहों पर जाने से, जो अंशत या पूर्णतः सरकारी अनुदानों से निर्मित हैं या जिनके सार्वजनिक उपयोग पर प्रतिबंध नहीं है, नहीं रोका जा सकता।" उपरोक्त अनुच्छेद से यह स्पष्ट होता है कि यह छुआछूत की प्रथा को समाप्त करने

का एक प्रयास है। इसके बाद फिर अनुच्छेद 17 में छूआछूत के उन्मूलन की बात कही गई है जिसमें किसी भी आधार पर भेदभाव को दंडनीय अपराध माना गया है। 1955 में अस्पृश्यता निरोधक कानून लाया गया और एक अर्थ में संविधान के अनुच्छेद–15 का विस्तृत रूप है जिसमें पुरातन व्यवस्था के अनुसार अछूतों को मंदिरों, कुँओं, दुकानों, स्कूलों जलपान गृहों, थियेटरों आदि में प्रवेश से रोकने पर कठोर दंड का प्रावधान है। यह भी उल्लेखनीय है कि अनुच्छेद–15 राज्य को अछूतों के उत्थान के लिए विशेष प्रावधानों को लाने की अनुमति देता है।

7. इंडियन कांफ्रेंस ऑफ सोशल वर्क ने 1955 में जातिवाद और छूआछूत के उन्मूलन पर एक सेमिनार आयोजित कराया था। जिसमें पेशेवर सामाजिक कार्यकर्ताओं, समाजशास्त्रियों, समाज सुधारकों, राजनीतिज्ञों और नौकरशाहों ने भाग लिया।

8. भारत में रक्त शुद्धता पर आधारित एक ऐसी विचित्र सांस्कृतिक पद्धति को हिंदु जजमानी व्यवस्था के द्वारा आरोपित किया गया जिसमें विचारों और वस्तुओं का आदान–प्रदान बिना किसी रक्त अशुद्धता के होता था। इस पद्धति का मुख्य उद्देश्य जातिगत स्तर आधार पर कुछ विशेष आर्थिक और सांस्कारिक सेवाओं का विस्तार करना था। विस्तृत और सुग्राह्य विवरण के लिए देखें, विलियम वाइजर, हिंदु जजमानी सिस्टम, लखनऊ, लखनऊ पब्लिशिंग हाउस, 1938।

9. एल्विन जॉन्डर (Zander), ''रजिस्टेंस ऑफ चेंज'', वारेन जी0 वेनीस इटोल, (इडी.), द प्लानिंग ऑफ चेंज में, न्यूयॉर्क, हॉल्ट (Holt), राइनहार्ट एंड विन्सटन, 1961, पेज–543।

10. भूदानपुरा जो कि एक नई बसायी गई बस्ती है, में निम्न जातियों को सार्वजनिक कुऍं से पानी खींचने की अनुमति देना बहुत हद तक तत्कालीन परिस्थितियों की व्यवहारिक मांग थी। जब यह बस्ती बसायी गई थी, तब गॉव में एकमात्र चमार परिवार था। अतः गाँव में एक ही कुँआं होने के कारण इस चमार को पानी लेने की अनुमति दी गई क्योंकि एक परिवार के लिए अलग कुएँ का निर्माण आर्थिक दृष्टि से काफी खर्चीला और मुश्किल था। एक बार जब इसकी शुरूआत हो गई तो यह दिनचर्या का एक अंग बन गया परंतु कुछ समय बाद ही इस चमार परिवार के प्रमुख की मृत्यु के बाद परिवार के बाकी के बाकी सदस्य गाँव छोड़कर चले गये।

11. इदानपुरा और सुकपुरा (हमारे द्वारा चुने गए दो हिंदुजातीय गाँव) दोनों ही गाँवों में 1960 में प्राथमिक विद्यालयों की स्थापना की गई। 1963–64 में 6–11 वर्ष की आयुवर्ग के सिर्फ 55 प्रतिशत बच्चे इदानपुरा में और 40

प्रतिशत बच्चे सुकपुरा में प्राथमिक स्कूल जाते थे। 1963–64 में दोनों गाँवों के प्राथमिक स्कूलों में एक भी अछूत जाति का छात्र पढ़ने नहीं जाता है।

12. कोहेन ने अपनी रिपोर्ट में दिखाया है कि किस प्रकार चमारों (एक अछूत जाति) ने अपनी भूस्वामित्व संबंधी सापेक्षिक आर्थिक स्वतंत्रता के कारण ठाकुरों (जमींदारों) को सफलतापूर्वक चुनौती दी। देखें वर्नाड एस0 कोहेन, "विलेज इंडिया में एशिया पब्लिशिंग हाउस, बंबई, 1961 पेज–54–69। गैंगराड ने अपनी रिपोर्ट में दिखाया है कि किस प्रकार सरकारी संस्थाओं ने तत्कालीन सामाजिक ढ़ांचे (जजमानी) में अनुसूचित जातियों के लिए आर्थिक सुधार किया। देखें के.डी. गैंगराड बिल्डिंग अ विलेज कम्युनिटी थ्रू इकोनामिक एड, इंडियन जरनल ऑफ सोशल वर्क, वाल्यूम-XXVI, नं. 4, बंबई, जनवरी, 1966, पेज–417–28।
13. देखें एच. एन. सी. स्टवेंसन, "स्टेटस इवैल्यूएशन इन हिंदु कास्ट सिस्टम', द जरनल ऑफ रॉयल एंथ्रोपोलॉजिकल इंस्टीट्यूट ऑफ ग्रेट ब्रिटेन एंड आयरलैंड, जनवरी–दिसंबर, 1954, पेज – 45–55।
14. एल्वि डब्लू गोल्डनर (Gooldner), थ्योरिटिकल रिक्वायरमेंट्स ऑफ अप्लायड सोशल साइंस" वारेन जी. बेनीस इटी ए एल. (इडी.) ओ.पी.सी. आई.टी. पेज–90।
15. 1961 की जनगणना के अनुसार देश में अनुसूचित जातियां 64,511,315 थी जो देश की कुल जनसंख्या का 14.7 प्रतिशत थी जबकि राजस्थान में इनकी जनसंख्या 16.67 प्रतिशत थी। इन जातियों में शिक्षा का स्तर काफी दयनीय है। इनकी जनसंख्या का 90 प्रतिशत अशिक्षित है और सिर्फ 0.27 प्रतिशत ही ऐसे हैं जिन्होंने मैट्रिक या इससे ऊपर की शिक्षा प्राप्त की है। राजस्थान में 16.7 प्रतिशत जनसंख्या होने के बावजूद अनुसूचित जातियों के 4.4 प्रतिशत बच्चों का ही प्राथमिक स्कूलों (पाँचवीं कक्षा तक) में नामांकन हो सका और सिर्फ 1.5 प्रतिशत बच्चों का नामांकन उच्च शिक्षा के लिए हो सका। स्पष्टतः इस कारण उन्हें रोजगार पाने में कठिनाई होगी। केंद्र सरकार के 20 लाख कर्मचारियों में 2.9 लाख अनुसूचित जाति के हैं जो उनकी जनसंख्या के अनुपात में अपेक्षाकृत संतोषप्रद है। परंतु इसमें ज्यादातर कर्मचारी सफाईकर्मी हैं। अनुसूचित जातियों सामाजिक आर्थिक स्थिति के विस्तृत अध्ययन के लिये देखें, अनुसूचित जातियों और जनजातियों के रोजगार पर आयोजित सेमिनार की रिपोर्ट भारत सरकार, योजना आयोग, नई दिल्ली, 1965।
16. देखें गुन्नार मिड्रल (Gunner Mydral) , एन अमेरीकन डीलेमा, न्यूयॉर्क एंड लंदन, हार्पर एंड ब्रदर्स 1944, पेज 75–78।

17. समाजशास्त्रियों ने परिवर्तन की योजना के संदर्भ में ऐसे क्षेत्रों के महत्व को स्वीकार किया है जिनमें आसानी से परिवर्तन लाया जा सकता है। मुखर्जी इन क्षेत्रों को 'साफ्ट स्पॉट' कहते हैं जबकि दूबे इन्हें परिवर्तनोनुकूल (Change-prime) क्षेत्र का नाम देते हैं। देखें रामकृष्ण मुखर्जी, द सोश्योलॉजिस्ट्स एंड इंडिया (प्राइवेट) लिमिटेड 1965 और एस.सी. दूबे, ''द पासीब्लिटिज ऑफ इन्फ्लूएंसिंग चेंज'' नामक पत्र जिसे इंटरनेशनल सेमिनार ऑन इंटर–डिसिप्लिनरी अपूरोच टू सोशल चेंज इन इवेलपिंग कंट्रीज में पेश किय गया था, इंडिया इंटरनेशनल सेंटर, नई दिल्ली, नवंबर 30 से दिसंबर 10, 1964।
18. लाकवुड के मतानुसार, सामाजिक परिवर्तन में समाज के प्रभावशाली संस्थागत ढ़ांचे का रणनैतिक रूप से काफी महत्व होता है। केंद्रीय (कोर) संस्थागत ढ़ांचे अलग–अलग समाजों में अलग–अलग हो सकते हैं। जैसे– नौकरशाही और पैट्रीमोनियल समाज में टैक्सेशन का यंत्र, किसी सर्वाधिकारवादी समाज में दलीय नौकरशाही आदि। देखें, डेविड लॉकवुड, ''स्ट्रक्चरल इंटिग्रेशन'', एक्सप्लोरेशन्स इन सोशल चेंज में; जी.के. जॉलशान एंड डब्लू हिर्श (इडी.) लंदन रूटलेग एंड केगान पाउल 1964, पेज 244–257। हम यह मानते हैं कि सब–सिस्टम स्तर पर भी और इसलिए योजनाबद्ध परिवर्तन में 'कोर आस्पेक्ट' का उतना ही महत्व है।
19. गाँधी ने लिखा था, ''मैं ऐसा मानता हूँ कि प्रत्येक व्यक्ति इस संसार में कुछ स्वाभाविक प्रवृत्तियों के साथ जन्म लेता है। प्रत्येक व्यक्ति कुछ निश्चित बंधनों में जन्म लेता है जिससे वह मुक्त नहीं हो सकता। इन बंधनों या सीमाओं का सावधानीपूर्वक अध्ययन के बाद वर्णारम के नियमों को बनाया गया। घोर प्रतियोगिता के कारण इन नियमों नजरअंदाज किया गया। वर्णाश्रम के नियमों के निर्माण की सीमाओं को निर्धारित करते समय ऊँच–नीच का कोई भेदभाव नहीं बरता गया; एक ओर जहाँ इसमें सभी को उसकी मेहनत का फल प्राप्ति को सुनिश्चित करती है तो वहीं दूसरी ओर किसी व्यक्ति द्वारा दूसरों के शोषण को प्रतिबंधित करती है।.... मेरे मतानुसार एक आदर्श सामाजिक ढ़ांचे का विकास तभी हो सकता है जब सिद्धांत को पूर्णतः समझकर लागू किया जाय।'' देखें, तेंदुलकर, ओ.पी. सीआईटी. वॉल्यूम-IV, 1952, पेज– 15–16।
20. गाँधी ने 1947 में लिखा था, ''....... सभी भंगियों, वकीलों, शिक्षकों, व्यापारियों और दूसरे पेशेवरों को एकसमान पारिश्रमिक दिया जाना चाहिये। प्यारेलाल नायर द्वारा उल्लेखित टूवार्डस न्यू होराइजन्स, अहमदाबाद, नवजीवन पब्लिशिंग हाउस, पेज–85।

21. वे लिखते हैं, ''हमें एक ऐसे समाज का निर्माण करना है जिसमें सभी कामों के लिए एकसमान पारिश्रमिक दिया जाए। प्रत्येक कार्य का अपना अलग महत्व होता है। अतः एक कार्य को दूसरे से अधिक महत्व देना अनुचित है। ऐसा माना जा सकता है कि विभिन्न कार्यों में अलग–अलग जिम्मेदारियों का पालन करना पड़ता है परंतु एक समान पारिश्रमिक तब तक नहीं दिया जा सकता जब तक जिम्मेदारियों का अनुपालन ईमानदारी से न किया जाए। जिम्मेदारी के अनुसार या इसके स्तर के अनुरूप पारिश्रमिक देना गलत है।'' सुरेश रामभाई द्वारा उल्लेखित, विनोबा एंड हिज मिशन, वर्द्धा, अखिल भारतीय सर्व सेवा संघ, 1954, पेज–193। विनोबा शारीरिक और मानसिक श्रम के विभेद को नहीं मानते। ''मानसिक श्रम को शारीरिक श्रम से श्रेष्ठ मानते हुए इसके लिए अधिक पारिश्रमिक देना आधारहीन है।'' आइबीड, पेज–208–9।

22. देखें वाई.बी. दामले, सोशल डिफरेंशियेसन्स एंड डिफरेंशियेशन्स इन इमोल्यूमेंट्स, पूना, डेकन कॉलेज इंस्टीट्यूट फॉर पोस्ट ग्रेजुएट स्टडीज, 1955।

23. उदाहरण के लिए देखें, इवा रोजेनफेल्ड, इंस्टीट्यूट चेंज इन इजरायली कौलेक्टिव्स, कोलंबिया कोलंबिया यूनिवर्सिटी प्रेस, 1952 और मेलफोर्ड ई. स्पाइरो, किबुल्ज–वेंचर इन यूटोपिया, मासच्यूस्ट्स, हारवर्ड यूनिवर्सिटी प्रेस, 1956।

24. उन्होंने यह तर्क प्रस्तुत किया, ''.... अगर हम प्रयास करें (संपत्ति के स्वामित्व को समाप्त करने के लिए) तो पृथ्वी पर किसी दूसरी विधि से अधिक प्रभावशाली ढ़ंग से समानता ला सकते हैं।'' जॉन. वी. बानड्यूरांट, द क्वेस्ट ऑफ व्यलेंस, प्रिंसेस्टन, प्रिंस्टन यूनिवर्सिटी प्रेस, पेज – 154।

25. गाँधी का ऐसा विश्वास था कि संपत्ति के समान वितरण के सिद्धांत का अनुपालन तभी हो सकता है यदि, ''सिर्फ प्राथमिक आवश्यकताओं की पूर्ति के लिए आवश्यक उत्पादन के साधन सामूहिक नियंत्रण में होने चाहिये। ये साधन हवा या पानी की तरह सभी के लिए सर्वसुलभ होने चाहिये। उन्हें शोषण की गाड़ी के समान प्रयोग नहीं करना चाहिये। किसी देश या व्यक्तियों के समूह द्वारा इनके संसाधनों के वितरण में मनमानी अनुचित है।'' आइबीड।

26. विनोबा कहते हैं, ''हमारे पास जो कुछ भी है, वह समाज की सेवा के लिए ना कि संकीर्ण व्यक्तिगत स्वार्थों की पूर्ति के लिए है। अगर हम इस पर गंभीर चिंतन करेंगें तो सामाजिक हितों के लिए इसके उपयोग में व्यवहारिक व्यक्तिगत स्वार्थ आड़े आ जायेंगे।'' सुरेश रामभाई, ओपी0 सीआईटी0 1954,

पेज–208। जहाँ तक भूस्वामित्व का सवाल है तो यह पूर्णतः मुक्त होनी चाहिए। ''भूमि पर न सिर्फ व्यक्तिगत स्वामित्व ही नहीं होना चाहिए बल्कि इसके साथ ही इस पर राष्ट्रीय स्वामित्व भी नहीं होना चाहिए। हम लोग किसी राष्ट्र विशेष के नहीं बल्कि एक संसार के नागरिक हैं। हवा, पानी, प्रकाश और भूमि भगवान द्वारा दिए गए प्रत्यक्ष उपहार हैं और इसलिए इस पर पूरी मानव जाति का अधिकार होना चाहिए। आईबीड पेज–210।

27. नारायण कहते हैं कि भूमि शोषण, विवादों और झगड़ों का स्रोत होती है। अतः, ''ग्रामीण समुदाय की खुशहाली और आत्मनिर्भरता के लिए इस सिद्धांत का वरण आवश्यक है कि भूमि का उपयोग समग्र जनता द्वारा सामुदायिक उत्थान के लिए हो।'' जयप्रकाश नारायण, टूवार्डस अ न्यू सोसाइटी, नई दिल्ली, इंडियन कौंसिल ऑफ कल्चरल फ्रीडम, 1958, पेज 96।

28. यह नारायण के इस कथन से स्पष्ट होता है, ''मानव सामाजिक–यांत्रिक होता है और यह आंशिक रूप से प्रकृति का और आंशिक रूप से समाज का उत्पाद होता है .... व्यक्तिगत और नस्ली शुद्धता पर जोर देने के अलावा मनुष्य के स्वभाव में सामाजिक परिस्थितियों के अनुरूप नैतिकता का पुट मौजूद होता है।'' जयप्रकाश नारायण, अ पिक्चर ऑफ सर्वोदय सोशल आर्डर तंजौर, सर्वोदय प्रचुराजय, 1961, पेज–17।

29. देखें डी.जी. तेंदुलकर, वॉल्यूम–1, ओपी0 सीआईटी. 1951, पेज–130। इच्छाओं के स्वैच्छिक नियंत्रण की आवश्यकता के संबंध में गाँधी के विचार स्पष्ट थे। उन्होंने लिखा था, ''मैं ऐसा मानता हूँ कि इच्छाओं के गुणात्मक प्रसार के द्वारा संसार अपने परम लक्ष्य की ओर एक कदम भी नहीं चल सकता।'' एस. एन. अग्रवाल, गाँधीयन प्लान, इलाहाबाद, पद्मा पब्लिकेशन्स, 1944, पेज–16 से उद्धित। 1945 में उन्होंने पंडित नेहरू को लिखा था, ''प्यारेलाल नायर, ओपी. सीआईटी. पेज–4 से उद्धित। गाँधी व्यवस्थित ढ़ंग से इच्छाओं के गुणात्मक प्रसार को नियंत्रित करने की बात करते हैं। उनके अनुसार, ''... अंतत इच्छाओं, चाहे भौतिक या मानसिक, की पूर्ति के आदर्श से अंततः मानव विलासी हो जाता है।'' तेंदुलकर, ओ.पी. सीआईटी0, 1958, पेज–25।

30. जयप्रकाश नारायण, ओपी. सीआईटी., 1958, पेज–25।

31. ''मेरे ग्राम स्वराज के विचार में एक गाँव पूर्ण स्वतंत्र गणतंत्र होता है और यह अपनी जरूरतों के लिए अपने पड़ोसियों पर एक हद तक निर्भर रहता है।'' प्यारेलाल नायर द्वारा लिखित, ओपी. सीआईटी पेज–40।

32. वे कहते हैं: ''मैं चाहता हूँ कि प्रत्येक गाँव के पास ऐसा विकसित तंत्र हो जो इसके लिए आवश्यक शिक्षा, उद्योग, लघु उद्योग, वितरण, रक्षा, बाजार आदि

संबंधी आवश्यकताओं की समुचित आपूर्ति में सक्षम हो और प्रत्येक गाँव में वस्तुओं के क्रय–विक्रय को निर्देशित करने के लिए एक मंडल होना चाहिये। सुरेश रामभाई, प्रोग्रेस ऑफ अ पिलग्रीमेज, वर्द्धा, अखिल भारत सर्व सेवा संघ, 1956, पेज–11 से उद्धत।

33. ब्रेड लेबर पर गाँधी के विचारों को जानने के लिए देखें, जॉन वी. बोंडूराट, ओ.पी.सीआईटी. पेज–156–170।

34. देखें, प्यारेलाल नायर, ओपी. सीआईटी. पेज–65।

35. देखें, बोंडूरांट, ओपी.सीआईटी. पेज–182।

36. प्यारेलाल नायर, ओपी. सीआईटी. पेज–49 से उद्धत।

37. बोंडूरांट, ओपी.सीआईटी. पेज–157 से उद्धत।

38. नारायण इसे स्पष्ट करते हुए लिखते हैं, ''भूदान लघु उद्योगों को प्रश्रय देने वाली अहिंसक क्रांति है।'' जयप्रकाश नारायण, ओपी.सीआईटी. 1961, पेज–24।

39. गाँधी के अनुसार, ''... माध्यम और लक्ष्य एक–दूसरे के पर्याय है और इसलिये जहाँ माध्यम परिवर्तनशील और विरोधीभासी भी हो तो लक्ष्य भी परिवर्तनशील और विरोधाभासी होगा। अतः हमें हमेशा माध्यम को नियंत्रित करना चाहिये, न कि लक्ष्य को।'' तेंदुलकर, वॉल्यूम-III, 1952, ओपी. सीआईटी. 1961, पेज–24।

40. आईबीड, वॉल्यूम-IV, 1952, पेज–14–15।

41. गाँधी ने लिखा है, ''जिन लोगों के पास पैसा है, को गरीबों के ट्रस्टी के रूप में कार्य करने के लिए आमंत्रित किया जाना चाहिये।'' आईबीड, पेज–13 ''उन्हें (जमींदारों को) अपने पट्टेधारियों के ट्रस्टी के रूप में कार्य करना चाहिए। लूइस फिशर, द लाइफ ऑफ महात्मा गाँधी, लंदन, हार्पर एंड ब्रोस0, 1950, पेज–326 से उर्द्धत।

    नारायण इस बात को स्पष्ट करते हुए 'कि भूदान आंदोलन ट्रस्टशिप के सिद्धांत पर आधारित है,' कहते हैं, ''भूदान एक चैरिटी आंदोलन नहीं है... इसका आधार महात्मा गाँधी के ट्रस्टशिप का सिद्धांत है। दूसरे शब्दों में इसका आधार यह ध्रुव सत्य है कि मानव अपनी संपत्ति का वास्तविक मालिक नहीं होता बल्कि इसका वास्तविक मालिक समाज का ट्रस्टी होता है।'' जयप्रकाश नारायण, ओपी. सीआईटी. 1961, पेज–11–12।

42. गाँधी ने लिखा है, ''...... अहिंसा में विश्वास इस अवधारणा पर आधृत है कि यह मानवीय स्वभाव मौलिक गुण है और इससे प्रेम का प्रसार होता है।'' प्यारेलाल नायर, ओपी. सीआईटी. पेज–155 से उद्धत।

43. इस संदर्भ में विनोबा के विचारों को निम्नांकित कथन के द्वारा समझा जा सकता है: ''योगा की भावना प्रत्येक व्यक्ति में समान प्राबल्य के साथ विद्यमान होती है। यह मानव जाति के बीच भेदभाव को समाप्त करती है। सुरेश रामभाई, ओपी. सीआईटी. 1954, पेज–208 से उद्धृत है। ''मेरे विचार से कोई ऐसा आदमी नहीं है जिसमें दैवी गुण नहीं है। सभी .... एक मंदिर के समान हैं जिसमें भगवान छुपे होते हैं .... । भगवान के सहयोग से हम किसी व्यक्ति के हृदय में प्रवेश कर सकते हैं।'' हालाम टैनिसन, सेंट ऑन मार्च, लंदन, विक्टर गोलाक्स, 1955, पेज–60 से उद्धृत। ''प्रत्येक व्यक्ति में अच्छे और बुरे दोनों विचार होते हैं। जब किसी व्यक्ति के मन में किसी अच्छे विचार का प्रवेश होता है, यह बुरे विचारों से संघर्ष करता है और अंततः अच्छे विचार की विजय होती है।'' विनोबा भावे, भूदान योजना, लैंड गिफ्ट मिशन, अहमदाबाद, नवजीवन, पब्लिशिंग हाउस, 1953, पेज–9।
44. जयप्रकाश नारायण, ओपी. सीआईटी 1961, पेज–6।
45. लैटेंट फंक्शन की अवधारणा को समझने के लिए देखें, आर.के. मेरटॉन सोशल थ्योरी एंड सोशल स्ट्रक्चर, इल्लिनवॉस (Illinois), द फ्री प्रेस ऑफ ग्लेंको, 1957।

अध्याय–9

सारांशः प्रतिभाशाली आंदोलन और सामाजिक परिवर्तन

अध्याय–1 में ही हम यह तर्क प्रस्तुत कर चुके हैं कि एक सामाजिक आंदोलन के लक्ष्य की प्राप्ति आंदोलन के कार्यक्रमों को संचालित करने के लिए विकसित संगठनात्मक तंत्र द्वारा आंदोलन की विचारधारा को व्यवहारिक रूप से प्रयोग के द्वारा हो सकती है। हम यह भी दिखा चुके हैं कि यदि आंदोलन के अनुसार (कार्यकर्ता) आंदोलन की विचारधारा के प्रति पूर्णतः समर्पित नहीं होते हैं और आंदोलन अपना एक यथोचित संगठनात्मक आधार विकसित करने में असफल रहता है तो इसके द्वारा कोई महत्वपूर्ण परिवर्तन नहीं लाया जा सकता। प्रतिभाशाली आंदोलन में प्रतिभा के उदय के बाद शीर्षस्थ नेता की अपील सर्वप्रमुख हो जाती है, न कि आंदोलन की विचारधारा। चूंकि प्रतिभा मुख्यतः गैर–संस्थागत होता है, अतः संगठनात्मक ढ़ांचा इसकी मौलिक भावना के विपरीत होता है। अतः एक समत्कारी आंदोलन किसी परिवर्तन की व्यवस्थित प्रक्रिया का एजेंट नहीं हो सकता।

इस सैद्धांतिक विचार की पुष्टि को एक प्रयोगाश्रित परीक्षण द्वारा पुष्टि के लिए हमने भारत में ग्रामदान–भूदान आंदोलन को चुना, जो

कि मुख्यतः एक प्रतिभाशाली आंदोलन है। इसके बावजूद इस आंदोलन में एक मजबूत विचारधारात्मक आधार है और आंदोलन का नेतृत्व सामान्यतः इसकी विचारधारा के प्रति समर्पित लोगों ने किया। परंतु आंदोलन की विचारधारा का कोई निश्चित आकार नहीं है और यह विभिन्न पृष्ठभूमि के लोगों को अपनी ओर आकृष्ट करती है। आंदोलन द्वारा कल्पित सामाजिक व्यवस्था ना तो परंपरागत है और ना ही आधुनिकः इसने ना तो आधुनिक मूल्यों को पूर्णतः स्वीकार किया और ना ही इसने परंपरागत मूल्यों को पूर्णतः अस्वीकार किया। परंपरागत और आधुनिक दोनों ही मूल्यों को एक साथ स्वीकार करने के कारण यह सुधारकों के साथ आधुनिकता के समर्थकों को भी अपनी ओर आकर्षित करती है।

इसी प्रकार, एक ओर जहाँ आंदोलन के नेतागण नौकरशाही और संगठन की खुले आम निंदा करते हैं और एक ऐसे समाज की स्थापना करने का प्रयास करते हैं जिसमें कोई संगठन नहीं हो, तो वहीं आंदोलन के संगठनात्मक विकास के बाद यह आंदोलन के विस्तार के लिए अवश्यंभावी हो गया। यह प्रतिभाशाली आंदोलन के जीवन चक्र से संबंधित हमारी इस अवधारणा के समरूप है कि आंदोलन में प्रतिभाशाली नेता के उदय के बाद विचारधारा का निर्माण होता है और अंततः इस कल्पित विचारधारा के व्यवहारिक अनुपालन के लिए एक संगठनात्मक तंत्र का विकास होता है।

स्वशासी ग्रामीण गणतंत्रों की स्थापना के लक्ष्य को प्राप्त करने के लिए ग्रामदान–भूदान आंदोलन का क्रियान्वयन निचले स्तर पर किया गया। जब आंदोलन आधारभूत या निचले स्तर (Grass Root Level) पर किया गया। जब आंदोलन आधारभूत या निचले स्तर पर ग्रामीण संगठनात्मक विकास पर केंद्रित होता है, तो आंदोलन की सफलता ग्रामीण नेतृत्व के लिए कोई निर्धारित योग्यता नहीं होने के कारण

संगठनात्मक पदों पर वे लोग नियुक्त किए गए, जो आंदोलन की विचारधारा के प्रति कृतसंकल्प थे। इन स्थानीय नेताओं में बहुत से ऐसे थे जो निराश राजनीतिज्ञ या रोजगार तलाशनेवाले थे। प्रायः ऐसे लोग निहित स्वार्थी शक्तियों के एजेंट होते हैं और प्रचलित व्यवस्था में परिवर्तन के लिए सक्रिय नहीं होते। संगठनात्मक पदों पर इस प्रकार के लोगों की नियुक्ति आंदोलन की लक्ष्य प्राप्ति के बिल्कुल ही विपरीत है। इस प्रकार हमारे इस तर्क की पुष्टि होती है कि यदि आंदोलन आधारभूत स्तर पर संचालित होता है, तो स्थानीय नेतृत्व महत्वपूर्ण हो जाता है।

अध्याय–1 में हम यह उल्लेख कर चुके हैं कि एक प्रतिभाशाली आंदोलन की मूलोन्मुखता अनिवार्यतः भौतिक नहीं होनी चाहिये और यदि यह भौतिक लक्ष्यों पर जोर देता है, तो इसकी सफलता की संभावना बहुत कम हो जाती है। यद्यपि ग्रामदान–भूदान आंदोलन का परम लक्ष्य एक ऐसे समाज की स्थापना है जिसमें भौतिकता का प्रभाव न्यूनतम हो तथापि इसका तात्कालिक लक्ष्य एक शोषण मुक्त अर्थव्यवस्था का विकास है और इसकी शुरूआत भूमि के सामुदायिकरण से होती है। सुधारवादी कार्यक्रमों पर बल देने के क्रम में जनता को भौतिक लाभों द्वारा प्रेरित करना आंदोलन के सिद्धांतों के प्रतिकूल है।

अध्याय–2 में हमने यह वर्णन किया है कि एक आदर्श–प्रारूपिक प्रतिभाशाली आंदोलन में सरकार की कोई भूमिका नहीं होनी चाहिए। परंतु भूदान–ग्रामदान आंदोलन सरकारी लाभों और सहयोगों को प्राप्त करता है। यह आंदोलन में भाग लेने वाले लोगों की छवि को प्रभावित करता है और साथ ही इससे उनके उद्देश्य पर भी असर पड़ता है। आदोलन में सरकार की भूमिका से इसके लक्ष्य में भटकाव होता है जिससे इसकी छवि धूमिल हो जाती है। अंतः यह आंदोलन के वास्तविक लक्ष्य को प्राप्त करने में सबसे बड़ी बाधा बन गया।

अध्याय–2 में हमने यह तर्क प्रस्तुत किया है कि आंदोलन की सफलता के लिए इसके अनुयायियों का सम्मिलित समूहों से जुड़े होना आवश्यक है। भूदान–ग्रामदान आंदोलन साधनहीन और साधनसंपन्न दोनों प्रकार के लोगों को इससे जुड़ने के लिए आमंत्रित करता है। धनी लोगों से यह अपेक्षा की जाती है कि वे अपनी संपत्ति उपहार के तौर पर गरीबों के लिए भेंट करें। आंदोलन से जुड़ने के पीछे इन दो समूहों के परस्पर विपरीत है जो आंदोलन की सफलता की दृष्टि से नकारात्मक है। वस्तुतः साधन संपन्न व्यक्तियों की आंदोलन में भागीदारी उनके स्वार्थों की निरंतरता प्रदान करती है। सारांशतः ग्रामदान–भूदान आंदोलन में परिवर्तनोन्मुखी मानदंडों के साथ–साथ परिवर्तन को मंदित (गति घटाने) करने वाले तत्व भी हैं। इन मानदंडों में कौन ज्यादा प्रभावी है और क्यों?

एक आंदोलन की लक्ष्य पूर्ति के लिए यह आवश्यक है कि समुचित विचारों का संप्रेषण अपेक्षित श्रोताओं तक किया जाए। ग्रामदान–भूदान आंदोलन में संप्रेषण के प्रमुख एजेंट स्थानीय सर्वोदय कार्यकर्ता है और संप्रेषण का माध्यम मौखिक है। आमने–सामने होकर विचारों के मौखिक संप्रेषण के बावजूद जनता और संप्रेषण के एजेंटों के बीच संप्रेषण की अवधि बहुत कम होने के कारण यह अपेक्षा नहीं की जा सकती कि आंदोलन के विचारों को जनसामान्य सफलतापूर्वक समझ सके।

स्थानीय नेताओं ने अपने प्रतिभाशाली नेता (विनोबा) के विचारों को विकृत रूप से पेश करने के साथ–साथ इसे संकुचित भी कर दिया है इस अप्रभावशाली और मिथ्या संप्रेषण के कारण समाज में बहुत कम ही लोग ग्रामदान की अवधारणा और इसके अर्थ को समझ सके। इसके बावजूद उन्होंने ग्रामदान को एक जीवनशैली के रूप में स्वीकार किया। उनकी इस स्वीकृति के पीछे कौन–सी शक्ति जिम्मेदार है?

आंदोलन द्वारा सुधारवादी कार्यक्रमों पर बल देने के साथ–साथ इसमें सरकार की भागीदारी से इसे गति प्रदान करने के लिए भौतिक लाभ प्राप्त हुए। इससे स्थानीय सर्वोदय नेताओं द्वारा भौतिक लाभ दिलाने के वायदों को पूरा किया जा सका। अतः वस्तुपरक (भौतिक) उपहार प्राप्त करना लोगों को ग्रामदान स्वीकार करने के लिए प्रेरणास्रोत है। वस्तुतः स्थानीय नेताओं के वायदों की सूची में भूमि का सामुदायिकरण भी शामिल है जो कि आंदोलन की एक प्रमुख अपेक्षा है।

आर्थिक क्षेत्र में लाये गये परिवर्तनों की समीक्षा करने पर हमें यह बात चलती है। उपलब्ध साक्ष्यों से यह स्पष्ट है कि भूमि का सामुदायिकरण जो कि आंदोलन का प्रमुख उद्देश्य है की प्राप्ति कहीं भी नहीं दिखती और ग्रामदान गाँवों में कुछ धनी परिवारों के हाथों में भूमि केंद्रिकृत है। किसी भी ग्रामदान गाँव में भूमि के पुनर्वितरण का व्यवस्थित प्रयास नहीं किया गया और अगर कभी किया भी गया तो यह पूर्वाग्रहपूर्ण था और इसके पश्चात विवादों का जन्म हुआ। भूव्यवस्था में भी कोई उल्लेखनीय परिवर्तन नहीं हुए और ग्रामीण सहकारी संस्थाओं जैसे संगठन समूचे गाँव की आवश्यकताओं को पूरा करने के तंत्र के रूप में विकसित नहीं हो सके। ग्रामदान गाँवों में लघु और ग्रामीण उद्योगों की स्थापना द्वारा आर्थिक परिवर्तन लाने के प्रयास भी असफल रहे।

कृषि व्यवस्था में वांछित परिवर्तन तो नहीं ही हुए परंतु इसमें कुछ अवांछित परिवर्तन भी दिखे। जब भी भूमि का पुनर्वितरण हुआ तो ऊँची जाति के लोगों और जिन लोगों के पास पहले से भूमि के वितरण के मानदंडों में शामिल नहीं है और जब भी सर्वोदय कार्यकर्ताओं को ग्रामदान गाँवों के लिए पड़ोसी गाँवों से भूमि प्राप्त हुई, लगभग पूरा लाभ संख्यात्मक रूप से प्रमुख जाति के आर्थिक रूप से संपन्न लोगों ने ही प्राप्त किया। ग्रामदान गाँवों में स्थानीय और प्रभावशाली

सर्वोदय कार्यकर्ताओं के कहने पर राजस्व अधिकारियों द्वारा भूमि आवंटन से इन गाँवों में अनेकों झगड़े शुरू हो गए जो आंदोलन के 'समाज के लिए भूमि के विचार को मिथ्या साबित करता है। दूसरी ओर भेदभावरहित भूमि–वितरण से 'जोतने वाले की भूमि' के सिद्धांत की अवहेलना होती है और इस प्रक्रिया में खेती नहीं करने वाले जिन लोगों को भूमि प्राप्त हुई, ने खेतिहर मजदूरों से खेती कराना शुरू कर दिया। परिणामतः, इससे भूमि (कृषि) पर लोगों की निर्भरता बढ़ी जो आंदोलन के ग्रामीण आत्मनिर्भरता के लक्ष्य के प्रतिकूल साबित हुआ। इस साथ ही हम यह भी वर्णन कर चुके हैं कि भूमि के सामुदायिकरण के वांछित लक्ष्य की पूर्ति से भूमि की खरीद–बिक्री की संभावनायें संकुचित हो जाती हैं जिससे गाँव बाह्य समाज से अलग–थलग पड़ जाता है और इससे प्रवास और अप्रवास दोनों की संभावनायें काफी कम हो जाती हैं। यह व्यवहारिक रूप से असंभव होने के साथ–साथ देश में हो रहे औद्योगिकरण और शहरीकरण के भी प्रतिकूल है। अंततः और अनिवार्यतः, एक ओर भूमि के सामूहिक स्वामित्व की धारणा और दूसरी ओर वास्तविक रूप से भूमि पर मुट्ठी भर लोगों के नियंत्रण ने विकास के लिए उठाये गए वैधानिक कदमों जैसे– भूमि अधिग्रहण कृषि–आय कर भूराजस्व आदि से ग्रामदान गाँवों को सुरक्षित रखा और ग्रामदान गाँव निहित स्वार्थी तत्वों के आश्रय स्थल बन गए। निष्कर्षतः आंदोलन ना सिर्फ कृषि व्यवस्था में परिवर्तन लाने में असफल रहा, बल्कि इसने भूमि वितरण से संबंधी तार्किक नीतियों के क्रियान्वयन में बड़ी बाधा भी उत्पन्न की।

यद्यपि आंदोलन का प्राथमिक उद्देश्य संपत्ति का सामुदायिकरण है, तथापि इसने ग्रामीण समाज के दूसरे क्षेत्रों भी प्रवर्तन का प्रयास किया। ग्रामदान गाँवों में बड़ी संख्या में संगठनात्मक ढ़ांचों का विकास हुआ। इसके बावजूद ग्रामसभा को छोड़कर किसी भी दूसरे संगठन

द्वारा विकास का कार्य नहीं हुआ। ग्रामसभा गाँव के सभी वयस्कों की भागीदारी से बनी एक राजनैतिक संगठन होती है। इस संस्था का सर्वप्रमुख उद्देश्य निर्णायक शक्ति का विकेंद्रीयकरण है।

हमारे साक्ष्य यह प्रमाणित करते हैं कि ग्रामदान गाँवों में दूर–दूर तक आदर्श और वास्तविक लोकतंत्र नजर नहीं आता। इन गाँवों में व्यक्ति–समूह के कई विवाद होते रहते हैं और समुदाय की न्यूनता निर्णय लेने की प्रक्रिया में सभी व्यस्कों की भागीदारी सुनिश्चित करने में (बड़ी संख्या में वयस्कों द्वारा राजनीति में भाग लेने के बावजूद) असफल रही क्योंकि पावर पुल की न्यूनता और शक्ति का केंद्रीयकरण संगठनात्मक पदों को धारण करने वाले लोगों (पावर एक्सरसाइजर) या संगठन के निर्णयों को प्रभावित करने वाले लोगों (पावर रिजरव्वायर) के हाथों में शक्ति का केंद्रीयकरण यह प्रमाणित करता है कि शक्ति का विकेंद्रीयकरण काफी सीमित रहा।

हम इस विरोधाभास का उल्लेख कर चुके हैं कि सर्वोदय एक कम्यूनिटेरियन (साम्यवादी) समाज में वास्तविक लोकतंत्र का प्रयास करती है। कम्यूनिटेरियन समाज व्यक्ति से अत्यधिक समर्पण की अपेक्षा रखता है। इसमें व्यक्ति को समुदाय के हित में स्वेच्छा से अपनी स्वतंत्रता की बलि देनी पड़ती है। कम्यूनिटेरियन समाज की स्थापना के लिए व्यक्ति का प्राथमिक बंधनों (परिवार, नातेदारी, जाति, क्षेत्र, भाषा आदि) में बंधे रहना आवश्यक है जिससे कि वह एकात्मक न हो। दूसरी ओर निर्णय लेने की प्रक्रिया में व्यक्ति की तार्किक भागीदारी के लिए यह आवश्यक है कि वह अपने व्यक्तिगत स्वार्थों से ऊपर उठकर किसी विषय पर चिंतन करे और इसके लिए उसे काफी हद तक स्वतंत्र और प्राथमिक बंधनों से मुक्त रहना पड़ता है। इससे सामुदायिक भावनाओं और जनता का स्थानीय विषयों के प्रति वफादारी का विकास होता है परंतु इस प्रकार की वफादारी पर आधारित

लोकतंत्र स्थायी नहीं हो सकता। कम्युनिटेरियन समाज मतैक्य और मौन की अपेक्षा रखता है जो वास्तविक लोकतंत्र के लिए एक प्रश्नचिन्ह के समान है। कम्यूनिटेरियन समाज व्यक्ति और समूह के संबंधों की प्रगाढ़ता पर पूरा जोर देता है परंतु लोकतंत्र में व्यक्ति अपेक्षाकृत अधिक स्वतंत्र होता है तथा वह किसी समूह से अपने विवेकानुसार जुड़ सकता है या अलग हो सकता है तथा इसमें व्यक्ति एक स्वतंत्र इकाई की तरह होता है। इन बातों को ध्यान में रखते हुए हमने यह तर्क प्रस्तुत किया है कि समूह में व्यक्ति की अतिसक्रियता लोकतंत्र के लिए घातक होती है। अंततः हमने यह पाया कि सर्वोदय की राजव्यवस्था में कम्यूनिटेरियन समाज की भांति व्यक्ति के प्राथमिक समूहों से जुड़े रहने की अपेक्षा और लोकतंत्र में तार्किक भागीदारी एक विरोधाभास है।

ग्रामदान गाँवों में आंदोलन अर्थव्यवस्था या राजव्यवस्था संबंधी किसी मौलिक परिवर्तन को लाने में असफल रहा। अतः यह जानना आवश्यक है कि इसके क्या कारण थे? स्थानीय नेतृत्व की प्रकृति क्या है और इसका क्या योगदान है? समाज द्वारा आंदोलन की विचारधारा को किस हद तक आत्मसात किया गया? इन प्रश्नों का उत्तर ढूंढने के क्रम में हमें आंदोलन की असफलता के कुछ और कारण मिले।

भूदान–ग्रामदान आंदोलन के विचारों के संप्रेषण का माध्यम मौखिक है और यह ऐसे लोगों को आमंत्रित करता है जो आम जनता के बीच जाकर बात कर सकें। फलतः आंदोलन की सफलता के लिए, स्थानीय नेतृत्व की प्रकृति महत्वपूर्ण हो जाती है। यद्यपि आंदोलन के शीर्ष नेतृत्व का चरित्र प्रतिभाशाली है, तथापि यह पर्दे के पीछे से ही सक्रिय है। जो भी हो, जनता में अस्पष्ट छवि के बाद भी उन्हें संत कहा जाता है। क्या स्थानीय नेतागण भी इन गुणों को धारण करते हैं? हमारे परीक्षण से स्पष्ट हुआ कि जहाँ कुछ स्थानीय नेता आंशिक

रूप से प्रतिभाशाली हैं और आंदोलन की विचारधारा के प्रति पूर्ण समर्पित है, वहीं दूसरे नेता या तो निराश राजनीतिज्ञ है फिर, रोजगार तलाशने वाले हैं। इनमें से बहुतों ने आंदोलन के उद्देश्यों के विपरीत इसका उपयोग किया।

विचारधारा के प्रति समर्पित कार्यकर्ताओं और संगठन में सक्रिय लोगों के मध्य मौन विवाद ने विचारधारा के प्रति समर्पित कार्यकर्ताओं को परिवर्तन की प्रक्रिया में अप्रभावी बना दिया क्योंकि वे जनता के लिए भौतिक लाभों को सुनिश्चित नहीं कर सकते थे और इससे आंदोलन में गुटबंदी शुरू हो गई। इसके अलावा ग्रामदान गाँवों में पावर पुल में ज्यादातर वैसे ही लोग थे जो परंपरागत रूप से शक्तिशाली थे। स्थानीय नेतृत्व तक अल्प परिमाण में प्रतिभा के स्थानांतरण होने के बावजूद आंदोलन में संगठनात्मक आधार विकसित हुआ और प्रतिभा के नियमन के लिए परंपरागत ढ़ंग से सत्ता को वैधानिक बनाने की प्रवृत्ति पाई गई। ग्रामीण स्तर पर निहित स्वार्थी तत्वों का काफी प्रभाव रहा। इन परिस्थितियों में नेताओं ने परिवर्तन के बदले यथापूर्व स्थिति के स्थायित्व के लिए कार्य किया। फिर भी, निहित स्वार्थी तत्वों की सक्रियता के बावजूद बहुत हद तक आंदोलन की निरंतरता बनी रही।

यह जान लेने के बाद कि ग्रामदान गाँवों का नेतृत्व परिवर्तन विरोधी है, हमारे पास आंदोलन की सफलता का दूसरा मानदंड आंदोलन की विचारधारा के प्रति आम जनता का समर्पण शेष रह जाता है। जनता द्वारा आंदोलन की विचारधारा को आत्मसात करने के स्तर को समझने के लिए हमने उन परंपरागत मूल्यों में आम जनता में परिवर्तन की प्रवृत्ति को जिन्हें आंदोलन अस्वीकृत करता है और आंदोलन द्वारा नये मूल्यों की स्वीकृति के स्तर की समीक्षा की। हमारे शोध से यह स्पष्ट होता है जातिवाद और छूआछूत के प्रचलन

के संबंध में ग्रामदान गाँवों के लोगों के चिंतन और अन्य गाँवों के लोगों के चिंतन में महत्वपूर्ण अंतर नहीं हैं। वस्तुतः ये परिवर्तन सर्वोदय समाज के मूल्यों के अनुरूप न होकर लोकतांत्रिक समाजवादी और शहरी–औद्योगिक व्यवस्था के समाज के मूल्यों के अनुरूप है। हमने इन परिवर्तनों को लैटेंट फंक्शनल (परोक्ष) परिवर्तन का नाम दिया है। सारांशतः आंदोलन द्वारा यद्यपि कुछ परिवर्तन लाये गये परंतु ये आंदोलन के लक्ष्य का प्राप्ति के लिए जिम्मेवार नहीं है। हमारे प्रयोगाश्रित साक्ष्यों और अध्ययन की शुरूआत में हमारे द्वारा प्रस्तुत तर्कों के आधार पर निम्न अवधारणाओं को प्रस्तावित किया जा सकता है।

1. एक आदर्श–प्रतिभाशाली आंदोलन परिवर्तन की किसी व्यवस्थित प्रक्रिया का एजेंट नहीं हो सकता क्योंकि इसमें विचारधारात्मक अपील सर्वोपरि नहीं होती है और इसका संगठनात्मक आधार अनिवार्यतः कमजोर होता है।
2. यदि कोई प्रतिभाशाली आंदोलन आधारभूत (Grass Root) स्तर पर परिवर्तन चाहता है, तो आंदोलन की सफलता को निर्धारित करने में स्थानीय नेतृत्व महत्वपूर्ण हो जाता है। इस स्थिति में प्रतिभा के लंबवत दिशा में नीचे की ओर स्थानांतरण की सभी संभावनाओं के बावजूद इसकी संभावना बहुत कम होती है कि स्थानीय नेतागण पूर्णतः प्रतिभाशाली हो।
3. यदि कोई प्रतिभाशाली आंदोलन तार्किक–वैधानिक सत्ता अर्थात् सरकार से सहयोग प्राप्त करता है, तो आंदोलन से प्रतिभा का पलायन (क्षय) होने लगता है। आंदोलन में सरकार के जुड़ने से इसमें आम जनता की भागीदारी को सुनिश्चित करने की प्रक्रिया की तीव्रता के लिए भौतिक (वस्तुपरक) लाभ प्राप्त हो सकते हैं। इससे आम जनता की नजरों में आंदोलन का लक्ष्य धूमिल पड़ जाता है।

निष्कर्षतः यदि कोई प्रतिभाशाली आंदोलन भौतिक साधनों की प्राप्ति को प्राथमिकता देता है, तो इसका मिशन कमजोर हो जाता है और दिनचर्या की कठिनाइयों को समाप्त करने की इसकी अयोग्यता इसे असफल बना देती है।

4. आंदोलन के लक्ष्य की प्राप्ति के लिए यह आवश्यक है कि इसके अनुचर (अनुयायी) सममित (Homogeneous) समूहों से संबंधित हो। यदि आंदोलन के अनुचर भिन्न–भिन्न पृष्ठभूमि और उद्देश्य को धारण करने वाले हों, तो प्रत्येक समूह अपने विशिष्ट स्वार्थों की पूर्ति हेतु आंदोलन का उपयोग करता है और इसकी निरंतरता का प्रयास करता है, जो कि आंदोलन के लक्ष्य प्राप्ति की प्रक्रिया के लिए घातक होता है।
5. एक प्रतिभाशाली आंदोलन अनिवार्यतः तीन चरणों से होकर गुजरता है: प्रतिभाशाली चरण में प्रतिभाशाली नेता का उदय होता है, विचारधारात्मक चरण में विचारधारात्मक तत्वों को स्वीकृति मिलती है जिसमें नेता द्वारा उपदेशित तथ्य भी शामिल होते हैं और संगठनात्मक चरण का विकास विचारधारा को विभिन्न कार्यक्रमों के माध्यम से व्यवहारिक धरातल पर क्रियान्वित करने के लिए होता है।
6. यह आवश्यक नहीं कि पर्याप्त विचाराधारात्मक अपील और सुदृढ़ संगठनात्मक आधार के बावजूद एक प्रतिभाशाली आंदोलन हमेशा व्यवस्था परिवर्तक शक्ति की तरह कार्यरत हो। परिवर्तनोन्मुख विचारधारा के विकास के बावजूद इसे मनमाने ढ़ंग से परिवर्तित किया जा सकता है, और संगठनात्मक ढ़ांचे बनाये रखने में स्वार्थी तत्वों द्वारा यथापूर्व स्थिति बनाये रखने में किया जा सकता है और परिणामतः आंदोलन एक व्यवस्था संरक्षक क्षेत्र बन सकता है।